# ŒUVRES
## DE
# CHATEAUBRIAND

Mélanges politiques

TOME SEIZIÈME

PARIS
DUFOUR, MULAT ET BOULANGER, LIBRAIRES-ÉDITEURS
6, RUE DE BEAUNE, PRÈS LE PONT-ROYAL
(Ancien hôtel de Nesle)

MDCCCLVIII

# ŒUVRES
## DE
# CHATEAUBRIAND

TOME XVI

LAGNY. — TYPOGRAPHIE DE VIALAT.

MŒURS DES CHRÉTIENS
(Études historiques)

# ŒUVRES

# ŒUVRES
## DE
# CHATEAUBRIAND

Mélanges politiques

TOME SEIZIÈME

PARIS

DUFOUR, MULAT ET BOULANGER, ÉDITEURS

6, RUE DE BEAUNE, PRÈS LE PONT-ROYAL

(Ancien hôtel de Nesle)

M DCCC LVIII

# MÉLANGES POLITIQUES

## SECONDE LETTRE A UN PAIR DE FRANCE.

### AVERTISSEMENT.

On peut aujourd'hui comparer les projets de loi présentés à la Chambre élective avec celui qui se trouve indiqué dans cette *Lettre,* et juger lequel des deux plans est le plus sûr et le plus moral. La plupart des objections que l'on avait faites contre un système alors éventuel s'appliquent maintenant à un système connu. Sous ce rapport, la *Lettre* dont on publie la seconde édition a quelque intérêt.

Il faut le dire : il ne semble presque pas possible que les projets de loi sur les indemnités et sur les rentes soient de l'auteur à qui on les attribue, tant ils pèchent sous le simple rapport financier.

Il est d'abord contre tout principe de constituer ou de reconnaitre une dette (et cette dette n'est que d'un milliard !) sans établir un fonds pour le service des intérêts de cette dette, ou pour la liquidation de son capital.

Or, que propose-t-on ? d'abord 3 millions rachetés chaque année par les 77,500,000 fr., montant de l'amortissement, tel qu'il sera conservé; et ces 3 millions rachetés seront tout juste la moitié de 6 millions émis annuellement pour l'indemnité. Ensuite les autres 3 millions seront soldés sur l'accroissement présumé des taxes qui frappent les transactions et les consommations des populations de la France.

On comprend que, pour l'émission annuelle des 6 millions d'indemnité, les rachats de la caisse d'amortissement fourniront ou absorberont annuellement 3 millions. Mais les bénéfices présumés sur les taxes n'agissent pas de la même manière ; ils ne sont pas des capitaux ; ils ne feront que couvrir ou servir la première année les 3 millions excédant les rachats de la caisse d'amortissement. Il dériverait pourtant de l'exposé du projet de loi qu'on a supposé, que le service des 3 millions non rachetés la première année cesserait la seconde, et ainsi de suite.

Pour que le rachat annuel des 3 millions d'indemnité par la caisse d'amortissement fût complet, il faut en outre être certain que les 5 pour 100 et les 4 et demi pour 100 ne tomberont pas au-dessous du pair, et bien convenir aussi de ce qu'on entend par le pair. Ces singulières aberrations viennent peut-être de ce qu'on s'est mal expliqué ; on aime à le croire pour l'honneur des hommes qui se mêlent de finances.

Ainsi les indemnités successivement payées dans l'espace de cinq ans auront pour hypothèque les caprices de la fortune ; il faut que pendant cinq ans rien de nouveau n'arrive en Europe ; que la France sommeille en paix aux cris des citoyens luttant pêle-mêle à la Bourse. Si le plus petit événement venait déranger ce beau songe, l'opération s'arrêterait ; les indemnités, dont les fonds qui ne sont pas faits reposent sur des éventualités, ne pourraient plus se payer ; et les expropriés resteraient privés d'une partie plus ou moins forte de leur dû, selon l'époque où les événements les aurait surpris. Les 3 pour 100, à qui la caisse d'amortissement, totalement appliquée, aurait produit une hausse subite et disproportionnée au mouvement naturel du crédit, tomberaient de même subitement : banqueroute envers les émigrés, catastrophes dans les autres fortunes, tel serait le résultat de la loi. L'opération avorterait pour jamais, et mieux aurait valu cent fois qu'elle n'eût point été conçue.

Ces observations, qui n'échapperont à personne, forceront les expropriés à se hâter de vendre en herbe leurs moissons. Des bandes se formeront pour acheter à vil prix leurs espérances : sur 900 millions, peut-être plus de 400 millions iront dans la poche des entremetteurs [1].

En examinant de près les nouveaux projets de loi, on les voit s'évanouir peu à peu comme une ombre ; ils n'ont rien de palpable, si ce n'est l'addition d'un milliard à la dette publique, sans atteindre le but qu'on devait se proposer.

En puisant simplement à la caisse d'amortissement, en laissant de côté les rentiers et toutes ces combinaisons plus subtiles que praticables, on aurait évité bien des périls.

On comprend difficilement, pour peu qu'on ait des idées saines en finances, le raisonnement de l'administration sur la caisse d'amortissement. On la réserve, dit-on, pour les besoins qui pourraient survenir, pour un cas de guerre, par exemple. L'Angleterre, notre devancière et notre modèle en matière de crédit, ne raisonne pas de la sorte : elle rend aux contribuables les fonds de l'amortissement, lorsqu'ils lui semblent excéder les besoins de l'État ; elle remet cet argent au peuple, qui le fait fructifier dans les propriétés particulières. Un cas d'urgence arrive-t-il, elle retrouve dans un accroissement de crédit les sommes nécessaires : les fonds qui ont accru la prospérité publique, qui ne sont pas restés morts comme le trésor de réserve, dans les anciens systèmes de finances, deviennent l'hypothèque d'un nouvel emprunt. Voilà la marche naturelle d'une administration paternelle et bien entendue.

Puisqu'on tient à une énorme caisse d'amortissement, comment n'a-t-on pas vu qu'il y avait un moyen simple d'obvier à une diminution sensible, en chargeant cette caisse du service des indemnités ? Il suffisait de la doter des éventualités qu'on applique aux indemnités mêmes ; et alors, si les prospérités qu'on nous prédit se réalisaient, la caisse d'amortissement, au bout de cinq ans, aurait payé les indemnités et se retrouverait à peu près aussi riche qu'elle l'est aujourd'hui.

On ne serait pas reçu à dire que cela ne se passerait pas de la sorte ; car si l'on admet que des bénéfices surviendront pour couvrir les indemnités, on ne peut pas soutenir que les mêmes bénéfices ne se trouveraient plus quand il s'agirait de les donner à la caisse d'amortissement.

Dans tous les cas, on aurait l'immense avantage, en faisant servir les indemnités par la caisse d'amortissement, de ne pas suspendre ces indemnités en l'air, de leur assigner une base, de ne pas faire d'une grande opération politique un coup de fortune, un billet de loterie, une fantasmagorie, le rêve d'un joueur, la fable du *Pot au lait*.

La loi des indemnités proprement dite est défectueuse. Elle a sans doute été faite de la meilleure foi du monde ; malheureusement elle n'en a pas l'air. Dire qu'on rembourse intégralement quand on donne 60 francs pour 100 francs, la fiction est un peu forte. Et pourquoi les rentiers à 5 pour 100 auraient-ils 75 francs, et les expropriés seulement 60 francs ? On voit bien pourquoi ; mais cela est-il juste ?

---

[1] On ne pourrait affaiblir ce danger qu'en formant des associations contraires ; mais il faut gémir sur une loi qui obligerait à se défendre contre elle, et à prendre de pareilles précautions.

Quelques-unes des bases d'estimation rendront les indemnités prodigieusement inégales : l'un aura beaucoup, l'autre n'aura rien, ou presque rien.

L'arbitraire dans l'exécution n'est pas évité : c'est un préfet, c'est une commission nommée par le ministère, c'est le conseil d'État, et au sommet de tout cela, c'est le ministre des finances. Personne, sans doute, ne songerait à réclamer contre de pareils juges, si l'on n'avait déclaré du haut de la tribune que tout fonctionnaire public qui ne fait pas ce que désire le pouvoir ministériel doit être destitué. Après la proclamation de cette doctrine, il est permis d'être alarmé sur l'indépendance des agents de l'autorité.

Les 5 pour 100 sont visiblement menacés; on va jusqu'à se vanter de les avoir tués ; on dit qu'ils sont remboursables. On trouve dans la présente *Lettre* des documents contre cette assertion qui méritent au moins d'être pesés.

Que si l'on désire avoir des effets de différentes valeurs et de différentes époques, la création des 3 pour 100 en faveur des expropriés suffit pour cela sans présenter aux 5 pour 100 une conversion nécessaire. Si les porteurs de cette dernière rente trouvent un intérêt à prendre des 3 pour cent de l'indemnité, ils sauront bien en acheter en vendant leurs 5 pour 100, sans que le gouvernement en fasse une opération expresse. On a dit dans la *Lettre* que ce n'était pas en réduisant violemment la rente que l'on devait faire baisser l'intérêt de l'argent, mais que c'était l'intérêt de l'argent qui, en diminuant le commerce, devait faire descendre le taux de la rente. Amoindrir de force la rente, c'est confondre deux choses diamétralement opposées; c'est prendre une loi de *maximum* pour une loi de *réduction*.

On ne parlera pas des divers jeux offerts dans la loi des rentes. Il est clair qu'on a voulu satisfaire des pairs et des députés qui, la session précédente, en désespoir de cause, proposèrent des amendements. Si on trouve bons cette année ces amendements, si on les transforme en loi, que ne les adoptait-on l'année dernière? Que de bruit, de colères, de ruptures, d'attaques aux libertés publiques on se serait épargnés! Et en même temps combien le projet actuel justifie ceux qui combattirent le projet de 1823!

On a cru sans doute qu'on ne pouvait proposer de reconnaître la dette de la justice et de l'honneur sans offrir la perspective d'un dégrèvement d'impôts; on a été séduit par l'idée d'indemniser les expropriés sans nuire au crédit, sans établir de nouvelles taxes, sans distraire les fonds affectés aux différents services publics : c'est une noble ambition; mais pourquoi les projets de la loi ne répondent-ils pas à la confiance qu'avait inspirée le discours de la couronne?

C'est un grand malheur que cette loi des rentes accolée à la loi des indemnités : quoi qu'on fasse et dise, elle nuit à la cause sacrée du malheur et de la fidélité. Cela est injuste sans doute; mais il était du devoir des hommes d'État d'apporter une grande attention à cette disposition des esprits.

Un bien plus grand malheur encore, c'est d'avoir donné à une loi de justice l'allure d'une loi d'agiotage. Non content de mettre l'ancienne propriété foncière de la France en papier sur la place, on appelle autour du tapis la propriété rentière : on va jouer sur quatre milliards !

Au commencement d'un nouveau règne, et à la fin d'une révolution de trente années, il y a peut-être quelque imprudence à remuer ainsi les fortunes, parce que c'est remuer les mœurs; à tenter toutes les faiblesses, à ranimer toutes les cupidités, à faire sortir toutes les familles de cet état de repos et de modération dans lequel elles commençaient à se complaire. Espérons que l'autorité sera frappée des observations que ses amis pourront lui soumettre, et qu'elle se hâtera de retirer (pour amender l'un et annuler l'autre) des projets de loi obscurs qui n'ont entre eux aucun rapport obligé; des projets de loi qui, en dérangeant nos fonds, portent le crédit vers les fonds étrangers; des projets de loi, enfin, qui blessent une multitude d'intérêts, et effrayent les hommes attachés à leur pays.

Paris, 2 décembre 1824.

Parlons aujourd'hui, mon noble ami, de l'indemnité due aux propriétaires dépouillés pendant la captivité ou l'absence de nos souverains légitimes ; indemnité qui fera, nous assure-t-on, la matière d'une loi dont nous aurons à nous occuper dans le cours de la session qui va s'ouvrir.

Est-ce un effet *de mon malheur* ou de mon zèle, depuis la restauration, de n'avoir jamais manqué de signaler à l'opinion publique un sujet important pour la monarchie? J'ai tort de dire de mon malheur ; car si personnellement j'en ai souffert, j'ai eu la satisfaction de voir presque toujours adopter mes idées : on me condamnait d'abord, on me jugeait ensuite, et l'on me réhabilitait après. Soit : je tiens moins à ma personne qu'à ma mémoire.

J'écrivais donc ces paroles en 1819, en exposant ce que feraient les royalistes s'ils arrivaient jamais au pouvoir :

« Une autre mesure importante serait encore prise par l'administration royaliste ; cette administration demanderait aux Chambres, tant dans l'intérêt des acquéreurs que dans celui des anciens propriétaires, une juste indemnité pour les familles qui ont perdu leurs biens dans le cours de la révolution. Les deux espèces de propriété qui existent parmi nous, et qui créent pour ainsi dire deux peuples sur le même sol, sont la grande plaie de la France. Pour la guérir, les royalistes n'auraient que le mérite de faire revivre la proposition de M. le maréchal Macdonald : on apprend tout dans les camps français, la justice comme la gloire. »

Ce passage fut attaqué à la tribune de la Chambre élective. Un député prit ma défense, et termina son discours par ces mots :

« Je n'ai point été dépossédé par la révolution ; je n'ai rien perdu de mon patrimoine ; mais quand il faudrait donner une partie de ma fortune pour arriver à ce grand moyen de conciliation qui était dans le vœu du noble pair, ce sacrifice serait bien loin de m'en paraître un. »

Quand on est resté immobile, il est souvent pénible de regarder derrière et devant soi.

Oui, mon noble ami, les confiscations ont été, avec le jugement de Louis XVI, la grande plaie de la révolution. Des massacres accompagnés de circonstances plus ou moins atroces, une tyrannie transitoire, soit qu'elle vienne du peuple ou d'un soldat, produisent beaucoup de maux, mais laissent peu de traces, surtout en France, où l'on pourrait se venger comme ailleurs si on avait le temps d'y penser. Mais la condamnation d'un roi, laquelle commence une jurisprudence à l'usage de la révolte, une condamnation que le crime transforme en principe pour se justifier; mais les spoliations, qui apprennent à ceux qui n'ont rien qu'on peut déposséder ceux qui ont quelque chose, voilà ce qui bouleverse les empires jusque dans leurs fondements.

La gravité de ces désordres s'accroît ou s'affaiblit de l'état des mœurs à l'époque où ils arrivent. Lorsque Charles I$^{er}$ périt en Angleterre, que les propriétés furent confisquées en Irlande, le monde sans doute était sorti de la barbarie, mais pourtant la société n'était pas parvenue au point de civilisation où elle l'est aujourd'hui : les communications entre les peuples n'avaient pas acquis cette fréquence et cette facilité qu'elles ont maintenant; la presse, et surtout la presse périodique, ne transportait pas les nouvelles en quelques jours des bords de la Tamise à ceux du Volga, du Danube, du Tibre et du Guadalquivir. On savait peu les langues étrangères, et la langue anglaise moins que toute autre; les débats sur un crime atroce se réduisaient à des injures latines échangées entre Saumaise et Milton. L'immense majorité des populations ne savait pas lire. Combien y avait-il en Europe de prolétaires et de propriétaires qui eussent entendu dire qu'on avait confisqué quelques domaines au fond de l'Ulster ou du Connaught? La mer, en isolant la Grande-Bretagne, amortissait encore le retentissement des événements de Londres et de Dublin.

Mais quelle région de la terre a ignoré ce qui s'est passé dernièrement en France, dans cette France placée au centre de l'Europe, à l'époque de la plus grande civilisation des peuples, à l'époque où ces peuples sont unis par les mêmes usages, comme ils l'étaient autrefois par le même culte? Où n'avons-nous pas porté, sur le continent, nos doctrines et nos armes? où n'avons-nous pas prêché la mort des tyrans, jusqu'au jour où nous avons voulu en établir partout? où n'avons-nous pas élevé des prisons et des échafauds, en criant *vive la liberté?* où n'avons-nous pas vendu le bien d'autrui? où n'avons-nous pas créé des domaines nationaux, dressé des listes de proscription? La nouvelle France avait soumis les étrangers à ses douleurs, comme l'ancienne à ses modes.

Plus l'exemple que nous avons donné au monde est pernicieux, plus il nous convient d'en détruire l'effet : il importe à la société tout entière qu'il soit prouvé qu'on ne viole pas les propriétés impunément.

En reprenant la couronne, Louis XVIII se hâta de proclamer le grand principe de l'inviolabilité de la propriété. Ce roi, roi sur le trône comme il l'avait été dans l'exil, au milieu des propriétés déplacées, au milieu du domaine de ses pères envahi ou démembré, abolit la confiscation. Il ne pouvait pas dire : « Ce qui a été fait n'est pas fait; » il dit ; « Ce qui a été fait n'arrivera plus. » Il se flattait ainsi d'étouffer la tyrannie dans son germe, d'anéantir la principale cause des proscriptions politiques, et de faire disparaître les révolutions, en détruisant l'appât révolutionnaire.

Il savait toutefois que cette déclaration ne suffisait pas; il avait devant les yeux l'exemple de son auguste frère. Louis XVI aussi avait aboli la confiscation ; la date de cette première abolition est du 21 janvier 1790 : comme on paya le bienfait, le 21 janvier 1793 ! L'Assemblée nationale, s'unissant à son souverain, décréta que, dans aucun cas, les propriétés ne seraient confisquées; et, trois ans après, les deux tiers de la propriété de la France étaient sous le séquestre, et l'on vendait à l'encan le bien de la veuve et de l'orphelin.

Buonaparte, pendant les Cent-Jours, dans son *Acte additionnel*, introduisit une partie de la Charte, mais il eut soin d'en exclure l'article qui abolit la confiscation : l'usurpation connaissait trop bien la source de sa puissance. Justinien, qui eut la gloire de rayer cette confiscation du Code romain, n'avait pu l'empêcher de souiller les lois des Barbares : l'odieux principe régna partout où le droit coutumier ne fut pas remplacé par le droit écrit.

Des lois et des règlements sont donc d'impuissantes barrières contre la cupidité, l'envie, l'ambition et les autres passions humaines; mais à une déclaration de principes ajoutez un fait : accordez une indemnité aux propriétaires dépouillés, et la leçon fructifiera, et la société sera sauvée.

Ceci nous conduit naturellement, mon noble ami, à nous enquérir d'où sort la loi projetée. Elle sort de deux articles de la Charte.

Le roi, en rentrant dans la plénitude de sa puissance, a pu dire, article 9 de la Charte : « Toutes les propriétés sont inviolables, sans aucune exception de celles qu'on appelle *nationales*, la loi ne mettant aucune différence entre elles. » Il a dû déclarer ce principe, poser ce fait, en vertu de ce droit de haut domaine, *eminens dominium*, qui investit le souverain du pouvoir de demander la cession d'une propriété particulière pour le bien de l'État. Les ordonnances du Louvre offrent partout des preuves de l'exercice de ce droit. Il était maintenu dans les constitutions de 1791, de l'an III et de l'an VIII. Le monde ancien l'a connu comme le monde moderne.

Mais ce droit a été partout soumis à une condition d'équité, sans laquelle il devient nul : il faut qu'une indemnité équivalant au prix de la propriété soustraite dédommage le propriétaire.

C'est pourquoi l'article 9 de la Charte est immédiatement suivi d'un autre article explicatif du précédent, lequel énonce que l'État peut exiger le sacrifice d'une propriété pour cause d'intérêt public légalement constatée, mais avec une indemnité préalable.

Ainsi les articles 9 et 10 ne peuvent être détachés l'un de l'autre. L'article 9 déclare le fait; l'article 10 établit le droit : l'un dit que toutes les propriétés sont inviolables sans aucune exception ; l'autre règle la condition de cette inviolabilité.

Supprimez l'article 10, l'article 9 devient infirme pour les propriétés nationales, car, les anciens possesseurs de ces propriétés n'étant point dédommagés, on n'aurait pas le droit de retenir leurs immeubles.

De l'autre côté, ne pas exécuter l'article 10 serait retomber dans le cas du non-dédommagement, et le possesseur évincé aurait le droit incontestable de rentrer dans la possession de son bien.

Ni le haut domaine, ni aucune loi ne peut rendre un souverain maître de la propriété des citoyens, sans un dédommagement, sinon préalable, du moins subséquent ; il ne peut donner à l'un ce qui appartient à l'autre. A Constantinople même, cette transportation n'est pas licite, et la loi religieuse supplée à cet égard au silence de la loi civile : d'où il résulte que la loi des indemnités est une loi forcée pour rendre valide l'article 9 de la Charte en accomplissant l'article 10.

L'honneur de l'initiative de cette loi appartient à M. le maréchal duc de Tarente. Dans la séance de la Chambre des pairs du 3 décembre 1814, il prononça un discours remarquable sur le projet de loi relatif aux biens non vendus des émigrés. « J'ai témoigné les regrets, dit-il, que le projet de loi ne présente pas pour le moment des ressources plus étendues à un si grand nombre d'infortunés. J'ai aussi exprimé le vœu adopté par la commission, et que M. le comte Pastoret a si éloquemment développé, que le roi fût supplié de prendre les moyens les plus sûrs qu'il avisera dans sa haute sagesse *de concilier avec l'état des finances un système général d'indemnités.*

« ... La loi que vous discutez rend des biens non vendus qui, par leur nature, appartenaient en général aux premières familles de l'État ; mais ceux qu'un dévouement, peut-être plus exalté, a arrachés des rangs de l'armée ou de leurs antiques manoirs, sans qu'ils eussent jamais participé à la puissance et aux faveurs de la cour ; ceux qui se sont associés sans espoir de retour aux infortunes du monarque, et qui chaque année voyaient avec indifférence passer dans des mains étrangères les débris d'un patrimoine longtemps préservé par la médiocrité ; ces exilés volontaires, que le soin de leurs intérêts ne put détacher de la cause du malheur, seront-ils punis d'y être restés fidèles ? »

Le noble maréchal développa, dans la séance du 10 décembre 1814, la proposition qu'il avait faite dans la séance du 3 du même mois : « Les exilés, dit-il, reparaissent au milieu de nous, protégés par la vieillesse et le malheur ; ce sont des espèces de croisés qui ont suivi l'oriflamme en terre étrangère, et nous racontent ces longues vicissitudes, ces tempêtes qui les ont enfin poussés dans le port où ils avaient perdu l'espoir d'aborder. . . . .

............ Descendons dans nos cœurs, Messieurs, pour juger de nos semblables; plaçons-nous par la pensée dans la position que je décris; ajoutons au sentiment qu'elle nous inspirerait cette fierté compagne de l'infortune; reconnaissons des Français au calme du désintéressement de la plupart d'entre eux. »

Je me suis laissé entraîner au plaisir de rappeler ces généreuses et éloquentes paroles. Doivent-elles nous étonner? Notre collègue, qui a obtenu une gloire unique dans l'histoire, celle de recevoir le bâton de maréchal sur le champ de bataille, est un soldat français; il descend d'une famille d'exilés fidèle à ses rois : à ce double titre il sentait le prix des beaux sacrifices et de la loyauté malheureuse. Comme les émigrés, il n'apporta sur un sol étranger que son épée; la France accepta cette épée pour prix d'une patrie : le marché a été bon des deux côtés.

Il avait bien raison, le duc de Tarente, de vanter le désintéressement des exilés français! Nous les voyons tous les jours non pas vivre, mais mourir, à la porte de l'habitation paternelle qu'ils ne possèdent plus, sans exprimer un regret, sans élever un murmure : Dieu et le Roi l'ont voulu; ils obéissent. L'Irlande est encore agitée par les confiscations qui ont eu lieu il y a près de deux siècles, et la France est tranquille au milieu des terres aliénées dont les anciens propriétaires sont encore vivants. Qui le croira jamais? dans les champs de la Vendée, les acquéreurs de biens nationaux n'ont jamais été inquiétés. Le paysan royaliste, à peine à l'abri dans les ruines de sa chaumière, voit moissonner, sans le réclamer, le sillon que son héroïque père arrosa de son sang, quand il ne lui fût plus permis de le féconder de ses sueurs.

Un ancien chef des royalistes, M. le marquis de La Boissière, aujourd'hui membre de la Chambre des députés, qui prononça à la dernière session un magnifique éloge de la Vendée, fut obligé, après les Cent-Jours, de venir témoigner dans une affaire déplorable; il fit à la cour d'assises d'Angers cette déclaration que les anciens auraient gravée en lettres d'or, sur les tables de leur loi : « Le roi, dit-il, m'avait ordonné à Gand de faire respecter la Charte pendant la lutte qui allait s'entamer, et d'y faire revenir aussitôt qu'il se pourrait, alors que les circonstances auraient momentanément rendu impossible de s'y conformer. La crise finie, j'ai pu dire au roi : Sire, il n'y a pas eu d'infraction; si Votre Majesté avait prévu des impossibilités éventuelles dans l'exercice de la Charte, rien n'a été impossible à l'amour obéissant de vos Bretons. Victorieux dans la lutte au milieu du tumulte des armes, alors que toutes les infractions auraient été nécessairement excusées et couvertes, la surface de la Bretagne n'a pas offert un seul exemple d'un chef qui se soit permis un seul acte de propriété sur ses propres biens confisqués, *et entre les mains d'un ennemi de Votre Majesté portant les armes contre elle.* »

Louis XVIII connaissait bien ces vertus lorsque, voulant passer dans la Vendée, il écrivait ces magnanimes paroles au duc d'Harcourt : « Il n'y a rien à craindre pour le roi, qui ne meurt jamais en France. Si je reste en arrière, si je n'emploie pas non-seulement ma tête, mais mon bras, pour monter sur mon trône, toute considération personnelle, je la perds ; et si l'on pouvait croire que ce fût de mon plein gré que je n'ai pas joint mes fidèles sujets, mon règne serait plus malheureux que celui de Henri III. . .
. . . . . . . . . . . . . . . . . . . . . . . . . . . . . . . . . . . . . . . . . . . .
Que me reste-t-il donc ? La Vendée. Qui peut m'y conduire ? L'Angleterre. Insistez de nouveau sur cet article ; dites aux ministres, en mon nom, que je leur demande mon trône ou mon tombeau. »

M. le maréchal Macdonald estima à quatre milliards la valeur des biens nationaux de toutes classes, etc. Il supposa que les propriétés particulières frappées de confiscation formaient à peu près le quart de la confiscation générale.

Neuf cents millions lui parurent le capital de la rente à créer pour l'établissement d'une indemnité.

Il diminuait sur ce capital 300 millions payés aux créanciers des Français expropriés.

Il pensait que 300 autres millions devaient être déduits pour les levées des séquestres depuis vingt-trois ans.

Ces deux soustractions faites, 300 millions restaient pour base de l'indemnité. Enfin, différents calculs lui faisaient supposer qu'une création de rente de 12 millions suffirait à la mesure.

Des renseignements plus exacts, acquis dans la suite, ont démontré que les calculs de notre illustre collègue n'étaient pas tout à fait assez élevés.

Les Cent-Jours arrivèrent : l'ouragan qui passa sur la France produisit l'effet de ces vents qui répandent la contagion dans l'Orient. Il altéra les esprits les plus sains ; le délire était si grand que l'on se figura qu'un régicide pouvait être le ministre d'un roi dont il avait conduit le frère à l'échafaud. Au retour de Gand, on était presque un *contre-révolutionnaire* lorsqu'on rappelait la proposition de M. le duc de Tarente. Le mouvement dura dans toute sa force jusqu'à la mort de ce fils de France dont j'étais destiné à retracer l'histoire. Prince infortuné ! vous nous promettiez un grand roi. Vous aviez commencé dans les camps comme Henri IV ; vous deviez finir comme lui : vous n'avez évité de ses malheurs que la couronne.

Cependant, grâce à la protection de la Charte, le courage et la raison n'avaient pas été étouffés. La tribune et la presse avaient fait entendre la vérité à travers les erreurs du moment ; des écrits en faveur des indemnités avaient paru, et ils avaient réveillé les questions déjà examinées dans de premiers Mémoires publiés en 1814. Ces écrits se multiplièrent à mesure que les changements de ministres donnaient plus de vivacité ou d'indépendance à l'opinion. Parmi les ouvrages que j'ai lus avec fruit, et qui m'ont servi à me confirmer dans mes sentiments, il faut distinguer, entre plusieurs autres également utiles, une discussion solide sur *la Nécessité et la Légalité de demandes en indemnités*, par un homme de lettres ; plusieurs digressions savantes et lumineuses sur *la Restitution des biens des émigrés*, sur *le Rétablissement des rentes foncières*, sur *les Moyens de faire cesser la différence qui existe dans l'opinion entre la valeur des biens patrimoniaux et des biens dits nationaux*, etc., par un jurisconsulte ; enfin, une petite brochure sur *la Propriété*, par un vieillard célèbre ; brochure où l'on trouve, sur la nature de la propriété foncière et le caractère de la propriété industrielle, quarante pages qui sont un véritable chef-d'œuvre.

Cependant la question n'était pas arrivée à son point de maturité, et l'auteur du dernier écrit que je viens de citer fut mis en jugement. M. de Richelieu ne perdait pas néanmoins de vue l'indemnité des émigrés : il en faisait le rêve glorieux de son ministère. Des recherches furent ordonnées pour constater le montant des biens vendus ; il paraît même que M. de Corvetto rédigea un projet de loi.

M. de Richelieu quitta le ministère ; un écrit dont on avait autorisé l'impression pour être distribué aux deux Chambres fut mis à l'écart : c'était une maxime du jour, que plus on est soupçonné d'être attaché à la monarchie légitime, moins on a de force pour la servir.

Le dernier roi, qui voyait sa fin approcher et qui voulait achever sa gloire, sentit que le moment de nos triomphes en Espagne était favorable à la demande des indemnités ; que le drapeau blanc rapporté par les mains victorieuses du prince libérateur pourrait servir d'appareil aux dernières plaies de la révolution. La pensée royale, glissée dans une loi que repoussait l'opinion publique, fut sans effet ; et le chef de l'opposition royaliste dans la Chambre populaire enleva aux ministres l'initiative de la proposition la plus honorable. Par un effort qui dut leur coûter, ils se virent même obligés de la combattre ; ou du moins ils se retranchèrent dans une de ces promesses vagues que, selon les temps, on remplit ou l'on oublie.

Dans cet historique de la loi projetée, vous reconnaîtrez comme moi, mon noble ami, l'heureuse influence de ces institutions qui nous ont sauvés, et qui porteront la France à son plus haut point de prospérité, si quelque génie fatal n'en corrompt les principes.

Dans un gouvernement constitutionnel, mettez un projet en avant ; l'opinion s'en empare, le discute : s'il est utile, la majorité finit par se déclarer en sa faveur, et les hommes d'État n'ont plus qu'à exécuter ce qui est devenu le vœu du public.

Ainsi, dans l'espace de dix années, s'est élaborée l'idée d'une indemnité à donner aux propriétaires dépouillés : la chose même qui avait semblé dangereuse paraît salutaire, et l'on en est venu à ce point que tout le monde demande aujourd'hui la loi que presque personne n'osait d'abord espérer. Tels sont les triomphes de la liberté de la presse; telle est l'excellence de la monarchie représentative.

Mais qui ne tremblerait, mon noble ami, en voyant que l'autorité ministérielle n'a encore rien fait connaître de ses projets sur la loi des indemnités? On pourrait même supposer qu'elle a craint qu'on les devinât, car elle a eu soin de faire démentir par un article inséré au *Moniteur* les bruits qui circulaient dans Paris. Nous sommes à vingt jours de l'ouverture de la session, et le public ignore une loi qui touche à la propriété des deux tiers de la France. Cette loi devrait être l'objet de discussions politiques ; la presse périodique l'aurait dû saisir, pour en travailler les éléments, pour en rendre les débats moins obscurs à la tribune : point; tout reste secret.

Il en serait donc de cette loi comme de celle des rentes? On la jetterait donc tout à coup au milieu de la Chambre élective? Une loi si compliquée, qui demande des connaissances si spéciales, des études si profondes, serait donc livrée à des esprits non préparés? Si elle était bonne, tant mieux ; si elle était mauvaise, tant pis : elle n'en serait pas moins présentée. Viendrait-on nous dire : « Comme vous voudrez, c'est à prendre ou à laisser? Vous n'en voulez pas? très-bien : il n'y aura pas d'indemnité pour les émigrés. Cela vous convient-il ? » Et ainsi, le pistolet sur la gorge, on se verrait comme forcé d'adopter une loi peut-être désastreuse, une loi qui n'irait pas à sa fin, ou qui serait créée dans des intérêts étrangers au but que l'on doit désirer d'atteindre.

Il serait fâcheux d'être obligé de supposer qu'il existe dans l'administration un esprit antipathique à la Charte, un esprit qui a horreur de la publicité, et qui ne peut se résoudre à reconnaître la puissance de l'opinion. En attendant que l'on déchire les voiles, et que l'on nous frappe d'une loi comme d'un coup d'autorité, il n'y a qu'une chose à faire pour être utile : c'est d'examiner ce qui pourrait contribuer à vicier les bases de la loi projetée, ou à en consolider les fondements.

Je conçois l'embarras bien naturel de l'administration ; la matière est difficile à traiter, si l'on ne veut pas sortir des anciens systèmes. L'administration sent aussi qu'elle n'a pas l'honneur d'un projet de loi qui commence à M. le duc de Tarente et finit à M. le comte de La Bourdonnaye, après avoir été demandé, discuté par tous les écrivains royalistes. Ce projet, qui sans doute est dans les intentions de l'administration, mais qui pourtant a l'air de lui être arraché, ne doit pas produire chez elle l'amour que l'on a pour son propre ouvrage, l'ardeur que l'on met à exécuter son propre dessein.

Une des choses les plus funestes serait, relativement à la loi en question, de se laisser surprendre par ce qu'on appellerait un projet *simple*, renfermant dans un court énoncé les combinaisons de l'arbitraire. Le projet de loi de la réduction des rentes était aussi très-bref, et l'on a vu tout ce qu'il contenait de long.

La loi des indemnités doit être une loi détaillée, une espèce de code de la propriété, dans laquelle, autant que possible, il ne faut rien souffrir de processif, d'obscur et de douteux. Si l'on venait nous dire, par exemple :

« Un crédit de 600 millions, plus ou moins, sera ouvert au ministre des finances pour donner une juste indemnité, etc.; » si le projet, après avoir fixé une ou plusieurs bases variables de l'estimation des biens, après avoir tranché la question des créanciers antérieurs à l'émigration, renvoyait tout le reste à des règlements administratifs, il ne pourrait être voté qu'avec le plus grand péril pour les propriétaires et pour l'État.

Un pareil projet ne serait qu'une lettre de 600, de 800 millions, livrée à un homme. Ne demandons point de blanc-seing pour les confiscations ; il serait aussi nuisible qu'il l'eût été pour l'affaire des rentes, et c'est déjà trop d'en avoir donné un pour les bons royaux. De cet aveugle abandon de la fortune publique découlerait une source inépuisable d'arbitraire.

Arbitraire dans la forme à établir pour la vérification et la discussion des titres, puisque la loi se tairait sur ce sujet, et n'indiquerait ni les moyens d'examen, ni les recours en appel.

Des commissions seraient nommées pour régler ces affaires ; mais ne le sont-elles pas sur la présentation du ministre ? Que d'abus pourraient se glisser dans de pareilles commissions !

Arbitraire dans l'ordre d'admission des liquidations. Cet ordre pourrait être fait au gré du caprice, de l'intérêt, de la faveur, de l'intrigue, de la corruption même qui se mêle à tout : les riches pourraient passer avant les pauvres, les grandes fortunes à moitié retrouvées avant les petites fortunes tout à fait perdues.

Il en serait peut-être d'un émigré comme d'un commis ; il faudrait savoir comment il pense, comment il vote ; et de même qu'on renvoie un magistrat parce qu'il a écouté la voix de sa conscience, de même on éconduirait un fidèle serviteur du roi, qui n'aurait conservé de tous ses biens que son indépendance.

Un vieux gentilhomme de l'armée de Condé, chargé d'années, couvert de blessures, pourrait se voir préférer l'intrigant qui aurait fait de son exil un temps de plaisir sur le pavé des capitales de l'Europe.

D'une loi qui doit être l'honneur du règne de Charles X, comme la Charte a fait la gloire du règne de Louis XVIII ; de cette loi qui doit fermer les dernières plaies de la révolution, on ferait une loi fiscale dans un intérêt privé.

Cette loi, flétrie dans sa fleur l'année dernière par la seule idée de l'accoler à la loi des rentes, serait séchée cette année dans sa racine. Le ministère des finances deviendrait une espèce de mont-de-piété où l'émigration porterait ses vieux gages ; on ferait *une affaire* sur un nantissement fourni par des malheureux. Les lambeaux de la France, rassemblés et convertis en papier, iraient enrichir ceux qui entendent le négoce des dépouilles.

Encore ne fournirait pas qui voudrait sa part à ce commerce : l'exilé de province transmettrait à la préfecture de son département ses titres, qui seraient envoyés à Paris, où ils resteraient ensevelis dans les bureaux, en attendant qu'un protecteur vînt en secouer la poussière. Dans notre manière actuelle d'administrer, combien il faut d'écritures pour réparer une ruine ! En faudrait-il autant pour secourir un homme ? Mais l'homme n'attend pas comme la ruine, et tombe plus vite qu'elle.

On conçoit que, dans les idées qui dominent, la perfection du système serait d'appeler les liquidations de l'indemnité à Paris, de centraliser jusqu'à nos malheurs ; on conçoit que des administrateurs aimeraient assez à devenir des notaires universels, qui, tenant dans leur cabinet tous les titres des propriétés de la France, seraient chargés des intérêts de toutes les familles. Ils pourraient se servir de l'importance que leur donnerait cette position pour se perpétuer au pouvoir, malgré l'opinion et presque malgré la couronne. Mais cela peut-il convenir à la monarchie, à la France? Six cents, huit cents millions à la disposition d'un seul homme et de ses agents ! Moyens d'influence d'autant plus dangereux, que l'on vient de détruire tous ces contrôles si bien organisés par Buonaparte, et qui rendaient les mécomptes presque impossibles.

Singulier rapprochement ! il arriverait, à la fin des confiscations pour les biens rachetés, ce qui est arrivé au commencement pour les biens vendus. La Convention, voulant se débarrasser des plaintes et des réclamations relatives aux ventes des biens des émigrés, décréta : « Que toutes les pétitions et questions relatives à ces ventes seraient exclusivement renvoyées au comité des finances, section des domaines (1$^{er}$ fructidor an III). »

Hâtons-nous de publier une loi que la religion, la morale, l'honneur, l'humanité, la politique réclament également ; mais ne faisons pas d'une loi de justice et de probité une loi d'immoralité et d'agiotage, et surtout ne créons pas par cette loi une dictature incompatible avec la royauté.

La loi des indemnités doit être considérée sous deux rapports : sous le rapport civil, et sous le rapport financier.

Sous le premier rapport, elle doit être élaborée par des jurisconsultes habiles et des magistrats intègres. Ce ne sont pas là des matières que l'on travaille avec quelques commis, au milieu des autres embarras d'une administration sous laquelle on succombe.

Cette loi doit être pénétrée de l'esprit du nouveau et de l'ancien droit français, puisqu'elle doit toucher à toutes les questions de l'ancienne et de la nouvelle jurisprudence.

Elle doit énoncer les héritiers et leurs ayants-cause dans la succession directe ou collatérale, jusqu'à un terme qu'elle fixera.

Dire que les parties se pourvoiront devant qui de droit, c'est consommer la ruine des hommes qu'on veut secourir.

Dire que l'on règlera tout cela par des ordonnances, selon l'échéance des cas, c'est dire qu'on fera justice quand il n'en sera plus temps, qu'on donnera la règle quand la règle aura été transgressée. Et où appellerait-on d'une ordonnance ministérielle? au conseil d'État? Mais le conseil d'État ne doit juger qu'en matière contentieuse et non en matière civile : c'est devant les tribunaux qu'il faut aller, et la loi seule peut en ouvrir les portes.

On pourrait prendre les ministres à partie? Oublie-t-on qu'il faudrait en obtenir l'autorisation du conseil d'État? que les membres du conseil d'État sont amovibles et dans la dépendance des ministres? C'est parcourir le cercle vicieux.

Quelques personnes pensent qu'au lieu d'une loi *simple* ou d'une loi *détaillée*, il faudrait faire trois ou quatre lois réglant la matière. Dangereuse idée s'il en fut! S'il advenait qu'une, ou deux, ou trois de ces lois fussent rejetées, et que la quatrième passât, que deviendrait-elle? comment serait-elle exécutée?

Si cette seule loi admise était (comme c'est probable) celle même qui renfermât le principe de la loi, il arriverait, ou que ce principe ne serait qu'un énoncé stérile, sans résultat pour les expropriés, ou qu'au défaut des lois corrélatives, ce principe serait mis en mouvement par des règlements, et l'on retomberait ainsi dans le gouffre de l'arbitraire administratif.

Ce système de plusieurs lois séparées peut convenir à ceux qui voudraient se débarrasser de l'exécution d'une loi capitale, en se contentant de l'honneur d'en faire voter le principe, ou à ceux qui voudraient s'emparer du principe, en se dégageant de toute contrainte pour l'exécution : cette piperie doit être surveillée.

On parle encore d'un autre système; ce serait de payer les indemnisés en 3 pour 100 au taux de 75, et de donner en même temps aux rentiers l'option de prendre les 3 pour 100 au même taux ou de garder leur 5 pour 100 ; dans ce dernier cas, la caisse d'amortissement n'opérerait plus sur les 5 pour 100, mais seulement sur les 3 pour 100. De plus, sitôt qu'un *transfert* dans les 5 pour 100 aurait lieu, soit par vente ou succession, ladite rente transférée serait forcément convertie en 3 pour 100.

Il n'y a rien à dire contre ce projet, sinon qu'il serait illégal et injuste. La caisse d'amortissement n'a point été créée pour éteindre une dette particulière ou pour soutenir un fonds particulier, mais pour agir sur toutes les rentes en général. L'affecter uniquement aux 3 pour 100, ce serait créer un privilége aux dépens des 5 pour 100. Qu'ont donc fait ces malheureux rentiers possesseurs des 5 pour 100 ? De quel crime se sont-ils rendus coupables pour être toujours menacés ainsi par la loi ? La caisse d'amortissement, agissant sur une seule espèce de rentes, produirait des hausses énormes et spontanées, suivies de baisses aussi terribles, qui renouvelleraient une partie des accidents du système de Law. Le public ne verrait dans ce projet que la consolation et le dédommagement de la loi sur la réduction des rentes.

Et pourquoi les porteurs des 5 pour 100 ne pourraient-ils vendre et acheter, sans être forcés à un rachat d'une espèce particulière ?

Qu'ils gardent leurs fonds, dit-on, et ils auront leurs 5 pour 100. S'ils veulent jouer, on a le droit alors de leur dire que l'État a besoin de baisser l'intérêt de l'argent.

Voilà une autorité ministérielle bien scrupuleuse : elle ne veut pas que l'on joue, et elle établirait une immense table de jeu ! Ce serait donc à son profit seulement ? Mais les rentiers, dont une partie ont été dépouillés par des réductions et des banqueroutes, seraient-ils si coupables de chercher à user du crédit public pour retrouver leurs capitaux, sans perdre en même temps leurs intérêts ? C'est d'ailleurs une violation manifeste du droit de propriété, que de vouloir forcer le propriétaire à garder cette propriété ou à la vendre dans une forme imposée : c'est aller contre tous les principes des lois.

On pourrait acheter des 3 pour 100 : on ne pourrait donc plus acheter des 5, puisque les 5 ne pourraient être vendus sans être convertis en 3 ? Ou, pour parler plus clairement, les 5 pour 100 ne seraient plus transférables ; ils s'éteindraient nécessairement dans un temps donné, et c'est ce qui explique pourquoi ils n'auraient plus besoin de l'action de la caisse d'amortissement. Qu'est-ce que tout cela ? Pourquoi toutes ces inventions, et qu'ont-elles de commun avec la mesure qui doit réparer une grande injustice ?

Quant aux indemnisés, en leur donnant des rentes à 3 pour 100, comme 100 fr. à 3 pour 100 ne valent que 75, selon les idées qui dominaient dans le projet de la réduction des rentes, et qu'elles ne valent que 65 fr. à la Bourse au taux actuel des 5 pour 100, il est évident que l'indemnisé qui recevrait 100,000 fr. en 3 pour 100 ne toucherait réellement que les trois quarts ou même que les deux tiers de cette somme.

Si donc le montant des indemnités, défalcation faite des dettes payées par le gouvernement, est de 600 millions, en donnant cette somme en 3 pour 100 au pair, on ne paye plus aux indemnisés que 400 millions. Il y aurait déception manifeste dans ce mode de payement; la perte du malheureux indemnisé s'accroîtrait encore de sa propre détresse, qui l'obligerait à vendre promptement son effet au négociateur assez riche pour le garder.

Et si, d'une autre part, les rentiers devenaient les héritiers forcés des 3 pour 100, il arriverait que, par une combinaison au moins singulière, on ne donnerait pas aux expropriés ce qui leur est dû, et on ôterait aux rentiers quelque chose de ce qu'ils ont.

Enfin, par quelle fatalité faudrait-il encore que le sort des expropriés se trouvât lié à celui des rentiers? Quoi! toujours écartant les simples idées de morale et de justice, on s'obstinerait à ne chercher dans la loi des indemnités qu'une double opération, et l'établissement d'un jeu de hasard!

La bonne foi a aussi son habileté et son influence : une loi grave, sincère, lucide, dont tout le monde verrait le fond et pénétrerait la pensée, serait selon moi plus favorable au crédit que les combinaisons les plus déliées de l'agiotage.

Deux idées fixes, mon noble ami, dominent aujourd'hui notre système de finances : ne pas toucher à la caisse d'amortissement; créer des valeurs au-dessous de 5 pour 100, pour faire baisser le taux de l'intérêt dans le commerce.

Idées également erronées : la caisse d'amortissement est trop forte; et ce n'est pas l'État qui peut agir sur la réduction de l'intérêt de l'argent dans le commerce, mais le commerce qui doit amener l'abaissement du taux de l'intérêt pour l'État.

J'ignore ce que fera l'administration; je ne la cherche point dans les ténèbres : je serai charmé qu'elle dise, quand j'attaque de fausses théories, que tels ne sont point ses projets, et que j'ai poursuivi des fantômes : que la loi soit bonne, voilà tout! Mais pourtant il faut bien admettre que l'on fera un emprunt, ou que l'on aura recours à la caisse d'amortissement pour les indemnités, car il n'y a que ces deux manières de procéder.

Et c'est ici qu'un vrai Français doit déplorer la position fâcheuse où la précipitation a placé le pouvoir administratif. Si ce pouvoir fait un emprunt, les objections les plus graves s'élèvent de toutes parts. S'il puise à la caisse d'amortissement, il se soumet donc à toutes les idées qu'il a si obstinément combattues? Combien de fois n'a-t-il pas déclaré que toucher à la caisse d'amortissement serait toucher à l'arche sainte? Et il commettrait le sacrilége! Alors pourquoi le fracas de l'année dernière? Pourquoi ces cris contre les ennemis, ces séparations violentes des amis, si l'on était réduit à faire ce que l'on refusait d'entendre? Jadis on a prononcé les plus beaux discours contre la censure, et l'on a établi la censure; naguère on a tout brisé pour repousser un système de finances qu'on admettrait aujourd'hui. Mais qu'importe que l'on se contredise, pourvu que les contradictions soient au profit de la liberté et de la prospérité de la France !

En jetant un regard sur la partie financière du projet de loi, telle qu'on peut la concevoir sans recourir à des combinaisons extraordinaires, on trouve d'abord que M. le duc de Tarente avait proposé, article 4 de sa résolution : « Que la quotité des rentes à créer en faveur des anciens propriétaires fût évaluée, ou sur le tiers du revenu (valeur de 1790) des biens aliénés, et, dans ce cas, les créanciers des propriétaires desdits biens seraient réduits au tiers ; ou sur le pied de 2 et demi pour 100 du capital desdits biens, à la même époque de 1790, et, dans ce cas, les créanciers non liquidés conserveraient leurs droits ; bien entendu que, dans les deux hypothèses, il serait fait sur la valeur desdits biens défalcation des créances éteintes par la liquidation. »

Quoi qu'il en soit, la loi, mon noble ami, devra d'abord stipuler que les propriétaires dépossédés seront, si la chose est possible, dédommagés intégralement de la perte de leurs biens ; autrement, elle ne remplirait son objet qu'à moitié. L'homme d'État doit considérer beaucoup moins le but d'une justice particulière, le soulagement accordé au malheur et à la fidélité, que la consécration du principe de l'inviolabilité de la propriété.

Considérez que, même avec l'indemnité intégrale (dans les cas où elle ne dépassât pas les bornes du possible), vous auriez fait suffisante et bonne justice, mais vous n'auriez pas tout rendu, vous n'auriez rendu ni l'usage de l'immeuble ni les fruits de la terre ; vous n'auriez rendu au propriétaire ni son berceau ni sa tombe. Ce champ, dont il tirait sa considération, qui fournissait à ses modestes besoins comme à ses honnêtes plaisirs ; ce toit, où s'attachaient les traditions de sa famille et de son enfance, les souvenirs du passé, les espérances de l'avenir, seront-ils remplacés pour lui par une rente sur le grand-livre ? C'est bien assez qu'il perde tout cela sans lui retenir encore une portion de son capital ; c'est bien assez qu'il cesse d'être un paisible cultivateur pour devenir un joueur à la Bourse.

Il n'est pas donné à l'homme de réparer ce qui est irréparable, mais il est en son pouvoir d'être juste, autant qu'une inflexible nécessité peut le permettre. Pour quelques millions de plus, on ne doit pas mutiler une opération qui, si elle ne ferme pas la dernière plaie de la révolution, pourrait les raviver toutes. Qu'on y songe sérieusement, il y va peut-être du salut de la France !

L'indemnité intégrale (que j'aime à supposer possible) étant arrêtée, la manière la plus franche, la plus claire, la plus morale de payer cette indemnité, est de transporter au propriétaire dépouillé des rentes rachetées par la caisse d'amortissement.

Dans ce projet, point d'émission d'un nouveau papier, point d'impôt, point d'emprunt, par conséquent point de compagnie de banquiers entre l'État et les propriétaires indemnisés, point de traités secrets, point de ces conditions qui dévoreraient une partie des fruits de la mesure : rien de mystérieux, de menaçant, de louche dans ce grand acte de justice royale et nationale. Ce n'est pas ici une opération de banque, c'est une mesure législative, c'est pour ainsi dire la reconstruction des bases de la société.

Maintenant, si l'on suppose que l'indemnité s'élève à 30 millions de rentes, il en resterait encore dans la caisse plus qu'il n'en faut pour un fonds d'amortissement, et on pourrait encore ôter à cette caisse quelques millions de rentes, en diminution des contributions directes.

Il y a quelque chose d'étrange dans l'idée de créer de nouvelles rentes, au lieu de faire usage de celles acquises par la caisse d'amortissement. C'est comme si un particulier, après avoir fait des économies sur son revenu, et se trouvant avoir besoin d'une somme d'argent, aimait mieux charger sa terre d'une nouvelle hypothèque que de recourir à ses économies.

Prétendra-t-on que l'État emploie ses économies, puisqu'il les applique à l'amortissement de ses anciennes dettes? N'est-ce pas chercher à se tromper soi-même que d'avoir la prétention d'acquitter d'anciennes dettes, quand on en contracte de nouvelles?

En outre, l'État est dans une plus mauvaise situation que ne serait un particulier qui agirait de la sorte : un particulier ne rend jamais que la somme qu'il a empruntée, avec les intérêts échus ; mais, par le système de l'amortissement, l'État doit toujours racheter la dette publique à un taux plus élevé que celui auquel elle a été livrée.

Si le gouvernement a besoin de 30 millions de rentes, en supposant qu'il fasse une création d'autant de rentes, et qu'il les rachète au même prix qu'il les a émises, il est évident qu'il ferait aussi bien de les prendre dans la caisse d'amortissement, puisqu'il éviterait les frais d'un double emploi.

Et si, comme cela ne manquera guère d'arriver, il rachète les nouvelles rentes avec la caisse d'amortissement à 10 ou 20 pour 100 au-dessus du prix de leur création, il est clair qu'il perd la différence entre les deux prix.

L'objection contre le système de diminuer le fonds d'amortissement, en y puisant les rentes nécessaires aux indemnités, est que cette réduction de la caisse occasionnerait une baisse dans la rente, et qu'ainsi le gain que l'État paraîtrait avoir fait serait illusoire.

D'abord une assertion n'est pas une chose prouvée, et la vraisemblance d'une baisse considérable n'est pas démontrée. Maintenant que le gouvernement français est aussi solidement établi qu'aucun autre en Europe, et que son crédit est égal à sa force, peut-on croire qu'il faille une caisse d'amortissement dotée de près de 80 millions pour soutenir 140 millions de rentes à 5 pour 100, au pair ou un peu au-dessus, et cela quand les 3 pour 100 en Angleterre sont à 96 ?

Mais quelque hasardée que soit cette opinion, la question n'est pas là; il s'agit de savoir si une création de 30 millions de rentes nouvelles, avec la caisse d'amortissement actuelle, ne ferait pas baisser le taux de la rente autant que si, sans aucune création nouvelle, on diminuait de 30 millions la dotation de la caisse, et qu'on les donnât pour l'indemnité. L'expérience prouve que le crédit public ne suit pas nécessairement le mouvement de la dette nationale. C'est depuis que nos voisins ont diminué de moitié la dotation de leur caisse d'amortissement, que les 3 pour 100 ont monté si prodigieusement en Angleterre.

Mais, dira-t-on, non-seulement vous diminuez la caisse d'amortissement de 30 millions, mais vous remettez en circulation 30 millions de rentes rachetées. En couvrant la place d'une aussi grande quantité d'effets de même valeur que ceux qui s'y négocient, comment espérez-vous éviter une baisse ?

Les 30 millions de rentes ne seront pas jetés à la fois sur la place, puisqu'ils ne peuvent être émis qu'au fur et à mesure des liquidations. Supposez que vous preniez sept ans pour écouler ces 30 millions ; en les divisant en portions égales, cela vous donnera à peu près, pour chaque année, une émission de 4,285,714 francs, émission que les fonds peuvent très-bien porter sans en être matériellement affectés.

Mais ceci nous fait voir que la quotité successive et régulière de l'émission de rentes doit être déterminée par la loi, dût-elle être dans l'année au-dessus ou au-dessous des liquidations épurées. Dans l'un ou dans l'autre cas, ou l'argent dormirait à la caisse des consignations, ou le propriétaire, dont la liquidation serait établie, attendrait à l'année suivante. Je dirai bientôt comment les intérêts de ce propriétaire devraient être ménagés.

Rien ne serait plus dangereux qu'une émission de rentes spontanée, menaçant toujours la Bourse, et qui dépendrait de la volonté d'un homme. Quelle que fût la pureté de cet homme, il saurait d'avance la quantité de rentes nouvelles qui doivent venir chaque matin ou chaque mois au marché, et par conséquent il lui serait aisé de calculer le prix auquel elles se vendraient. Comme cet homme ne pourrait pas être seul dans le secret, on peut juger quel parti pourraient tirer de ce secret ceux qui en auraient connaissance.

Il faut donc que la loi brise ce levier de puissance et d'agiotage, sans quoi la fortune de l'État et celle des particuliers seraient à la merci de cette probité humaine qui n'est pas toujours un sûr rempart contre les tentations.

Toutefois, quoique la liquidation ne puisse et ne doive être que successive, il serait juste que les intérêts de ces liquidations présumées courussent à dater de la promulgation de la loi. Autrement, il arriverait qu'il y aurait une différence de pertes et de bénéfices considérable entre le propriétaire qui serait indemnisé la première année de la liquidation et celui qui ne le serait que la dernière.

Il faut aussi que la rente soit donnée aux indemnisés à un taux fixe, au pair, quel que soit celui de la Bourse ; sans cela un indemnisé recevrait plus ou moins qu'un autre, selon l'époque où sa créance serait liquidée.

Une fois que la loi aura déclaré que les 30 millions pris dans les rentes rachetées par la caisse de liquidation sont destinés aux indemnités, ils n'appartiennent plus à cette caisse. Ils doivent en être séquestrés et déposés à la caisse des consignations. Cette caisse en recevra les valeurs ; et l'État, devenu le tuteur de l'indemnisé, lui tiendra compte, au jour de la liquidation, de sa créance.

Une loi dont l'exécution sera successive, amènera des accidents qu'il faut prévoir : il arrivera, par exemple, que le droit d'une famille s'éteindra avant que cette famille ait été liquidée par la mort de l'héritier placé au degré de successibilité admis. Il arrivera que tel immeuble sans réclamants retrouvera tout à coup un propriétaire. Ces bonifications ou ces déchets doivent trouver un emploi ou une ressource : la loi doit y pourvoir.

Si l'ordre des liquidations doit être fixé, un terme fatal doit être prescrit. La France doit mesurer sa générosité à sa force ; on ne peut pas la tenir éternellement sur le bord d'une dette sans fond.

Il ne peut pas être question de faire une confusion des dettes liquidées sur le prix des immeubles vendus ; chaque indemnisé doit supporter le poids de sa dette personnelle, et ne pas s'en décharger sur son voisin, qui ne devait rien.

Mais enfin, malgré tout ce que j'ai allégué de contraire, voudrait-on, dans la loi des indemnités (sous prétexte d'empêcher une chute de fonds), avoir recours à ces opérations compliquées, à ces revirements de parties, à ces concurrences de valeurs, à ces espèces d'escamotages qui trompent la foule ébahie? Soutiendrait-on toujours que les 5 pour 100 seraient affectés en baisse par la remise en circulation dans l'espace de quelques années de 30 millions de ces 5 pour 100? Il y a un moyen honnête d'en faire hausser le prix, et ce moyen je le présente en toute confiance.

L'année dernière on avait mêlé l'idée d'une indemnité en faveur des propriétaires dépouillés au projet de la réduction de la rente : faites le contraire aujourd'hui : en même temps que vous demandez l'indemnité, déclarez que vous n'agiterez point la question de la rente avant l'expiration du nombre d'années nécessaires à la liquidation de l'indemnité : à l'instant même les fonds publics s'élèveront, et vous ferez bénir le roi, et vous aurez un crédit immense.

On a été un peu vite dans la solution des problèmes de finances les plus ardus : c'est ainsi qu'on a décidé avec une grande hauteur que la rente était remboursable. L'article du Code qui déclare que toute rente établie à perpétuité est essentiellement remboursable, pourrait fort bien être combattu par l'article de la Charte qui déclare que la propriété est inviolable, et par celui qui établit (article 70) que *la dette publique est garantie, et que toute espèce d'engagement pris par l'État avec ses créanciers est inviolable.* En Angleterre, les intérêts commerciaux règlent communément ces matières : en France, peut-on partir du même principe ?

La rente, parmi nous, est moins un bien meuble qu'un immeuble. Elle représente aussi souvent le revenu d'un champ ou le fonds de ce champ vendu et converti en argent, qu'elle représente les profits de l'industrie : son origine la rattache aux lois qui gouvernent la propriété territoriale.

Si la rente est un bien meuble, que signifie l'article de la Charte déjà cité sur la garantie de la dette publique? L'établissement des majorats en rentes ne prouve-t-il pas que, du moins dans certains cas, la rente est considérée comme immeuble?

Remarquons ensuite que toutes les rentes constituées avant le seizième siècle n'étaient jamais remboursables : la portion de rentes qui reste de cette espèce est donc de droit non remboursable.

Au commencement du seizième siècle, le parlement décida que, dans certains cas particuliers, les rentes seraient remboursables; mais il prononça sur l'espèce et non sur le genre, lequel resta soumis au même principe, en vertu de la maxime de droit. Aussi voyons-nous, sous Louis XV, qu'un emprunt fut déclaré *remboursable,* ce qui suppose que les autres ne l'étaient pas.

On a voulu que le mot *consolidé*, emprunté des Anglais, signifiât *confusion, agglomération.* Il est pourtant certain qu'on ne l'entendit point ainsi dans l'origine. Nos 5 pour 100, appelés par Buonaparte *les 5 pour 100 consolidés,* s'appelaient auparavant le *tiers consolidé;* et certes on ne peut pas dire qu'il y avait agglomération de fonds dans une propriété dont on volait les deux tiers. Il est évident que ce mot *consolidé* était employé pour rassurer le rentier, et pour lui persuader qu'on ne lui ferait pas banqueroute du reste. Mais voici des documents qui tranchent la question, et qui auraient produit une grande sensation s'ils eussent été fournis au moment de la discussion sur la réduction de la rente.

Le 8 vendémiaire an VI (29 septembre 1797), M. Crétet, chargé du rapport sur le projet de loi de finances, après la banqueroute, s'exprima ainsi dans le Conseil des Anciens :

« C'est une vérité sentie par tous ceux qui connaissent les allures du crédit public, que la portion de la dette *bien consolidée* pourrait un jour se vendre beaucoup au delà du pair, parce qu'elle est la mieux fondée de toutes celles qui existent en Europe. »

Il est d'abord évident que l'idée de la rente *remboursable* ne s'offrait même pas au rapporteur, et qu'il s'adressait à des législateurs également persuadés qu'elle ne l'était point.

Quatre ans après, lors de la présentation de la loi du 24 floréal an x, qui donne le nom de 5 *pour 100 consolidés* à la partie de la dette perpétuelle, le même M. Crétet prononça ces paroles devant le Corps législatif :

« L'individu qui confie sa fortune au gouvernement compte sur deux choses : la stabilité de sa créance, et le payement exact des intérêts......... Cette définition est justifiée par le projet de loi qui, en affectant les produits de la contribution foncière au payement des intérêts de la dette perpétuelle, en consacre *la consolidation* par une délégation immuable. »

Ces paroles sont-elles équivoques ?

Enfin, le même orateur, soutenant le projet de loi dans la séance du 24 floréal, s'énonça encore avec plus de clarté, et dit :

« La dette perpétuelle se compose de la fortune du créancier et de celle de sa postérité ; elle admet l'emploi des deniers dotaux et pupillaires, de ceux des établissements publics et des communes ; caractères qui la placent dans l'ordre des choses le plus à surveiller par la loi et par le gouvernement. Cette dette N'ÉTANT POINT REMBOURSABLE, elle serait une richesse inactive si les créanciers ne pouvaient la transmettre qu'avec un désavantage ; autre circonstance qui commande à la loi d'en protéger la valeur vénale. »

Telle a été la doctrine à l'égard de la dette publique sous la république et sous l'empire. Cette dette était tenue NON REMBOURSABLE. C'est le même orateur qui, parlant au nom du gouvernement, proclame trois fois le même principe. Par quel malheur, par quelle déplorable fatalité, ce principe serait-il abandonné sous la monarchie légitime ?

Je dois remercier ici, mon noble ami, un de nos collègues : il avait rassemblé ces documents pour soutenir un amendement qu'il comptait proposer lui-même dans cette discussion financière qui a fait un si grand honneur à la Chambre des pairs, et il a bien voulu me les communiquer. Son discours, qui n'a point été prononcé, et dont j'ai le manuscrit sous les yeux, renferme cette apostrophe remarquable :

« Que dites-vous, Messieurs, de cette doctrine (la doctrine énoncée au Corps législatif et au Tribunat) ? Que dites-vous de ces expressions ? sont-elles assez positives, assez formelles, assez explicatives en faveur de ces malheureux rentiers qui, ayant subi la réduction de la moitié de leur créance lorsqu'elle ne se montait qu'au-dessous de 600 francs de rente, et des deux tiers lorsqu'elle était au-dessus, recevaient, par la dénomination même conservée dans la nouvelle loi, la confirmation consolante d'un principe qui ne leur permettait plus de craindre à l'avenir des dispositions semblables à celles que nous discutons aujourd'hui ? »

Voilà, mon noble ami, des faits qui peuvent conduire à de graves réflexions; maintenant il faut convenir avec candeur qu'ils n'étaient pas généralement connus l'année dernière. Au milieu d'une discussion animée, on n'avait pas eu le temps d'approfondir la matière ; les esprits les plus sains, les hommes de la meilleure foi du monde purent hésiter, ou même avoir une opinion différente de celle qu'ils manifesteraient aujourd'hui. Lorsque le péril a été passé, et qu'on a regardé en arrière, l'étude et la réflexion ont fait voir des choses dont on ne s'était pas même douté. Puisse l'expérience nous corriger à jamais de ces improvisations de lois, qui peuvent avoir les conséquences les plus funestes ! Ce n'est pas à la tribune que l'on tranche ces importantes questions de droit, qui embarrassent les jurisconsultes les plus habiles.

A mon tour, je ne décide rien ; mais je crois mettre les choses dans une voie salutaire en demandant que le projet de loi soit précédé d'une déclaration, en vertu de laquelle la question de la réduction et du remboursement de la rente sera ajournée à dix ans. On pourrait même soutenir que la rente (et c'est mon opinion) ne doit être réduite que par l'effet de la caisse d'amortissement et par la dépréciation annuelle des espèces d'or et d'argent; dépréciation qui se précipiterait de plus de 30 pour 100 en peu d'années, si les mines du Mexique et du Pérou venaient à être exploitées par des compagnies européennes.

Tel est à peu près, mon noble ami, ce que j'avais d'important à vous dire sur le grand sujet des indemnités. Les détails demanderaient des volumes; j'ai choisi ce qu'il y a de plus solide dans la matière, et les bases que j'ai proposées peuvent, ce me semble, porter le monument.

1° Rembourser, autant que possible, intégralement les propriétaires dépossédés;

2° Mettre la loi en rapport avec le Code civil, et entrer dans les plus grands développements;

3° Ne point faire d'emprunt;

4° Payer les indemnités avec les rentes acquises par le fonds d'amortissement;

5° Fixer, année par année, l'ordre et la quotité des liquidations;

6° Déclarer qu'on ne s'occupera ni de la réduction ni du remboursement des 5 pour 100 (et j'espère qu'on ne s'en occupera jamais) avant le terme de dix ans;

7° Ne laisser rien, ou ne laisser que le moins possible à l'arbitraire dans la loi et dans l'exécution de la loi.

Or, pour arriver à cette heureuse fin, voici ce qui me paraîtrait le plus expédient :

Dans une affaire où il s'agit de la propriété presque entière du royaume, je ne connais aucun homme assez élevé en dignité, science et vertu pour la diriger : des ministres qui passent avec leur système ne sont point en rapport avec les intérêts permanents de la France.

Il n'y a que le père commun des familles, il n'y a que le chef d'une race antique, qui a vu naître l'ancienne propriété et qui voit se former la nouvelle ; d'une race qui veilla au berceau de la monarchie et qui présidera à ses dernières destinées, il n'y a que le roi, en un mot, dont l'autorité soit assez sacrée, le caractère assez impassible, l'esprit assez éclairé, le cœur assez haut, la parole assez sûre, pour que les Français remettent avec joie le sort de leur fortune aux mains de ce souverain arbitre. Investi de tout pouvoir, qu'il exécute la loi qu'il aura lui-même conçue ; qu'il descende dans nos propriétés ; qu'il vienne replacer la borne des héritages, et que, comme ses pères, il rende la justice à ses sujets au pied d'un chêne. Mais il faut qu'il soit assisté dans cette tâche royale : son conseil privé paraît naturellement appelé à cet honneur ; ne pourrait-on y adjoindre un certain nombre de prélats, de pairs, de députés, de magistrats et de conseillers d'État ?

Le roi, assisté de monseigneur le dauphin, et ayant sous lui le chancelier de France, présiderait les séances générales.

Le conseil privé, qui n'est presque d'aucun usage, trouverait ainsi une immense et noble occupation.

Dans le ressort de chaque cour royale, ne serait-il pas possible de former un comité composé du président et de quelques conseillers de la cour ? Des membres des conseils généraux des départements, sur lesquels s'étendrait la juridiction de cette cour, ne pourraient-ils leur être adjoints ? Les papiers et pièces relatifs aux liquidations ouvertes dans ces départements ne pourraient-ils être transmis à ce comité ? Le travail se ferait ainsi sous les yeux des parties intéressées, et chaque comité enverrait son travail à la section du conseil privé chargée de la correspondance.

La solennité de cette administration annoncerait la solennité de la mesure, et fixerait les regards des peuples, comme nous intéressés au maintien de la propriété.

Tant qu'il n'existera point de loi sur la responsabilité ministérielle, et que la responsabilité morale sera méprisée comme elle l'est aujourd'hui, puisqu'on se fait gloire de braver l'opinion, ce ne serait qu'avec une défiance fort naturelle que les intérêts majeurs de la société se verraient à la merci d'un pouvoir sans contrôle. Tout serait sincère, tout serait monarchique dans le projet que j'ai osé esquisser : il rattacherait par de nouveaux liens la France au roi, et le roi à la France.

C'est ainsi que le feu roi de Sardaigne, Victor-Emmanuel, avait nommé, par son édit d'indemnité, des commissions provinciales dans ses villes de Chambéry et de Nice, correspondant avec une délégation placée auprès de lui à Turin. Le roi régnant a conservé ces dispositions. Vingt et un articles composent l'édit royal, d'où l'on peut tirer d'excellentes choses. Ces princes de Savoie, dont le sang, mêlé à celui de Henri IV, coule dans les veines de monseigneur le dauphin, ont la gloire singulière de dédaigner le trône s'ils n'y trouvent l'honneur, d'arrêter les révolutions en refusant d'être leurs complices, et de conserver des couronnes en les abdiquant.

Autant, mon noble ami, la loi projetée serait pernicieuse, fatale, pleine de divisions et d'alarmes, si elle est mal faite, autant elle sera salutaire, heureuse, conciliatrice, si un esprit d'équité et de franchise préside à sa rédaction. Elle rétablira l'harmonie entre les citoyens; elle effacera les dernières traces révolutionnaires; elle ôtera aux esprits turbulents tout prétexte de troubles, tout moyen d'agir sur les intérêts et les passions.

La légitimité du trône se fortifiera des légitimités qu'elle aura fondées, et cessera d'être isolée dans la France de la république et de l'empire. On verra tarir à la fois la source et s'arrêter les conséquences des révolutions; car ce sont les spoliations de la propriété qui tentent les novateurs et éternisent les discordes.

N'apercevoir dans la loi attendue que des bannis et une affaire de finances, la repousser ou l'admettre par esprit de parti, c'est ne pas se placer assez haut pour la juger, c'est n'y rien comprendre.

Que les propriétaires dépouillés, que leurs enfants et leurs familles souffrent encore de la confiscation, ou qu'ils en aient reçu une sorte de dédommagement par des pensions et des honneurs; que ces propriétaires se trouvent aujourd'hui dans des places que les anciennes mœurs leur auraient autrefois interdites; qu'ils restent mécontents ou satisfaits de l'indemnité que l'État pourra leur accorder; on doit les plaindre s'ils sont infortunés, les congratuler s'ils sont heureux; mais la loi s'occupe d'un tout autre objet. Elle n'est point une loi de reconnaissance de la couronne, de grâce de l'État; elle n'est point une loi que des passions repoussent, que des passions appellent; elle n'est point une loi de système, une loi de démocratie ou d'aristocratie; elle est loi de justice, loi de propriété.

Si un roi seul, ou un roi avec un corps politique, ou des corps politiques sans un roi, peuvent, dans un temps quelconque, spolier les propriétés de presque tout un État, ils pourront demain ce qu'ils ont pu hier.

Ne vous assurez point dans votre position sociale; une assemblée plébéienne a-t-elle ravi les héritages patriciens, une assemblée patricienne s'emparera des champs plébéiens.

Vous voulez que l'on garde le bien d'autrui, et qu'on n'en restitue pas la valeur dans une proportion possible? Attendez ma fortune : à mon tour je vous dépouillerai, et je vous refuserai l'indemnité légale, et je m'autoriserai de votre exemple et de vos principes. Qu'aurez-vous à me dire, sinon qu'il fut un temps où vous étiez le plus fort, et que je le suis aujourd'hui?

Qu'on y prenne garde : si le droit de propriété n'est pas sacré, la liberté est violée, car c'est la propriété qui est le rempart de la liberté. La liberté défend à son tour la propriété ; mais avec la propriété on peut refaire la liberté, et avec la liberté seule on ne refait pas la propriété.

Si celui qui possède quelque chose ce matin peut ce soir ne posséder rien, et retomber dans la dépendance qui s'attache au prolétaire, alors plus de mœurs nationales, car les mœurs ne se forment que par la permanence des choses ; or, il n'y a point de mœurs là où l'habitant de la campagne n'est pas sûr de laisser son héritage à son fils ; alors plus de famille, car il n'est point de famille là où le foyer paternel peut être envahi, là où le chêne planté par les aïeux peut tomber sous la cognée du premier bûcheron.

Et non-seulement il n'y a plus de société durable, mais dans les courts intervalles qui sépareraient les confiscations politiques, cette société chancelante, toujours attendant une révolution, cette société, n'osant semer que la moisson de l'année, n'osant planter que l'arbre qui dure quelques jours ; cette société serait encore troublée par des haines. La propriété mobilière peut disparaître sans laisser de souvenirs ; il n'en est pas ainsi de la propriété immobilière ; les pas de l'homme sont ineffaçables sur la poussière qu'il a foulée ; il mêle son nom à la terre comme ses cendres. Inutilement la charrue étrangère bouleverse le champ usurpé ; vainement le hoyau le déchire ; le nom de l'antique possesseur repousse avec le nouvel épi, et il se trouve comme une vérité importune au fond de la coupe de vin qui devait réjouir le banquet du vendangeur légitime.

Répétons-le mille fois : presque toujours dans l'ordre politique les vertus politiques tiennent au sol, et elles croulent si le sol tremble sous les pieds du propriétaire. C'était une forte conception de nos pères barbares, que d'avoir attribué des qualités à la terre, chose que l'antiquité a ignorée, et qui n'est pas moins prodigieuse ; la noblesse était pour eux l'indépendance, et ils avaient fait des terres nobles. Supposez qu'ils eussent entendu la liberté comme nous la comprenons aujourd'hui, ils auraient, en l'attachant au sillon, établi une société libre dont le principe ne se fût pas détruit comme dans les cités ordinaires, parce qu'un sillon ne devient pas esclave comme un homme, parce qu'on peut tuer un propriétaire, et qu'on ne tue pas une propriété. Ces seigneuries républicaines auraient fait et perpétué des citoyens, comme les seigneuries féodales ont fait et perpétué pendant neuf siècles des ducs, des marquis et des comtes.

L'esprit de la loi d'indemnité est donc d'apprendre aux propriétaires, pour leur sûreté mutuelle, qu'ils sont solidaires, tant ceux qui ont profité de la vente des domaines nationaux, que ceux qui n'en ont pas profité. Il faut qu'on sache qu'un gouvernement qui ne serait pas arrêté par des idées de morale et d'équité doit l'être du moins par un intérêt matériel; il faut qu'on sache qu'on ne doit pas s'emparer du patrimoine des particuliers, parce qu'il faut tôt ou tard qu'on en fournisse une indemnité équivalente. Or, comme le contribuable qui paye n'est pas le pouvoir qui a pris, il en résultera ou que les confiscations dans la suite ne trouveront plus d'acquéreurs, ou que les propriétaires s'opposeront à une spoliation qui serait un jour rachetée aux dépens de leur innocente postérité.

Le roi aura ordonné le plus grand acte de justice qui ait jamais été fait sur la terre, et la France, digne de son roi, aura fourni le moyen de l'accomplir. Louis XVI a porté sa tête sur l'échafaud, et Louis XVIII a prononcé le pardon : les propriétés ont été envahies, et Charles X en aura fait restituer la valeur. Comme la clémence a surpassé le crime, la réparation égalera le désastre.

Il faudrait plaindre des hommes infidèles à leurs doctrines comme à leurs amis, qui s'obstineraient à troubler tant d'éléments de prospérité, et qui seuls resteraient étrangers dans la France à ces miracles de gloire et de miséricorde, de liberté et de justice.

Cette lettre, mon noble ami, s'est fort étendue sous ma plume. J'ai été au moment de la diviser en deux lettres, parce qu'elle a deux fois la longueur de la première : mais, après mûre réflexion, j'ai pensé qu'il était plus utile de vous présenter dans son ensemble l'important sujet de la loi des indemnités. A présent, sans être Cicéron, je vous dirai comme lui : *Tum ad quos dies rediturus sim, scribam ad te.*

## DE LA LIBERTÉ DE LA PRESSE.

### PRÉFACE.

#### 1828.

Si l'on réunit aux écrits ci-après ce que j'ai dit de la liberté de la presse dans *la Monarchie selon la Charte*, dans mes anciens *Discours et Opinions*, et jusque dans ma *Polémique*, on sera forcé de convenir qu'aucun homme n'a plus souvent et plus constamment que moi réclamé la liberté sur laquelle repose le gouvernement constitutionnel. J'ai quelque droit à m'en regarder comme un des fondateurs parmi nous, car je ne l'ai trahie dans aucun temps. Je l'ai demandée dans les premiers jours de la restauration, je l'ai voulue à Gand [1] comme à Paris; prêchée par un royaliste, elle cessait d'être suspecte à des yeux qui s'en effrayaient, à des esprits qui n'en voulaient pas, à un parti qui ne l'aimait guère. Que ce parti la répudie de nouveau aujourd'hui, cela peut être; mais il ne la détruira plus. Quand je n'aurais rendu que ce service à mon pays, je n'aurais pas été tout à fait inutile dans mon passage sur la terre.

La liberté de la presse a été presque l'unique affaire de ma vie politique; j'y ai sacrifié tout ce que je pouvais y sacrifier : temps, travail ou repos. J'ai toujours considéré cette liberté comme une constitution entière; les infractions à la Charte m'ont paru peu de chose tant que nous conservions la faculté d'écrire. Si la Charte était perdue, la liberté de la presse la retrouverait et nous la rendrait; si la censure existait, c'est en vain qu'il y aurait une Charte. N'allons pas chicaner sur le plus ou moins de perfection de la loi qu'on doit soumettre aux Chambres; elle abolit, dit-on, la censure : eh bien ! tout est là. C'est par la liberté de la presse que les droits des citoyens sont conservés, que justice est faite à chacun selon son mérite; c'est la liberté de la presse, quoi qu'on en puisse dire, qui, à l'époque de la société où nous vivons, est le plus ferme appui du trône et de l'autel. Charles X nous délivra de la censure en prenant la couronne; pour affermir cette couronne, il ne veut pas même que les ministres à venir trouvent dans la loi un moyen de violer la plus *vitale de nos libertés* [2]. Cette noble et salutaire résolution doit rendre tous les cœurs profondément reconnaissants; elle suffirait seule pour immortaliser le règne d'un prince aussi loyal que généreux.

Si donc le gouvernement se détermine, comme il y a tout lieu de le croire, à apporter une loi pour l'abolition de la censure facultative, pour la suppression de la poursuite en tendance, et pour l'établissement des journaux sans autorisation préalable, je verrai s'accomplir ce que je n'ai cessé de solliciter depuis quatorze ans.

Sous l'empire, j'ai cherché, par le *Génie du Christianisme*, à contribuer au rétablissement des principes religieux; lors de la restauration, j'ai promulgué dans *la Monarchie selon la Charte* les vérités qui doivent désormais servir de fondement à notre croyance politique. J'ose quelquefois me flatter que ce double effort n'a pas été vain, puisque les doctrines que j'ai déduites ont été peu à peu adoptées : descendues dans la nation, elles sont remontées au pouvoir. Les obstacles que j'avais signalés dans les hommes et dans les choses ont été graduellement écartés; mes prévisions funestes, réalisées comme mes espérances, ont montré qu'en mal et en bien je ne m'étais pas tout à fait trompé sur les caractères, les préjugés, les passions et les vertus de l'ancienne et de la nouvelle France. Ainsi mon rôle, comme défenseur de nos libertés publiques, touche à son terme; la censure va disparaître pour toujours; un triomphe fécond en résultats heureux se trouve placé au bout de ma carrière constitutionnelle; je n'en réclame pas les palmes; *tulit alter honores :* peu importe ; il ne s'agit pas de moi, mais de la France.

Toutefois un retour sur le passé me sera-t-il un moment permis? Que de haines et de calomnies entassées sur ma tête depuis quatorze années, pour en venir à faire ce qui m'a attiré ces haines et ces calomnies! S'évanouiront-elles? je le souhaite plus que je ne l'espère; on m'en voudra peut-être en secret d'avoir eu raison si longtemps contre des autorités successives. D'un autre côté, de quelles prospérités nous jouirions aujourd'hui si, dès le point de départ, on eût marché dans les voies de la Charte comme je ne cessais d'y inviter! Mais apparemment qu'il en est des vérités comme des fruits: ceux-ci ne tombent que quand ils sont mûrs.

Mille cris s'élevèrent lorsque j'entrai une dernière fois dans les rangs de l'opposition; on aurait trouvé plus prudent et plus sage que j'eusse attendu à l'écart et en silence l'occasion de me glisser de nouveau au ministère. Sans doute, comme calcul d'ambition personnelle, cela eût valu beaucoup mieux; mais les libertés publiques, que

---

[1] *Voyez*, ci-dessus, le *Rapport fait au roi dans son conseil, à Gand*. — [2] Belle expression de M. Villemain.

deviendraient-elles, si chacun pour les défendre ne consultait que son intérêt? Dans une monarchie représentative, les convenances des salons et la politique des courtisans sont-elles admissibles? Que celui qui ne peut rien quand il est tombé se taise; qu'il se mette en embuscade dans une antichambre, et qu'il guette le pouvoir au passage pour le reprendre par une intrigue, à la bonne heure; mais que celui dont la voix a été quelquefois entendue avec bienveillance se range parmi les muets, rien de plus absurde dans un gouvernement constitutionnel. N'est-il pas clair aujourd'hui que j'ai suivi la vraie route pour arriver à ce qui me paraissait être le bien de mon pays?

# DE LA CENSURE

QUE L'ON VIENT D'ÉTABLIR EN VERTU DE L'ARTICLE 4 DE LA LOI DU 17 MARS 1822.

## AVERTISSEMENT

DE LA PREMIÈRE ÉDITION.

La censure n'a pas permis qu'on annonçât cette brochure dans les journaux; cependant le titre de ce petit écrit n'a rien de séditieux : *De la Censure que l'on vient d'établir*. Y a-t-il là quelque chose contre le roi et la loi? Ce titre même fait-il connaître si l'auteur de l'ouvrage est pour ou contre la censure? Quel instinct dans les censeurs! quelle merveilleuse sagacité! Mais je ne dis pas tout : mon nom est imprimé en tête de la brochure! pourrait-on croire que nous en soyons là sous le ministère de MM. Corbière et de Villèle?

## AVERTISSEMENT

DE LA SECONDE ÉDITION.

Le public a enlevé la première édition de cette brochure plus rapidement encore que je ne l'ai écrite, bien que la censure n'ait pas permis de l'annoncer, et qu'à la poste on ait refusé d'expédier les exemplaires destinés aux départements. Cela ne prouve rien pour le mérite de l'ouvrage, mais cela montre à quel point l'opinion s'est prononcée en faveur des tribunaux, avec quelle ardeur elle réclame les libertés publiques et repousse le système ministériel.

J'ai à peine eu le temps de faire disparaître quelques incorrections de style, échappées à ce que je pourrais appeler une improvisation écrite. J'ai ajouté peu de chose au texte, mais je veux consigner ici un nouveau fait de la censure actuelle.

La censure avait mutilé, dans le *Journal des Débats*, un article relatif à monseigneur le duc d'Orléans : elle a été plus rigoureuse envers *le Constitutionnel*, qui s'est avisé de parler de monseigneur le duc d'Angoulême.

La chose m'avait paru si improbable que, pour le croire, j'ai voulu voir l'article supprimé, supposant qu'il y avait au moins à cette témérité censoriale une ombre, une apparence de prétexte. On va en juger; voici l'article :

« Nous publions avec un vrai plaisir l'avis suivant, qui nous est adressé du cabinet de S. A. R. le duc d'Angoulême :

« Messieurs les membres de la Société royale des prisons sont invités à se trouver

« jeudi, 19 de ce mois, à une heure, à la séance de la Société, présidée par Son
« Altesse Royale, et qui se réunira chez Monseigneur. »

« Puissent tous les abus, qui sont si malheureusement enracinés dans le régime des prisons et qui excitent depuis si longtemps la sollicitude de tous les vrais amis de l'humanité et de la religion, être connus du prince! Puisse l'administration, docile à sa voix, réformer des scandales affligeants pour toutes les âmes sensibles! Puisse-t-elle purifier le séjour infect où tant de victimes diverses sont si malheureusement confondues! Ce que nous désirons surtout, c'est que l'intéressant ouvrage que vient de publier M. Appert soit mis sous les yeux du prince, et qu'on ne lui cache aucun de ceux qui sont de nature à l'éclairer sur un objet si digne de sa bienfaisance et de son humanité. »

Il ne s'agit pas des doctrines du *Constitutionnel*, qui sous tant de rapports ne sont pas les miennes; cette feuille d'ailleurs m'épargne trop peu pour qu'on puisse me soupçonner d'avoir un grand penchant pour elle; mais il s'agit de la raison, de la bonne foi, de l'équité des principes. Y a-t-il rien dans l'article précité qui ait pu mériter la colère des rogneurs de phrases? Il ne sera donc plus permis de parler d'humanité, ni même de *religion*, car le mot se trouve dans l'article; ainsi le nom d'un prince restaurateur de notre armée, ce nom que l'Europe respecte, que la France a inscrit dans les fastes de sa gloire, est rayé par quelques censeurs obscurs dans un bureau de la police! Il est vrai que ce prince, tout chrétien qu'il est, est soupçonné d'aimer la Charte; il est vrai qu'en Espagne tous les partis ont trouvé un abri derrière son épée; qu'il a prêché la concorde au milieu des divisions; qu'il a réprimé les écarts de la liberté comme les fantaisies de l'arbitraire; qu'il s'est opposé aux réactions et aux vengeances; qu'il n'a pas souffert que des proscriptions déshonorassent ses armes, et que les bûchers de l'inquisition devinssent les autels élevés à ses victoires.

Paris, le 20 août 1824.

---

## AVERTISSEMENT

### DE LA TROISIÈME ÉDITION.

Je voulais laisser passer cette troisième édition sans un nouvel avertissement. J'avais vu, il est vrai, dans un journal, une espèce d'amende honorable, une explication par laquelle un écrivain officieux prétendait prouver que ses maîtres, en établissant la censure, n'avaient pas voulu attaquer les tribunaux : ce misérable désaveu d'un fait patent ne peut inspirer que de la pitié [1].

Je n'aurais donc pas songé à grossir ce petit ouvrage de quelques lignes, si un autre article, d'une tout autre gravité, n'avait attiré mon attention.

Lorsque j'ai dit que les ministres seraient obligés, pour prolonger leur existence politique, de pousser leurs systèmes jusqu'aux dernières conséquences; lorsque j'ai de-

---

[1] On m'écrit de toutes parts pour me signaler de nouvelles vexations de la censure. *Le Courrier français*, par exemple, avait annoncé que M. Michaud, qui vient de perdre sa place à l'Imprimerie royale, était frère de M. Michaud, rédacteur de *la Quotidienne*. La censure a rayé cette annonce factieuse, disant qu'elle avait permis au *Journal des Débats* de dire que M. Michaud le renvoyé était frère de M. Michaud de l'*Académie française*. On sent tout ce qu'il y a d'ingénieux et de profond dans cette distinction faite par la censure entre M. Michaud de l'*Académie* et M. Michaud de *la Quotidienne*. — Dans un petit journal littéraire, on a retranché un passage du sermon de Bossuet sur l'*Honneur :* on ignore quel est le docteur de Sorbonne à la police qui a mis à l'*index* le dernier Père de l'Église. Je suis honteux de descendre dans le détail de ces platitudes; mais il est nécessaire de livrer la censure à l'opinion, afin qu'elle soit méprisée comme elle mérite de l'être. Quand voudra-t-on se persuader enfin que nous vivons au dix-neuvième siècle?

mandé quel serait le parti qu'ils prendraient en cas d'opposition de la part des Chambres législatives, je n'ai rien exagéré, et l'on ne m'a pas fait attendre longtemps la réponse à mes questions.

Un article inséré dans *le Drapeau blanc* a été répété par *l'Étoile* : la censure, en le laissant passer dans d'autres journaux, a achevé de lui donner un caractère semi-officiel : il mérite la peine d'être transcrit et commenté; le voici :

« Les conseils généraux de département s'assemblent; appelés par la loi fondamentale à donner leur avis sur tout ce qui intéresse la prospérité du commerce et de l'agriculture, vue à la vérité d'une manière locale, *il ne leur est pas interdit pour cela de traiter les plus hautes considérations législatives lorsqu'elles se rattachent aux besoins particuliers des subdivisions territoriales. Ne sont-ce pas les cahiers des conseils généraux qui, les premiers, ont indiqué la nécessité d'une loi sur la voirie vicinale, et qui ont posé le principe de la double prestation?* Les modifications apportées aux tarifs de l'enregistrement n'avaient-elles pas été invoquées par les mêmes organes? La plupart des grandes améliorations n'ont-elles pas pris leur source dans ces assemblées qui, par la manière dont elles ont été composées depuis la restauration, offrent toutes les garanties désirables de dévouement, de sagesse, de lumières, d'indépendance et de bonne foi?

« Aux yeux du gouvernement, comme pour tous les hommes éclairés, les vrais organes de l'opinion publique sont les conseillers choisis par le roi sous le titre de *pairs*, et ceux envoyés devers lui par la nation sous le nom de *députés*. Mais, dans une circonstance aussi, où l'une des Chambres a cru devoir rejeter ce qu'une autre avait adopté, où même celle qui a voté négativement a offert un partage à peu près égal d'opinions, où enfin le rejet n'a été qu'une sorte de *plus ample informé*, il nous paraît non-seulement convenable, mais encore de toute justice, que le ministère accueille ce que les conseils d'arrondissement et de département croiront devoir exprimer au sujet de la loi des rentes. Ces conseils, composés de propriétaires, de négocians, de magistrats, enfin de ce que nos provinces ont de plus honorable, ne peuvent que jeter une grande lumière sur un objet qui touche aussi essentiellement à la fortune publique. C'est sous de tels auspices que la grande question débattue pendant la dernière session pourra se représenter, forte d'un assentiment presque unanime; ou bien, si elle est proscrite dans le sein de ces assemblées, le gouvernement sera autorisé à mettre fin à une incertitude qui ne saurait se prolonger sans inconvénient. »

Examinons cette pièce curieuse.

Comparer d'abord les conseils généraux d'aujourd'hui aux bailliages, aux sénéchaussées d'autrefois, aux anciennes communes des villes et des campagnes, à tout ce qui formait le régime municipal de la France, c'est une étrange ignorance, ou une bizarre aberration d'esprit.

Quand on nous parle de *cahiers des conseils généraux*, ne s'aperçoit-on pas de la confusion des mots, des idées et des doctrines, qui se trouve dans cette seule phrase? Des cahiers! Il y a donc des *mandataires?* Sont-ce les membres des conseils généraux qui sont *les mandataires du peuple,* lequel pourtant ne les a pas nommés? Sont-ce les députés qui doivent être regardés comme les mandataires des conseils généraux, quoiqu'ils ne soient pas élus par ces conseils? Enfin seraient-ce les ministres qui se trouveraient chargés des pleins pouvoirs de ces conseils? Et néanmoins tous les jours, à la tribune, le ministère s'élève contre le système des *mandataires*, et soutient qu'il n'y a point de *représentants*. Quelle tour de Babel! Je ne parle pas des députés, dont on ne fait plus que des *conseillers* de la couronne : singuliers conseillers qui peuvent voter ou refuser l'impôt, mettre les ministres en accusation, etc. On voit bien où tout cela tend, et où l'on en veut venir. Mais, sans trop nous arrêter, tâchons de trouver ce qui sort des ténèbres de l'article.

Ce qui en sort, c'est la loi sur la réduction des rentes. Tout ce galimatias est pour nous dire qu'on n'a point abandonné l'ancien projet : que les cent trente boules noires de la Chambre des députés, que la majorité de vingt-trois voix contre la loi dans la Chambre des pairs, que les nombreux écrits publiés contre cette loi, que l'opinion presque générale des hommes instruits dans la matière, n'ont pu ébranler l'obstination d'un ministre; qu'on se tienne pour averti qu'un seul homme en France a le privilége d'avoir toujours raison.

Et comment un esprit si sûr de son fait semble-t-il avoir besoin de se faire appuyer? On nous parle des vœux que les conseils généraux pourront émettre : mais lorsque les Chambres ont rejeté, ou qu'une des Chambres a refusé l'adoption d'une loi, à quel titre les conseils généraux interviendraient-ils? Aurait-on le dessein de les faire sortir du cercle de leurs attributions? Voudrait-on créer dans l'État un nouveau pouvoir politique? Aurait-on déjà quelques inquiétudes sur la disposition de la Chambre élective, et, pour la rendre favorable à la loi renouvelée, le ministère viendrait-il présenter cette loi, non plus comme son ouvrage, mais comme le vœu des départements? La sagesse des conseils généraux nous rassure; mais l'imprudence des hommes qui pourraient agir sur eux nous effraye.

On a souvent fait entendre dans les discussions de la loi que si Paris repoussait le projet, les départements le désiraient, bien qu'on ait cent fois prouvé que cette réduction de la rente, loin de faire refluer les capitaux dans les provinces, les attirerait à Paris. Est-ce l'œuvre d'un bon Français de chercher à rappeler, dans des articles censurés, la prétendue différence d'intérêts que l'on suppose faussement devoir exister entre Paris et le reste de la France?

Venons au dernier paragraphe de l'article :

« Ces conseils (les conseils généraux), composés de propriétaires, de négociants, de magistrats, enfin de ce que nos provinces ont de plus honorable, ne peuvent que jeter une grande lumière sur un objet qui touche aussi essentiellement à la fortune publique. C'est sous de tels auspices que la grande question débattue pendant la dernière session pourra se présenter, forte d'un assentiment presque unanime; ou bien, si elle est proscrite dans le sein de ces assemblées, le gouvernement sera autorisé à mettre fin à une incertitude qui ne saurait se prolonger sans inconvénient. »

Qu'est-ce que cela signifie?

Cela veut-il dire que, si les conseils généraux sont d'avis du projet de loi, on le présentera de nouveau aux Chambres, sans égard au changement d'opinion qui pourrait être survenu dans la Chambre élective, sans considération pour le vote négatif de la Chambre héréditaire? Mais les Chambres, tout en respectant l'opinion des conseils généraux, ont une volonté; elles écoutent leurs consciences, elles consultent leurs lumières, et ne règlent point le vote d'après des délibérations étrangères à leurs séances.

On nous fait entrevoir que les conseils généraux pourraient bien être unanimes dans leur opinion. Aurait-on fait menacer de destitution les membres de ces conseils qui occupent des places dans le gouvernement, s'ils n'opinaient pas pour la loi des rentes? M. le ministre de l'intérieur nous a fait connaître ses principes sur la liberté des votes ; et, comme les membres des conseils généraux sont révocables, il ne peut manquer d'avoir action sur des corps qu'il peut faire composer, décomposer et recomposer, selon l'inspiration de son patriotisme.

Mais si les conseils généraux sont d'un avis, et les Chambres d'un autre, comment arrivera-t-il, selon la phrase ministérielle, *que le gouvernement sera autorisé à mettre fin à une incertitude qui ne saurait se prolonger sans inconvénient?* Qu'entend-on par là, et de quelle manière mettra-t-on fin à cette incertitude?

Comment y sera-t-on encore autorisé, si la *grande question débattue pendant la dernière session est proscrite dans le sein de ces assemblées*, c'est-à-dire dans le sein des *conseils généraux,* en supposant que l'on parle français? Ou ces phrases sont de purs *non-sens,* ou elles renferment une menace. Quand on considère tout ce que l'on a déjà entrepris contre nos libertés, on est trop disposé à penser que le ministère tenterait les choses les plus étranges, plutôt que d'abandonner son système. Un pareil article n'a pu être publié que sous le régime de la censure; il n'a d'importance que parce que les journaux sont censurés; autrement la liberté de la presse périodique en aurait fait bonne justice.

Puisque ma voix est encore entendue malgré ce qu'on fait pour l'étouffer, sentinelle vigilante, je ne cesserai d'avertir du danger. Je suis loin d'être tranquille sur nos institutions : non que je croie que les mains qui les menacent soient capables de les renverser; mais elles peuvent faire beaucoup de mal au trône et à la patrie, parce que le mal est une chose facile, à l'usage des intelligences communes : le bien seul, qui vient de Dieu, a besoin des talents qui viennent du ciel pour être mis en œuvre.

Paris, 26 août 1824.

———

Dans la séance de la Chambre des pairs du 13 mars 1823, je disais, en répondant à un orateur :

« Un noble baron a présenté, pour résultat de l'expédition d'Espagne, la France envahie, toutes nos libertés détruites. Quant à l'invasion de la France et à la perte de nos libertés publiques, une chose servira du moins à me consoler : c'est qu'elles n'auront jamais lieu tandis que moi et mes collègues serons ministres. Le noble baron qui professe avec talent des sentiments généreux me pardonnera cette assertion : elle sort de la conscience d'un Français. »

Ces paroles et l'établissement de la censure expliquent assez les raisons pour lesquelles j'ai cessé d'être ministre, et les causes du traitement que j'ai éprouvé de mes collègues. Je les avais associés à mes sentiments; ils les renient aujourd'hui. Il a donc fallu qu'ils se séparassent de moi, quand ils ont médité de suspendre la plus importante de nos libertés.

Laissons ma personne : parlons de la France.

Je ne répéterai pas ce que j'ai dit cent fois à la tribune dans mes discours, ce que j'ai imprimé cent fois dans mes ouvrages : point de gouvernement représentatif sans la liberté de la presse.

Avec la censure des journaux, la monarchie constitutionnelle devient ou beaucoup plus faible ou beaucoup plus violente que la monarchie absolue : c'est une languissante machine, ou une machine désordonnée, qui s'arrête par l'embrouillement des roues, ou se brise par l'énergie de son mouvement. Je ne dis rien de ce commerce de mensonges qui s'établit au profit de quelques hommes dans les feuilles sans liberté, et des diverses espèces de turpitudes, suite inévitable de la censure.

Pourquoi m'étendrais-je sur tout cela ? Il s'agit bien des principes ! On n'en est pas à ces niaiseries. On reconnaît sans doute qu'on a dépensé en vain des sommes considérables pour s'emparer de l'opinion des journaux : il faut donc achever par la violence ce qu'on avait commencé par la corruption. On prend l'entêtement pour du caractère, l'irritation de l'amour-propre pour de la grandeur d'esprit, sans songer que l'homme le plus débile peut, dans un accès de fièvre, mettre le feu à sa maison. Cet état de démence est-il une preuve de force?

L'article 4 de la loi du 17 mars 1822 est ainsi conçu :

« Si, dans l'intervalle des sessions des Chambres, des circonstances *graves* rendaient momentanément insuffisantes les mesures de garantie et de répression établies, les lois du 31 mars 1820 et 26 juillet 1821 pourront être remises immédiatement en vigueur, en vertu d'une ordonnance du roi, délibérée en conseil et contre-signée par trois ministres. »

Je me demande si le cas prévu par la loi est arrivé. Des armées étrangères sont-elles à nos portes? Quelque complot dans l'intérieur a-t-il éclaté? La fortune publique est-elle ébranlée? Le ciel a-t-il déchaîné quelques-uns de ces fléaux sur la France? Le trône est-il menacé? Un de nos princes chéris est-il tombé sous le fer d'un nouveau Louvel? Non! heureusement non!

Qu'est-il donc advenu? Que le ministère a fait des fautes; qu'il a perdu la majorité dans la Chambre des pairs; qu'il s'est vu mettre en scène devant les tribunaux, pour avoir été mêlé à de honteuses négociations dont le but était d'acheter des opinions; qu'il a gâté la plupart des résultats de l'expédition d'Espagne; qu'il s'est séparé des royalistes; en un mot, qu'il paraît peu capable, et qu'on le lui dit. Voilà les *circonstances graves* qui l'obligent à nous ravir la liberté fondamentale des institutions que nous devons à la sagesse du roi! Si les circonstances étaient graves, il les aurait faites; c'est donc contre lui-même qu'il aurait établi la censure.

L'expédition d'Espagne a été commencée, poursuivie, achevée en présence de la liberté de la presse : une fausse nouvelle pouvait compromettre l'existence de monseigneur le duc d'Angoulême et le salut de son armée; elle pouvait occasionner la chute des fonds publics, exciter des troubles dans quelques départements, faire faire un mouvement aux puissances de l'Europe : ces circonstances n'étaient pas assez *graves* pour motiver la suppression de la liberté de la presse périodique. Mais on ose dire la vérité à des ministres; le Français, né moqueur, se permet quelquefois de rire de ses ministres : vite la censure, ou la France est perdue! Quelle pitié!

Il ne manquait au couronnement de l'œuvre que la raison alléguée pour l'établissement de la censure. On aurait pu avoir recours aux lieux communs contre la liberté de la presse, parler de ses excès, de ses dangers, en affectant de la confondre avec la licence; on aurait pu dire que les lois actuelles de répression ne suffisent pas, bien qu'elles soient extrêmement dures, bien qu'elles aient obligé par le fait tous les journaux à se renfermer dans de justes limites. Ce n'est pas cela : on ne se plaint pas des *journaux*, on se plaint des *tribunaux!* La censure est nécessaire parce que de vrais, de dignes magistrats ont défendu la liberté de la presse, parce qu'ils ont rendu un arrêt dans l'intégrité de leur conscience et l'indépendance de leur caractère, parce qu'ils ont admis pour les journaux une existence de *droit,* indépendante de leur existence de *fait.* Et le moyen du droit paraît peu pertinent sous la monarchie légitime, après le fait de la révolution, après le fait des Cent-Jours! Un ministre de la justice s'expose à blâmer par sa signature la sentence d'un tribunal! il se prononce indirectement contre la *chose jugée!* Quel exemple donné aux peuples! Trois ministres osent mettre, pour ainsi dire, en accusation devant l'opinion publique les deux premières cours du royaume, la cour de cassation, la cour royale et le tribunal de première instance; car ces trois tribunaux ont prononcé tous trois dans la même cause! On attaque ainsi le monde judiciaire tout entier, depuis le sommet jusqu'à la base: même le ministère public à la cour de cassation a opiné dans le sens de l'arrêt de cette cour.

Tous les ministres étaient-ils présents au conseil lorsque cette dangereuse résolution a été prise? Si l'un d'eux était absent, comme on le dit, il doit bien se repentir d'avoir été privé de l'honneur de se retirer.

Les cours de justice, direz-vous, se sont trompées! Qui vous le prouve? Êtes-vous plus sages, plus éclairés qu'elles? Y a-t-il eu à peu près partage égal des voix entre les magistrats dans ces cours? Je n'en sais rien. On assure toutefois que la cour de cassation, dont le savoir est si connu, a prononcé à la presque unanimité dans l'affaire de *l'Aristarque.*

Mais la résurrection de ce journal allait faire renaître plusieurs autres journaux. Pourquoi pas, s'ils ont réellement le droit de reparaître? Pourquoi la loi, pourquoi la justice, ne seraient-elles pas égales pour tous? Les faits ne sont pas même exacts: il est douteux qu'il y ait d'autres journaux dans le cas précis de *l'Aristarque.*

N'existe-t-il pas, d'ailleurs, une loi redoutable qui a suffi pour réprimer les excès de la presse? Les tribunaux, dont on blâme la jurisprudence, n'ont-ils pas souvent porté des sentences de condamnation contre des journalistes? Si l'on additionnait les sommes exigées pour les amendes, les jours, les mois et les années fixés pour les emprisonnements, on trouverait un total de peines qui satisferait les esprits les plus sévères. La rigueur que les magistrats ont déployée dans leurs premiers jugements prouve que la douceur de leurs derniers arrêts est l'œuvre de la plus impartiale justice.

Et pouvaient-ils, par exemple, sans se déshonorer, ces magistrats, ne pas juger comme ils ont jugé dans l'affaire de *la Quotidienne?* Pourquoi le ministère ne s'est-il pas opposé à ce que cette cause, où il jouait un rôle, fût portée devant les cours de justice? Inconcevable imprévoyance! car on ne doit pas supposer qu'on se fît illusion sur des choses honteuses ou sur la conscience des juges.

On dit que la jurisprudence des cours fournit un moyen d'éluder la suspension, la suppression des journaux. Ainsi, ce n'était pas la *répression* des délits qu'on cherchait : c'était la *suspension*, la *suppression* des journaux, c'est-à-dire la suppression de la liberté de la presse périodique. Votre secret vous échappe. Voilà ce que vous voyez dans la loi ; voilà comme vous comprenez le gouvernement constitutionnel. Nous savions déjà ce que vous en pensiez ; nous avions lu votre brochure.

La justice est le pain du peuple : il en est affamé, surtout en France. Les corps politiques avaient depuis longtemps disparu dans ce pays ; ils avaient été remplacés par les corps judiciaires, leurs contemporains, et presque leurs devanciers. Nos cours souveraines se rattachaient, par les liens de la civilisation, par les besoins de la société, par la tradition de la sagesse des âges, par l'étude des codes de l'antiquité, se rattachaient, dis-je, au berceau du monde. La nation, vivement frappée des vertus de nos magistrats, s'était accoutumée à les aimer comme l'ordre, à les respecter comme la loi vivante.

Les Harlay, les Lamoignon, les Molé, les Séguier, dominent encore nos souvenirs : nous les voyons toujours protecteurs comme le trône, incorruptibles comme la religion, sévères comme la liberté, probes comme l'honneur, dont ils étaient les appuis, les défenseurs et les organes.

Et ce sont les successeurs de ces magistrats immortels que des hommes d'un jour osent attaquer ! des hommes soumis à toutes les chances de la fortune, des hommes qui rentreront demain dans leur néant si la faveur royale se retire ; ces hommes viennent gourmander des juges inamovibles qui parcourent honorablement une carrière fermée à toute ambition, et consacrée aux plus pénibles travaux !

Vous vous tenez pour offensés lorsque les Chambres n'accueillent pas vos lois ; vous vous irritez quand les tribunaux jugent d'après leurs lumières. Vous ne voulez donc rien dans l'État que votre volonté, que vous seuls, que vos personnes ?

Mais si vous parveniez à ébranler chez les peuples la confiance qu'ils doivent avoir dans leurs juges ; si vous déclariez, comme vous le faites réellement, que la jurisprudence des tribunaux est dangereuse sur un point, n'en résulte-t-il pas qu'elle peut l'être sur d'autres ? Dites-nous alors que deviendrait la société où vous auriez semé de pareils soupçons, vous autorité, vous pouvoir ministériel ? Tous les jours ces tribunaux prononcent sur la fortune et la vie des citoyens ; vous m'exposez donc à soupçonner tous les jours qu'un bien a peut-être été injustement ravi, qu'un innocent a peut-être péri sur l'échafaud ?

Imprudents, qui ne voyez pas le désordre que vous jetez dans les esprits par de pareils actes ! et quelle est votre valeur morale pour condamner d'un trait de plume des cours entières, pour substituer vos ignorances ministérielles à la science des magistrats qui tiennent de l'auteur de toute justice la balance pour peser, le glaive pour punir?

Pourquoi tant d'humeur contre *l'Aristarque?* serait-ce qu'il a pour propriétaires trois députés de l'opposition ? Le ministère est plus riche que cela : n'a-t-il pas pour lui tous ces journaux achetés sur la place, plus ou moins cher, selon la hausse ou la baisse du prix des consciences?

Mais est-il permis à des ministres de n'avoir pas étudié les lois qu'ils sont chargés de faire exécuter ? S'ils s'étaient un peu plus occupés de celles qui doivent réprimer les délits de la presse, ils auraient vu que la censure n'y était placée qu'éventuellement pour un cas si rare, pour un cas si grave, que, dans tous les cas ordinaires, l'exercice de cette censure rendait impraticables quelques articles de ces mêmes lois : tant il avait été loin de la pensée du législateur de faire de cette censure l'ordre commun, le droit coutumier !

Aux termes de l'article 2 de la loi du 25 mars 1822, j'ai le droit de répondre à tout ce qu'on peut me dire dans un journal : mais si le censeur a permis l'attaque et s'il ne permet pas la défense ; s'il trouve dans ma réponse quelque chose qui mérite d'être marqué du signe de sa proscription, de son encre rouge, voilà donc un article de la loi qui ne sera pas exécuté? Que ferai-je? poursuivrai-je l'éditeur responsable? L'éditeur me renverra au censeur, et le censeur au gouvernement. Je ne puis mettre un ministre en cause que par un arrêt du conseil d'État. Il résulte de tout cela que je suis calomnié sans pouvoir confondre la calomnie, que la loi est violée, que je ne puis avoir recours aux tribunaux, lesquels eux-mêmes se trouvent paralysés par l'exercice d'un pouvoir extra-légal en matière judiciaire.

Le fait de la censure est par lui-même destructif de tout gouvernement constitutionnel. Mais, outre le *fond,* il y a la *forme;* et la forme est quelque chose entre gens bien élevés, quoiqu'on sache que nous n'y tenons pas beaucoup.

Comme on a été vite, on n'avait pas le temps de nommer une commission ; et comme une vérité pouvait échapper dans vingt-quatre heures, au grand péril de la monarchie, il a fallu envoyer provisoirement à la police tous les journaux pris en flagrant délit de liberté.

Jugez quel malheur si on les avait laissés écrire un seul mot contre la mesure de la censure ! Ils ont donc été mystérieusement censurés à l'hôtel de la direction de la police : une main invisible, peut-être celle d'un valet de chambre, Caton inconnu, a mutilé le soir la pensée du maître qu'il avait servi le matin, et cela pour la plus grande sûreté des ministres. On ignorera à jamais comment était provisoirement composé ce saint-office d'espions, chargé de décider de l'orthodoxie des doctrines constitutionnelles.

Mais encore ici les choses sont-elles légales ?

L'article 1ᵉʳ du Code civil porte : « Les lois seront exécutées dans chaque partie du royaume, du moment où la promulgation pourra en être connue.

« La promulgation faite par le roi sera réputée connue dans le département de la résidence royale un jour après celui de la promulgation. »

Or, les journaux ont reçu l'ordre de se soumettre à la censure, douze heures seulement après la publication de l'ordonnance dans *le Moniteur*.

Et ce censeur qui a signé les premières censures était-il légalement connu lorsqu'il a exercé ses fonctions ? L'ordonnance qui le nommait avait-elle été communiquée aux journalistes ?

Tout cela est très-attaquable devant les tribunaux ; et il n'est pas permis, lorsqu'on est ministre, et surtout lorsqu'on a appartenu à des corps judiciaires, de se montrer aussi despote, aussi ignorant.

Une commission est maintenant ordonnée, sous la présidence du directeur de la police, à l'honneur des lumières et des lettres. On avait été jusqu'à dire que des hommes choisis dans les deux Chambres législatives composeraient le conseil de censure. Nous eussions plaint la faiblesse de ces hommes honorables : les pairs et les députés sont faits pour être les gardiens et non les geôliers des libertés publiques.

La censure, depuis la restauration, n'a sauvé personne : tous les anciens ministres qui ont voulu l'établir ont péri ; et pourtant ils avaient une sorte d'excuse ; ils étaient plus près de l'événement des Cent-Jours ; il y avait des troubles et des conspirations dans l'État : le duc de Berry avait succombé.

De plus, ces ministres avaient une certaine force ; ils appartenaient à un parti ; ils ne s'étaient pas mis en guerre avec toute la société ; ils ne s'étaient pas élevés contre l'autorité des tribunaux. On connaissait moins le gouvernement représentatif, et par cette raison il était plus facile de s'en écarter.

Le ministère actuel ne peut argumenter ni d'une grande catastrophe, ni de l'ignorance des principes de la Charte, mis aujourd'hui à la portée de tous. Il est sans puissance, car il lui a plu de s'isoler de toutes les opinions. Il a renié ses propres doctrines ; et aujourd'hui qu'il établit la censure, pourrait-il relire sans rougir les discours qu'il prononçait contre la même censure à la tribune ? Sorti des rangs royalistes, il a cessé d'être royaliste. Il n'a pas mieux traité l'antique honneur que la liberté nouvelle : il s'est placé entre deux Frances, dans une troisième France, composée des déserteurs des deux autres, et qui ne durera pas plus que lui.

Pour vivre, il sera forcé de pousser ses systèmes à leurs dernières conséquences. C'est une vérité triviale, qu'une erreur en entraîne une autre. Une vérité moins connue, c'est que le ministère se trompe sur deux qualités de force ; il prend la force physique pour la force morale : or, dans la société, la première détruit, la seconde édifie.

Voyez l'enchaînement des choses :

On veut acheter des journaux; on n'y réussit pas complétement. S'arrête-t-on, ce qui valait mieux? Non : il faut aller devant les tribunaux, où l'on est condamné.

On apporte une loi relative à la fortune publique; elle est rejetée. S'arrête-t-on, ce qui était incontestablement plus sage? Avec de la modération, tout pouvait encore se réparer. L'irritation de la vanité l'emporte : on cherche des victimes, on frappe au hasard, sans s'inquiéter des résultats, sans prévoir l'effet de cette violence sur l'opinion.

L'opinion se prononce. S'arrête-t-on? Non : il faut une nouvelle violence, il faut la censure.

Que le ministère trouve maintenant d'autres résistances, comme il en trouvera indubitablement, il sera contraint de devenir persécuteur. Quand il aura destitué ses adversaires, comblé de faveurs ses créatures, il n'aura rien fait; il faudra qu'il trouve un moyen d'empêcher les écrits périodiques de paraître, de modifier la jurisprudence des tribunaux, puisqu'il s'en plaint; de ces tribunaux si puissants aujourd'hui par l'injure même qu'on leur a faite, si populaires en devenant les défenseurs de nos libertés.

Qu'imaginera le ministère pour ces cours de justice, dans le cas où elles continuent, comme elles le feront, à maintenir leur doctrine indépendante? Ces cours sont établies par des lois; sans doute on ne songe pas à violer ces lois, et le temps des jugements par commission est passé.

Et à l'égard des Chambres, quel parti prendra-t-on? Comment viendrait-on leur déclarer qu'on a établi la censure, n'ayant d'autre raison à leur donner que celle dont on a eu la naïveté de nous faire part? Oserait-on leur dire : « Nous avons supprimé la liberté de la presse périodique, parce que les magistrats ont rendu un arrêt qu'ils avaient le droit de rendre? »

On fera des pairs, soit : mais ces pairs seront-ils soumis aux caprices des ministres? Cette première magistrature n'est-elle pas aussi indépendante que l'autre? Ces nouveaux pairs viendraient-ils prendre leur siége uniquement pour approuver la censure, ou voter la loi des rentes renouvelée? Je ne vous dis pas que ces créations multipliées dans un intérêt personnel tueraient à la longue l'institution de la pairie; mais songez au moins à votre chute que précipitent tant de mesures funestes.

Et la Chambre des députés, qu'en fera-t-on? Cette Chambre excellente n'a besoin que d'un peu d'expérience : elle peut revenir formidable pour les ministres : en demandera-t-on la dissolution? Voyez où cela mène, et frémissez, car je veux bien supposer que vous n'avez pas vu tout cela, que vous aimez encore votre patrie.

La censure, considérée dans ses rapports avec l'état de notre société et de nos institutions, ne peut convenir à personne. Tout au plus charmerat-elle l'antichambre et des valets qui daigneront nous transmettre dans leurs journaux les ordres de leurs maîtres. Eux seuls jouiront de la liberté, parce qu'on est sûr de leur servitude. Un journal du soir a déjà des priviléges : on lui accorde la faveur, qu'on refuse à d'autres, de partir par la poste du jour où il paraît. Si l'on veut prendre quelques nouvelles dans ce journal, on ne le peut pas sans les avoir envoyées à la censure, quoiqu'il faille bien supposer que ces nouvelles aient déjà passé sous les yeux du censeur. Mais l'on permet à l'un ce que l'on ne permet pas à l'autre : ce qui est légal dans *l'Étoile* deviendrait illégal dans *les Débats* ou *la Quotidienne*, dans *le Constitutionnel* ou *le Courrier*. L'impudence de ces petites tyrannies s'explique pourtant : la puissance n'a rien de blessant quand elle marche avec le génie; elle en est, pour ainsi dire, une qualité naturelle; mais quand la médiocrité arrive aux premières places, le pouvoir qui l'accompagne a toute l'insolence d'un parvenu.

La liberté que l'on veut comprimer échappera aux mains débiles qui essayeront de la retenir; elle leur échappe déjà. Voilà les *blancs* [1] revenus dans les journaux; vous verrez qu'il faudra sévir contre les *blancs* : le délit des pages blanches serait singulier à porter devant les tribunaux ! Les vexations aux messageries et à la poste ne réussiront pas davantage; quand l'opinion a pris son parti, rien ne l'arrête. La capitale, les provinces, vont être inondées de brochures. Le silence même deviendra une attaque, et le ministère même sera accusé par la chose qu'on ne lui dira pas. Eh ! grand Dieu ! en étions-nous là à l'ouverture de la session ?

Lorsque Buonaparte pouvait faire fusiller en vingt-quatre heures un écrivain, on conçoit qu'il y avait *répression*. La Terreur aussi était répressive; mais le ministère, qui le craint ?

Ceux qui bravaient si fièrement l'opinion, pourquoi fuient-ils devant elle ? Pourquoi cette censure, si ce n'est la peur de cette opinion qu'ils affectent de mépriser ?

Je ne sais si l'on est frappé comme moi; mais il me semble que tout ce que je vois est inexplicable, que cela tient à une espèce de folie. Je conçois des actes, tout bizarres qu'ils puissent être, lorsqu'ils tendent au même but, lorsqu'ils doivent amener un résultat dans l'intérêt de ceux qui les font; mais il m'est impossible de concevoir des hommes qui veulent se sauver et qui font évidemment ce qui les perdra. A quoi bon, je le demande, ces inu-

---

[1] Je me suis enquis des articles retranchés dans le *Journal des Débats* du mardi 17 août; ce sont : 1º Un second article de la revue de la session, terminant les travaux de la Chambre des députés; 2º L'annonce de la présente brochure; 3º Quelques lignes sur monseigneur le duc d'Orléans, parlant de la sensibilité de ce prince lors de la distribution des *accessit* obtenus par monseigneur le duc de Chartres : voilà les premiers exploits de la censure.

tiles violences dont nous sommes les témoins depuis quelques mois, cette agitation au milieu du repos, cette soif de la dictature ministérielle quand personne ne dispute le pouvoir? Pourquoi corrompre les journaux, et ensuite les enchaîner lorsque la victoire d'un héritier du trône et la prospérité de la France avaient détruit toutes les oppositions révolutionnaires? Ce que le roi avait annoncé en ouvrant la session de 1823, la Providence l'avait permis, et l'armée l'avait fait. Qui ne sentait le sol de la patrie raffermi sous ses pas? Qui ne jouissait de voir la France remonter à son rang parmi les puissances de l'Europe?

Quelque chose d'inconnu vient nous enlever soudain nos plus douces espérances. Nous rétrogradons tout à coup de huit années; nous nous replaçons au commencement de la restauration; nous nous armons de nouveau contre les libertés publiques; nous revenons à la censure, en aggravant le mal par un acte sans précédent à l'égard des tribunaux. Nous imitons une conduite que nous avons stigmatisée; nous faisons des circulaires pour les élections : il nous faudrait des pairs pour briser une majorité; nous repoussons les royalistes, et cependant nous nous disons royalistes. Tout allait au pouvoir ministériel; tout s'en retire : il reste isolé, en butte à mille ennemis, supporté seulement par une opinion qu'il dicte, par des journaux qu'il paye, et des flatteurs qu'il méprise.

Quelquefois on serait tenté de croire, pour s'expliquer des choses inexplicables, ce que disent des esprits chagrins, savoir : que des sociétés mystérieuses poussent à la destruction de l'ordre établi. Et que mettrait-on à sa place? L'arbitraire ministériel, le joug de quelques commis? Et c'est avec cela qu'on prétendrait mener la France, contrarier le mouvement de la société et du siècle !

Non, cela ne serait pas possible; mais en repoussant ces craintes, il reste toujours celles qu'inspirent les fautes dont nous sommes les témoins et les victimes. En exagérant tout, en forçant tout, en abusant de tout, en gâtant d'avance les institutions, en compromettant les choses les plus sacrées, on détruit pour l'avenir tout moyen de gouvernement, on fatigue les caractères les plus forts, on dégoûte les honnêtes gens, et, entre un despotisme impossible et une liberté impraticable, on se retranche dans cette indifférence politique qui amène la mort de la société, comme l'indifférence religieuse conduit au néant.

Qui produit tant de mal? Quel génie funeste, mais puissant, a maîtrisé la fortune de la patrie? Ce n'est point un génie : rien de plus triste que ce qui nous arrive; c'est le triomphe d'un je ne sais quoi indéfinissable, le succès de petits savoir-faire réunis. Deux hommes se collent au pouvoir; et, pour y rester deux jours de plus, ils jouent la longue destinée de la France contre leur avenir d'un moment : voilà tout.

Il faut sortir promptement de la route où l'on s'est jeté, si l'on ne veut arriver à un abîme. On peut disposer de soi, on peut se perdre si on le juge convenable; mais on ne doit jamais compromettre son pays ; or le ministère ébranle par son système la monarchie légitime : peu importe ses intentions; elles ne répareront pas ses actes.

Le remède est facile si la maladie est prise à temps ; en la laissant aller, elle deviendra incurable. Je ne puis développer toute ma pensée dans ce petit écrit, rapide ouvrage de quelques heures, que je publie à la hâte pour l'intérêt de la circonstance. Il m'est dur, déjà avancé dans ma carrière, de rentrer dans les combats qui ont consumé ma vie ; mais pair de France, mais investi d'une magistrature, je n'ai pu voir périr une liberté publique, je n'ai pu voir attaquer les tribunaux sans élever la voix, sans prêter mon secours, tout faible qu'il puisse être, à nos institutions menacées. Que le trône de notre sage monarque reste inébranlable ! que la France soit heureuse et libre ! Et quant à ma destinée, comme il plaira à Dieu !

## DE L'ABOLITION DE LA CENSURE.

Je comptais publier quelques autres écrits faisant suite à ma brochure contre la censure, brochure que cette même censure n'avait pas permis d'annoncer dans les journaux. Combien je me trouve heureux de voir les armes brisées dans ma main, de changer mes remontrances, importunes aux ministres, en cantiques de louanges pour le roi !

Nous devions tout attendre du principe de la vieille monarchie, de cet honneur assis sur le trône avec Charles X : notre espérance n'a point été vaine. La censure est abolie : l'honneur nous rend la liberté !

Puisse-t-il être récompensé du bonheur dont il nous fait jouir, notre excellent monarque! Mettons aussi nos vœux aux pieds du dauphin, dont nous reconnaissons et la puissante influence et les sentiments généreux : c'est toujours le prince libérateur !

La Charte est ce qu'il nous fallait; la Charte est ce que nous pouvions avoir de meilleur au moment de la restauration. Une fois admise, il se faut bien persuader qu'elle est inexécutable avec la censure : il y a plus, la censure mêlée à la Charte produirait tôt ou tard une révolution. Voici pourquoi :

Le gouvernement représentatif sans la liberté de la presse est le pire de tous : mieux vaudrait le divan de Constantinople. Lâche moquerie de ce qu'il y a de plus sacré parmi les hommes, ce gouvernement n'est alors qu'un gouvernement traître qui vous appelle à la liberté pour vous perdre, et qui fait de cette liberté un moyen terrible d'oppression.

Supposez, ce qui n'est pas impossible, qu'un ministère parvienne à corrompre les Chambres législatives; ces deux énormes machines broieront tout dans leur mouvement, attirant sous leurs roues et vos enfants et vos fortunes. Et ne pensez pas qu'il faille un ministère de génie pour s'emparer ainsi des Chambres : il ne faut que le silence de la presse et la corruption que ce silence amène.

Dans l'ancienne monarchie absolue, les corps privilégiés et la haute magistrature arrêtaient et pouvaient renverser un ministère dangereux. Avez-vous ces ressources dans la monarchie représentative? Si la presse se tait, qui fera justice d'un ministère appuyé sur la majorité des deux Chambres? Il opprimera également, et le roi, et les tribunaux, et la nation; sous le régime de la censure, il y a deux manières de vous perdre : il peut, selon le penchant de son système, vous entraîner à la démocratie ou au despotisme.

Avec la liberté de la presse, ce péril n'existe pas : cette liberté forme en dehors une opinion nationale qui remet bientôt les choses dans l'ordre. Si cette liberté avait existé sous nos premières assemblées, Louis XVI n'aurait pas péri; mais alors les écrivains révolutionnaires parlaient seuls, et on envoyait à l'échafaud les écrivains royalistes. J'ai lu, il est vrai, dans une brochure en réponse à la mienne, que Sélim, Mustapha et Tippou-Saëb étaient tombés victimes de la liberté de la presse; à cela je ne sais que répondre.

La liberté de la presse est donc le seul contre-poids des inconvénients du gouvernement représentatif ; car ce gouvernement a ses imperfections comme tous les autres. Par la liberté de la presse, il faut entendre ici la liberté de la presse périodique, puisqu'il est prouvé que quand les journaux sont enchaînés, la presse est dépouillée de cette influence de tous les moments qui lui est nécessaire pour éclairer. Elle n'a jamais fait de mal à la probité et au talent ; elle n'est redoutable qu'aux médiocrités et aux mauvaises consciences : or, on ne voit pas trop pourquoi celles-ci exigeraient des ménagements, et quel droit exclusif elles auraient à la conduite de l'État.

Cette nécessité de la liberté de la presse est d'autant plus grande parmi nous, que nous commençons la carrière constitutionnelle, que nous n'avons point encore d'existences sociales très-décidées, qu'il y a encore beaucoup de chercheurs de fortune, et que les ministres arrivent encore un peu au hasard. Il faut donc surveiller de près, pour le salut de la couronne, les hommes inconnus qui pourraient surgir au pouvoir, par un mouvement non encore régularisé.

On dit que la censure est favorable aux écrivains, qu'elle les décharge de la responsabilité, qu'elle les met à l'abri d'une loi sévère. Est-ce de l'intérêt particulier des écrivains qu'il s'agit, relativement à la liberté de la presse dans l'ordre politique ? Cette liberté doit être considérée dans cet ordre par rapport aux intérêts généraux, par rapport aux citoyens, par rapport à la société tout entière : c'est une liberté qui assure toutes les autres dans les gouvernements constitutionnels. Quand donc vous venez nous entretenir d'ouvrages et d'auteurs, vous confondez la littérature et la politique, la critique et la censure, et vous ne comprenez pas un mot de la chose dont vous parlez.

D'autres, soulevés contre la manière brutale dont on exerçait la censure, n'en admettaient pas moins le principe ; ils auraient établi seulement une oppression douce et tempérée. On avait mis la liberté de la presse au carcan ; ils ne voulaient que l'étrangler avec un cordon de soie.

D'autres, cherchant des motifs à la censure, et n'en trouvant pas de raisonnables, prétendaient qu'ayant peut-être à examiner, à la session prochaine, les moyens propres à cicatriser les dernières plaies de l'État, la censure serait nécessaire pour empêcher la voix des passions étrangères de se mêler à la discussion de la tribune.

Et moi, je demanderai comment on pourrait agiter de telles questions sans la liberté de la presse : faut-il se cacher pour être juste ? Votre cause ne deviendrait-elle pas suspecte, ne calomnierait-on pas vos intentions, si vous croyiez devoir traiter dans l'ombre, et comme à huis clos, des affaires qui sont de la France entière ? Ouvrez, au contraire, toutes les portes ; appelez le public, comme un grand jury, à la connaissance du procès ; vous verrez si nous rougirons de plaider la cause de la fidélité malheureuse, nous qui parlons franchement de liberté, sans que ce mot nous blesse la bouche. Et depuis quand la religion et la justice auraient-elles cessé d'être les deux bases de la véritable liberté ? Soyons francs sur les principes de la Charte, et nous pourrons réclamer, sans qu'on nous suppose d'arrière-pensée, ce que l'ordre moral et religieux exige impérieusement d'une société qui veut vivre.

Le dernier essai que l'on vient de faire a heureusement prouvé qu'il n'était plus possible d'établir la censure parmi nous ; nous avons fait de tels progrès dans les institutions constitutionnelles, que les censeurs même n'ont pas osé se nommer. D'un bout de la France à l'autre, toutes les opinions ont réclamé la liberté de la presse ; par la raison qu'on en avait joui paisiblement deux années, et qu'il était démontré, d'après l'expérience tentée pendant la guerre d'Espagne, que cette liberté, ne nuisant à rien, était propre à tout : c'était un droit acquis dont on ne sentait pas le prix tandis qu'on le possédait, mais dont on a connu la valeur aussitôt qu'on l'a perdu.

Désormais nos institutions sont à l'abri : nous allons marcher d'un pas ferme dans des routes battues. Dix années ont amené de grands changements dans les esprits : des préjugés se sont effacés, des haines se sont éteintes; le temps a emporté des hommes, tandis que des générations nouvelles se sont formées sous nos nouvelles institutions. Chacun prend peu à peu sa place, et l'on détourne les yeux d'un passé affligeant pour les porter sur un riant avenir.

L'abolition de la censure a, dans ce moment surtout, un avantage qu'il est essentiel de signaler. Nous pouvons louer nos princes sans entraves; nous pouvons déclarer notre pensée, sans que l'on puisse dire que la manifestation de cette pensée n'est que l'expression des ordres de la police. Il faut que l'Europe sache que tout est vrai dans les sentiments de la France, que les opinions sont unanimes, que les oppositions même se rencontrent au pied du trône pour l'appuyer et le bénir. Louis XVIII étend ses bienfaits sur nous au delà de sa vie : il termina la révolution par la Charte; il reprit le pouvoir par la guerre d'Espagne; et sa mort, objet de si justes regrets, a pourtant consolidé la restauration, en mettant un règne entre les temps de l'usurpation et l'avénement de Charles X.

Depuis un mois cette restauration a avancé d'un siècle; la monarchie a fait un pas de géant. Quel triomphe complet de la légitimité, et de ce qu'il y a d'excellent dans ce système! Un roi meurt, le premier roi légitime qui s'était assis sur le trône après une révolution de trente années. Ce roi gouverne avec sagesse; mais ceux qui ne comprenaient pas la force de la légitimité, mais les passions comprimées, mais les vanités déçues, mais les ambitions secrètes, mais les intérêts, les jalousies politiques murmuraient tout bas : « Cet état de choses pourra durer pendant la vie de Louis XVIII; mais vous verrez au changement de règne ! »

Hé bien! *nous avons vu!* nous avons vu un frère succéder à un frère, de même qu'un fils remplace un père dans le plus tranquille héritage. A peine s'aperçoit-on qu'on a changé de souverain. Un des plus grands événements dans les circonstances actuelles s'accomplit avec la plus grande simplicité. Comme dans une succession ordinaire, on lève les scellés : ce n'est rien; ce n'est que la couronne de la France qui passe d'une tête à une autre ! ce n'est que le sceptre de saint Louis que Charles X prend au foyer de Louis XVIII!

Entend-on parler de quelque réclamation? Où sont les prétendants de la république et de l'empire? Est-il dans le monde une puissance qui ait envie de contester le trône au nouveau roi? A-t-il fallu des hérauts d'armes, des bruits de tambours et de trompettes, des parades et des jongleries, un développement imposant de la force militaire, pour dérober à la foule ébahie ce que le droit d'un usurpateur a de douteux? Nullement. LE ROI EST MORT : VIVE LE ROI ! Voilà tout, et chacun vaque à ses affaires, l'esprit libre, le cœur content, sans craindre l'avenir, sans demander : « Qu'arrivera-t-il demain? » Le pouvoir protecteur, la puissance politique n'a point péri, la société est en sûreté; et la succession légitime de la famille royale garantit à chaque famille, en particulier, sa succession légitime.

Que sont devenues toutes ces allusions, pour le moins téméraires, au sort d'un prince étranger? Où trouver la moindre ressemblance dans les choses, les temps et les souverains? Ces mouvements d'humeur que l'on prenait pour des intuitions de la vérité, pour des enseignements historiques, s'évanouissent devant les faits et les vertus; et jamais les vertus ne furent plus évidentes et les faits plus décisifs.

Si la royauté triomphe, le roi ne triomphe pas moins. Charles X s'est élevé au niveau de sa fortune; il a montré qu'il connaissait les mœurs de son siècle, qu'il prenait la monarchie telle que le temps et les révolutions l'ont faite. Il a dit aux magistrats de continuer à être justes et à prononcer avec impartialité; il a dit aux pairs et aux députés qu'il maintiendrait comme roi la Charte qu'il avait jurée comme sujet, et il a tenu sa parole, et il nous a rendu la plus précieuse de nos libertés; il a dit aux Français de la confession protestante que sa bienfaisance s'étendait également sur tous ses sujets; il a dit aux ministres du culte catholique qu'il protégerait de tout son pouvoir la religion de l'État, la religion, fondement de toute société humaine : il a recommandé cette même religion comme base de l'éducation publique. Toutes ces paroles, qui sont de véritables actes politiques, ont enchanté la nation. Charles X peut se vanter d'être aujourd'hui aussi puissant que Louis XIV, d'être obéi avec autant de zèle et de rapidité que le souverain le plus absolu de l'Europe.

Pour savoir où nous en sommes de la monarchie, il faut avoir vu le monarque se rendant à Notre-Dame; tout un grand peuple, malgré l'inclémence du temps, saluant avec transport ce *roi à cheval*, qui s'avançait lui-même au-devant de ses plus pauvres sujets pour prendre de leurs mains leurs pétitions avec cet air qui n'appartient qu'à lui seul; il faut l'avoir vu au Champ de Mars au milieu de la garde nationale, de la garde royale et de trois cent mille spectateurs : jour de puissance et de liberté qui montrait la couronne dans toute sa force, et qui rendait à l'opinion ses organes et son indépendance. Un roi est bien placé au milieu de ses soldats quand il départ à ses peuples tout ce qui contribue à la dignité de l'homme ! l'épée est pour lui : elle pourrait tout détruire, et il ne s'en sert que pour conserver ! Aussi l'enthousiasme n'était pas feint : ce n'étaient pas de ces cris qui expirent sur les lèvres du mendiant payé, chargé sous les tyrans d'exprimer la joie ou plutôt la tristesse publique; c'étaient des cris qui sortent du fond de la poitrine, de cet endroit où bat le cœur avec force, quand il est ému par l'amour et la reconnaissance.

Ceux qui ont connu d'autres temps se rappelaient une fête bien différente au Champ de Mars : la monarchie finissait alors ; aujourd'hui elle recommence. Est-ce bien là le même peuple? Oui, c'est le même ; mais le peuple guéri, le peuple désabusé. Il avait cherché la liberté à travers des calamités inouïes, et il n'avait rencontré que la gloire : ses princes légitimes devaient seuls lui donner le bien, que des tribuns factieux et un despote militaire lui avaient dérisoirement promis.

Si les bénédictions du peuple, comme il n'en faut pas douter, attirent celles du ciel, elles ont descendu sur la tête du souverain et de la famille royale. Jamais la France n'a été plus heureuse, plus glorieuse et plus libre que dans ce jour mémorable. Mais à la vue de cette famille en deuil au milieu de tant d'allégresse, la pensée se tournait avec attendrissement vers cet autre monarque qui n'est pas encore descendu dans la tombe ; l'aspect d'une multitude affranchie de tout esclavage, et protégée par de généreuses institutions, rappelait encore le souvenir de l'auguste auteur de la Charte. Quel pays que cette France ! les villes apportent leurs clefs au lit funèbre de ses généraux, et les peuples rendent hommage de leur liberté au cercueil de ses rois !

## LETTRE

### À M. LE RÉDACTEUR DU *JOURNAL DES DEBATS,*

#### SUR LE PROJET DE LOI RELATIF À LA POLICE DE LA PRESSE.

4 Janvier 1827.

Monsieur,

Permettez-moi de répondre, par l'entremise de votre journal, à diverses lettres que des personnes, qui me sont pour la plupart inconnues, m'ont fait l'honneur de m'adresser ces jours-ci. Ces personnes me demandent si je ne ferai rien paraître sur le nouveau projet de loi relatif à la liberté de la presse ; elles veulent bien se souvenir que, dans d'autres circonstances, je n'ai pas manqué d'élever la voix en faveur de la plus précieuses de nos libertés.

En effet, Monsieur, lorsqu'en 1824 la censure facultative fut établie, je publiai un petit écrit contre cette mesure ministérielle. La raison qui me détermina à prendre ce parti était simple : il m'était impossible de parler à la tribune, puisque la session était close ; je ne pouvais recourir à la presse périodique, puisque les journaux étaient censurés ; je n'avais donc pour toute ressource que la presse non périodique, qui n'était point encore opprimée comme elle est menacée de l'être.

Aujourd'hui, Monsieur, je ne balancerais pas à attaquer la loi vandale dont le projet vient d'être présenté à la Chambre des députés, si la session législative n'était ouverte : c'est à la tribune de la Chambre des pairs que mon devoir m'appelle à combattre ; mais les lettres que j'ai reçues m'ont fait sentir la nécessité d'une explication préalable. Le projet de loi ne peut être examiné à la Chambre héréditaire avant six semaines ou deux mois : il m'importe que mon silence jusqu'à cette époque, puisqu'on veut bien me demander compte de mon silence, ne soit pas exposé à de fausses interprétations. Dans tous les âges et dans toutes les positions de ma vie, j'ai défendu la liberté de la presse ; je ne reculerai pas quand on me somme de dire hautement mon opinion sur un projet que nous auraient envié les jours les plus florissants de la barbarie.

J'espère démontrer en temps et lieu que ce projet, converti en loi, serait aussi fatal aux lettres qu'aux libertés publiques ; qu'il tendrait à étouffer les lumières ; qu'il déclarerait la guerre au talent ; qu'il violerait toutes les lois de propriété ; qu'il altérerait même la loi de succession, puisque la fille ne pourrait hériter de son père dans la propriété d'un journal ; que, par un vice de rétroactivité, ce projet de loi, voté tel qu'il est, annulerait les clauses des traités passés, blesserait les droits des tiers, favoriserait le dol et la fraude, troublerait et bouleverserait toute une partie du Code civil et du Code de commerce ; qu'il anéantirait une branche d'industrie alimentée d'un capital de plus de cinquante millions ; qu'il ruinerait à la fois les imprimeurs, les libraires, les fondeurs, les graveurs, les possesseurs de papeteries, etc. ; qu'il frapperait comme de mort une population de cinq à six cent mille âmes, et qu'il jetterait sur le pavé une multitude d'ouvriers sans ouvrage et sans pain.

Ce projet, Monsieur, a été forgé dans la plus complète ignorance de la matière. L'article 4 dit, par exemple :

« Tout déplacement ou transport d'une partie quelconque de l'édition hors des ateliers de l'imprimeur, et avant l'expiration du délai fixé par l'article premier, sera considéré comme tentative de publication. La tentative du délit de publication sera poursuivie et punie, dans ce cas, de la même manière que le délit. »

Ainsi l'on pourrait considérer comme tentative de publication le transport des feuilles d'impression de chez l'imprimeur chez le libraire ; de chez le libraire chez la brocheuse ou chez le relieur, ou à l'atelier du *satinage*. Sur les quatre-vingts imprimeurs de Paris, il n'y en a pas deux qui aient des établissements assez vastes pour procéder chez eux au *séchage* et à l'*assemblage*.

Qu'est-ce que c'est que des *caractères* (art. 1er) conformes aux *règles* de la librairie, et quelle intention est cachée au fond de cet apparent *non-sens*?

Pour une simple contravention à un règlement de police, comment détruirez-vous (art. 1ᵉʳ) une édition entière ou un volume, qui interromprait une collection plus ou moins coûteuse, plus ou moins avancée, sans donner recours aux souscripteurs, aux artistes, aux fournisseurs de papier, aux divers bailleurs de fonds?

Et quelle dérision! on prétend qu'on ne punira le délit qu'après qu'il aura été commis, lorsqu'on ordonne un dépôt dont la durée doit précéder de cinq ou six jours la publication! Les alguazils de la police ne seront-ils pas en embuscade à la porte du libraire, pour sauter sur le premier paquet de l'ouvrage que l'autorité croira devoir arrêter? *La Monarchie selon la Charte* n'a-t-elle pas été saisie, moi présent, dans la cour même de mon libraire? et pourtant quelle différence entre les lois de la presse qui existaient alors et celles qui nous régissent aujourd'hui!

Mais quel mal, dira-t-on, qu'un ouvrage, s'il est mauvais, soit saisi avant d'être publié?

Et comment pouvez-vous savoir s'il est mauvais avant qu'il soit publié? Soumettrez-vous d'avance votre jugement à celui d'un procureur du roi, quel qu'il puisse être? Dans les temps de passion politique, chaque parti ne soutient-il pas que tel ouvrage est dangereux, que tel ouvrage est salutaire? Un ministère fera poursuivre tous les livres religieux, un autre, tous les livres philosophiques. Le dépôt de cinq et de dix jours est évidemment la censure, et une censure qui, non satisfaite de vous imposer son joug, vous enveloppe encore dans des procès ruineux. La censure devrait au moins dispenser d'aller devant les tribunaux.

Comment, pour la presse périodique, comment réduira-t-on à cinq membres (art. 15) des compagnies déjà formées et composées d'un bien plus grand nombre de propriétaires?

Que veut dire ce nombre mystérieux de cinq? Il est facile de dégager l'*inconnue*. Si sur douze propriétaires il y en a sept qui refusent de vendre leur part aux cinq autres, ou cinq qui ne peuvent acheter cette part, la condition de la loi n'étant pas remplie, il n'y aura plus de journal. Il y a plus, la condition de la loi dans ce cas même ne pourra pas être remplie, puisque cette loi déclare que toutes stipulations seront nulles, *même entre les parties contractantes* (art. 16). Cela n'est-il pas tout à fait digne du génie d'un clerc du onzième siècle?

Les cinq propriétaires seront condamnés en masse pour un article incriminé, encore que la minorité de ces propriétaires se soit opposée à la publication de l'article, ou que quelques-uns de ces propriétaires aient été absents au moment de cette publication.

Une femme ne pourra être copropriétaire d'un journal, quoique sa dot ou une portion de l'héritage paternel ait été assise sur cette propriété. Il faudra alors que le bien de ce mineur par la loi soit vendu dans les formes prescrites au Code civil : l'autorité ministérielle se portera pour dernier enchérisseur, et introduira ainsi un levain de servitude dans une association libre : c'est l'esprit de l'article 9.

Pour être propriétaire d'un journal, il faudra prouver à un préfet ou au directeur général de la librairie qu'on a les *qualités* exigées par l'article 980 du Code (art. 9). Si ces autorités administratives vous font de mauvaises chicanes sur ces qualités, comme on en fait aux électeurs sur les droits ; si elles renvoient les parties devant les tribunaux, la décision de ces autorités administratives *n'en recevra pas moins provisoirement son exécution* (art. 9). Cela veut dire que le journal sera supprimé pendant trois, quatre, cinq ou six mois, selon la durée du procès. Or un journal qui cesserait de paraître pendant un mois serait un journal *détruit*.

Remarquez, Monsieur, que ce mot *détruit* revient sans cesse dans le projet de la loi, comme renfermant tout l'esprit du projet. Il n'y a pas de raison pour qu'avec un tel projet tous les journaux, excepté les journaux ministériels, ne soient en effet successivement *détruits* : c'est ce que l'on veut.

Sous le rapport fiscal, le projet applique le timbre aux brochures : on a calculé que le plus mince vaudeville imprimé coûterait à l'auteur de 15 à 1,800 francs. D'un autre côté, les journaux littéraires se trouvent soumis au cautionnement (art. 12). Ne croit-on pas voir les Welches brisant les monuments des arts, ou les Arabes brûlant la bibliothèque d'Alexandrie ? Ne pensez pas que l'on soit touché de ce reproche ; on s'en fait gloire. Le commerce de la librairie de la France passera en Belgique ; tant mieux ! Ne sont-ce pas les livres qui font tout le mal ? Depuis le savant qui étudie le cours des astres, jusqu'au paysan qui épelle la Croix de par Dieu, tout ce qui sait lire ou apprend à lire est suspect.

Je comprends bien que le timbre est ici principalement le cachet de la barbarie ; c'est le *veto* suspensif mis sur la publication de la pensée ; mais pourtant ce timbre est la levée d'un impôt : je voudrais savoir, Monsieur, la destination des sommes qui proviendront de cet impôt. Iront-elles à ces censeurs invisibles que j'ai jadis appelés un saint-office d'espions ? Seront-elles tenues en réserve *pour acheter des procès ?* Serviront-elles à augmenter les gages de la livrée ministérielle ? ou bien (ce qui serait plus juste) seront-elles employées à payer des soupes économiques pour nourrir les auteurs et les libraires que le projet de loi, admis, aura réduits à la mendicité ?

Les imprimeurs seront responsables des *amendes, dommages et intérêts, et des frais portés par les jugements de condamnation des auteurs* (art. 22), le tout afin que les imprimeurs deviennent les *censeurs* officieux des auteurs, tant ce nom de censeur plaît au cœur et charme l'oreille !

On conçoit qu'un libraire pouvait être enveloppé dans une condamnation pour un ouvrage obscène, impie ou calomniateur, pour un ouvrage où le délit flagrant frappe tous les yeux : mais quoi ! l'imprimeur sera juge d'un ouvrage de science, de philosophie, de littérature ? Si cet ouvrage est condamné par les tribunaux, l'imprimeur, qui n'y aura rien compris, portera la peine du délit dont il sera innocent ? Il y a telle maison d'imprimeur-libraire qui compte quelque cent mille publications : vous voulez que l'imprimeur ait lu et compris ces cent mille ouvrages longs ou courts ! Mais ne nous récrions pas trop contre cette palpable absurdité : elle a son dessein. On exige l'impossible de l'imprimeur : et pourquoi ? Pour qu'il ne puisse paraître aucun ouvrage qui n'ait obtenu la sanction de la coterie qui nous opprime. Quel libraire en effet oserait se charger sans garantie de l'impression d'un manuscrit sous la menace d'un pareil projet de loi ?

Le projet, dit-on, est conçu dans l'intention de mettre à l'abri les autels, de défendre la religion contre les productions scandaleuses de l'impiété.

Le projet, loin de protéger la religion, l'expose ; loin d'arrêter le débit des ouvrages qu'on veut proscrire, il fera vendre toutes ces éditions rivales qui, par leur multiplication, restaient ensevelies dans les magasins. La France est fournie des œuvres de Voltaire et de Rousseau pour deux siècles, et le projet de loi actuel n'aura pas une aussi longue durée. A moins d'ordonner la saisie des éditions publiées, on n'aura rien obtenu. Chose remarquable ! on prétend venir au secours de la religion par le présent projet de loi, et l'on n'a pas même dans ce projet osé écrire le nom de religion ! D'où vient cette réticence ? Est-ce vraiment la religion que vous voulez défendre ? Dites-le donc tout haut ; apportez un projet qui ne blesse ni la propriété, ni les lois existantes, ni les libertés, ni les lettres, ni les talents, ni la civilisation. Ce projet sera examiné dans les deux Chambres ; et s'il n'a visiblement pour but que le maintien des mœurs et la protection de la foi de nos pères, vous ne trouverez pas un vote pour le repousser.

Le projet de loi, dit-on encore, est calculé pour le châtiment des calomnies répandues sur la vie privée d'un citoyen.

D'abord, Monsieur, il ne me paraît pas bien prouvé que ces petites biographies dont on a tant raison de se plaindre, et dont les tribunaux ont fait justice ; il ne m'est pas bien prouvé, dis-je, que ces biographies n'aient pas été fabriquées à l'instigation d'un certain parti ennemi de la liberté de la presse, afin de rendre cette liberté odieuse et d'avoir un prétexte de la *détruire*.

Ensuite, il ne faut pas que les intérêts particuliers blessent les intérêts généraux. En prétendant venir au secours d'un honneur qui ne se plaint pas, prenons garde de nous interdire la censure des actes de l'autorité. Il y des outrages d'une nature mixte, qui s'appliquent également à l'homme public et à l'homme privé : tâchons de ne pas venger la famille aux dépens de la société.

Quant à moi, Monsieur, dans la crainte de l'intérêt qu'un défenseur d'office voudrait bien prendre à ma personne, je me hâte de profiter du bénéfice du dernier paragraphe de l'article 20 du projet de loi ; je déclare autoriser par la présente toute publication contre ou sur mes actes ; je me range du côté de mon calomniateur, et je lui livre sans restriction ma vie publique et ma vie privée.

Je n'ai guère, Monsieur, touché dans cette lettre qu'à la partie matérielle d'un projet de loi qui ajoute des amendes nouvelles à d'anciennes amendes, sans faire grâce des emprisonnements, sans révoquer le pouvoir abusif de supprimer le brevet du libraire, sans renoncer à la censure facultative, sans abolir la procédure en tendance, sans dispenser de la permission nécessaire pour établir une feuille périodique ; permission qui réduit de fait la liberté de la presse à un simple privilége.

Mais lorsque, à la Chambre des pairs, je parlerai du rapport moral du projet de loi, je montrerai que ce projet décèle une horreur profonde des lumières, de la raison et de la liberté ; qu'il manifeste une violente antipathie contre l'ordre de choses établi par la Charte ; je prouverai qu'il est en opposition directe avec les mœurs, les progrès de la civilisation, l'esprit du temps et la franchise du caractère national ; qu'il respire la haine contre l'intelligence humaine ; que toutes ses dispositions tendent à faire considérer la pensée comme un mal, comme une plaie, comme un fléau. On sent que les partisans de ce projet anéantiraient l'imprimerie s'ils le pouvaient, qu'ils briseraient les presses, dresseraient des gibets, et élèveraient des bûchers pour les écrivains ; ne pouvant rétablir le despotisme de l'homme, ils appellent de tous leurs vœux le despotisme de la loi.

Voilà, Monsieur, ce que j'avais à exprimer aux personnes qui ont bien voulu m'écrire, et qui m'ont fait l'honneur d'attacher à mon opinion une importance que je suis loin de lui reconnaître. Je ne pouvais adresser à chacune de ces personnes une réponse particulière : je les prie de vouloir bien agréer en commun cette réponse publique.

Je ne puis, Monsieur, en finissant cette lettre, me défendre d'un sentiment douloureux. N'avons-nous voté, dans l'adresse en réponse au discours de la couronne, les libertés du Portugal que pour voir attaquer les libertés de la France ? Ces dernières étaient-elles promises en expiation des premières ? Quelle tendresse pour la Charte de don Pèdre ! quelle indifférence pour la Charte de Louis XVIII !

Je crains qu'il n'y ait dans tout cela bien de l'aveuglement :

*Ibant obscuri sola sub nocte per umbram.*

Quelques souvenirs, quelques ambitions, quelques rêveries particulières à des esprits faux, fermentent dans un coin de la France ; n'allons pas prendre ces souvenirs, ces ambitions, ces rêveries pour une opinion réelle, pour une opinion qu'il faut satisfaire ; n'allons pas donner à la nation la crainte d'un système opposé à ses libertés. Les hommes qui ont souffert ensemble de nos discordes, également fatigués, se résignent à achever en paix leurs vieux jours ; mais nos enfants, ces enfants qui n'auront pas comme nous besoin de repos, n'entreront point dans ce compromis de lassitude : ils marcheront, et revendiqueront, la Charte à la main, le prix du sang et des larmes de leurs pères. On ne fait point reculer les générations qui s'avancent en leur jetant à la tête des fragments de ruines et des débris de tombeaux. Les insensés qui prétendent mener le passé au combat contre l'avenir sont les victimes de leur témérité : les siècles, en s'abordant, les écrasent.

## DU RÉTABLISSEMENT DE LA CENSURE

### Au 24 juin 1827.

### AVERTISSEMENT.

La presse non périodique doit venir au secours de la presse périodique : je ne puis pas plus me taire sur la censure que M. Wilberforce sur la traite des nègres. Des écrivains courageux se sont associés pour donner une suite de brochures ; on compte parmi eux des pairs, des députés, des magistrats. Tout sera dit, aucune vérité ne restera cachée. Si certains hommes ne se lassent pas de nous opprimer, d'autres ne se fatigueront pas de les combattre. Je remercie mes concitoyens de la confiance qu'ils me témoignent dans ce moment. J'ai reçu toutes leurs lettres, tous leurs renseignements, tous leurs avis : j'en ai fait et j'en ferai encore usage. Beaucoup d'ouvrages se préparent. M. Salvandy, dont le talent énergique est si connu, fera paraître le mois prochain une brochure sur l'état actuel des affaires. M. Alexis de Jussieu publiera dans quelques jours un écrit sur le même sujet. Ils m'ont prié d'annoncer leurs travaux : je m'en fais un devoir, car il est probable que les feuilles périodiques n'auront pas même la permission de citer *l'intitulé* des ouvrages. Cependant, un titre conçu d'une manière générale constitue-t-il un délit ? Voilà comment la censure sur les journaux est exercée, et comment elle nuit au commerce de la librairie : un livre non annoncé est exposé à rester dans les magasins : aussi la librairie est-elle menacée d'une nouvelle crise. Mais qu'importe tout cela à nos hommes d'État et à la stupide et violente faction qui désole la France ?

Si les propriétaires des journaux ont d'autres plaintes à porter contre la censure, s'ils jugent que je puisse faire entendre ces plaintes, ils me trouveront prêt à tout. Espérons que les lecteurs soutiendront plus que jamais les feuilles indépendantes de leur patronage : ils ne se laisseront pas décourager si la censure empêche pendant quelque temps les journaux non salariés de réfléchir aussi vivement qu'ils le faisaient. Le *silence politique*, les *blancs*, les *suspensions*, les *procès*, sont des preuves de constance et de zèle qui seront appréciées des amis du trône et de la Charte. Rallions-nous d'un bout de la France à l'autre contre les ennemis de nos libertés : patience et esprit public remporteront la victoire

## ÉPIGRAPHES

On réclama hautement la liberté d'écrire et de publier ses pensées par la voie de l'impression ; et la liberté illimitée de penser et d'écrire devint un axiome du droit public de l'Europe, un article fondamental de toutes les constitutions, un principe enfin de l'ordre social. (Vicomte DE BONALD, *séance des députés*, 28 janvier 1817.)

Aujourd'hui que le gouvernement peut tout contre le citoyen, ne doit-il pas laisser au citoyen quelque abri contre un pouvoir si illimité. (*Id., ibid.*)

Les gens habiles ne sont pas tous dans les conseils ; et ceux-ci, placés à une juste distance des objets, ni trop haut, ni trop bas, peuvent savoir bien des choses qui échappent à l'attention ou à la préoccupation des hommes en autorité, et leur dire par la voix des journaux d'utiles vérités qu'ils ne voudraient pas enfouir dans les cartons d'un bureau, ni soumettre à la censure d'un commis.

Peut-être, au premier instant d'une explosion, les déclamations de journaux ne seraient pas sans quelque danger ; mais à la longue, et lorsqu'on a à lutter contre des causes secrètes de désordre, leur silence ne serait-il pas plus dangereux encore ? l'État, si l'on veut, peut être troublé par ce que peuvent dire les journaux, mais il peut périr par ce qu'ils ne disent pas. Il existe un remède très-efficace contre leurs exagérations ou leurs impostures ; il n'y en a point contre leur silence.

L'Angleterre a vu le danger, et a voulu s'en préserver en posant en loi la libre circulation des journaux comme la sauvegarde de l'État ; elle n'a pas cru que ce fût trop du public tout entier, dont les journaux sont les sentinelles, pour servir de contre-poids au pouvoir immense d'un ministère responsable. (*Id., ibid.*)

L'intérêt de la nation étant que les ministres soient éclairés, ils ne doivent pas fermer eux-mêmes la seule voie par laquelle l'opinion véritablement générale peut arriver jusqu'à eux. Y a-t-il beaucoup à craindre des journaux, aujourd'hui qu'ils sont devenus presque la seule lecture des honnêtes gens, et que les écrivains les plus estimables ne dédaignent pas d'y travailler ? Sans doute ils écrivent les uns et les autres dans des principes différents : c'est un malheur inévitable, et qui a sa source dans l'opinion des deux principes, monarchique et républicain, du gouvernement représentatif, que chacun, suivant votre opinion, cherche à entraîner de son côté. Heureuse la nation, dans de telles circonstances, où ce combat n'a pour champ de bataille que les journaux ! L'opposition armée n'a cessé en Angleterre que depuis qu'elle est devenue littéraire. L'opposition des journaux amuse les partis et trompe les haines. (*Id., ibid.*)

« Que les représentants d'une nation, chargés de stipuler les droits et les garanties de la liberté civile et politique, confèrent, par une loi, à des hommes déjà armés du terrible droit d'emprisonner à volonté tout citoyen qui leur sera suspect, le droit plus étendu et plus dangereux d'étouffer toute pensée qui leur sera odieuse, et qu'ainsi les ministres, au droit qu'ils ont d'agir seuls ajoutent le droit de parler tout seuls, c'est en vérité ce que tout législateur tremblerait d'accorder, même lorsqu'il croirait, comme citoyen, la mesure utile. Ne serait-ce pas compromettre, par ce dangereux exemple, la sûreté générale et future de l'État, en voulant lui ménager une tranquillité locale et temporaire? Et ce roi que la Fable représente tenant tous les vents à ses ordres, pouvait exciter moins de tempêtes qu'un ministère investi de tout pouvoir sur les corps et sur les esprits. »

(Vicomte DE BONALD, *séance des députés*, 28 *janvier* 1817.)

Il est digne de remarque que tous les journaux employés à grands frais par tous les gouvernements qui se sont succédé n'ont pu, malgré leur influence, en soutenir aucun; et que les journaux opposés, que la tyrannie a contrariés, tantôt à force ouverte, tantôt plus sérieusement, ont vu, ont fait à la fois triompher la cause qu'ils ont constamment défendue...

Les gens les plus distingués dans les lettres n'ont pas dédaigné d'écrire dans les journaux, et y ont défendu avec courage les principes conservateurs des sociétés.... Dès lors, une succession non interrompue de journaux amis de l'ordre a entretenu le feu sacré; ils l'ont entretenu par ce qu'ils disaient, et même par ce qu'ils ne disaient pas, lorsque, forcés de se taire, ou même de parler, ils laissaient apercevoir leurs opinions particulières sous la transparence des opinions commandées. C'est cette opposition constante qui a conservé toutes les bonnes doctrines qui ont à la fois prévalu : car il faut remarquer, à l'honneur de l'esprit national, que ces journaux sont les seuls qui aient joui d'une vogue constante, tandis que les autres n'ont pu se soutenir même avec les secours du gouvernement; en sorte que l'on peut dire que le public a fait ces journaux, plus encore que les journaux n'ont formé le public, *parce que les journaux expriment l'opinion et ne la font pas*. Réflexion juste et profonde de M. de Brigode, et qui suffirait à décider la question. (*Id., ibid.*)

Avant que la presse fût libre, les chances en étaient moins assurées, parce que le pouvoir qui laissait une libre carrière aux mauvaises doctrines avait soin d'enchaîner les bonnes. Vainement les royalistes avaient-ils réclamé, dans l'intérêt public, cette liberté dont ils sentaient le prix : il leur a fallu du temps, beaucoup de temps, pour la posséder, parce que leurs adversaires en redoutaient l'effet. Enfin, la faculté d'écrire, arrachée plutôt qu'obtenue, a muni les amis de la royauté d'armes égales à celles des ennemis qui veulent la détruire, et bientôt le nombre des lecteurs de chaque opinion a montré l'étendue de leurs forces relatives.

(M. le marquis D'HERBOUVILLE, *Conservateur*, tom. VI, pag. 62, 63.)

N'a-t-on pas vu naguère que les journaux tombés sous le joug du despotisme étaient devenus des instruments d'oppression et de servitude? C'est la meilleure preuve du danger de subjuguer les journaux.

(M. CORBIÈRE, *séance des députés*, 29 *janvier* 1817.)

Supprimer un journal, c'est ruiner le propriétaire; et cependant on se joue avec une cruelle indifférence de cette propriété. Le propriétaire est ruiné, sans même qu'on puisse lui imputer le plus souvent une faute réelle. (*Id., ibid.*)

« Si le ministre obtient le droit de donner ou de refuser arbitrairement l'autorisation aux journaux de paraître, il pourra la rendre onéreuse aux uns, la donner gratuitement aux autres, en favoriser quelques-uns, pour les mettre en mesure de se soutenir contre l'opinion ; il pourra user des moyens les plus contraires aux droits garantis à tous les Français par les articles 1 et 2 de la Charte. »

(M. DE VILLÈLE, *séance des députés*, 27 *janvier* 1817.)

---

Paris, 30 juin 1827.

Mon pays n'aura rien à me reprocher : resté le dernier sur la brèche, j'ai fait à la Chambre héréditaire le devoir d'un loyal pair de France ; je remplis maintenant celui d'un simple citoyen. Il m'en coûte : déjà rentré dans mes paisibles travaux, je revoyais mes vieux manuscrits, je voyageais en Amérique : *desertas quærere terras.* Rappelé subitement de la terre de la liberté, je reviens défendre cette liberté dans ma patrie, comme jadis j'accourus de cette même terre pour me ranger sous le drapeau blanc.

En quittant la tribune de la Chambre des pairs, le 18 de ce mois, je prononçai ces mots :

« Je vous dirai, Messieurs, que ceux dont l'esprit d'imprudence inspira le projet de loi contre la liberté de la presse n'ont pas perdu courage. Repoussés sur un point, ils dirigent leur attaque sur un autre ; ils ne craignent pas de déclarer à qui veut les entendre que la censure sera établie après la clôture de la présente session.

« Mais comme une censure, qui cesserait de droit un mois après l'ouverture de la session de 1828, serait moins utile que funeste aux fauteurs du système, ils songeraient déjà au moyen de parer à cet inconvénient : ils s'occuperaient, pour l'an prochain, d'une loi qui prolongerait la censure, ou d'une loi à peu près semblable à celle dont la couronne nous a délivrés.

« La difficulté, Messieurs, serait de vous faire voter un travail de cette nature, si d'ailleurs il était possible de déterminer les ministres eux-mêmes à l'accepter. Vous n'avez pas de complaisances contre les libertés publiques : quel moyen aurait-on alors de changer votre majorité ? Un bien simple, selon les hommes que je désigne : obtenir une nombreuse création de pairs.

« Avant de toucher ce point essentiel, jetons un regard sur la censure.

« Les auteurs des projets que j'examine en ont-ils bien calculé les résultats ? Quand on établirait la censure entre les deux sessions, si cette censure, décriée par les ministres eux-mêmes, ne produisait rien de ce que l'on veut qu'elle produise ; si elle n'avait fait que multiplier les brochures ; si le ministère avait brisé le grand ressort du gouvernement représentatif, sans avoir amélioré les finances, sans avoir calmé l'effervescence des esprits ; si, au contraire, les haines, les divisions, les défiances s'étaient augmentées ; si le malaise était devenu plus général ; si l'on avait donné une force de plus à l'opposition, en lui fournissant l'occasion de revendiquer une liberté publique, comment viendrait-on demander aux Chambres la continuation de cette censure ? On conçoit que, du sein de la liberté de la presse, on réclame la censure sous prétexte de mettre un frein à la licence ; mais on ne conçoit pas que, tout chargé des chaînes de la censure, on sollicite la censure lorsqu'on n'a plus à présenter pour argument que les flétrissures de cette oppression.

« L'abolition de la censure, le retrait de la loi contre la liberté de la presse, sont des bienfaits de Charles X ; rien ne serait plus téméraire que d'effacer par une mesure contradictoire le souvenir si populaire de ces bienfaits. Et quelle pitié d'établir au profit de quelques intérêts particuliers une censure qu'on n'a pas cru devoir imposer pendant la guerre d'Espagne, lorsque le sort de la France dépendait peut-être d'une victoire! Nous nous sommes confiés à la gloire de monseigneur le dauphin; il n'est pas aussi sûr, j'en conviens, de s'abandonner à toute autre gloire; mais, enfin, que MM. les ministres aient foi en eux-mêmes; qu'ils nous épargnent la répétition des ignobles scènes dont nous avons trop souffert. Reverrons-nous ces censeurs proscrivant jusqu'aux noms de tels ou tels hommes, rayant du même trait de plume et les éloges donnés aux vertus de l'héritier du trône, et la critique adressée à l'agent du pouvoir?

« Après avoir été témoins des transports populaires du 17 avril, on ne peut plus nier l'amour de la France pour la liberté de la presse. Dans quels rangs pourriez-vous donc trouver aujourd'hui des oppresseurs de la pensée? Parmi des fanatiques qui courraient à la honte comme au martyre, et parmi des hommes vils qui mettraient du zèle à gagner en conscience le mépris public. »

Me trompais-je dans les projets que j'annonçais? Mes frayeurs étaient-elles vaines? La haine ou la vérité dictaient-elles mes paroles?

Du moins un avantage me reste sur mes adversaires : point n'ai renié mes opinions; je suis ce que j'ai été; je vais à la procession de la Fête-Dieu avec le *Génie du Christianisme*, et à la tribune avec *la Monarchie selon la Charte*. Comme pair, j'ai prononcé plusieurs discours en défense de la liberté de la presse : j'ai écrit cent fois pour cette liberté dans *le Conservateur* et dans d'autres ouvrages. Pourquoi cette énumération? Pour me vanter, pour me citer avec complaisance? Non : pour répondre à des hommes qui, ayant trahi leur premier sentiment, veulent mettre leurs variations sur le compte des autres; à ces hommes qui s'écrient : « Vous marchez! » quand vous êtes immobile, ne s'apercevant pas que ce sont eux qui passent, et qui se figurent en changeant de place que l'objet offert à leurs regards s'est déplacé.

La liberté de la presse est devenue un des premiers intérêts de ma vie politique : j'en ai fait l'objet de mes travaux parlementaires. J'ose dire que ma position sociale, les opinions royalistes et religieuses que je professe, donnent à mes paroles quelque crédit, lorsque je réclame cette liberté : on ne peut pas dire que je suis un révolutionnaire, un impie : on le dit, il est vrai, aujourd'hui; mais ce qu'il y a de plus curieux, c'est que ces obligeants propos sont tenus par les jacobins à la solde de ce prétendu parti religieux et royaliste, lequel j'ai poussé au pouvoir, en lui apprenant à bégayer contre nature la Charte et la liberté.

Il ne peut plus être question de poser les principes de la liberté de la presse, leur substance se trouve dans les épigraphes que j'ai mises à la tête de cet écrit. La monarchie représentative sans la liberté de la presse est un corps privé de vie, une machine sans ressort. Au commencement de l'empire, des pièces d'argent avaient d'un côté ces mots : *Napoléon empereur,* et de l'autre côté : *République française.* Buonaparte frappait ses monnaies au coin de la gloire, et elles avaient cours. Sous un gouvernement constitutionnel régi par la censure, on pourrait graver des médailles portant dans l'exergue : *Liberté,* et au revers : *Police.* Qui voudrait prendre ce faux billon à l'effigie du ministère ?

Laissons donc des principes avoués même par ceux qui les violent, et examinons les ordonnances du 24 de ce mois.

Elles sont sans préambule : l'ordonnance de la première censure était précédée d'un considérant accusateur des tribunaux. Les sycophantes du ministère firent entendre ensuite que cette insulte à la magistrature n'était que *pour rire,* et que l'approche de la mort du vénérable auteur de la Charte avait été la vraie cause de l'établissement de la censure. On plaça la perte de la première des libertés publiques entre une offense et une douleur.

De quel considérant aurait-on pu accompagner les nouvelles ordonnances ?

Des illuminations avaient brillé dans toute la France pour le retrait du projet de la loi sur la liberté de la presse : aurait-on pu dire que cette *circonstance grave* obligeait de les éteindre avec la censure ?

La garde nationale crie : *Vive le roi!* Quelques voix isolées élèvent un cri inconvenant contre les agents du pouvoir : la garde nationale est licenciée ; on reçoit à Meaux la monnaie de ce licenciement. Aurait-il été convenable de faire de ces faits la raison du rétablissement de la censure ?

Un déficit se rencontrait dans les recettes des premiers mois de l'année : était-ce là un bon prétexte pour suspendre la liberté de la presse ?

Enfin, aurait-on pu déclarer qu'il fallait une ordonnance de censure, parce que les ministres ne peuvent marcher avec la liberté de la presse ? Des ordonnances sans considérant étaient donc ce qu'il y avait de mieux.

La première remet en vigueur les lois du 31 mars 1820 et du 26 juillet 1821.

Le ministère est investi de ce droit par l'art. 4 de la loi du 17 mars 1822, ainsi conçu : « Si dans l'intervalle des sessions des Chambres, des circonstances graves rendaient momentanément insuffisantes les mesures de garantie et de répression établies, les lois des 31 mars 1820 et 26 juillet 1821 pourront être remises immédiatement en vigueur, en vertu d'une ordonnance du roi délibérée en conseil et contre-signée par trois ministres.

« Cette disposition cessera de plein droit un mois après l'ouverture de la session des Chambres, si pendant ce délai elle n'a pas été convertie en loi.

« Elle cessera pareillement de plein droit le jour où serait publiée une ordonnance qui prononcerait la dissolution de la Chambre des députés. »

Ainsi, pour imposer la censure, il faut des *circonstances graves* qui rendent *momentanément insuffisantes les mesures de garantie et de répression établies*.

Et où sont-elles, les *circonstances graves?* Des troubles ont-ils éclaté? l'impôt ne se perçoit-il plus? des provinces se sont-elles soulevées? a-t-on découvert quelque conspiration contre le trône? sommes-nous menacés d'une guerre étrangère, bien qu'il soit prouvé que monseigneur le dauphin n'a pas besoin de censure pour obtenir des triomphes? Si ces *circonstances graves* sont advenues, elles ne se sont pas déclarées tout à coup le lendemain de la clôture de la session ; elles existaient sans doute lorsque les pairs et les députés étaient encore assemblés : pourquoi n'en a-t-on pas parlé aux Chambres? les ministres n'ont-ils pas été interpellés sur leurs projets? pourquoi n'ont-ils pas répondu? Si leurs desseins ne pouvaient supporter l'épreuve d'une discussion parlementaire, les circonstances n'étaient donc pas assez *graves* pour justifier la censure? Nous parlera-t-on du trône, de la religion, des insultes personnelles? les tribunaux sont là.

Le trône est trop élevé pour craindre les insultes : il s'agit bien moins de le mettre à l'abri que de rendre la royauté aussi douce, aussi populaire qu'elle l'est en effet : je ne connais rien qui s'entende mieux dans ce monde qu'un roi de France et son peuple, quand des ministres insensés ne viennent pas troubler cette union.

Il ne s'agit pas d'empêcher qu'on parle légèrement du clergé : il faut nourrir les prêtres, les secourir quand ils sont vieux et malades, les mettre à même de déployer leurs vertus, de faire aimer une religion de miséricorde et de charité.

Il ne s'agit pas de prévenir les attaques personnelles : on ne diffame que ce qui peut être diffamé. Un honnête homme se défend par son propre nom, et accepte la responsabilité de sa vie. Si le vice impudent émousse l'action de la presse, il serait étrange que la vertu patiente n'eût pas le même pouvoir.

Vous avez détruit la liberté de la presse : multipliez les espions. La censure est aujourd'hui, dans tous les sens, une véritable conspiration contre le trône.

Pour quiconque a la moindre bonne foi, il est évident que la censure a été rétablie dans le seul intérêt d'une incapacité colérique ; c'est pour une si noble nécessité que l'on attaque la Charte dans ses fondements, que l'on retire à la France des droits déjà confirmés par une possession paisible : il est dur d'en être là après treize années de restauration.

Je n'insiste pas davantage : il est trop aisé d'ergoter sur la *gravité* des circonstances : chacun la voit dans la chose qui le touche. Un censeur soutient que les *circonstances sont graves,* parce qu'il veut que l'on mette les libertés publiques en régie ; l'espion trouve que les *circonstances sont graves,* lorsque tout se dit publiquement et qu'il n'a plus rien à dénoncer ; les *circonstances sont graves* aux yeux du sot dont on rit, de l'hypocrite qu'on démasque, de l'homme déshonoré qui redoute la lumière. Faut-il pour les assouvir leur livrer l'indépendance nationale ? De quoi vivent les nations ? de liberté et d'honneur : ne jetons pas aux chiens le pain des peuples et des rois.

Disons pourtant que tout le monde est frappé d'une certaine crainte de l'avenir, dans laquelle on pourrait voir une gravité des circonstances. Mais qui cause cette crainte? l'administration : l'inquiétude tient uniquement à ses actes. Toujours menaçant nos libertés, on se figure qu'elle les veut faire disparaître ; on se demande ce que l'on deviendrait si nos institutions étaient renversées ; on tremble également de l'idée des attaques et des résistances. Pour guérir un mal qui est en elle, que fait l'administration? elle impose la censure : c'est diriger le vent sur un incendie.

Passons à la seconde ordonnance.

Je ne m'arrête pas aux deux noms propres placés dans une ordonnance réglementaire. Des erreurs de cette nature sont si fréquentes au ministère de l'intérieur que cela ne vaut pas la peine d'en parler.

La censure facultative est dans l'article 4 de la loi du 17 mars 1822 ; le ministère a donc le droit, si les circonstances sont graves, de mettre la censure par la première ordonnance, et conséquemment de nommer des censeurs. Mais la seconde ordonnance rétablit le conseil de surveillance autorisé par une loi abolie : cela se peut-il ? Je ne le nie ni ne l'affirme : il y a matière à contestation.

Veut-on que ce conseil, né d'une ordonnance, et non d'une loi, ne soit qu'une commission chargée de surveiller les censeurs eux-mêmes ? Comment alors cette commission connaît-elle avec autorité compétente de la suppression provisoire d'un journal ?

Voici quelque chose de plus étrange : l'article 9 de l'ordonnance dit : « Quand il y aura lieu, en exécution de l'article 6 de la loi du 31 mars 1820, à la suppression provisoire d'un journal ou écrit périodique, elle sera prononcée par *nous,* sur le rapport de notre garde des sceaux. »

Quoi ! c'est le roi qui ordonnera la suppression provisoire d'un journal ! c'est la royauté que l'on fera descendre à un pareil rôle ! c'est la couronne qui s'abaissera à des fonctions de cette nature ! c'est le pouvoir suprême qui luttera corps à corps avec la première de nos libertés ! Ministres, y avez-vous bien pensé ?

ROLLIN

Publié par DUFOUR, MULAT et BOULANGER

Que dit l'article 6 de la loi du 31 mars 1820? Il dit : « Lorsqu'un propriétaire ou éditeur responsable sera poursuivi, en vertu de l'article précédent, le *gouvernement* pourra prononcer la suspension du journal ou écrit

Que dit l'article 6 de la loi du 31 mars 1820? Il dit : « Lorsqu'un propriétaire ou éditeur responsable sera poursuivi, en vertu de l'article précédent, le *gouvernement* pourra prononcer la suspension du journal ou écrit périodique jusqu'au jugement. »

Que faut-il entendre par ce mot *gouvernement?* Il faut entendre la couronne, les deux Chambres, les juges inamovibles : pourrait-on jamais soutenir que le *gouvernement est la personne royale toute seule?* En Turquie, peut-être. Cette personne sacrée est-elle un juge qui prononce dans des cas infimes, en police correctionnelle? La couronne exécutant les propositions de sentence élaborées dans un tripot de censeurs ! la couronne, qui seule a le droit de faire grâce, ajoutant par la suspension d'un journal aux rigueurs d'une loi d'exception ! Et si les tribunaux venaient ensuite à absoudre la feuille incriminée, le roi serait donc condamné? Ministres, encore une fois, y avez-vous bien pensé? On se sent comme oppressé par un mauvais songe.

Une troisième ordonnance nomme les membres du conseil de surveillance.

Ce n'est pas sans le plus profond étonnement et la plus profonde douleur qu'on y lit les noms de trois pairs et de trois députés. Je soutiens, sans hésiter, que des pairs et des députés ne peuvent pas être investis de pareilles fonctions sans y être formellement contraints en vertu d'un acte législatif. Ceux qui discutent et votent les lois, ceux qui sont les défenseurs naturels des libertés publiques, les gardiens de la constitution, ne sont pas aptes et idoines à composer une commission administrative de censure, uniquement établie par ordonnance. En prêtant leur serment comme pairs et comme députés, ils ont juré de maintenir la Charte ; il leur est donc moralement interdit de faire partie d'un conseil créé pour la mise en vigueur d'une mesure qui suspend le plus sacré des droits accordés par cette Charte.

Les opinions particulières ne font rien à la question. Des pairs et des députés peuvent manifester à la tribune et dans leurs écrits ce qu'ils pensent contre la liberté de la presse ; mais prendre une part active contre cette liberté, voilà ce qui ne leur est pas permis. Ce serait bien pis dans le cas où leurs fonctions ne seraient pas gratuites, et où ils recevraient le prix d'une liberté : on assure que la France n'aura pas à rougir de ce dernier scandale. Si la presse pouvait être enchaînée en Angleterre, je ne doute point que des lords et des membres des Communes, volontairement ravalés jusqu'à des fonctions de censeurs, ne fussent admonestés par leurs Chambres respectives à l'ouverture de la session : il y a des bienséances qui ont force de devoir.

Dans la position des pairs et des députés membres du conseil de surveillance, tout est inconvénient et péril. Qu'un journal imprime, par exemple, les passages de discours servant d'*épigraphes* à cette brochure : les censeurs subalternes, ne reconnaissant pas l'ouvrage de leurs supérieurs, croiraient ne pas avoir assez d'encre pour effacer ces effroyables lignes. Leur travail serait porté au conseil de surveillance : que dirait le conseil?

Il y a toutefois des consolations à des choses affligeantes : MM. Cayx et Rio ont donné leur démission.

Le premier est un jeune professeur d'histoire, de beaucoup de savoir, d'un esprit très-distingué, et qui a plus de mérite que de fortune. Il a joué sa place contre l'estime publique : c'est risquer peu pour gagner beaucoup.

Le second est pareillement un jeune professeur plein de talent. Une illustration toute particulière le distingue. Pendant les Cent-Jours, dans la terre du royalisme, apparut tout à coup une armée d'enfants : les vieux avaient vingt ans, les jeunes en avaient quinze.

Tout ce qui se trouvait entre ces deux âges, parmi les élèves du collége de Vannes, échangea ce qu'on peut posséder au collége de quelque valeur contre des armes, et courut au combat. Quinze ou vingt élèves furent tués : les mères apprirent le danger en apprenant la mort et la gloire.

Une ordonnance royale constate ces faits : cette gloire de l'enfance est rappelée chaque année, selon le dispositif de cette ordonnance, dans une enceinte où l'on ne célèbre ordinairement que des triomphes paisibles : ce n'est pas loin du monument de Quiberon. Les trois officiers de cette singulière armée ont reçu la croix de la Légion d'honneur. M. Rio est un de ces trois officiers. C'est à un pareil homme que le ministère a proposé la honte : il l'a refusée.

La conduite de ce jeune professeur est une preuve de plus qu'on peut être fidèle à son prince, royaliste jusqu'au plus grand dévouement, religieux jusqu'au martyre, sans cesser d'aimer les libertés publiques.

On assure encore que M. Cuvier n'a pas accepté la place dans le conseil de surveillance. M. Cuvier a respecté sa renommée; il a voulu la garder tout entière. Gloire aux lettres et aux sciences qui n'ont point trahi leur propre cause, qui se sont senties trop nobles pour porter la livrée d'un ministère, pour exécuter ses hautes œuvres [1]!

Je ne parle point des autres censeurs, ils ne sont plus que quatre. Quatre opérateurs suffisent-ils pour expédier tant de patients? Il y aurait donc des garçons censeurs, des adjoints secrets, des amateurs de police dont la ré-

---

[1] J'apprends à l'instant, en corrigeant mes épreuves, que MM. Fouquet et de Broë, et M. le marquis d'Herbouville, ont imité les nobles exemples qui leur avaient été donnés. L'esprit de la pairie et de la magistrature française devait se retrouver tout entier. Il n'y a donc plus que trois censeurs et sept membres du conseil de surveillance. Espérons dans la contagion du bien : elle se propage facilement en France. *Le Précurseur*, journal de Lyon, annonce qu'on n'avait pu trouver encore de citoyens réunissant les qualités nécessaires pour exercer les fonctions de censeur. A Troyes, les ordonnances du 24 juin étaient sans exécution le 27.

compense est dans le secret promis à leur nom. Ce syndicat anonyme aurait bien de la peine à soutenir le crédit de la censure, et à escompter le mépris public.

Maintenant examinons l'esprit et la marche de la nouvelle censure.

Cette censure se montre sous un jour nouveau, son caractère est doucereux, mielleux, patelin ; elle a l'air d'être la fille du bon M. Tartufe. « Eh ! mon Dieu ! vous direz tout ce que vous voudrez ; on ne s'opposera qu'à ce qui pourrait blesser la religion, le trône et les mœurs. Nous aimons tant la religion et le trône, que nous n'avons jamais trahis ! Nos mœurs sont si pures ! faites de l'opposition tant qu'il vous plaira, vous êtes entièrement libres sur la politique ; attaquez les ministres avec leur permission ; nous savons qu'il n'y a point de gouvernement représentatif sans la liberté de la presse, et c'est pourquoi nous établissons la censure. La censure est l'âge d'or de la liberté de la presse. »

Tel est l'esprit de cette nouvelle censure : la naïve insolence de l'article du *Moniteur* du 26 juin prouve que nous restons même en deçà de la vérité.

Je remarque d'abord une date singulière. Le manifeste ministériel, ou le vrai considérant des ordonnances du 24 juin de cette année, fait remonter ce qu'il appelle *la licence de la presse* au mois de juin 1824. Il revient plusieurs fois sur cette date ; il parle de la *presse opposante* depuis 1824 ; il dit que depuis *trois ans* la presse a jeté des *nuages fantasmagoriques ;* il redit, en finissant, le mal causé depuis *trois ans* par la licence de la presse.

Frappé de cette date précise, de cette extrême insistance, je me suis demandé ce qui était arrivé de si extraordinaire au mois de juin 1824, ce qui pouvait causer la préoccupation évidente de l'interprète des ministres. En me creusant la tête, et ne trouvant rien du tout dans ce mois de juin 1824, j'ai été obligé de me souvenir d'un événement fort ordinaire, fort peu digne d'occuper le public, ma sortie du ministère.

Si par hasard le jour de la Pentecôte, 6 juin 1824, avait obsédé la mémoire de l'écrivain semi-officiel, c'est donc moi qui depuis trois ans serais la cause de *la licence de la presse ?*

En rassemblant mes idées, je me souviens en effet qu'au moment de l'imposition de la censure, en 1824, *on déclara qu'on ne pouvait aller ni avec moi ni sans moi*. Que faudrait-il conclure de ces dires ? que je faisais la paix de la presse quand j'étais auprès du gouvernement ; que je ralliais à la couronne les diverses opinions par mon côté religieux et royaliste, et par mon côté constitutionnel ?

Hors du conseil du roi j'aurais donc été suivi par tout ce qui s'attache aux doctrines de légitimité, de religion et de liberté que je professe invariablement. J'aurais donc tout brouillé, tout détaché de l'autorité ; j'aurais donc excité les tempêtes, et ne pouvant m'attacher l'opinion que je soulève, force est de la bâillonner encore une fois.

Si tout cela était véritable, on eût été bien malavisé de méconnaître et de reconnaître à la fois mon *pouvoir*, ou on aurait commis une grande faute en me précipitant du ministère aussi grossièrement qu'on eût chassé le dernier des humains. Telles sont les conséquences que mon amour-propre pourrait tirer des aveux de mes adversaires ; grâce à Dieu, je ne suis pas assez fat pour me supposer une telle puissance. Si j'ai quelque force, je ne la tire que de la fixité de mes opinions, et surtout des fautes de ces hommes qui compromettent tous les jours le trône, l'autel et la patrie.

Après avoir fixé la date de la licence, *le Moniteur* déclare que les écrivains de l'opposition prévoyaient depuis un mois la censure, parce que le mot censure *était écrit dans leur conscience*.

Tout le monde, non pas depuis un *mois*, mais depuis plus de *deux années*, annonçait la perte de la plus *vitale de nos libertés*, parce qu'on n'ignorait pas que M. le président du conseil avait écrit un ouvrage en faveur du rétablissement de l'ancien régime, parce qu'on savait que le ministère était trop faible pour marcher avec les libertés publiques, et parce qu'en multipliant les fautes et les projets, il avait besoin de silence et de voile.

*Le Moniteur* nous dit *que pendant cinq années de liberté de la presse l'autorité s'est refusée constamment à désespérer du bon sens national.*

Et c'est parce que *le bon sens national* a approuvé pendant cinq années la liberté de la presse que *l'autorité a désespéré de ce bon sens*, et qu'elle a fini par mettre ce fou dans la *chemise de force* de la censure ! Et c'est ainsi que le *bon sens* des ministres traite le *bon sens national* ! C'est la misère même en délire : Buonaparte dans toute sa puissance n'aurait pas osé insulter ainsi la nation.

Pendant cinq années, *des travaux ont été laborieusement suivis à travers les difficultés que la licence des écrits suscitait sans cesse autour des projets les plus éclairés!* (Moniteur.)

*Les projets les plus éclairés!* Quels projets ? le 3 pour cent, le syndicat, la cession de Saint-Domingue par ordonnance et sans garantie de payement, les avortons de lois ? Mais ce ne sont pas les journaux qui ont rejeté ou refait les projets de lois, ce sont les Chambres à qui *le Moniteur* donne des éloges, offrant en exemple l'*ordre admirable qui règne dans les discussions parlementaires*.

*Les gazettes prétendraient-elles au privilége d'être moins constitutionnelles, moins légales que les Chambres ?* (Moniteur.)

Qu'est-ce qu'il y a de commun, dans les principes de la matière, entre les gazettes et les Chambres ? Rien, si ce n'est la liberté de la parole, garantie à tous par la Charte. Or, met-on la censure sur la parole des orateurs? Il me semble cependant qu'on a dit aux ministres dans les Chambres, tout aussi énergiquement que dans les journaux, qu'ils perdaient la France, qu'ils méritaient d'être mis en accusation. Les feuilles périodiques ont-elles témoigné plus de mépris aux agents du pouvoir que n'en a répandu sur eux cette phrase d'un éloquent député? « Conseillers de la couronne, auteurs de la loi, connus ou inconnus, qu'il nous soit permis de vous le demander : Qu'avez-vous fait jusqu'ici qui vous élève à ce point au-dessus de vos concitoyens, que vous soyez en état de leur imposer la tyrannie?

« Dites-nous quel jour vous êtes entrés en possession de la gloire, quelles sont vos batailles gagnées, quels sont les immortels services que vous avez rendus au roi et à la patrie. Obscurs et médiocres comme nous, il nous semble que vous ne nous surpassez qu'en témérité. La tyrannie ne saurait résider dans vos faibles mains; votre conscience vous le dit encore plus haut que nous [1]. »

Un peu plus loin *le Moniteur* appelle l'administration un *pouvoir constitutionnel*. Le mot est curieux : il prouve comment les publicistes du ministère entendent la Charte.

*Les résultats de la censure telle que la voilà.... paraissent si peu incertains aux vrais amis de la liberté de la presse, que pour eux le triomphe de celle-ci ne date que de ce jour....* La censure *ne laissera subsister que des réalités.* (Moniteur.)

Ainsi, c'est la *censure* qui est la *liberté de la presse.* A merveille! N'est-ce pas là le *pieux guet-apens* de Pascal?

*La censure ne laissera subsister que des réalités;* ajoutez *ministérielles,* et le sens de la phrase sera complet.

*Le Moniteur* porte ensuite un défi à l'opposition : il l'appelle en champ clos, bien entendu qu'il combattra cuirassé de la censure, et que l'opposition toute nue sera menacée des ciseaux des censeurs.

Les ministres, par l'organe de leur champion, qui se promène bravement dans la solitude du *Moniteur* en attendant des passants, s'étendent sur la garantie qu'offre la composition du conseil de surveillance. Tout en respectant le caractère des hommes, en rendant hommage à leurs vertus privées, ce ne sont pas des partisans avoués du pouvoir absolu qui pensent rassurer les citoyens sur les libertés publiques.

Si le conseil de surveillance n'est pas rempli des créatures des ministres, il l'est et le doit être de leurs amis; il est si naturel que l'autorité choisisse des hommes dans ses opinions.

En dernier résultat, le ministère est tout dans cette affaire, puisqu'il peut nommer et changer à son gré les membres d'un conseil dont les places ne

---

[1] Discours de M. Royer-Collard sur le projet de loi de la presse, 14 février 1827.

sont pas inamovibles. N'est-ce pas un ministre? N'est-ce pas M. le garde des sceaux qui instrumente dans les cas graves, après avoir pris seulement l'*avis* du conseil de surveillance? Ce conseil n'est au fond qu'une imitation de la commission de la liberté de la presse, placée par Buonaparte auprès du Sénat : il produira le même bien ; on écrira tout aussi librement que dans le bon temps de M. Fouché.

Le Montesquieu du *Moniteur* termine son apologie par cette phrase digne du reste : « *Les amis véritables de la liberté de la presse se croient affranchis, par les ordonnances du 24 juin, d'une insupportable tyrannie qui pesait sur le pays, et ils ne voient que l'émancipation de la liberté dans la censure de la licence.* »

Rien de si commun dans l'histoire de la politique que les consolations dérisoires offertes à la victime : c'est toujours pour leur plus grand bien que l'on a opprimé les hommes.

Un député ministériel, argumentant contre une proposition faite par un membre de l'opposition, disait que cette proposition était renouvelée de Robespierre. Puisque les hommes qui nous combattent se permettent ces comparaisons odieuses, qu'il soit permis de dire, avec plus de justesse, que l'article du *Moniteur* ressemble à ces fameux récits d'un rhétoricien tout aimable, tout sensible, tout doux, qui prenait les malheurs du beau côté, récits que ses contemporains appelaient, à ce que je crois, d'un nom propre assez ridicule.

Il fallait répondre au manifeste du ministère : à présent je conseille à chacun de laisser en paix *le Moniteur;* le citer, c'est le tirer de son obscurité. Le chevalier de la censure serait charmé qu'on voulût jouter avec lui; ne nous chargeons pas de mettre au jour les pauvretés officielles.

Au surplus, à travers le langage de l'écrivain confit en politique, le but où il veut aller est visible.

> Un citoyen du Mans, chapon de son métier,
> Était sommé de comparaître
> Par-devant les lares du maître,
> Au pied d'un tribunal que nous nommons foyer.
> Tous les gens lui criaient, pour déguiser la chose,
> Petit, petit, petit...

Mais, avant de montrer comment, si l'on donne dans le piége, la censure passagère et accommodante de Tartufe pourrait engendrer la censure perpétuelle et fanatique de la faction, il est bon de s'arrêter un moment : apprenons d'abord au public ce qu'il doit croire de la bénigne censure.

Je suis fâché de descendre à des détails peu dignes; mais qui les racontera si je ne les révèle? Ce n'est pas, sans doute, les journaux. Au moment où les institutions de la Charte sont en péril, il ne s'agit ni de moi ni de personne; il s'agit de la France : il faut qu'elle sache ce que c'est que cette *honorable* censure, cette *impartiale* inquisition établie pour la plus grande gloire de la liberté.

Premièrement, il est convenu, autant que possible, entre les recors et la pensée, que les *blancs* n'auront pas lieu. En effet, les *blancs,* qui annoncent les *suppressions*, mettent le lecteur sur ses gardes; c'est comme s'il lisait le nom de la *censure* écrit en haut du journal. On craint l'effet de ce nom honteux. Esclaves, soyez mutilés, mais cachez la marque du fer; subissez la torture, mais donnez-vous garde de paraître disloqués; portez des chaînes avec l'air de la liberté. Dans ces injonctions machiavéliques la censure a au moins la conscience de son ignominie ; c'est quelque chose.

Comment peut-on forcer les feuilles périodiques à remplir les *blancs* que laissent les retranchements de nos seigneurs? elles ne peuvent y être contraintes au nom de la loi. — D'accord ; mais voici ce qui arrive :

On dit à un journal : « Si vous laissez des *blancs,* on vous mettra des entraves qui rendront impossible la publication du journal pour le lendemain. »

On dit à un second journal : « Si vous laissez des *blancs,* nous accorderons à une autre feuille la permission de donner une nouvelle que nous retrancherons dans la vôtre. »

On dit à un troisième journal : « Si vous laissez des *blancs*, nous exercerons sur vous la censure dans toute sa rigueur ; nous ne vous passerons pas un mot ; nous vous réduirons au néant. »

Les journaux menacés couvrent leurs plaies. Aux *Débats,* à *la Quotidienne,* des passages ont été supprimés : comme ils les ont immédiatement remplacés, le public ne s'est aperçu de rien. *La France chrétienne, la Pandore,* et quelques autres feuilles, ont paru avec la robe d'innocence de la censure [1].

On a rayé dans le *Journal des Débats* un article de la *Gazette d'Augsbourg* qu'on a laissé dans *le Constitutionnel.* Demain ce sera le tour de celui-ci ; on lui défendra ce qu'on aura permis aux *Débats,* si les *Débats* sont dociles.

Dans un article du *Journal des Débats,* où l'on proposait M. Delalot comme candidat aux électeurs d'Angoulême, la censure a barré ces lignes : « Si la carrière législative de M. Delalot fut courte, on n'a point oublié ce qu'il fallut de manœuvres pour l'abréger. Nous espérons sincèrement revoir bientôt à la tribune M. Delalot vouer à la défense du trône et des li-

---

[1] La petite pièce vient après le drame : on a rayé sur le *Figaro* la vignette représentant Figaro et Basile. Un petit journal avait annoncé le mélodrame des *Natchez,* tiré, disait-il, d'un *admirable* poëme ; on a rayé le mot *admirable,* et on a bien fait. Le censeur a eu raison comme critique, mais tort comme censeur, etc.

bertés publiques tout ce qu'elles ont droit d'attendre de son éloquence et de son inébranlable fermeté. Son nom est l'effroi des ministres ennemis de la Charte, et qui trahissent les doctrines qui les portèrent au pouvoir. »

On a rayé l'annonce de la démission de MM. Caïx et Rio. On se venge du courage de ces hommes d'honneur, en les laissant sous la flétrissure de la faveur ministérielle [1].

Enfin, il s'agissait d'annoncer la présente brochure de cette manière modeste : *On assure que M. de Chateaubriand va faire paraître un écrit* SUR *le rétablissement de la censure.*

Je savais que l'avertissement serait refusé ; il l'a été. Ainsi des professeurs honorables ne sont pas libres de faire connaître qu'ils n'acceptent pas une place ; un *pair de France* ne peut pas faire dire qu'il va publier quelques pensées sur une question qui touche aux lois politiques, à l'existence même de la Charte : voilà l'*impartiale* censure !

Pourra-t-on croire que c'est sous un conseil de surveillance composé de pairs, de députés et de magistrats que les droits les plus légitimes sont ainsi méconnus ? M. le vicomte de Bonald, que j'appelais encore, il y a quelques jours, à la tribune, mon illustre ami, peut-il consentir à couvrir de son nom de pareilles lâchetés, de telles turpitudes, lui dont les ouvrages ont aussi été proscrits, et qui a subi, comme moi, les outrages de la censure ?

Nous verrons s'il en sera de ma brochure nouvelle comme de *la Monarchie selon la Charte* ; si défense sera faite aux journaux d'en parler ; si la poste refusera de la porter ; si les commis qui la liront seront destitués ; si les préfets la poursuivront dans les provinces et menaceront les libraires qui s'aviseraient de la vendre ; si, enfin, M. le président du conseil, qui a tant à se louer de *la Monarchie selon la Charte*, et qui m'en a fait des remerciements si obligeants, agira aujourd'hui comme le ministre dont il était alors le violent adversaire.

Ces précautions ministérielles devraient me donner beaucoup d'orgueil, n'eussé-je à déplorer tant de misères. La religion est bien malade, si elle peut craindre l'auteur du *Génie du Christianisme;* la légitimité est en péril, si elle redoute l'homme qui a donné la brochure *de Buonaparte et des Bourbons*, rédigé le *Rapport fait au roi dans son conseil à Gand*, et publié le petit écrit : *Le Roi est mort : vive le Roi !*

Mais ce que je viens dire par rapport à mon nouvel opuscule n'est déjà

[1] A mesure que j'écris, les renseignements m'arrivent de toutes parts. Le rédacteur en chef du *Journal du Commerce* me donne connaissance de ses colonnes condamnées. J'y vois des suppressions étranges, et un manque complet de bonne foi, puisqu'on a retranché jusqu'à des réponses faites à des assertions qui se trouvaient dans les journaux ministériels ; remarquez qu'au terme de la loi on aurait le droit de forcer les feuilles attaquantes à imprimer la réponse. Ce cas peut souvent se présenter : les censeurs auraient-ils le droit d'effacer ce que la loi ordonne positivement ?

plus d'une vérité rigoureuse ; le sol est mouvant sous nos pas. Ce que l'on a refusé au *Journal des Débats*, à *la Quotidienne*, au *Courrier*, on l'a permis encore au *Constitutionnel*. On lit ces deux lignes dans sa feuille du 28 : *On annonce l'apparition prochaine d'un nouvel écrit de M. de Chateaubriand.*

Quel *écrit ?* la censure n'aura pas sans doute laissé ajouter : *sur la censure.* Libre aux lecteurs de penser qu'il s'agit d'une nouvelle livraison de mes *Œuvres complètes.* Le lendemain 29, il a été loisible à *la Quotidienne* et au *Courrier* de répéter la petite escobarderie.

Encore quelques jours, et vous serez témoin de ce qui adviendra. On ne commande point aux passions ; ceux qui jouissent du pouvoir absolu ont beau se promettre de s'en servir avec sobriété, le despotisme les emporte ; ils s'irritent des résistances : bientôt ils trouvent que c'est une duperie d'avoir en main l'arbitraire, et de ne pas en user largement.

D'un autre côté, le parti qui domine le ministère prétend dire ce qui lui plaira. Si la censure veut l'enchaîner, il menacera ; il faudra lui obéir, et l'extrême licence des feuilles périodiques se placera auprès de l'extrême esclavage.

Voulez-vous juger jusqu'à quel point la presse est libre sous la censure, que *la Quotidienne* essaye de rappeler la violence exercée sur M. Hyde de Neuville ; qu'elle parle des services méconnus, de l'ingratitude dont on use envers les royalistes ; qu'elle déclare qu'on n'aurait jamais dû reconnaître une république de nègres révoltés ; qu'elle demande si Boyer payera ce qu'il doit ; qu'elle invite les électeurs à ne nommer que des royalistes opposés aux volontés du ministère, et vous verrez si la gracieuse censure laissera passer deux mots de tout cela.

Que les *Débats, le Constitutionnel, le Courrier, la France chrétienne, le Journal du Commerce,* fassent à leur tour, chacun dans la nuance de son opinion, des articles comme ils en faisaient, il y a seulement quatre ou cinq jours ; qu'ils passent en revue les fautes du ministère, qu'ils signalent ses erreurs, qu'ils rappellent et le 3 pour cent, et le syndicat, et le droit d'aînesse, et la loi sur la presse, et les funérailles du duc de Liancourt, et le licenciement de la garde nationale ; qu'ils répètent ce qu'ils ont dit mille fois sur l'incapacité du ministère, sur le mal qu'il fait à la France ; enfin, que, réclamant toutes nos libertés, ils s'élèvent avec chaleur contre la censure, et vous verrez si la censure leur laissera cette indépendance.

La prétendue douceur de la censure est donc pure jonglerie. Il ne s'agit d'ailleurs ni de douceur, ni de rigueur ; la liberté de la presse est un principe, principe vivant du gouvernement représentatif. Ce gouvernement ne peut exister avec la censure, modérément ou violemment exercée. La liberté de la presse n'est point la propriété d'un ministère ; il ne doit point en user à son gré et selon son tempérament. Aujourd'hui le ministère sera bénévole ; demain il aura de l'humeur, et la liberté de la presse suivra l'inconstance de ses caprices.

Un ministère peut changer ; un autre ministère peut survenir, avec un système tout contraire aux intérêts que l'on prétend protéger aujourd'hui, et il emploiera la censure à ses fins. Que chacun fasse ce raisonnement dans son opinion particulière, et l'on demeurera convaincu que la censure blesse les intérêts divers pour n'en favoriser qu'un, variable selon la variation du pouvoir.

Si la censure facultative et momentanée est déjà une si grande peste, quel fléau ne deviendrait-elle pas, changée en censure perpétuelle ou centenaire ! Tous les ménagements disparaîtraient : on se moquerait des dupes et du cri des opprimés, lorsqu'on aurait rivé leurs chaînes. Dans le silence de l'opinion, la faction essayerait de renverser l'ouvrage de Louis XVIII, d'annuler le contrat entre la vieille et la nouvelle génération, de déchirer le traité réconciliateur du passé et de l'avenir.

C'est ici qu'il faut montrer le but caché de ceux qui ont si imprudemment poussé les ministres à rétablir la censure. Mon opinion (puissé-je me tromper!) est que cette censure provisoire pourrait devenir le type d'un projet de loi que l'on espérerait obtenir pour la session prochaine. On se flatterait que de nouveaux pairs, introduits dans la Chambre héréditaire, aplaniraient les difficultés. Tout changerait alors si l'on obtenait la victoire. La pensée serait enchaînée jusqu'au jour des révolutions. Le silence ne sauve point les empires : Buonaparte, avec la censure, a péri au milieu de ses armées.

J'ai la conviction qu'on échappera au malheur que je redoute, en évitant ce qui peut nous perdre.

Si les feuilles périodiques acceptaient la liberté dérisoire qu'on leur offre ; si, sous la verge des commandeurs, elles consentaient à faire une demi-opposition, elles s'exposeraient au plus grand péril. On viendrait à la session prochaine entonner dans les Chambres les louanges d'une censure destructive de la *licence* et conservatrice de la *liberté* ; on apporterait en preuve les articles mêmes des journaux ; on lirait d'une voix retentissante ce qu'on leur aurait laissé dire dans le sens de leurs opinions diverses. Si, par malheur, on avait réellement présenté une loi de censure, l'argument tiré de la liberté censurée des journaux paraîtrait irrésistible. Avec des larmes d'attendrissement et d'admiration pour de si magnanimes ministres, serait-ce trop que de leur faire, à eux et à leurs successeurs, présent à toujours de la liberté de la presse ? Des entraves méritées enchaîneraient des mains trop obéissantes.

Quant à moi, je ne consentirai jamais à faire de la liberté *avec licence des supérieurs* [1] : on n'entre aux bagnes à aucune condition. Rompre des lances pour des libertés publiques, sous les yeux des hérauts de la censure; danser la pyrrhique en présence des gardes-chiourmes, qui applaudissent à la dextérité des coups, à la grâce des acteurs, serait imiter ces esclaves qui faisaient des tours d'escrime et des sauts périlleux pour le divertissement de leurs maîtres. Passaient-ils la borne proscrite, le fouet les avertissait qu'ils n'étaient que des baladins ou des gladiateurs.

Les principes les plus utiles perdent leur efficacité quand ils sont timbrés du bureau d'un inspecteur aux pensées. On ne croit point à un journal censuré : le bon sens enseigne que si l'on permet à tel journal de dire telle chose, c'est que le ministère y a un intérêt secret : la vérité devient mensonge en passant par la censure.

Les mêmes hommes que l'on traitait si rudement il y a quelques jours sont-ils devenus des saints parce qu'ils ont mis la censure? ont-ils une vertu de plus parce qu'ils ont fait un mal de plus? leurs fautes sont-elles effacées parce qu'ils ont ordonné le silence? si hier ils perdaient la France, la sauvent-ils aujourd'hui? On leur faisait de grands reproches : ou ils ne mériteraient plus ces reproches, s'ils consentaient à se les laisser adresser ; ou ils mépriseraient assez leurs adversaires pour leur permettre des arguments de rodomont, visés à la police ; ou l'on aurait l'air de remplir un rôle de compère avec eux.

Ce qu'ils veulent surtout, les ministres, c'est produire une illusion de gouvernement représentatif. Marionnettes dont les fils seraient tirés par la censure, nous ferions une mascarade d'opposition ; la France deviendrait une espèce de Polichinelle de liberté, parlant fièrement d'indépendance ; et puis, quand la farce serait jouée, un espion de police laisserait retomber le sale rideau.

Lâcherons-nous la réalité pour l'ombre? sommes-nous des vieillards tombés en enfance, qu'on amuse avec des hochets politiques? Et pour peu qu'appuyés sur notre béquille, nous donnions l'essor à nos vaines paroles, aurons-nous de la Charte tout ce que nous en désirons? Une nation qui, renonçant à la seule surveillance digne d'elle, la surveillance des lois, contreferait une nation libre sous la tutelle d'un gardien payé, serait-elle assez dégradée?

Je n'ai point la prétention de tracer une marche aux amis des libertés publiques, et l'on me contesterait à bon droit mon autorité. Je pense que si l'opposition suit diverses routes, elle a comme moi l'horreur de la censure, qu'elle cherche comme moi le moyen le plus sûr de briser cet infâme joug.

[1] Une gazette ministérielle a avancé qu'excepté *le Courrier français*, les journaux de l'opposition se sont prononcés pour la censure. Cette feuille ment, mais on voit sa pensée.

J'expose seulement mes idées, mes craintes ; on peut voir mieux que moi, mais je dois compte aux gens de bien de ma manière de comprendre la question du moment.

Si *le Conservateur* existait encore ; si je dirigeais encore cette feuille avec MM. de Villèle, Frénilly, de Bonald, d'Herbouville et mes autres nobles et honorables amis, voici ce que je leur proposerais : Continuer d'écrire comme si la censure n'existait pas.

On supprimerait des articles : nous laisserions des *blancs* pour protester contre la violence.

Le journal serait exposé à toutes sortes de vexations, il ne paraîtrait pas à jour fixe ; il serait retardé de vingt-quatre heures : tant mieux ! ces persécutions rendraient la censure plus odieuse. Une page blanche est un article que les abonnés lisent à merveille, et dont ils sentent tout le prix.

On nous ferait peut-être des procès pour *crime de blancs,* comme on condamnait jadis les aristocrates taciturnes : tant mieux ! Nous ferions des procès à notre tour ; nous appellerions le conseil de surveillance et les censeurs devant les tribunaux. Il faudrait plaider ; nous traînerions au grand jour les ennemis ténébreux de nos libertés, et nous ne *vendrions pas nos procès* aux marchands de conscience.

Enfin, nous réimprimerions à part tous les huit jours, en forme de brochure, les articles supprimés ; car, chose remarquable, et qui explique toute la censure ! les articles incriminés par elle seraient innocents devant les tribunaux : le censeur condamne ce que le magistrat acquitterait.

Enfin, jamais nous n'engagerions le combat avec les écrivains ministériels dans la lice de la censure ; et quand nous ne pourrions pas parler de politique en pleine et entière liberté, nous parlerions littérature [1].

En ma qualité de pair de France, je ne puis me défendre d'une réflexion pénible. Une censure facultative, accordée pour le besoin de la couronne dans des circonstances graves, n'a paru au législateur qu'une prévoyance utile. Hé bien ! que résulte-t-il aujourd'hui de cette malheureuse facilité à livrer au pouvoir les libertés publiques ? Avec quelle circonspection, avec quelle prudence ne faut-il donc pas discuter et voter les lois ?

Il n'est plus temps de se le dissimuler : la marche que suit le ministère peut conduire à une catastrophe. Se suspendre un moment aux parois des abîmes est chose possible, mais il faut finir par y tomber. On sent que l'embarras est grand pour des hommes qui se préfèrent à leur patrie. Hors du pouvoir que seraient-ils ? Écrasé du fardeau des responsabilités qui pèsent sur sa tête, tantôt en voulant corrompre les journaux, tantôt en essayant de

[1] La littérature n'est pas plus épargnée que la politique. Le *Journal des Débats* a paru avec deux colonnes blanches, au risque de redoubler l'humeur censoriale : c'est un article littéraire qui a été supprimé.

faire passer un projet de loi détestable, tantôt en recourant à la censure, tantôt en menaçant les rentiers d'une conversion, tantôt en licenciant la garde nationale de Paris, le ministère a créé une immense impopularité. Il a mis de toutes parts des haines en réserve; il a cherché la force dans la police et dans les médiocrités : autant demander la vie au néant.

Les choses humaines ne sont pas stationnaires : les années, les jours, les heures amènent les événements, le temps moissonne plus d'hommes dans une minute que le faucheur n'abat d'herbes dans la même minute. Le terme de la septennalité approche : que fera-t-on? des élections? Qui sera élu?

Les royalistes dispersés, persécutés, reniés, ne sont plus réunis comme au temps du *Conservateur*. Ceux d'entre eux qui ont porté le poids des ruines de l'ancienne monarchie sont au bord de leur tombe : ils feraient bien un effort pour aller mourir aux pieds du roi, mais c'est tout ce qu'ils pourraient faire.

Les partisans de l'usurpation ou de la république, s'il en est encore, se réjouissent de ce qu'ils voient.

La France nouvelle, la France constitutionnelle et monarchique est blessée; elle croit que le ministère veut lui ôter ce que le roi lui a donné : au moment où l'on a parlé de tant de projets funestes, la censure lui semble être le moyen que la coterie s'est réservé pour les accomplir.

La France raisonnable et éclairée ne peut concevoir une administration qui choque tous les intérêts, qui traite les amis de la royauté comme les ennemis de la couronne; une administration qui, dans l'espace de trois années, met, ôte et remet la censure, qui fait des lois et les retire, qui s'en prend aux tribunaux, qui ne daigne pas même répondre lorsqu'on lui dit qu'elle sera entraînée à violer le principe de la patrie; une administration qui traite une capitale de sept cent mille habitants où le roi réside, comme elle traiterait une province de l'Auvergne et du Berry; une administration qui frappe brutalement avec un bras débile, et qui, n'étant capable de rien, se laisse soupçonner de tout.

Dans ce siècle, on ne tient point devant l'opinion : les idées sont aujourd'hui des intérêts, des puissances; mettez-les de votre côté. Prenez-y garde; si les journaux ont fait tout le mal, il faut maintenant que tout aille bien sous la censure : si le mal continue, il est de vous.

On se demande en vain ce que feront les ministres. Essayeront-ils de changer la loi des élections avant une époque fatale? Il n'y a point de loi d'élections, à moins qu'elle ne nomme des députés d'office qui donnent aux ministres une majorité. Loin de calmer l'opinion, le silence imposé par la censure ne fera que l'irriter.

Se porterait-on à des mesures sortant des limites de la Charte? L'impôt ne rentrerait plus.

L'affectation que les parasites du pouvoir mettent à parler de soldats et d'armée fait sourire un peuple militaire qui a vu la garde impériale au retour d'Austerlitz et de Marengo, qui a vu les rois de l'Europe expier à la porte des Tuileries l'inhospitalité dont ils s'étaient rendus coupables envers le véritable maître de ce palais : c'est avec les arts et les libertés constitutionnelles qu'on pouvait faire oublier la gloire. Que nous donnent les antichartistes en place de celle-ci ? La censure et le ministère : c'est bien peu.

Hé quoi ! le plus pur sang de la France aurait coulé pendant trente années ; le trône aurait été brisé ; nous aurions vu nos biens, nos amis, nos parents, et jusqu'aux tombeaux de nos familles s'abîmer dans le gouffre révolutionnaire ; nous aurions combattu l'Europe conjurée, et tout cela pour conquérir la censure que nous avions en 1789 ? A force de malheurs et de victoires, quand, sur la poussière des générations immolées, nous sommes parvenus à relever le trône légitime, le résultat de tant d'efforts serait de confier à des êtres obscurs, dont le nom n'a pas dépassé le seuil de leur porte, la dictature de l'intelligence humaine ?

Non ! il y a des choses impossibles. Vous établissez, dites-vous, la censure, aux termes de la loi, pour des *circonstances graves*. C'est la censure qui fera naître ces circonstances ; elles renverseront le pouvoir ministériel : puissent-elles n'ébranler que lui !

Je réclame la liberté de la presse avec la conscience d'un sujet fidèle, fermement convaincu qu'il combat pour la sûreté du trône. Ne nous y trompons pas : la liberté de la presse est aujourd'hui toute la constitution. Nous ne sommes pas assez nourris au gouvernement représentatif ; ce gouvernement n'a pas encore jeté parmi nous des racines assez profondes pour qu'il existe de lui-même : c'est la liberté de la presse qui le fait. Ce n'est pas la Charte qui nous donne cette liberté, c'est cette liberté qui nous donne la Charte. Elle seule, cette liberté, est le contre-poids d'un impôt énorme, d'un recrutement que l'on peut accroître à volonté, d'une administration despotique laissée par la puissance impériale ; elle seule fait prendre patience contre des abus de l'ancien régime, qui renaissent avec les hommes d'autrefois ; elle seule fait oublier les scandaleuses fortunes gagnées dans la domesticité, et qui surpassent celles que les maréchaux ont trouvées sur les champs de bataille. Elle console des disgrâces ; elle retient par la crainte les oppresseurs ; elle est le contrôle des mœurs, la surveillante des injustices. Rien n'est perdu tant qu'elle existe ; elle conserve tout pour l'avenir ; elle est le grand, l'inestimable bienfait de la restauration. Qu'avaient nos rois à nous offrir en arrivant de l'exil ? Leur droit, les souvenirs de l'histoire, l'adversité et la vertu : ils y ont ajouté la liberté de la pensée, et cette France pleine de génie est tombée à leurs pieds.

La patrie invoque aujourd'hui la déclaration de Saint-Ouen, la Charte, les serments de Reims. Charles X n'a pas juré en vain sur le sceptre de saint Louis : la liberté sera plus belle quand elle nous sera rendue par la religion et l'honneur.

---

## POST-SCRIPTUM.

Dimanche, 1ᵉʳ juillet 1827.

J'écrirais aussi longtemps que durera la censure, que je ne pourrais suffire à noter toutes ses persécutions. Voici quelques nouveaux faits que j'ai encore le temps de rapporter.

Le *Journal des Débats* donne le 29 juin un article littéraire ; la censure y trouve quelques mots, quelques phrases à reprendre ; elle barre l'article entier, et rend le reste approuvé du journal à onze heures du soir.

Le lendemain, 30 juin, qu'arrive-t-il ? on envoie comme de coutume la double épreuve exigée à la censure. Le porteur de l'épreuve attend jusqu'à dix heures du soir, et demande l'épreuve qui doit être rendue avec le *visa* de la censure : on lui remet une des deux épreuves non visée, en lui disant que les censeurs se sont retirés.

Le *Journal des Débats* avait par hasard le reste d'une ancienne épreuve approuvée, il s'en sert pour que ses feuilles ne soient pas entièrement blanches, et le journal paraît dans l'état où la France a pu le voir.

N'est-il pas évident qu'en adoptant ce système de *non censure*, on peut, par le fait, supprimer un journal ? Car si toutes les colonnes du journal sont *non censurées*, ou le journal paraîtra tout en blanc, ou il ne paraîtra pas du tout ; ou s'il paraît avec des articles *non censurés*, aux termes de la loi, il sera suspendu.

Peut-on voir une plus odieuse, une plus abominable persécution de la presse ? Y a-t-il des termes assez forts, des expressions assez vives, pour rendre l'indignation qu'elle inspire ? Quoi ! vous faites une loi de censure ; j'y obéis, et vous refusez même de m'appliquer votre loi oppressive ! Vous me déniez la justice, vous me déniez l'esclavage, pour m'étouffer.

Quel est l'homme qui dirige un pareil système ? Si le conseil de surveillance est *réellement* quelque chose, ne doit-il pas faire chasser à l'instant un pareil homme ? Ainsi c'est l'esprit de vengeance contre les *blancs*, c'est la fureur contre les *blancs* accusateurs des mutilations de la censure, c'est cette fureur qui amène ce dévergondage de despotisme : on veut tuer ceux que l'on a blessés, de peur de laisser des témoins de sa violence, de peur d'être reconnu, d'être jugé et condamné au tribunal de l'opinion. Et c'est là ce qu'on veut nous faire passer pour de la liberté ! c'est là ce qu'on appelle une censure *contre la licence!* Les petites tyrannies subalternes prennent le caractère de la bassesse dans laquelle elles sont engendrées.

Il y a pourtant une ressource contre une telle déloyauté : c'est de faire paraître le journal non censuré, après avoir fait constater légalement, autant que possible, le refus de la censure. Le journal sera suspendu : il y aura procès. Nous verrons si les tribunaux condamneront un journal pour avoir transgressé une loi à laquelle il s'était soumis, et dont on lui a refusé le triste bénéfice. Car enfin ce journal s'est trouvé, par ce déni, dans la position de paraître non censuré, ou de cesser d'exister. En principe de droit, on ne peut forcer ni un homme ni une chose à s'anéantir volontairement.

Un article du *Courrier anglais,* journal ministériel, dévoué à M. Canning, m'arrive : je m'empresse de faire connaître cet article; car désormais la France ignorera ce qu'on pense de nous en Europe. C'est encore un des bienfaits de la censure.

« Les journaux de Paris de dimanche et de lundi nous sont parvenus hier soir. *Le Moniteur* du 25 contient une ordonnance royale qui établit une rigide censure de la presse. Cet exercice de la prérogative royale nous paraît être le résultat du retrait de la loi sur la presse, présentée aux Chambres dans la dernière session. Le but de cette mesure est d'enchaîner en France l'impression de l'opinion publique. La manière dont elle sera exercée dépendra de la discrétion et de l'humeur des personnes chargées de la surveiller. Nous ne pouvons pas découvrir le motif précis d'une telle ordonnance dans le moment actuel. Nous lisons avec attention les journaux de Paris, et nous avouons que nous n'y trouvons pas ce langage séditieux et incendiaire qui pourrait demander une surveillance aussi sévère de la presse; d'ailleurs il y a des preuves suffisantes que les tribunaux du pays ont le pouvoir d'en punir les excès. Un gouvernement doit être bien faible, ou le peuple qu'il régit bien porté à la désaffection, pour qu'on croie nécessaire d'établir une censure. Mais c'est une grande erreur de supposer que cette ressource soit aussi utile dans l'un ou l'autre cas. Un gouvernement n'acquiert aucune force en trahissant ses craintes, et un peuple mécontent ne redevient pas affectionné sous le poids de nouvelles entraves. »

(*Courrier anglais* du 27 juin 1827.)

# OPINION

SUR LE PROJET DE LOI RELATIF A LA POLICE DE LA PRESSE [1].

## PRÉFACE

DE LA SECONDE ÉDITION.

Paris, 8 mai 1827.

Le public a bien voulu recevoir avec quelque faveur le Discours que je devais prononcer à la Chambre des pairs, sur la loi relative à la police de la presse. Les vérités contenues dans les trois dernières parties de ce Discours sont encore applicables à notre position politique.

J'ose me flatter que tout homme de bonne foi, après avoir lu la seconde partie de cette espèce de traité sur la presse, ne croira plus au crime de cette presse.

[1] Dans la lettre que j'adressai le 3 janvier de cette année à M. le rédacteur du *Journal des Débats*, sur le projet de loi relatif à la police de la presse, je disais :

« Lorsque, à la Chambre des pairs, je parlerai du rapport moral du projet de loi, je montrerai que ce projet décèle une horreur profonde des lumières, de la raison et de la liberté; qu'il manifeste une violente antipathie contre l'ordre de choses établi par la Charte : je prouverai qu'il est en opposition directe avec les mœurs, les progrès de la civilisation, l'esprit du temps et la franchise du caractère national; qu'il respire la haine contre l'intelligence humaine; que toutes ses dispositions tendent à considérer la pensée comme un mal, comme une plaie, comme un fléau. »

Le roi, en augmentant sa gloire ainsi que l'amour et la vénération dont les peuples environnent sa personne auguste, vient, par un acte éclatant de sa justice, de nous délivrer une seconde fois. La mesure salutaire qui attire tant de bénédictions sur la tête de notre monarque m'a mis dans l'heureuse impossibilité de prononcer le discours que j'avais préparé pour satisfaire à ma conscience et pour remplir les devoirs de la pairie. Cependant, après le retrait même du projet de loi, on m'avait pressé de publier ce discours : j'hésitais à prendre ce parti, lorsque l'adoption d'une proposition qui semblait être un corollaire de l'ancien projet a mis fin à mes incertitudes. Cette affaire d'arrière-garde, dans laquelle un ministre a combattu trois fois au premier rang, prouve que les agents du pouvoir n'ont ni abandonné leur doctrine ni leurs projets sur la liberté de la presse : je publie donc mon discours.

Au surplus, ce discours ne répète qu'un très-petit nombre des arguments dont on s'est servi. Comme je réservais les objections de détail pour la discussion des articles, il en résulte que mon discours général, traitant des principes de la matière, embrasse une sphère d'idées indépendantes du sort avenu au projet de loi. Ce discours frappe peu sur le *cadavre* du projet, mais beaucoup sur son *esprit* tout vivant encore dans les ennemis de la liberté de la presse.

J'aurais pu à la rigueur retrancher aujourd'hui de mon travail ce que je dis de la multitude de nos lois, du nombre des jugements des tribunaux, de la quantité des ouvrages imprimés; une raison majeure m'a déterminé à conserver ces calculs. D'abord ils n'ont jamais été présentés dans leur ensemble, quelques-uns même n'avaient pas encore été faits; ensuite il y a des personnes timides qui s'imaginent que le retrait du projet de loi nous laisse sans moyens de répression, et d'autres qui se figurent que les tribunaux n'ont pas employé ces moyens : en lisant mon discours, si elles le lisent, elles se pourront rassurer. Ces calculs subsisteront en outre comme le témoignage d'une respectueuse reconnaissance pour une magistrature qui défend avec tant de gravité les droits du trône et les intérêts des citoyens.

Dans tout ce qui concerne la partie historique de la presse et de la liberté de la presse, dans l'examen des rapports de cette liberté avec le christianisme en général, et l'Église gallicane en particulier, dans la déduction des affinités de cette même liberté avec l'état social moderne, je touche à

Néanmoins je n'ai pas tout dit sur les siècles où la presse était inconnue et sur les temps où elle était opprimée [1].

Dans le détail de la Jacquerie et des troubles sous Charles VI, j'ai passé sous silence bien des atrocités. Je n'ai point fouillé les chroniques de Louis XI ; j'ai parlé des crimes des catholiques à la Saint-Barthélemy et sous la Ligue ; j'aurais pu mettre en contrepoids les crimes des protestants, qui n'étaient pas plus éclairés que leurs persécuteurs. Cinq ans avant la Saint-Barthélemy, les protestants de Nîmes précipitèrent quatre-vingts catholiques notables de cette ville dans le puits de l'archevêché. Ils renouvelèrent de semblables assassinats en 1569.

On a voulu nous persuader que le suicide et l'infanticide étaient plus communs de nos jours qu'autrefois. Qu'on ouvre le journal de Pierre de l'Estoile, et l'on y trouvera à toutes les pages le suicide, même parmi les enfants.

Quant à l'infanticide, nous citerons ce passage de Guy-Patin : « Les vicaires généraux et les pénitenciers se sont allés plaindre à M. le premier président que depuis un an (1660) six cents femmes, de compte fait, se sont confessées d'avoir tué et étouffé leur fruit. »

Remarquons que la science administrative était ignorée dans les siècles barbares ; presque personne ne savait lire, très-peu d'hommes savaient écrire ; il n'y avait point de journaux, point de chemins, point de communications : combien de forfaits devaient donc rester ensevelis dans l'oubli ! Nous connaissons maintenant, heure par heure, tous les délits qui se commettent sur la surface de la France. Malgré cette différence de renseignements, nous trouvons dans les chroniques et les mémoires, année par année, des crimes plus fréquents et d'un caractère infiniment plus horrible que ceux qui se commettent aujourd'hui.

Il y a un fait que je n'ai pu dire, et qui était l'objet de la douleur et de la consternation de tous les curés de campagne, dans les parties de l'Europe les plus ignorantes et les plus sauvages.

Quant à la troisième et surtout à la quatrième partie de mon Discours, le retrait du projet de loi ne lui a rien ôté ; notre mal présent vient de la résistance d'une poignée d'hommes aux changements produits par les siècles. Des calculs fournis dernièrement par M. le baron Dupin viennent à l'appui de mon assertion, et sont comme les éloquentes pièces justificatives de mon Discours : « Hâtons-nous, dit-il, d'indiquer les vastes changements survenus dans la population française, dans ses mœurs, ses idées et ses intérêts, depuis la fin de l'empire. Durant treize années seulement, douze millions quatre cent mille Français sont venus au monde, et neuf millions sept cent mille sont descendus dans la tombe.... Déjà près du quart de la population qui vivait sous l'empire n'existe plus. Les deux tiers de la population actuelle n'étaient pas nés en 1789, à l'époque où fut convoquée l'Assemblée constituante ; les hommes qui comptaient alors l'âge de vingt ans ne forment plus aujourd'hui qu'un neuvième de la population totale ; ils représentent les grands-pères et grand'mères de nos familles ; enfin la totalité des hommes qui comptaient vingt ans lors de la mort de Louis XV ne forme plus que la quarante-neuvième partie de cette population ; ils représentent les bisaïeuls et

---

des sujets que les débats législatifs sont loin d'avoir épuisés. Heureux si en éclairant quelques points restés obscurs, si en complétant les vérités sorties d'une discussion mémorable, je pouvais contribuer à prévenir toute nouvelle tentative contre nos institutions politiques ! Plus heureux si l'on trouvait dans les faits que j'expose de nouvelles sources de gratitude pour l'ordonnance du 17 avril, de nouvelles raisons d'admirer un monarque qui juge si bien des besoins de ses peuples, de nouveaux motifs de chérir un prince digne en tout de l'illustre race à qui nous devons la gloire de l'ancienne monarchie et la liberté de la monarchie nouvelle !

[1] Dans ma revue de la liberté de la presse sous le Directoire, je ne suis pas encore allé assez loin. Avant même le 18 fructidor, l'imprimerie de Dupont (de Nemours) fut détruite, et bientôt M. Barbé de Marbois, qui avait donné quelques articles à la feuille publiée par Dupont, fut déporté à la Guiane.

les bisaïeules de nos familles. . . . . . . . . . . . . . . . . . . . . . . . . . . . . . . . . . .

. . . . . . . . . . . . . . . . . . . . . . . . . . . . . . . . . . . . . . . . . . . . . . . . . . . . . . . . . . . . . . .

« Une révolution plus grande encore s'est opérée sur le continent européen.

« En Europe, depuis 1814, la génération nouvelle est fortifiée par quatre-vingts millions d'hommes venus au monde, et l'ancienne est affaiblie par soixante millions d'hommes descendus dans la tombe. Sur deux cent vingt millions d'individus, l'ancienne génération n'en compte plus que vingt-trois subsistants encore, ou plutôt qui meurent chaque jour. Quelle moisson terrible de peuples et de rois! Ainsi les hommes qui comptaient vingt ans lors de la mort de Louis XV ne forment plus que la quarante-neuvième partie de la population totale de la France; ceux qui comptaient vingt ans en 1789 n'en forment plus que la neuvième, et les deux tiers de la population actuelle n'étaient pas nés au commencement de la révolution. »

Maintenant, si vous retranchez du petit nombre d'hommes qui ont connu l'ancien régime ceux qui ont embrassé le régime nouveau, à combien peu se réduiront ces *hommes d'autrefois qui, toujours les yeux attachés sur le passé, le dos tourné à l'avenir, marchent à reculons vers cet avenir!*

C'est pourtant ces *demeurants d'un autre âge* qu'on écoute : les passions ministérielles s'emparent de cette raison décrépite; ou plutôt, lorsque ces passions agissent, le radotage d'une sagesse surannée se charge de prouver que les passions n'ont pas tort. Chaque jour nous fournit une preuve nouvelle des anachronismes où tombe, relativement à la société, la faction du passé qui nous tourmente. Sur quel motif a-t-on fondé, par exemple, l'ordonnance qui licencie la garde nationale? sur des cris inconvenants, lesquels auraient été poussés au Champ de Mars.

Voilà bien les personnages que je signale! La monarchie représentative est toujours pour eux la monarchie absolue; les faits sont toujours pour eux non avenus; rien n'a changé depuis 1789 dans les choses et dans les hommes; personne n'est mort; une révolution qui a bouleversé le monde ancien et émancipé le nouveau monde, trente-huit années écoulées ne sont rien! La garde nationale en 1827 est toujours la garde nationale de la première fédération; le roi est toujours en présence du peuple; il n'y a entre lui et ce peuple ni deux Chambres législatives, ni une Charte constitutionnelle; *à bas les ministres* est un cri répréhensible dans un pays où les ministres sont responsables et où la liberté de parler et d'écrire est établie par la loi.

En Angleterre, non-seulement on crie *à bas les ministres,* mais on casse leurs vitres; ils les font tranquillement remettre : le roi n'est pour rien dans tout cela, pas plus qu'en France le roi n'entre pour quelque chose dans les inimitiés soulevées par les dépositaires de son pouvoir. On s'obstine à voir sédition et révolution là où il n'y a qu'antipathie pour les ministres. Ceux-ci violent l'esprit de la constitution en demeurant au pouvoir lorsque l'opinion les repousse; il en résulte que cette opinion saisit les occasions favorables d'éclater : c'est l'effet qui sort de la cause; la couronne est parfaitement étrangère à cette position.

Autre méprise : les partisans des ministres applaudissent surtout au coup porté, parce qu'il n'en est résulté aucun mouvement; ils attribuent à la fermeté de ce coup l'immobilité du public.

« Voilà ce que c'est, s'écrient-ils, que d'agir avec vigueur! encore quelques mesures de cette espèce, et tout rentrera dans l'ordre! »

Dans l'ordre! qui songe à sortir de l'ordre! N'allez-vous pas vous persuader que la mesure ministérielle a répandu la terreur? Elle a excité la pitié des indifférents, elle a réjoui les ennemis, elle a profondément affligé les amis de la royauté; elle n'a fait peur à personne.

Pourquoi cette folle mesure n'a-t-elle été suivie d'aucun mouvement? Par une raison simple qui tient à la nature même de ce gouvernement représentatif que vous détestez, alors même qu'il vous sauve de vos propres erreurs.

Le pouvoir de la couronne, employé par les ministres, n'est pas sorti de son droit légitime en licenciant la garde nationale. Le coup a été violent, mais il n'a pas été inconstitutionnel; aucune partie du pacte fondamental n'a été lésée, aucune liberté n'a péri, aucun intérêt politique ni même municipal n'a succombé. Il importe peu à nos institutions prises dans leur ensemble qu'un citoyen de Paris soit vêtu d'un uniforme ou d'un habit bourgeois; une garde paisible et fidèle, qui a rendu tant de services à la restauration, peut sans doute s'attrister d'en être si étrangement récompensée par des ministres, mais elle ne se révolte pas contre son roi. Changez la question; supposez qu'une mesure ministérielle viole ouvertement un article de la Charte, et vous verrez alors l'impression produite par cette mesure.

Ainsi, ces hommes qui sont tout étonnés de leur courage, qui pensent devoir à leur héroïsme de bureau le repos dont ils jouissent, ne s'aperçoivent pas qu'ils sont redevables de ce repos aux institutions mêmes dont la forme les irrite, à ce gouvernement représentatif qui donne de la modération et de la raison à tous, à cet esprit constitutionnel que l'attaque aux principes pourrait seule pousser à la sédition. Tant que l'on ne portera pas la main sur les Chambres et sur les libertés publiques, il n'y aura point de mouvement dangereux en France. Les libertés publiques sont patientes; elles attendent très-bien la fin des générations, et les nations qui en jouissent n'ont rien d'essentiel à demander.

Dans les gouvernements absolus, au contraire, le peuple, comme les flots de la mer, se soulève au moindre vent: le premier ambitieux le trouble, quelques pièces d'argent le remuent; une taxe nouvelle le précipite dans les crimes; il se jette sur les ministres, massacre les favoris, et renverse quelquefois les trônes.

Dans les gouvernements représentatifs, le peuple n'a jamais ni ces passions, ni cette allure; rien ne l'émeut profondément quand la loi fondamentale est respectée. Pourquoi se soulèverait-il? Pour ses libertés? il les a; pour l'établissement d'un impôt? cet impôt est voté par ses mandataires. Vient-on chez le pauvre lui enlever arbitrairement son dernier fils pour l'armée, son dernier écu pour le trésor? Nul ne peut être arrêté que d'après la loi; chacun est libre de parler et d'écrire; tous peuvent, selon leur bon plaisir, faire ce qu'ils veulent, aller où il leur plaît, user et abuser de leur propriété. La monarchie représentative fait ainsi disparaître les principales causes des commotions populaires; il n'en reste qu'une seule pour cette monarchie: c'est, on ne saurait trop le répéter, l'atteinte aux libertés publiques.

Et alors même ce gouvernement est-il sans défense? Non. L'histoire de l'Angleterre nous apprend avec quelle simplicité se résout encore cette difficulté: les Chambres repoussent la loi de finances; et si, cette loi n'étant pas votée, le gouvernement veut lever irrégulièrement l'impôt, le peuple refuse de le payer.

Heureusement nous n'en viendrons jamais là en France; mais ces explications font sentir combien serait vain et téméraire le projet de procéder de violences en violences à la suppression de la liberté; elles font voir combien sont dénuées de justesse les raisons par lesquelles on a voulu faire de quelques cris isolés une sédition commune, digne d'être punie d'un licenciement général. Laissons des médiocrités colériques applaudir à l'emportement de l'impuissance comme à la preuve de la force; les vrais amis du roi en gémissent. Quant à moi, depuis le jour où je vis, à Saint-Denis, passer un homme trop fameux pour aller mettre ses mains entre les mains du frère de Louis XVI, je n'ai jamais été si profondément affligé.

Eh! comment les conseillers de la couronne ne se sont-ils pas souvenus qu'un monarque paternel vivait au milieu de ses peuples, que le temps était passé où les princes se renfermaient dans le donjon de Vincennes ou dans les galeries de Versailles? Comment n'ont-ils pas compris que cette mesure précipitée porterait le deuil au fond des cœurs? que la fidélité et l'amour, craignant de devenir suspects, oseraient à peine faire entendre, sur le passage d'un prince chéri, d'un prince si longtemps éprouvé par la fortune, le cri du salut de la France? N'y avait-il pas d'autres moyens de punir quelques exclamations inconvenantes? Le mode même du licenciement général était-il raisonnable? Licencie-t-on trente mille hommes qui restent de fait réunis dans la même ville, presque sous le même toit, avec leurs armes? En Angleterre, d'après l'ordonnance du licenciement, on s'est figuré que de grands troubles avaient éclaté parmi nous ; le reste de l'Europe le croira de même. N'est-ce rien que d'avoir fait naître dans l'esprit des étrangers une telle idée de la situation de la France?

Si l'on pouvait croire à un dessein suivi, à un enchaînement de principes dans un système qui jusqu'à présent n'a marché que par bonds, et n'a su donner que des saccades, on devrait s'attendre à une série de mesures corrélatives au licenciement de la garde nationale de Paris. Conséquents ou inconséquents, les agents du pouvoir ne peuvent faire sortir que des maux de cette mesure déplorable. L'humeur de ceux qui approuvent cette mesure prouve qu'intérieurement ils en sentent les graves inconvénients.

Il serait à désirer toutefois qu'ils modérassent leur zèle. Que pensent-ils imposer en parlant de casser la Chambre des pairs? comme si on pouvait casser la Chambre des pairs ! En attendant le jour où ces fanfarons de fidélité qui s'étouffaient dans les salles des Tuileries le 16 mars 1815, et qui disparurent le 20 ; en attendant le jour où ils se cacheraient de nouveau, le jour où ils nous laisseraient défendre encore la monarchie, si la monarchie était attaquée, qu'ils cessent d'animer le soldat contre le citoyen, de vouloir tripler la garnison de Paris, de faire marcher en pensée des troupes sur la capitale. Il serait curieux de rassembler l'armée, de compromettre la tranquillité de la France pour assurer le portefeuille de deux ou trois ministres et la pitance des familiers de ces ministres ! Cette petite agitation d'antichambre dans le grand repos du royaume serait risible, si elle n'avait un côté dangereux. Les rodomontades amènent quelquefois des rixes. Dieu sait ce que pourrait produire une goutte de sang répandue sur une terre également disposée à porter des moissons ou des soldats. Lorsque dans les troubles des empires on en est venu à l'emploi de la force, il ne s'agit plus de la première attaque, mais de la dernière victoire.

La police prendrait-elle pour une conspiration contre le trône les propos qu'elle peut entendre contre une administration brouillonne et sauvage? Ses rapports seraient-ils dans ce sens ? Voudrait-elle qu'on fît parader des gendarmes, qu'on doublât les postes? Contre qui? contre des *complaintes?* Il ne manquerait plus que de couronner la violence par le ridicule.

La retraite d'un ministre estimé est venue mettre le sceau de la réprobation à un acte d'amour-propre en démence. Ce ministre honorable et honoré n'a pas cru pouvoir s'asseoir plus longtemps auprès des hommes qui font de leur intérêt personnel la cause de la monarchie. Mais au milieu des consciences muettes, une conscience qui parle est séditieuse ; la vertu qui se réveille importune le devoir qui dort ; une bonne action est une leçon insolente pour ceux qui n'ont pas le courage de la faire : je ne serais donc pas étonné qu'un La Rochefoucauld, qu'un royaliste dévoué, qu'un esprit aussi conciliant que modéré, qu'un chrétien pieux et sincère, ne passât aujourd'hui parmi la tourbe servile pour un démocrate, un révolutionnaire, un furibond, un impie.

N'en sommes-nous pas là, tous tant que nous sommes? Qui n'a dans sa poche son brevet de jacobin, expédié en bonne forme par des royalistes de métier? Ne viens-je pas d'ajouter à tous mes crimes celui d'avoir publié (à l'exemple de nombre de pairs et de députés) un discours qui n'a pas été prononcé? Si on ne le lit pas, quel mal fait-il? Si on le lit, on y trouve donc autre chose que le projet de loi retiré? La vérité est que plus l'administration commet de fautes, plus elle désire le silence. Il faudrait renoncer à la parole, afin que l'incapacité perpétuée au pouvoir se vantât d'avoir subjugué ses adversaires par la force de son génie. Ne nous laissons pas prendre à ce grossier artifice ; nous ne saurions rien en nous taisant. Toute alliance est impossible entre le mal et le bien : on ne se réunit pas à l'abîme ; on s'y engloutit.

Nobles pairs,

Dans les longues recherches auxquelles je me suis livré, et dont j'ai l'honneur de soumettre aujourd'hui le résultat à la Chambre, j'ai nécessairement isolé ma pensée du travail de votre commission. Je savais tout ce que l'on devait attendre de la conscience et du talent des nobles pairs chargés de vous faire un rapport sur le projet de loi ; mais je devais raisonner dans l'hypothèse que ce projet restait tel que vous l'avaient présenté les ministres.

En effet, Messieurs, des amendements proposés ne sont pas des amendements votés ; et quand j'aurais eu, comme je l'ai, la conviction morale de leur adoption, cela ne dérangerait rien au plan que je m'étais tracé. Mon discours, dans la supposition d'une suite d'amendements capitaux, deviendrait un double plaidoyer : plaidoyer contre l'ouvrage des ministres, partout où cet ouvrage ne serait pas amendé; plaidoyer pour l'ouvrage de votre commission, partout où elle aurait porté ses lumières. Ce point éclairci, j'aborde le sujet.

Voici, Messieurs, ce que l'on trouve dans l'ouvrage posthume du quatorzième siècle :

Censure avant publication, et jugement après publication, comme s'il n'y avait pas eu censure ; rétroactivité, annulation ou violation des contrats ; atteinte au droit commun ; proscription de la presse non périodique ; accaparement ou destruction de la presse périodique ; voies ouvertes à la fraude, amorces offertes à la cupidité, invitation aux trahisons particulières; appel et encouragement à la chicane, intervention de l'arbitraire, haine de lumières, antipathie des libertés publiques, embrouillements, entortillements, ténèbres.

Mais, chose déplorable, Messieurs, plus vous démontrez à certains esprits que cet instrument de mort pour l'intelligence humaine détruit non-seulement la liberté de la presse, mais la presse elle-même, plus vous les persuadez de l'excellence de l'ouvrage.

« Comment! vous nous dites que tout périra, livres, brochures, journaux? A merveille! nous ne croyions pas le projet si bon ; vos objections nous démontrent ce qu'il a d'admirable. »

Suit un débordement d'injures contre les lettres, et surtout contre les gens de lettres, contre les folliculaires, les pamphlétaires, les chiffonniers et les académiciens.

C'est être en vérité fort libéral de mépris. Il faut en avoir beaucoup recueilli pour en avoir tant à donner. Ces enfants prodigues feraient mieux d'être plus économes de leur bien.

Hélas ! Messieurs, ces diatribes contre la presse n'ont pas même le mérite de la nouveauté ; renouvelées des temps révolutionnaires, elles auraient dû rester dans l'oubli. Il est triste, sous la légitimité, de s'approprier un pareil langage, surtout lorsqu'il se peut appliquer à ces mêmes publicistes justement soupçonnés sous le Directoire de travailler au rétablissement de la royauté, et qui continuent d'écrire pour elle.

Quelques personnes trouvent un motif de sécurité dans l'excès même du mal : « Le projet de loi est si vicieux, disent-elles, qu'on ne pourra l'exécuter. » Ne nous fions, Messieurs, ni à l'espérance du mal, ni à l'impuissance de l'incapacité : elles nous tromperaient toutes deux. Maintes fois les gouvernements ont laissé périr les bonnes lois, et ont fait un long usage des mauvaises. C'est cette même faiblesse des hommes qui les asservit souvent à une tyrannie vulgaire, et qui les porte à briser une autorité éclatante : les parlementaires souffrirent Buckingham et tuèrent Strafford ; on pardonne à la puissance, rarement au génie.

La meilleure manière de vous occuper du projet de loi, ce n'est pas, selon moi, de vous en énumérer à présent les vices particuliers (ils se présenteront assez d'eux-mêmes dans la discussion des articles) ; il me paraît plus utile de vous faire remarquer d'où le projet est sorti, ce qu'il veut dire, quelle lumière il jette à la fois sur le passé et sur l'avenir.

Oui, nobles pairs, le projet de loi est un phare élevé aux limites d'un monde qui finit et d'un monde qui commence ; il vous éclaire sur la plus importante des vérités politiques ; il vous indique le point juste où la société est parvenue, et conséquemment il vous apprend ce que demande cette société : d'un côté, il vous montre des ruines irréparables ; de l'autre, un nouvel univers qui se dégage peu à peu du chaos d'une révolution.

Permettez-moi de développer mes idées : la matière est grave, le sujet, immense. Si je mets votre patience à l'épreuve, vous me le voudrez bien pardonner, en songeant que j'abuse rarement de votre temps à cette tribune. J'y parais aujourd'hui appelé par des devoirs sacrés, devoirs que je n'hésiterai jamais à remplir, mais dont le temps commence néanmoins à me faire sentir le poids ; les vétérans souffrent quelquefois de leurs vieilles blessures.

En sortant du chemin battu, en plaçant la question où je la placerai, surtout dans la dernière partie de ce discours, j'ai plus compté sur la haute intelligence de cette assemblée que sur mes propres forces.

Voici, Messieurs, les quatre vérités que je vais essayer de démontrer :

1° La loi n'est pas nécessaire, parce que nous avons surabondance de lois répressives des abus de la presse : les tribunaux ont fait leur devoir.

2° Les crimes et les délits que l'on impute à l'usage de la presse et à la liberté de la presse, n'ont point été commis par la presse et sous le régime de la liberté de la presse.

3° La religion n'est point intéressée au projet de loi ; elle n'y trouve aucun secours : l'esprit du christianisme et le caractère de l'Église gallicane sont en opposition directe avec l'esprit du projet de loi.

4° La loi n'est point de ce siècle ; elle n'est point applicable à l'état actuel de la société.

J'entre dans l'examen de la première question.

Nous avons, Messieurs, depuis la restauration, six ordonnances et quinze lois et fragments de lois concernant la librairie, la presse périodique et la presse non périodique.

A ces lois viennent se réunir l'arrêt du conseil d'État sur la librairie du 28 février 1723, le décret de l'Assemblée nationale du 27 août 1789, celui du 17 mars 1791, le décret de la Convention du 19 juillet 1793, la loi du 25 décembre 1796, les décrets du 22 mars 1805, du 28 mars 1805, du 5 juin 1806, du 5 février 1810, du 14 octobre 1811, enfin une partie du livre III du Code pénal ; tous arrêts, lois et décrets dont divers articles sont encore en vigueur.

Le *maximum* des amendes pour les délits et les crimes de la presse non périodique est, dans le cas le plus grave, de 10,000 fr., et dans le cas le moins grave, de 500 fr.

Le *maximum* de la prison pour les mêmes délits et crimes de la presse non périodique est de cinq ans pour le cas le plus grave, et d'un an pour le cas le moins grave.

La récidive entraîne l'application des articles 56, 57 et 58 du Code pénal, c'est-à-dire qu'il peut y avoir carcan, travaux forcés, et mort ; que la peine peut être élevée au double, savoir : dix ans d'emprisonnement, suivis de cinq à dix années sous la surveillance de la police.

Le *maximum* de la prison et des amendes pour les délits et les crimes de la presse périodique est le même que pour les délits et les crimes de la presse non périodique ; mais les amendes peuvent être élevées au double, et, en cas de récidive, au quadruple (40,000 fr. d'amende, vingt ans de prison), sans préjudice des peines de la récidive, prononcées par le Code pénal.

Si un libraire a été convaincu de contravention aux lois et règlements, il est loisible de lui retirer son brevet ; c'est-à-dire que l'administration peut intervenir dans les jugements des tribunaux ; qu'elle peut, autorité suprême, altérer l'arrêt de ces tribunaux, non comme la couronne, en faisant grâce, mais en aggravant la peine.

La contravention d'un libraire n'aura pas paru aux magistrats mériter une amende au-dessus de quelques centaines de francs, et l'administration ajoutera à cette amende la suppression du brevet ; ce qui n'est rien moins que la ruine d'une famille entière. Je ne dirai pas, pour achever de caractériser ces rigueurs, qu'elles ont lieu malgré plusieurs arrêts des cours, qui ont déclaré que la loi de 1791 conservait sa force, et que la librairie n'était pas plus assujettie à exister par brevet que toute autre profession.

Les journaux politiques sont obligés de fournir un cautionnement de 200,000 francs, sans préjudice de la solidarité des propriétaires ou actionnaires.

Un journal peut être suspendu par une première et par une seconde condamnation en tendance; après une troisième condamnation, il peut être supprimé.

Les Chambres, pendant les sessions, sont investies du pouvoir de se faire elles-mêmes justice de la presse périodique.

Dans l'intervalle des sessions, le ministère est maître d'établir la censure.

Enfin, la liberté de la presse périodique n'existe que par privilége, tout en faveur des ministres, puisque aucun nouveau journal ne saurait s'établir sans une autorisation du gouvernement.

Êtes-vous satisfaits, Messieurs, et trouvez-vous que nous manquions de lois répressives? J'ai négligé de mentionner, parmi toutes ces peines, celle que le chef de la magistrature a rappelée, et que prononce l'article 21 du Code pénal. Il y a dans cette Chambre plusieurs nobles pairs qui ont le malheur d'aimer les lettres, et le plus grand malheur de faire jouir quelquefois le public du fruit de leurs veilles. Si jamais ils tombaient dans quelques-unes de ces erreurs où nous entraîne la fragilité humaine; si l'on trouvait que leur dignité ne les place pas dans ce cas en dehors des tribunaux communs, je sollicite d'avance, pour eux et pour moi, l'indulgence de l'administration. Je désirerais que mon compagnon de chaînes fût au moins exempt de maladies contagieuses, et je suis bien vieux pour apprendre un métier.

Ici se présente l'imprudente accusation hasardée contre les tribunaux; ici se découvre la cause de cet esprit rancunier contre ces mêmes tribunaux, lequel domine dans le texte du nouveau projet de loi, projet qui tend à transporter à la police tout ce qu'il peut ôter à la justice.

Il y a des lois, dit-on; mais les tribunaux ne font point ou font très-peu usage de ces lois.

D'abord, quand vous entasseriez sans fin peines sur peines, est-il un moyen d'obliger le magistrat à appliquer ces peines, lorsque l'écrivain ne lui semblera pas coupable de ce dont il est accusé? A quoi donc lui servira la nouvelle loi?

Une réponse plus tranchante, et plus nette encore, peut être faite à l'accusation.

Les calculs que je vais mettre sous vos yeux ont été recueillis non sans quelques difficultés. Les sources de ces calculs, qui devraient être accessibles à tout le monde ne le sont pas toujours; les jugements des tribunaux, qui pourraient être publiés aussitôt qu'ils sont rendus, ne paraissent quelquefois dans *le Moniteur* qu'assez longtemps après leur date. La presse a surtout été malheureuse sous ce rapport, et il est arrivé que ce qu'on aimerait le mieux à connaître est le plus difficile à trouver. Néanmoins, je crois pouvoir dire que si quelque erreur s'est glissée dans mes calculs, elle est peu considérable, et qu'elle n'altère en rien le fond de la vérité, résultat de ces calculs.

J'ai renfermé mes recherches dans les arrêts rendus par la cour royale de Paris dans l'espace de cinq années. Si l'on était curieux de connaître les jugements en première instance, un document irrécusable en fournirait le total approximatif.

M. le garde des sceaux a publié le compte général de la justice criminelle pour l'année 1825. On y remarque deux accusations pour délits littéraires dans les départements, et vingt-cinq devant le tribunal de police correctionnelle de la Seine. Si l'on en suppose un nombre égal chaque année depuis le commencement de l'année 1822, époque du rétablissement de la liberté de la presse, jusqu'à l'année 1827, vingt-sept actions en police correctionnelle, multipliées par cinq années, nous donneraient cent trente-cinq actions. Vous allez voir que je trouve quatre-vingt-trois procès portés devant la cour royale de Paris : il y aurait donc cent trente-cinq causes de plus pour les tribunaux correctionnels de toute la France à ajouter aux quatre-vingt-trois causes jugées par la cour royale de Paris.

Mais, dans ce cas, ma concession est infiniment trop large, puisque j'admettrais qu'il n'y a pas eu un seul appel à des juridictions supérieures, ce qui est tout l'opposé de la vérité; compter à la fois les jugements en première instance et les jugements aux cours royales, c'est compter presque double. Il est singulier qu'on ait eu le temps de nous donner en 1827, pour 1825, les jugements du tribunal correctionnel de la Seine, et qu'on n'ait pas eu le temps de nous donner les jugements de la cour royale de Paris dans la même année 1825.

Qu'importe? nous aurons tout cela en temps utile, après le vote du projet de loi.

Je dis donc, Messieurs, que, depuis le 27 avril 1822 jusqu'au 6 mars 1827, quatre-vingt-trois causes pour délits de la presse ont été portées devant la cour royale de Paris. Sur ces quatre-vingt-trois causes, on trouve trois causes non jugées, onze acquittements, et soixante-neuf condamnations.

Peut-on soutenir que sur quatre-vingts causes jugées, lorsqu'il y a eu soixante-neuf condamnations, et seulement onze acquittements; peut-on soutenir que les tribunaux n'ont pas fait usage des lois, qu'ils ont manqué d'une salutaire sévérité?

Répondra-t-on que les peines prononcées ont été trop légères?

Mais voulez-vous donc substituer votre conscience à celle du juge? Voulez-vous qu'il voie absolument comme vous, qu'il pèse les délits au même poids que vous; ou que ne trouvant pas ces délits aussi graves qu'ils vous le paraissent, il n'en applique pas moins des châtiments disproportionnés, selon lui, à l'offense? Est-ce comme cela que vous entendez la justice? D'ailleurs, Messieurs, il y a ici nouvelle erreur.

Dans l'énumération des peines prononcées par la cour royale, en ne s'arrêtant qu'aux condamnations qui stipulent plus d'un mois d'emprisonnement, je note une condamnation à quarante jours de prison, onze à trois mois, une à quatre mois, sept à six mois, trois à neuf mois, deux à treize mois, et une à dix-huit mois.

Quant aux amendes, en négligeant celles au-dessous de 500 fr., j'en compte quatorze à 500 fr., sept à 1,000 fr., cinq à 2,000 fr., et deux à 3,000 fr.

Il faut remarquer que l'amende est presque toujours unie à l'incarcération, de sorte que le châtiment est double. On n'est donc pas plus fondé à soutenir que les peines prononcées ont été trop légères, qu'on ne l'était à dire que les condamnations n'avaient pas été assez fréquentes. Il ne faut pas croire qu'une détention de trois mois à dix-huit mois, qu'une amende de 500 fr. à 3,000 fr. ne soient pas des répressions très-graves en France. En Angleterre on a l'habitude des longues reclusions pour dettes, et les fortunes permettent de supporter de gros prélèvements pécuniaires : 500 fr. sont plus pesants pour telle fortune française que 1,000 livres sterling pour telle fortune anglaise. La mobilité et l'indépendance de notre caractère, jointes au souvenir des temps révolutionnaires, nous rendent la prison odieuse. Nos magistrats, dans la pondération de leurs sentences, ont donc montré une connaissance profonde de nos mœurs.

Ainsi, Messieurs, disparaissent devant des calculs positifs les accusations vagues des ennemis de la presse. Les peines portées par les anciennes lois sont considérables, et les magistrats ont accompli leur devoir. Nous verrons plus loin la nature des délits compris dans ces causes littéraires portées dans l'espace de cinq années devant la cour royale de Paris, causes qui ont produit tant de condamnations.

A ceux qui désireraient des arrêts encore plus sévères, je dirai qu'il y a moyen d'obtenir ces jugements : c'est de mettre les magistrats à l'aise, en rendant la liberté complète à la presse. Si un nouveau journal n'avait pas besoin d'autorisation pour paraître, s'il était tenu seulement à remplir les conditions très-onéreuses de son existence, il est certain que les juges se pourraient montrer plus rigoureux. Mais quand ils voient l'opinion réduite à n'avoir pour organe à Paris que cinq ou six feuilles indépendantes, dont l'existence est sans cesse menacée, ils craignent d'aller au delà du but : placés entre la loi civile et la loi politique, si d'un côté leur sentence peut atteindre un délit particulier, de l'autre elle peut tuer une liberté publique; entre deux dangers, on choisit le moindre.

Voyez, Messieurs, s'il vous convient d'ajouter à tant de lois une loi qui consommerait la ruine de la presse non périodique, une loi dont la tendance secrète est d'amener les auteurs, les imprimeurs et les libraires, par corruption ou terreur, à ne plus rien publier.

Quant à la presse périodique, elle est évidemment l'objet principal de l'animadversion du projet de loi. Il est impossible qu'au moyen des conditions mises à la propriété le pouvoir administratif n'arrive pas à s'emparer du peu de journaux qui restent libres. Il s'en emparera, soit en intervenant comme acheteur aux enchères consenties ou forcées, soit en produisant, à l'aide de mille chicanes cachées dans le projet de loi, la dissolution des sociétés de propriétaires. Et alors, comme on ne peut établir un nouveau journal sans une autorisation, il est évident que l'administration obtiendra le monopole complet de la presse périodique.

La censure, Messieurs, est infiniment moins dangereuse que ce système-là. La censure est une mesure odieuse, mais transitoire, une mesure qui par son nom même annonce l'état de servitude dans lequel est plongée l'opinion : le bruit de la chaîne avertit de la présence de l'esclave. Mais où trouver le remède, lorsque le pouvoir deviendra à perpétuité possesseur légal des feuilles périodiques ; lorsqu'on pourra s'écrier que la presse est libre, au moment même où elle ne sera plus que la vassale d'un ministère ? Se représente-t-on bien ou la France muette, privée des organes libres qui lui restent, ou la police écrivant, sous différents noms, dans *les Débats* et *la Quotidienne*, dans *le Constitutionnel* et *le Courrier*, dans le *Journal du Commerce* et dans *la France chrétienne, politique et littéraire?*

Que les amis du ministère actuel y songent sérieusement. Les ministres ne sont pas inamovibles : cette Chambre hospitalière doit être particulièrement convaincue de cette vérité. Aujourd'hui vous seriez charmés que la presse périodique fût entre les mains de quelques hommes favorables à vos opinions ; demain, à l'arrivée d'un ministère dans d'autres principes, tels d'entre vous éprouveraient d'amers regrets d'avoir remis à l'autorité le monopole de la pensée.

Portons notre vue plus haut : ne peut-il pas se rencontrer dans l'avenir un ministère coupable, un ministère conspirateur contre le souverain légitime? Eh bien! en lui livrant d'avance tous les journaux, vous lui donneriez le moyen le plus actif de corrompre l'opinion, le moyen le plus prompt de se créer sur toute la surface de la France des adhérents et des complices. Vous seriez vous-mêmes complices d'avance des crimes qui pourraient être commis, des révolutions qui pourraient survenir. Dans ce sens, Messieurs, la loi qu'on vous propose est une loi véritablement conspiratrice. Voilà pourtant où l'on se précipite, lorsqu'on n'écoute que l'irritation de l'amour-propre : il est difficile que l'équité et la prudence se rencontrent avec la colère.

Si l'on répliquait que le projet de loi a été fait pour les circonstances actuelles, que, si ce projet devient loi, un jour on pourra rapporter cette loi, je dirais que je ne vois rien dans les circonstances qui réclame cette mesure ; qu'après treize années de restauration, on n'est plus admis à plaider le provisoire, et qu'enfin il n'y a jamais lieu à faire, même provisoirement, une mauvaise loi. Mais n'allons pas nous laisser leurrer au provisoire ; ne croyons pas naïvement que des ministres quelconques, successeurs des présents ministres, trouvant une loi qui les rendrait seigneurs suzerains des journaux, fussent très-empressés de nous débarrasser de cette loi ; ne croyons pas qu'ils eussent fort à cœur de rendre la liberté à la presse périodique, pour se procurer la satisfaction de voir censurer leurs actes et d'entendre la voix rude de la critique succéder à l'hymne sans fin de leurs bureaux. Ils n'auraient pas fait la loi, ils n'en auraient pas la honte : ils en auraient le profit. Par dévouement aux ministres présents, ne prostituons pas aux ministres futurs la première des libertés constitutionnelles. Les agents de l'autorité suprême, qui pourraient un jour nous ôter les chaînes que nous aurions nous-mêmes forgées, seraient des anges ; or, on ne voit plus guère ici-bas que des hommes. S'il serait plus beau d'attendre son salut de la vertu, il est plus sûr de le placer dans la loi. Nous sommes avertis du péril : l'écueil est connu ; rien de plus facile que de l'éviter : pourquoi donc accomplir volontairement le naufrage, dans l'espoir de nous sauver sur un débris ?

Et quand vient-on nous demander un pareil sacrifice ? Quand la loi sur la responsabilité des ministres n'est pas faite ! Les ministres échappent aujourd'hui à toute responsabilité ; il n'existe aucun moyen de les atteindre, excepté pour les faits grossiers de concussion et de trahison ; ils peuvent à leur gré refuser toute espèce de renseignements aux pairs et aux députés, se débarrasser des amendements faits par les Chambres, en les inscrivant en dehors des projets de loi ; ils peuvent fausser nos institutions, ensevelir dans leurs bureaux les pétitions de la France, et il faudrait leur livrer la liberté de la presse, seule garantie qui nous reste, seul supplément moral à la loi sur la responsabilité des ministres !

Quelque malheur inouï, soudain, imprévu, exige-t-il qu'on immole immédiatement cette liberté à la sûreté publique ? Non, Messieurs, la France est souffrante [1], mais paisible ; elle attendait avec patience l'amélioration de

---

[1] L'ordonnance royale vient de guérir une de ses principales plaies.

son sort. Pour un impôt d'un milliard ponctuellement payé, elle se contentait du droit de faire entendre quelques plaintes, que d'ailleurs les ministres n'écoutaient pas, et qu'elle n'avait plus même la prétention de leur faire écouter ; et voici qu'on veut punir jusqu'à ses inutiles paroles ! Voici que du sein de la plus profonde paix sort une loi de discorde et de destruction, une loi qui ressemble à ces lois nommées d'*urgence* dans nos temps de calamités, alors que les passions prenaient le prétexte des périls pour créer des malheurs.

Ce qu'il y avait à faire, nobles pairs, c'était de refondre dans une seule loi toutes nos lois relatives à la presse, d'établir dans cette loi unique la liberté pleine et entière, conformément à l'esprit et à la lettre de la Charte : plus de brevet obligé pour le libraire, plus d'autorisation nécessaire pour établir un journal, plus de poursuites en tendance, plus de censure facultative, plus de responsabilité générale de l'imprimeur, plus de gêne pour la propriété littéraire. Cette large base posée, élevez votre édifice : punissez avec la dernière sévérité les abus, les délits et les crimes qui pourraient être commis par la presse. Je ne reculerai devant aucune des conditions et des menaces de cette loi ; je suis prêt à voter tout ce qui mettra à l'abri la légitimité et la monarchie, la religion et la morale, tout ce qui s'accordera d'une part avec la liberté, de l'autre avec la justice.

L'*immanis lex*, que j'ai demandée avec la liberté complète de la presse, je la demande encore ; car je ne suis pas de ceux qui abandonneraient sans crainte la société sans défense à la licence des passions. Mais, si j'admets une loi forte pour les délits et les crimes susceptibles d'être commis par la voix de la presse, je ne veux pas une loi inique, *iniqua lex, injusta lex ;* je repousse une loi qui détruit la liberté, en affectant de frapper le violateur de cette liberté ; une loi bien moins dirigée contre l'écrivain coupable que contre les moyens dont il s'est servi pour le devenir ; une loi qui ne cherche dans le délinquant que l'objet pour lequel il a délinqué ; une loi qui poursuit non le crime, mais ce qui donne matière au crime, c'est-à-dire l'innocence elle-même, victime de l'attentat commis sur elle.

Je n'insiste pas davantage pour vous prouver, Messieurs, ce fait avéré, que nous avons suffisance de lois répressives des abus de la liberté de la presse, et que les tribunaux ont fait un équitable et sévère usage de ces lois. Loin de manquer, elles surabondent : par elles il y a possibilité de ruine des écrivains, et longues années de prison ; l'arbitraire, venant joindre sa tyrannie à la puissance du juge, peut à son gré imposer la censure, refuser l'autorisation pour établir un journal, et retirer à un libraire le brevet qui le fait vivre. Voilà l'inventaire de nos armes contre la liberté de penser et d'écrire ; l'arsenal est assez plein.

Je passe à la seconde question que je me propose d'examiner.

Les crimes et les délits que l'on impute à l'usage de la presse et à la liberté de la presse ont-ils été commis par la presse et sous le régime de la liberté de la presse ?

Tout retentit de déclamations contre la presse : la presse a produit tous les forfaits de la révolution ; la presse a causé tous les malheurs de la monarchie ; la presse a gangrené les esprits, corrompu les mœurs, ruiné la religion. Si on la laissait faire, elle nous replongerait dans le chaos dont nous sommes à peine sortis. Avant la liberté de la presse tout était paisible et heureux en France ; on n'entendait presque jamais parler d'un crime ; les autels étaient respectés, les familles présentaient le spectacle touchant de la fidélité conjugale ; l'enfance, protégée par une éducation chrétienne, conservait toute sa pureté ; enfin, Messieurs, voulez-vous connaître les maux qui vous travaillent, lisez ces monitoires avant-coureurs du projet de loi sur lequel vous délibérez, feuilletez ces *factums* intitulés *crimes de la presse*, et osez soutenir qu'il ne soit pas temps de conjurer un fléau.

Je descends dans l'arène historique, puisqu'on nous y veut bien appeler, je relève le gant que l'innocente oppression de la presse jette à la presse criminelle.

La monarchie française a commencé sous Clovis, comme chacun sait, vers l'an 486, en vous faisant grâce, Messieurs, du règne de Pharamond, si Pharamond il y a, et de ses trois premiers successeurs.

Depuis la première année du règne de Clovis jusqu'à l'année 1438, qui vit, sous Charles VII, la découverte de l'imprimerie, posons neuf cent cinquante-deux ans.

De l'année 1438 à l'année 1789, sous le règne de Louis XVI, dans un espace de trois cent cinquante et un ans, la presse n'a jamais cessé d'être contenue, ou par la terrible loi romaine, ou par les violents édits de nos rois, ou par la censure.

Le 27 août 1789 la presse devint libre pour la première fois en France : elle perdit bientôt de fait, sinon de droit, cette liberté. Le 17 août 1792 amena l'établissement d'un premier tribunal criminel extra-légal, remplacé en 1793 par le tribunal révolutionnaire. Sous le Directoire, la presse retrouva pendant trois ans sa liberté pour la perdre après dans une nouvelle proscription ; l'esclavage de la presse fut continué sous le consulat et sous l'empire.

Louis XVIII, en 1814, mit le principe de la liberté de la presse dans la Charte : divers ministères crurent devoir demander la censure. Celle-ci fut abolie en 1819, rétablie en 1820, prolongée jusqu'en 1822, et enfin levée à cette époque, bien qu'elle conserve dans la loi une existence facultative.

De compte fait, nous trouvons donc dans la monarchie neuf cent cinquante-deux années de temps barbares avant la découverte de l'imprimerie ; trois cent cinquante et une années depuis cette découverte, sous le régime varié de l'oppression ou de la censure de la presse ; trois années de liberté de cette presse, depuis le 27 août 1789 jusqu'au 17 août 1792; trois ans de cette même liberté sous le Directoire, jusqu'au 18 fructidor; six ans sous la restauration : somme totale, à peu près douze années de liberté de la presse dans une monarchie de près de quatorze siècles : sommes-nous déjà fatigués de cette liberté?

Cela posé, on est forcé de convenir que tous les crimes, que toutes les corruptions dont on accuse la liberté de la presse, ne sont point le fait de cette liberté. Rien n'est mortel aux déclamations comme les chiffres : de ces chiffres il résulte que la liberté de la presse est l'exception à la règle dans nos lois. Et quelle exception! une exception de douze années dans des institutions qui embrassent une période historique de quatorze cent trente et un ans!

Parcourons maintenant les époques. Lorsqu'en 1358 les paysans brûlaient les châteaux des gentilshommes, comme en 1789; lorsqu'ils faisaient rôtir ces gentilshommes et s'asseyaient à un festin de cannibales, en contraignant des épouses et des filles outragées à le partager avec eux, était-ce l'imprimerie non encore découverte qui avait endoctriné ces vassaux félons?

Lorsque, le 12 juillet 1418, le peuple de Paris donna dans les prisons la première représentation des 2, 4 et 6 septembre 1792; lorsque, obligeant les prisonniers de sortir un à un, il les massacrait à mesure qu'ils sortaient; lorsqu'il éventrait les femmes, pendait les grands seigneurs et les évêques, l'imprimerie était inconnue, l'esprit humain reposait encore dans une vertueuse ignorance.

Recueillie à sa naissance par la Sorbonne et ensuite par Louis XI, qui la mit apparemment dans une cage de fer, l'imprimerie était trop faible à la fin du seizième siècle et au commencement du dix-septième, pour être accusée de toutes les calamités avenues sous les règnes qui précédèrent ceux de la maison de Valois.

Les massacreurs de la Saint-Barthélemy voulaient-ils l'indépendance de l'opinion ? Ce nommé Thomas, qui se vantait d'avoir tué de sa main quatre-vingts huguenots dans un seul jour; cet autre assassin qui, par son récit, épouvanta Charles IX lui-même; ce Coconas qui racheta des mains du peuple trente huguenots pour les tuer à petits coups de poignard, après leur avoir fait abjurer leur foi, sous promesse de la vie ; ces brigands de 1572 ne ressemblaient-ils pas assez bien aux septembriseurs de 1792? Je ne sache pas néanmoins qu'ils fussent grands partisans de la liberté de la presse.

Jacques Clément, Ravaillac, Damiens, avaient été régicides avant les régicides de 1793; et le parlement de Paris avait commencé à instruire le procès de Henri III avant que la Convention mît Louis XVI en jugement.

Eh! Messieurs, les horreurs mêmes de la révolution ont-elles eu lieu en face de la liberté de la presse? La presse, devenue libre en 1789, cessa de l'être le 17 août 1792; alors s'établit, je l'ai déjà dit, un tribunal prévôtal. Quelles furent les premières victimes immolées? des gens de lettres, défenseurs du monarque et de la monarchie. Durosoy, jugé à cinq heures du soir, et conduit au supplice à huit heures et demie, remit au président du tribunal un billet qui ne contenait que ces mots : *Un royaliste comme moi devait mourir un jour de Saint-Louis.* Il précéda son roi que tant d'autres devaient suivre : il eut la tête tranchée le 25 août 1792.

Les *écrivassiers*, les vils *folliculaires* que poursuit le présent projet de loi ne se découragèrent point; ils ne s'effrayèrent point de marcher dans un peu de sang sorti de leurs veines : tous les royalistes prirent la plume ; les journaux devinrent un périlleux champ de bataille ; l'intelligence humaine eut ses grenadiers et ses gardes d'honneur, qui se faisaient tuer au pied du trône. Et que faisaient alors les prédicateurs de l'ignorance? Plusieurs se cachaient devant les échafauds, et quelques-uns jusque dans les crimes révolutionnaires, afin sans doute d'être plus à l'abri.

Au moment du procès de Louis XVI, les écrivains mêlèrent leur voix à celle des trois défenseurs de la grande victime; mais elles étaient étouffées par la faction régicide. A cette faction seule était laissée la liberté entière de tout exprimer : la mort, qui présidait à ce tribunal de sang, retirait la parole à quiconque voulait défendre l'innocence et la vertu ; témoin ce grand citoyen, ce magistrat courageux, l'immortel Malesherbes.

Et vous, mon illustre collègue [1], vous qui avez l'insigne honneur d'être nommé dans l'Évangile de la royauté, j'en appelle à votre déposition : appuyé par la liberté complète de la presse, votre triomphe n'aurait-il pas été assuré? Si la France avait pu hautement se faire entendre, vous auriez brisé les fers du martyr, et nous pourrions aujourd'hui vous féliciter de votre gloire, sans répandre des larmes. Mais votre éloquence fut un baume inutile appliqué sur les blessures du juste; votre auguste maître aurait pu dire de vous ce que le Christ dit de la femme charitable : « En répandant ce parfum sur mon corps, elle l'a fait en vue de ma sépulture : *Ad sepeliendum me fecit.* »

Un nouveau tribunal criminel extraordinaire avec jurés fut érigé le 10 mars 1793, et mis en activité le 27 du même mois; le 29, on prononça la peine de mort contre ceux qui provoquaient le rétablissement de la royauté, c'est-à-dire contre les écrivains.

---

[1] M. Desèze.

Le 17 septembre de la même année, vint le décret contre les suspects : la reine périt le 16 octobre. Le 28 du même mois, le tribunal criminel extraordinaire prit le nom fameux de tribunal révolutionnaire.

Le premier numéro du Bulletin de ces lois, où sera inscrite la loi actuelle, si vous l'adoptez, contient la loi qui réprima les abus de la liberté de la presse pendant le règne de la Terreur. Cette loi portait :

« Article 1er. Il y aura un tribunal révolutionnaire.

« Art. 4. Le tribunal révolutionnaire est institué pour punir les ennemis du peuple.

« Art. 5. Les ennemis du peuple sont (suit la catégorie des ennemis du peuple : on y trouve) ceux qui auront provoqué le rétablissement de la royauté.................. ; ceux qui auront cherché à égarer l'opinion, à altérer l'énergie et la pureté des principes révolutionnaires et républicains, ou à en arrêter les progrès par *des écrits contre-révolutionnaires ou insidieux.*

« Art. 7. La peine portée contre tous les délits dont la connaissance appartient au tribunal révolutionnaire est *la mort.*

« Art. 9. Tout citoyen a le droit de saisir et de conduire devant les magistrats les conspirateurs et les contre-révolutionnaires. »

L'article 13 dispense de la preuve testimoniale, et l'article 16 prive de défenseur les *conspirateurs.*

Voilà, Messieurs, de la haine contre la liberté de la presse sur une grande échelle. Couthon s'entendait à réprimer les abus de cette liberté. Au moins on ne soumettait pas les gens de lettres à une loi d'exception ; la justice et l'égalité de ces temps promenaient sur eux le niveau révolutionnaire : la mort était alors le droit commun français. Les écrivains frappés avec tous les gens d'honneur étaient attachés, en allant au supplice, non avec des galériens, mais avec Malesherbes, avec madame Élisabeth. Pour comité de censure on avait le club des Jacobins ; pour gazette du matin, le procès-verbal des exécutions de la veille ; le bourreau était le seul journaliste quotidien qui fût en pleine possession de la liberté de la presse. On n'exigeait pas des autres écrivains le dépôt de leurs ouvrages, mais celui de leurs têtes : c'était plus logique ; car s'il est vrai que les morts ne reviennent pas, il est aussi certain qu'ils n'écrivent plus.

Cependant, Messieurs, sous la Terreur on se plaignait aussi de la liberté de la presse ; on arrêtait les journaux à la poste comme rendant un compte infidèle des séances de la Convention. Thuriot assurait que l'*esprit public était corrompu par des écrits pernicieux ; il demandait que l'on empêchât la circulation de ces journaux qui infectaient tous les jours la France entière de leur poison :* ce sont ses propres paroles. Les rédacteurs du *Moniteur* se virent dans le plus grand péril pour avoir cité un discours prononcé à la société des Jacobins, et inséré dans le journal de cette horde. Le comité de salut public envoyait chercher les épreuves du *Moniteur* et effaçait apparemment les calomnies contre les crimes. Robespierre s'élevait contre la licence des écrits; il donnait à entendre qu'il était impossible de gouverner avec la liberté de la presse; il incriminait quelques numéros du *Vieux Cordelier,* journal de Camille Desmoulins; il voulait qu'on le brûlât, et Camille Desmoulins lui disait fort bien que *brûler n'était pas répondre.*

Vous jugez facilement, Messieurs, de l'état de la liberté de la presse en France à l'époque où *le Vieux Cordelier* passait pour le journal de l'opposition, pour le journal royaliste. Dans la solitude du Temple, lorsque le roi-orphelin était déjà appelé au ciel par son père, on n'entendait que le bruit de la machine de mort et les acclamations des furies révolutionnaires. Qui dans la France désolée chantait encore un *Domine salvum fac regem* pour le royal enfant délaissé? Quelques écrivains cachés au fond des forêts, des cavernes et des tombeaux.

Après la Terreur, la liberté de la presse reparut : son effet fut tel qu'on se crut au moment de voir rentrer le roi. Il fallut du canon et le génie de Buonaparte pour réduire la liberté de la presse. Celui qui devait remporter de plus nobles victoires foudroya les écrivains. A la tête d'une des sections de Paris, il rencontra un homme d'honneur et de talent armé pour les chefs de cette vieille monarchie dont il devait écrire l'histoire; personnages illustres auxquels il est trop heureux d'avoir pu donner dernièrement un nouveau gage de sa fidélité [1].

A cette même époque du 13 vendémiaire, un autre homme fut arrêté à Chartres et amené à Paris par les gendarmes, lesquels avaient ordre de l'attacher à la queue de leurs chevaux. L'enceinte où l'Académie tient aujourd'hui ses séances était alors une prison : on y renferma l'homme arrêté à Chartres. Les gendarmes venaient le prendre chaque matin; ils le conduisaient à une commission militaire. Au bout de cinq jours, on le condamna à être fusillé. De quel crime fut-il atteint et convaincu? D'avoir usé dans son journal de la liberté de la presse en faveur du roi légitime. Cet homme, aujourd'hui membre de l'Académie, a été frappé avec deux de ses confrères, frappé dans le lieu même qui fut jadis son cachot, frappé pour avoir réclamé une seconde fois cette liberté de la presse dont il avait fait un si loyal emploi [1]. Convenons, Messieurs, que ce sont là de bizarres destinées, de singuliers rapprochements et d'utiles leçons.

Dispersés un moment par le canon du 13 vendémiaire, quand ce censeur eut fini de gronder, les amis de la liberté de la presse revinrent à la charge pour la famille exilée. Le Directoire proposa de les déporter en

---

[1] M. Ch. Lacretelle. — [2] M. Michaud.

masse. Les propriétaires, entrepreneurs, directeurs, auteurs, rédacteurs et collaborateurs de cinquante-quatre journaux furent proscrits. Quelques orateurs voulurent les défendre dans le conseil des Cinq-Cents ; ils firent entendre que, par le vague de la rédaction, les innocents couraient le danger d'être confondus avec les coupables ; on cria : *Tant mieux !* Le représentant du peuple soutint que *les écrivains étaient des conspirateurs, que leur existence accusait la nature et compromettait l'espèce humaine ; qu'ils flétrissaient les réputations les mieux méritées.* L'assemblée déclara que tous les journalistes étaient des *coquins*, et en répétant *aux voix ! aux voix !* on proscrivit quatre-vingts citoyens en haine de la liberté de la presse et de la légitimité.

Et quels étaient ces vils folliculaires, ces méprisables journalistes ? C'étaient les hommes les plus distingués par leurs talents, les Fontanes, les Suard, les Bertin, les Fiévée, les Michaud, les Royou, les Lacretelle, et tant d'autres. Ici, Messieurs, une remarque importante doit être faite.

La liberté de la presse a commencé en France en 1789, précisément avec la révolution : de là il est arrivé que les premiers rédacteurs des premiers journaux libres n'ont été que des citoyens de tous les rangs, de toutes les conditions, de toutes les fortunes, qui s'emparèrent de cette nouvelle arme pour défendre, chacun selon son opinion, les intérêts de leur pays. Le noble et le plébéien, l'homme de cour et l'habitant de la ville, le prêtre et le laïque, le ministre et le député, le juge et le soldat, déposèrent leurs pensées dans les feuilles périodiques. Au moment où les plus grandes questions étaient soulevées, au moment où l'ancien ordre de choses disparaissait, on ne s'occupa pas *théoriquement* de la liberté de la presse ; on se hâta de la mettre en *pratique* ; on n'usa pas de la liberté de la presse dans son intérêt propre, mais dans l'intérêt des existences personnelles en péril. Ainsi les journalistes politiques, à leur naissance, n'ont point été chez nous, comme partout ailleurs, de simples raconteurs de nouvelles. Voilà pourquoi il est si injuste d'oublier leur noble origine, de les insulter d'un ton superbe. Vous leur demandez des garanties de leurs principes, ils vous exhiberont les arrêts d'emprisonnement, d'exil, de déportation et de mort dont ils ont été frappés. Contesterez-vous la validité de leurs titres ? N'accepterez-vous pas ces cautionnements qui sont bien à eux, et qu'ils n'ont pas empruntés ?

Le consulat et l'usurpation impériale ne purent s'établir par la servitude de la presse ; mais du moins Buonaparte donna la gloire pour censeur à la liberté : c'était l'esclavage, moins la honte.

Sous le poids de ces chaînes brillantes, les écrivains conservèrent seuls le souvenir des Bourbons : on était distrait et enivré dans les camps par la victoire : les gens de lettres, en fouillant dans les caveaux de Saint-Denis, en rappelant l'antique religion, réveillaient des regrets, faisaient naître des espérances ; jamais race de rois n'a tant eu à se louer de la presse que la race de saint Louis. Je le dirai sans crainte d'être démenti, c'est principalement aux gens de lettres que nous sommes redevables du retour de la légitimité : ils la cachèrent dans le sanctuaire des Muses aux jours de la persécution, comme les lévites conservèrent dans le temple la dernière goutte du sang de David. Leur fidélité et leur dévouement au malheur ne méritaient pas le projet de loi qui les menace.

Sur les treize années de la monarchie constitutionnelle, on compte sept années de censure : dans ces sept années se trouvent placés le retour de Buonaparte et cinq ou six conspirations. Nous n'avons, Messieurs, été tranquilles, les conspirations n'on cessé que depuis qu'on nous a rendu la liberté de la presse. Singulière inadvertance ! on met sur le compte de la liberté de la presse, à peine établie depuis quelques années, tous les désordres, tous les malheurs qui appartiennent à des temps où la presse a été opprimée par la violence des édits, le joug de la censure, et la terreur de la révolution.

Si, m'abandonnant les crimes pour ainsi dire politiques, on se rabattait sur les crimes de l'ordre moral et civil, on n'aurait pas meilleur marché de l'histoire.

On nous épouvante de la monomanie cruelle d'une servante, et nous voyons, en 1555, un misérable, appartenant à une profession sacrée, se jeter, par amour du sang, sur une petite fille âgée de six ans et l'égorger ! Aux empoisonnements tentés de nos jours j'opposerai ceux de la veuve Merle, en 1782 ; de Desrues, en 1776 ; de la Brinvilliers, en 1674 ; enfin du parfumeur de Catherine de Médicis, en 1572 : « Homme confit en toutes sortes de cruautés et de meschancetés, dit Pierre de L'Estoile, qui alloit aux prisons poignarder les huguenots, et ne vivoit que de meurtres, brigandages et empoisonnements. »

Le crime de Léger est un des plus affreux de notre époque, et un de ceux qui ont le plus prêté aux déclamations contre les effets *immoraux* de la presse : il se reproduit néanmoins plusieurs fois dans l'histoire de la monarchie absolue. On le retrouve sous le règne de Charles VII, dans le maréchal de Retz : ses débauches et ses cruautés sont trop connues. En 1610 fut roué et brûlé à Paris un scélérat, pour violences envers ses trois filles en bas âge : les détails du crime étaient si affreux, que le parlement condamna la procédure à être brûlée avec le criminel ; *afin*, dit l'historien, *que ce faict tant enorme fust enseveli et esteint à jamais dans les cendres d'oubliance*. Enfin, en 1782, Blaise Ferage Seyé, maçon, âgé de vingt-deux ans, se retire dans un antre sur le sommet d'une des montagnes d'Aure. Vers le déclin du jour, il sortait de sa caverne, enlevait les femmes, poursuivait à coups de fusil celles qui fuyaient, et exerçait sur ces victimes expi-

rantes toutes les fureurs de Léger. Il ne vivait plus de pain, il était devenu anthropophage. Il fut saisi par la justice, et rompu vif le 13 décembre 1782.

La plupart de ces criminels ne savaient ni lire ni écrire.

Mais voici quelque chose de plus concluant : M. le garde des sceaux a fait publier le compte général de l'administration de la justice criminelle en France pendant l'année 1825. Il résulte des tableaux synoptiques de ce compte que les cours d'assises ont jugé cinq mille six cent cinquante-trois accusations.

Eh bien! Messieurs, dans les plus beaux temps du règne de Louis XIV, en 1665, on trouve que douze mille plaintes pour crimes de toutes les espèces furent portées devant les commissaires royaux à ce qu'on appelait *les grands jours d'Auvergne*, c'est-à-dire qu'en 1665 on jugea, dans une seule province de la France, deux fois plus de crimes que l'on n'en a jugé en 1825 dans toute l'étendue de la France. L'historien qui raconte le fait des douze mille plaintes n'est pas suspect de philosophie, c'est Fléchier : il entre dans les détails. Il nous apprend que l'accusateur et les témoins se trouvaient quelquefois plus criminels que l'accusé. « Un de ces terribles châtelains, dit-il, entretenait dans des tours à Pont-du-Château douze scélérats dévoués à toutes sortes de crimes, qu'il appelait ses douze apôtres. » L'abbé Ducreux, éditeur des ouvrages de Fléchier, rapporte à cette occasion l'exécution d'un curé condamné pour des crimes affreux, et il déplore l'état où l'ignorance et la corruption des mœurs avaient fait tomber la société à cette époque : il y eut dans un seul jour plus de trente exécutions en effigie.

Trente-quatre ans plus tard, en 1699, toujours sous le règne du grand roi, une femme, appelée Tiquet, eut la tête tranchée pour tentative d'assassinat sur son mari. Louis XIV, sollicité par le mari même de cette femme, allait accorder des lettres de grâce, lorsque l'archevêque de Paris représenta au roi que les confesseurs avaient *les oreilles rebattues* de projets contre la vie des maris. L'arrêt fût exécuté.

Certes, on ne dira pas que la religion fût sans force, le clergé sans puissance, l'instruction chrétienne sans vigueur sous le règne de Louis XIV : et pourtant les forfaits que je viens de rappeler n'étaient ni prévenus par l'esprit d'un siècle que l'on nous cite comme modèle, ni fomentés par la liberté de la presse qui n'existait pas.

Il m'en a coûté, Messieurs, de vous présenter ce triste inventaire des dépravations humaines. C'est bien malgré moi que j'en suis venu à ces affligeantes représailles ; mais tous les jours les détracteurs de nos institutions nous poursuivaient de leurs mensonges : le tableau des prétendus crimes de la presse, incessamment ravivé, fascinait la foule, troublait les esprits faibles, rendait perplexes les caractères les plus fermes. Il fallait en finir ; il fallait faire remonter le mal à sa source en confondant la mauvaise foi ;

il était urgent de prouver que les forfaits attribués à la liberté de la presse, afin d'avoir un prétexte de l'étouffer, ne sont point d'elle ; que ces forfaits se retrouvent avec plus d'abondance, avec des circonstances plus atroces, aux diverses époques de la monarchie absolue. Ignorance et censure, reprenez vos crimes ! En maxime de droit, les coupables ne sont reçus ni comme témoins, ni comme accusateurs.

Si l'on me disait que des attentats peuvent être commis sous la liberté de la presse, je ne suis pas assez absurde pour le contester. Mais est-ce la question ? Il s'agit de savoir si l'asservissement de la presse prévient les actions coupables : or c'est ce que je nie. Par les exemples que j'ai cités, j'ai le droit de soutenir que les crimes sont plus nombreux, plus faciles à exécuter dans l'absence de la liberté de la presse qu'en présence de cette liberté.

Reste à examiner l'article des mœurs. J'en suis fâché pour les partisans du projet de loi, pour les admirateurs du bon vieux temps auquel ce projet ne manquera pas de nous ramener : les abominables jours de la liberté de la presse, ces jours où nous avons le malheur de vivre, vont encore gagner leur procès.

A quelle époque de la monarchie absolue veut-on que je me place ? sous la première ou sous la seconde race ? Ouvrirons-nous Grégoire de Tours, Frédégaire, Éginhard, les Annales de Fuldes ou les Chroniques des Normands ? Nous y verrions de bien belles choses sur les bonnes mœurs de ces temps où l'invention de l'imprimerie n'était point encore sortie de l'enfer. Passerons-nous tout de suite aux Croisades ? Les chevaliers, sans doute, étaient des héros ; mais étaient-ils des saints ? Qu'on lise les sermons de saint Bernard ; on verra ce qu'il reprochait à son siècle. Après le règne de saint Louis, nous ne rencontrons guère que des cours corrompues, le brigandage des guerres civiles se mêle à des dévotions déshonorées par tous les genres d'excès.

Il est affreux de le dire, mais il ne faut rien laisser d'inconnu sur ces temps dont on a le courage de regretter l'ignorance : la religion, Messieurs, subissait les outrages de cette ignorance. C'était l'hostie sur les lèvres, c'était après avoir juré à la sainte table l'oubli de toute inimitié qu'on enfonçait le poignard dans le sein de celui avec lequel on venait de se réconcilier. On ne se servait de l'absolution du prêtre que pour commettre le crime avec innocence. La conscience retrouvait la paix dans le sacrilége, et Louis XI expirait sans remords, sinon sans terreur.

Isabelle de Bavière mourut en 1435, trois années seulement avant la découverte de l'imprimerie : apparemment que l'approche de ce fléau se fit sentir dans le règne de cette reine, à en juger par la dépravation des mœurs.

A la cour de ces ducs de Bourgogne, qu'un de nos nobles collègues [1] a peinte avec le charme des anciennes chroniques et la raison de l'histoire moderne, les grands seigneurs se *gaudissaient* à table dans des contes trop naïfs, qui sont devenus *les Cent Nouvelles nouvelles*. Qu'on ne dise pas que ces déviations morales n'avaient lieu que dans le cercle des grands : elles se faisaient remarquer partout. Les plaintes contre la dissolution des religieux et des prélats étaient générales. Le peuple se laissait emporter à des débordements effroyables : qui n'a entendu parler de la *vaudoisie* d'Arras? Les hommes et les femmes se retiraient la nuit dans les bois, où, après avoir trouvé un certain démon, ils se livraient pêle-mêle à une prostitution générale.

Les lois voulurent réprimer ces excès; elles furent atroces : elles punirent par une espèce de débauche de barbarie la débauche des mœurs.

Regretterons-nous ces temps où des populations entières étaient ainsi abruties? D'un côté l'ignorance des lettres humaines, de l'autre côté l'enseignement de la religion et l'exercice du pouvoir absolu n'étaient-ils pas impuissants contre ces horreurs? Aujourd'hui de pareilles choses seraient-elles possibles? N'est-ce pas le progrès de la civilisation et des lumières, n'est-ce pas l'usage que les hommes ont fait de la faculté de penser et d'écrire, n'est-ce pas l'accroissement des libertés publiques qui a délivré le monde de ces prodigieuses corruptions?

Je ne m'imagine pas que le règne de François I$^{er}$ fût précisément un règne de vertu, bien que ce grand roi eût eu l'intention, pendant quelques mois, de faire briser toutes les presses de son royaume. Rabelais et Brantôme ne manquent ni de saletés, ni d'impiétés : on brûlait cependant de leur temps les hérétiques. Il est probable que Charles IX n'eût pas permis qu'on volât la vaisselle d'argent de son hôte, le sieur de Nantouillet, chez lequel il avait dîné, si l'on avait joui d'un peu plus de liberté de la presse. Henri III, habillé en femme, un collier de perles au cou, ne fait pas beaucoup d'honneur aux mœurs de ces temps, où l'on défendait d'écrire *à peine de la hart*. Villequier tue sa femme parce qu'elle ne veut pas se prostituer à Henri III; Cimier tue son frère, chevalier de Malte, parce que ce frère avait entretenu un commerce criminel avec sa belle-sœur; Vermandet est décapité pour inceste; Dadon, régent de classe, est brûlé comme corrupteur de l'enfance; la duchesse de Guise se livre à un moine pour obtenir l'assassinat d'un roi; et Marguerite de Valois va cacher dans le château d'Usson les désordres de sa vie.

Le sentiment religieux n'était pas moins altéré que le sentiment moral. Ceux-ci, catholiques sincères, le chapelet à la main, s'enfonçaient dans

---

[1] M. de Barante.

tous les vices; ceux-là, abandonnés aux mêmes vices, tuaient les réformés sans être persuadés de la religion au nom de laquelle ils les persécutaient. Maugiron et Saint-Mégrin moururent le blasphème à la bouche. Les athées étaient fort communs. Il y avait des hommes, disent plaisamment les Mémoires du temps, *qui ne croyaient à Dieu que sous bénéfice d'inventaire* [1].

En nous rapprochant de notre siècle, serons-nous plus édifiés des mœurs de la Fronde? Le cardinal de Retz nous les a trop fait connaître.

Par respect, admiration et reconnaissance, jetons un voile sur certaine partie du règne de Louis le Grand.

Enfin, à l'abri de la censure, fleurirent dans toute leur innocence l'âge d'or de la régence et les jours purs qui l'ont suivie. Ces temps sont trop près de nous pour descendre à des particularités qui deviendraient des satires. Il suffira de noter quelques faits généraux à l'appui de la thèse que je soutiens.

A cette époque, Messieurs, les diverses classes de la société se ressemblaient : les Mémoires de Lauzun et de Bezenval ne contiennent pas plus de turpitudes que les Mémoires de Grimm et de madame d'Épinay, que les Confessions de Rousseau et les Mémoires des secrétaires de Voltaire.

Par une dérision dont l'histoire offre plusieurs exemples, on ne croyait pas en Dieu, et l'on fulminait des arrêts contre l'impiété ; les hommes les moins chastes prononçaient des châtiments contre les publications obscènes; les édits de 1728 et de 1757 condamnaient au bannissement, aux galères, au pilori, à la marque, à la potence, les auteurs, imprimeurs et distributeurs des livres contre l'ordre religieux, moral et politique. Le gouvernement n'avait plus l'air d'être celui du peuple sur lequel il dominait. On remarquait, entre les lois et les mœurs, ces contradictions qui annoncent une altération radicale dans le fond des choses et un prochain changement dans la société.

N'est-ce pas lorsque les colléges étaient gouvernés par des ecclésiastiques que se sont échappés de ces mêmes colléges les destructeurs du trône et de l'autel ? Je n'accuse point la science et la piété de ces anciens maîtres, je désire que l'éducation soit fortement chrétienne ; je ne fais point la guerre au passé, mais je défends le présent qu'on calomnie : je dis qu'on n'empêche point les générations d'être ce qu'elles doivent être ; je dis qu'on n'est pas reçu à charger la liberté de la presse des désordres que l'on croit apercevoir aujourd'hui, lorsque le dix-huitième siècle avec son impiété et sa dépravation s'est écoulé sous la censure, s'est élancé, du sein même de l'enseignement religieux, dans le gouffre de la révolution.

---

[1] *Voyez*, pour le complément de ce tableau, la préface de la deuxième édition, p. 77 de ce volume.

Me dira-t-on que c'est précisément la licence des écrits qui a engendré les malheurs et la corruption du dernier siècle? Alors je demande à quoi bon les mesures que vous proposez, puisque le gibet, le carcan, les galères, le donjon de Vincennes, la Bastille, la censure et le pouvoir absolu n'ont pu arrêter l'essor de la pensée; puisqu'en condamnant au feu le chevalier de La Barre vous n'avez point épouvanté l'impiété? Essayez donc de la liberté de la presse, ne fût-ce que comme un remède, l'inefficacité de l'oppression pour étouffer l'indépendance de l'esprit de l'homme étant reconnue.

Cessons, Messieurs, de flétrir le siècle qui commence : nos enfants valent mieux que nous. On s'écrie que la France est impie et corrompue, et, quand on jette les yeux autour de soi, on n'aperçoit que des familles plus régulières dans leurs mœurs qu'elles ne l'ont jamais été ; on ne voit que des temples où se presse une multitude attentive, qui écoute avec respect les instructions de son pasteur. Une jeunesse pleine de talent et de savoir, une jeunesse sérieuse, trop sérieuse peut-être, n'affiche ni l'irréligion ni la débauche. Son penchant l'entraîne aux études graves et à la recherche des choses positives. Les déclamations ne la touchent point; elle demande qu'on l'entretienne de la raison, comme l'ancienne jeunesse voulait qu'on lui parlât de plaisirs. On l'accuserait injustement de se nourrir d'ouvrages qu'elle méprise, ou qui sont si loin de ses idées qu'elle ne les comprend même plus. Il y a très-peu d'hommes de mon âge et au delà qui n'aient la mémoire souillée d'un poëme doublement coupable : vous ne trouveriez pas dix jeunes gens qui sussent aujourd'hui dix vers de ce poëme que nous savions tous par cœur au collége.

Que prétendez-vous donc ? Vous vous créez des chimères, et, pour les combattre, vous imaginez de rétablir précisément la législation qui a produit les mauvais livres dont vous vous plaignez. Voulez-vous faire des impies et des hypocrites, montrez-vous fanatiques et intolérants. La morale n'admet point de lois somptuaires : ce n'est que par les bons exemples et par la charité que l'on peut diminuer le luxe des vices.

Mais observez, je vous prie, Messieurs, que cette jeunesse, si tranquille maintenant avec la liberté de la presse, était tumultueuse au temps de la censure. Elle s'agitait sous les chaînes dont on chargeait la pensée. Par une réaction naturelle, plus on la refoulait vers l'arbitraire, plus elle devenait républicaine; elle nous poussait hors de la scène, nous autres générations vieillissantes, et dans son exaspération elle nous eût peut-être écrasés tous. Bannie du présent, étrangère au passé, elle se croyait permis de disposer de l'avenir : ne pouvant écrire, elle s'insurgeait; son instinct la portait à chercher à travers le péril quelque chose de grand, fait pour elle, et qui lui était inconnu : on ne la contenait qu'avec des gendarmes. Aujourd'hui, docile jusque dans l'exaltation de la douleur, si elle fait quelque résistance, ce n'est que pour accomplir un pieux devoir, que pour obtenir l'honneur de porter un cercueil : un regard, un signe l'arrête. Sous la menace d'une nouvelle loi de servitude, cette jeunesse donne un rare exemple de modération ; à la voix d'un maître qu'elle aime, elle comprime ces sentiments que la candeur de l'âge ne sait ni repousser ni taire : plus de mille disciples (délicatesse toute française !) cachent dans leur admiration leur reconnaissance : ils remplacent par des applaudissements dus au plus beau talent ceux qu'ils brûlaient de prodiguer à la noblesse d'un sacrifice [1].

Je ne sépare point, Messieurs, de ces éloges donnés à la jeunesse, les fils des guerriers renommés, des savants illustres, des administrateurs habiles, des grands citoyens, qui représentent au milieu de cette noble Chambre les différentes gloires de leurs pères. Instruits aux libertés publiques sans les avoir achetées par des malheurs, ils apprendront de vous, nobles pairs, l'art difficile de ces discussions où la connaissance de la matière se joint à la clarté des idées et à l'éloquence du langage ; de ces discussions où toutes les convenances sont gardées, où les passions ne viennent jamais obscurcir les vérités, où l'on parle avec sincérité, où l'on écoute avec conscience. Pénétrés de la plus profonde reconnaissance pour la mémoire d'un roi magnanime qui voulut bien donner à leur sang une portion de souveraineté héréditaire, nos enfants seront prêts, comme nous, à verser pour nos princes légitimes la dernière goutte de ce sang : ils leur feront, s'il le faut, un sacrifice plus pénible : ils oseront signaler les erreurs échappées peut-être aux conseillers de la couronne, et par qui la France aurait à souffrir dans son repos, sa dignité ou son honneur. Ils se souviendront des belles paroles de l'ordonnance qui institue l'hérédité de la pairie : « Voulant donner à nos peuples, dit Louis XVIII, un nouveau gage du prix que nous mettons à fonder de la manière la plus stable les institutions sur lesquelles repose le gouvernement que nous leur avons donné, ET QUE NOUS REGARDONS COMME LE SEUL PROPRE A FAIRE LEUR BONHEUR. »

Telles sont, Messieurs, les générations qui vivent sous la liberté de la presse, et telles furent celles qui ont passé sous l'asservissement de la presse. C'est un fait incontestable que partout où la liberté de la presse s'est établie, elle a adouci et épuré les mœurs, en éclairant les esprits. Quand a cessé ce long massacre de rois, ces atroces guerres civiles qui ont désolé l'Angleterre ? Quand la liberté de la presse a été fixée. Deux fois l'incrédulité a voulu se montrer dans la Grande-Bretagne sous la bannière de Toland et de Hume, deux fois la liberté de la presse l'a repoussée. Jetez les yeux sur le reste de l'Europe, vous reconnaîtrez que la corruption des mœurs est précisément en raiosn du plus ou moins d'entraves que les gouvernements

---

[1] M. Villemain.

mettent à l'expression de la pensée. Un écrivain qui consacre ses veilles à des travaux utiles vous a prouvé que jusque dans Paris les quartiers où il y a plus d'instruction sont ceux où il y a moins de désordre [1]. On vous a parlé de la multitude des mauvais livres : un de vos savants collègues, à la fois homme d'État et homme de lettres supérieur [2], a démontré, par des calculs sans réplique, que les ouvrages sur la religion, l'histoire et les sciences, c'est-à-dire tous les ouvrages sérieux, ont augmenté depuis les années de la liberté de la presse dans une proportion qui fait honneur à l'esprit public.

La véritable censure, Messieurs, est celle que la liberté de la presse exerce sur les mœurs. Il y a des choses honteuses qu'on se permettrait avec le silence des journaux, et qu'on n'oserait hasarder sous la surveillance de la presse. Les grands scandales, les grands forfaits dont notre histoire est remplie dans les plus hauts rangs de la société, seraient aujourd'hui impossibles avec la liberté de la presse. N'est-ce donc rien qu'une liberté qui peut prévenir l'accomplissement d'un crime, ou qui force les chefs des empires à joindre la décence à leurs autres vertus?

Tel est, Messieurs, le tableau complet des mœurs de ces siècles, où la presse et la liberté de la presse étaient ignorées. Écrasé par les faits, accablé par les preuves historiques, on est obligé de reconnaître que toutes les accusations contre la liberté de la presse n'ont pas le plus léger fondement ; on reste convaincu qu'il faut chercher non dans des intérêts généraux, mais dans de misérables intérêts particuliers, la cause d'un déchaînement qui autrement serait inexplicable. Il est en effet facile d'établir les catégories des ennemis de la liberté de la presse, et c'est par là que je vais terminer cette seconde partie de mon discours.

Les ennemis (je ne dis pas les adversaires) de la liberté de la presse sont d'abord les hommes qui ont quelque chose à cacher dans leur vie, ensuite ceux qui désirent dérober au public leurs œuvres et leurs manœuvres, les hypocrites, les administrateurs incapables, les auteurs sifflés, les provinciaux dont on rit, les niais dont on se moque, les intrigants et les valets de toutes les espèces.

La foule des médiocrités est en révolte contre la liberté de la presse : comment, un sot ne sera pas en sûreté ! Cette Charte est véritablement un fléau ! Les petites tyrannies qui ne peuvent s'exercer à l'aise, les abus qui n'ont pas les coudées franches, les sociétés secrètes qui ne peuvent parler sans qu'on les entende, la police qui n'a plus rien à faire, jettent les hauts cris contre cette maudite liberté de la presse. Enfin, les censeurs en espérance s'indignent contre un ordre de choses qui les affame ; ils battent des mains à un projet de loi qui leur promet des ouvrages à mettre au pilon,

---

[1] M. Dupin. — [2] M. Daru.

comme les entrepreneurs de funérailles se réjouissent à l'approche d'une grande mortalité.

Restent après tous ceux-ci quelques hommes extrêmement honorables que des préventions, des théories, peut-être le souvenir de quelques outrages non mérités, rendent antipathiques à la liberté de la presse. Je vous parlerai bientôt, Messieurs, d'une classe d'hommes qui ne veut pas non plus de cette liberté, parce qu'elle ne veut pas de la monarchie constitutionnelle.

Mais, dira-t-on, vous ne nierez pas l'existence des petites biographies? Non! je rappellerai seulement à votre mémoire que ces espèces de pamphlets ont existé de tout temps. Si la monarchie avait pu être renversée par des chansons et des satires, il y a longtemps qu'elle n'existerait plus. Allons-nous rendre des arrêts contre la conspiration des épigrammes, et ajouter gravement au code criminel le titre *des bons mots et des quolibets?* Ce serait une grande misère que de voir l'irréligion dans un calembourg, et la calomnie dans un logogriphe.

Chez nos pères, les *sirventes* n'étaient, Messieurs, que des satires personnelles les plus amères. Qui ignore les écrits de la Ligue? La satire *Ménippée* est la biographie des députés aux états généraux de Paris de 1593. La Fronde eut ses *Mazarinades;* les épouvantables *Philippiques* furent noblement méprisées par le régent.

Enfin n'avions-nous pas avant la révolution, sous la protection de la censure, ces noëls scandaleux, ces chansons calomnieuses, que répétait toute la France? N'avions-nous pas les gazettes à la main, cette *Gazette ecclésiastique* qui déjouait toutes les recherches de la police? N'avions-nous pas ces *Mémoires secrets de Bachaumont,* « amas d'absurdités, dit La Harpe, ramassées dans les ruisseaux, où les plus honnêtes gens et les hommes les plus célèbres en tous genres sont outragés et calomniés avec l'impudence et la grossièreté des beaux esprits d'antichambre? »

N'est-ce pas là, Messieurs, ces biographies dont on a voulu faire tant de bruit, et qui auraient été oubliées vingt-quatre heures après leur publication, si les tribunaux n'en avaient prolongé l'existence par leur justice?

De pareils libelles sont coupables; on les doit poursuivre avec rigueur; mais il ne faut pas confondre l'ordre politique et l'ordre civil, il ne faut pas détruire une liberté publique pour venger l'injure d'un particulier. Je pourrais, Messieurs, déposer sur ce bureau cinq ou six gros volumes imprimés contre moi, sans compter autant de volumes d'articles de journaux. Viendrai-je, moi chétif, pour l'amour de ma petite personne, vous demander en larmoyant la proscription de la première de nos libertés? On m'aura dit que je suis un méchant écrivain, et que j'étais un mauvais ministre : si cela est vrai, quel droit aurais-je de me plaindre? Le public est-il obligé de partager la bonne opinion que je puis avoir de moi? Arrière ces susceptibilités d'amour-propre! fi de toutes ces vanités! Autrement, tous les personnages de Molière viendraient nous présenter des pétitions contre la liberté de la presse, depuis Trissotin jusqu'à Pourceaugnac, depuis le bon M. Tartufe jusqu'au pauvre Georges Dandin.

Messieurs, vous n'êtes point des guérisseurs d'amour-propre en souffrance, des emmaillotteurs de vanités blessées, des Pères de la Merci, des Frères de la Miséricorde; vous êtes des législateurs. Pour quelques plaintes d'une gloriole choquée, pour quelques intérêts de coterie, vous ne sacrifierez point les droits de l'intelligence humaine ; pour venger quelques hommes attaqués dans de misérables biographies, vous ne violerez pas la Charte, vous ne briserez pas le grand ressort du gouvernement représentatif.

Ce n'est jamais au profit de la société tout entière qu'on nous présente des lois, c'est toujours au profit de quelques individus. On nous parle toujours des intérêts de la religion et du trône ; et quand on va au fond de la question, on trouve toujours que la religion et le trône n'y sont pour rien.

Messieurs, quand nos arrière-neveux compteront quatorze cents ans de lumières et de liberté de la presse avec douze années de censure, comme nous comptons aujourd'hui quatorze siècles d'ignorance et de censure, avec douze années de liberté de la presse, le procès se pourra juger. En attendant, il est bon d'essayer si, avec la liberté de la presse, nos enfants pourront éviter la Jacquerie, les meurtres des Armagnacs et des Bourguignons, les massacres de la Saint-Barthélemy, les assassinats de Henri III, de Henri IV et de Louis XV, la corruption de la régence et du siècle qui l'a suivie, enfin les crimes révolutionnaires, crimes qui auraient été prévenus ou arrêtés si les écrivains n'eussent été condamnés à l'échafaud, ou déportés à la Guiane.

Je n'aurais jamais osé, Messieurs, entrer dans d'aussi longs développements, si je n'avais espéré de vous en abréger un peu l'ennui par l'intérêt historique. Il est plus que temps d'en venir aux autres vérités importantes dont j'ai réservé la démonstration pour la troisième partie de ce discours.

Les vérités dont je me propose maintenant, Messieurs, de vous entretenir, sont celles-ci :

La religion n'est point intéressée au projet de loi ; elle n'y trouve aucun secours. L'esprit du christianisme et le caractère de l'Église gallicane sont en opposition directe avec la loi.

J'entre avec une sorte de regret dans l'examen d'un sujet religieux. Nous autres hommes du siècle, nous pouvons faire tort à une cause sainte en la mêlant à nos discours : trop souvent les faiblesses de notre vie exposent à la risée la force de nos doctrines.

Mais les circonstances me ramènent malgré moi sur un champ de bataille où j'ai jadis combattu presque seul au milieu des ruines : les ennemis de la liberté de la presse proclament des périls, et, se portant défenseurs officieux des intérêts de l'autel, ils sollicitent des lois qu'ils disent nécessaires : nobles pairs, vous prononcerez entre nous.

Quelle est la position de la religion relativement à l'esprit public et relativement aux lois existantes? Examinons.

La presse a pu nuire à la religion de deux manières : ou par l'impression d'ouvrages nouveaux, ou par la réimpression d'anciens ouvrages.

Quant aux ouvrages nouveaux, l'enquête sera bientôt terminée : depuis l'établissement de la liberté de la presse, il n'a pas été publié un seul livre contre les principes essentiels de la religion. Fut-il jamais de réponse plus péremptoire à des accusations plus hasardées?

Quant aux impressions des anciens livres, le projet de loi les prévient-il? Non.

Les lois existantes suffisaient-elles pour punir ces réimpressions? Oui.

Une jurisprudence très-sage s'est établie sur ce point; des condamnations ont été prononcées contre de vieilles impiétés reproduites, comme si ces impiétés en étaient à leur première édition. Le projet de loi que nous discutons ne stipule rien de plus ; il n'ajoute par conséquent rien à la législation actuelle.

On se plaint de la réimpression des mauvais livres, et l'on ne fait pas attention que ces livres ont tous été écrits sous le régime de la censure. Et c'est par la censure, plus ou moins déguisée, que l'on veut prévenir ce que la censure n'a pu arrêter !

Que peuvent, au surplus, toutes les mesures répressives, tous les règlements de la police contre la circulation des anciens ouvrages? Les bibliothèques sont saturées, les magasins de librairie encombrés de Rousseau et de Voltaire, le royaume en est fourni pour plus d'un demi-siècle, et, au défaut de la France, la Belgique ne vous en laisserait pas chômer. Le projet de loi n'aura d'autre effet que d'élever la valeur de ces ouvrages. Il est si bien calculé, qu'en appauvrissant les libraires par les bons livres, il les enrichirait par les mauvais : l'esprit en est odieux, les résultats en seraient absurdes.

On ne cesse de nous citer des ouvrages dangereux, tirés à des milliers d'exemplaires, formant des millions de feuilles d'impression. Mais d'abord tous ces ouvrages se sont-ils vendus? Ils ont ruiné la plupart des éditeurs. Si une colère puérile contre la presse n'était venue réveiller la cupidité des marchands, tout demeurerait enseveli dans la poussière. Parcourez les provinces, vous aurez de la peine à trouver quelques exemplaires de ces écrits dont on prétend que la France est inondée.

Et parmi ces milliers de mauvais livres, tout est-il mauvais? Dans les œuvres complètes de Voltaire, par exemple, quand vous aurez retranché une douzaine de volumes, et c'est beaucoup, le reste ne pourrait-il pas être mis entre les mains de tout le monde?

Enfin, ces milliers de mauvais livres n'ont-ils pas leur contre-poids dans des milliers de bons livres? Nos temps ont vu imprimer les œuvres complètes des Bossuet, des Fénelon, des Massillon, des Bourdaloue, qui n'avaient jamais été totalement recueillies. Mais venons encore aux chiffres.

Dans les tableaux présentés par un noble pair dont j'ai déjà cité la puissante autorité, vous trouverez que depuis le 1$^{er}$ novembre 1814 jusqu'au 31 décembre 1825, la librairie française a publié en textes sacrés, traductions, commentaires, liturgie, livre de prières, catéchisme mystique, ascétique, etc., 159,586,642 feuilles imprimées.

Les nombres compris sous les années de liberté de la presse, c'est-à-dire depuis 1822 jusqu'à 1825, ont été toujours croissant, de manière qu'en 1821 vous trouverez 7,998,857 feuilles; en 1822, 9,021,852; en 1823, 10,361,297; en 1824, 10,976,179; et en 1825, 13,238,620 feuilles. Est-ce là, Messieurs, un siècle impie? et la liberté de la presse a-t-elle arrêté le mouvement de l'esprit religieux?

Passons à d'autres calculs.

Depuis le 27 avril 1822 jusqu'au 6 mars 1827, 83 causes pour délits de la presse, comme je l'ai déjà dit, ont été portées devant la cour royale de Paris; de ces 83 causes il faut retrancher 13 acquittements et 3 causes non jugées; ce qui réduit le tout à 67 délits réels, lesquels ont amené 67 condamnations. Si l'on contestait l'exactitude rigoureuse de ce chiffre, deux ou trois causes de plus ou de moins ne font rien à l'affaire. Divisez maintenant ces 67 condamnations par les années où elles ont eu lieu, c'est-à-dire par 5, depuis le mois d'avril 1822 jusqu'au mois de mars 1827, vous trouverez à peu près 14 délits par année. Ce résultat vous force d'abord à convenir que les délits littéraires se réduisent à bien peu de chose; que ces désordres sont bien peu nombreux, comparés aux autres désordres réprimés par les tribunaux.

Par exemple, dans le compte général déjà cité de l'administration de la justice criminelle pendant l'année 1825, on trouve que les cours d'assises ont jugé 5,653 accusations; sous le titre de diffamations et injures, on remarque 3,140 prévenus, et le travail de M. le ministre de la justice ne donne pour toute la France, dans cette année 1825, que 27 délits de la presse, 2 dans les départements, 25 à Paris. Ainsi, sur 3,140 prévenus de diffamations et injures commises par toutes sortes de voies, 27 délinquants seulement se sont servis du moyen de la presse, en supposant encore que les 27 causes relatives à la presse fussent toutes des causes de diffamations et d'injures. Or, comme en 1825, d'après les calculs de M. le comte Daru, on a tiré 12,840,483 feuilles d'ouvrages, et 24,660,000 feuilles de journaux, il en résulte qu'il n'y a eu que 27 délits produits par 149,670,483 feuilles d'impression.

Maintenant si vous remarquez que sur une population de 30,504,000 âmes il y a eu, en 1825, 4,594 sentenciés par les cours d'assises, cela fait un coupable sur à peu près 6,000 individus, tandis que les 27 publications répréhensibles, sur les 149,670,483 feuilles imprimées dans l'année 1825, n'arrivent qu'à la proportion d'environ un écrit condamné sur 500,543,351 feuilles publiées.

Quand vous ajouteriez la répression des contraventions et délits par les tribunaux correctionnels et les tribunaux de simple police, vous multiplieriez le nombre des repris de justice pour toutes sortes de faits, sans augmenter celui des accusés pour délits de la presse ; mon argument n'en serait que plus concluant.

Dans ce peu de délits commis par la presse en général, cherchons à présent la part de la religion. Sur 69 condamnations pour affaires de la presse, à la cour royale de Paris, dans les cinq dernières années, 13 seulement sont relatives à des outrages envers la religion et ses ministres. Il est essentiel d'observer que pas une seule de ces condamnations n'a été prononcée en récidive.

Treize divisés par cinq ne donnent pas un quotient de trois condamnations pour délits religieux, et voilà néanmoins ce qu'on appelle un débordement d'impiété !

Les adversaires de la liberté de la presse en seraient-ils réduits, pour justifier leur système, à désirer que les preuves judiciaires d'une impiété prétendue fussent plus multipliées? Quels seraient les meilleurs chrétiens, de ceux qui se réjouiraient de trouver si peu de coupables, ou de ceux qui s'affligeraient de rencontrer tant d'innocents? Quand l'orgueil de l'homme est soulevé, il devient impitoyable : s'il a placé son triomphe dans la supposition de la dépravation des mœurs, il ne voudra pas en avoir le démenti ; on l'a vu quelquefois, lorsqu'il y avait disette de mauvaises actions, inventer des prévaricateurs avec des lois, en donnant le nom de crime à la vertu.

Ainsi, Messieurs, depuis l'établissement de la liberté de la presse, pas un seul nouveau livre n'a été écrit contre les principes fondamentaux de notre foi ; ainsi, depuis le règne de cette liberté, les ouvrages pieux se sont multipliés à l'infini ; ainsi la cour royale de Paris n'a eu à juger par an que trois délits peu graves en matière religieuse ; elle n'a fait grâce à aucun, et elle les a sévèrement punis.

Les faits rétablis, la position de la religion reconnue, voyons, puisque cette religion n'a réellement à se plaindre ni de l'esprit public, ni de la faiblesse des anciennes lois, ni de la justice des tribunaux, voyons si elle a à se louer du nouveau projet de loi.

Je demande d'abord si ce projet peut être approuvé par la morale chrétienne. Ne favorise-t-il pas la fraude? Ne détruit-il pas des engagements contractés sous l'empire d'une autre loi, sous la garantie des autorités compétentes, sous la sauvegarde de la bonne foi publique? N'envahit-il pas la propriété, en imposant à cette propriété des conditions autres que celles qui furent d'abord prescrites? L'effet de ce projet n'est-il pas rétroactif? Dans ce cas, le premier principe de la justice n'est-il pas ouvertement méconnu? Que ce projet, s'il doit devenir loi, s'applique à la propriété littéraire à naître, au moins la probité naturelle n'en sera pas blessée; mais qu'il soit exécutoire pour la propriété littéraire déjà existante en vertu d'autres lois, c'est renverser les fondements du droit, c'est violer patemment l'article 9 de la Charte qui dit : *Toutes les propriétés sont inviolables sans aucune exception.*

Si un homme se présentait au tribunal de la pénitence, en manifestant ce penchant au dol et à la fraude que l'on trouve dans les articles du projet, la main qui lie et délie se lèverait-elle pour l'absoudre? Je crois trop aux vertus de nos prêtres pour penser jamais qu'ils puissent approuver dans le sanctuaire des lois humaines ce qu'ils repousseraient au tribunal des lois divines.

Cette loi, d'ailleurs, atteint-elle le but auquel le clergé pouvait aspirer? Met-elle à l'abri la religion, cette loi où le mot *religion* n'est pas même prononcé? Attaque-t-elle l'impiété dans sa source? Ose-t-elle dire franchement que telle chose est défendue, cette loi de ruse et d'astuce, qui n'ose être forte parce qu'elle se sent injuste? Que prévient-elle, qu'empêche-t-elle? Rien. Elle ne tue, elle n'immole que la liberté de la presse, et ne met aucun frein à la licence.

Et depuis quand le clergé serait-il l'ennemi des libertés publiques? N'est-ce pas au sein de ces libertés, souvent par lui protégées, qu'il a jadis trouvé son pouvoir? Si, dans cette noble Chambre, on voyait de respectables prélats élever la voix contre une loi antisociale; s'ils la repoussaient en vertu du même principe qui détermina leurs prédécesseurs à sauver les lettres et les arts du naufrage de la barbarie, on ne saurait dire à quel degré de force et de vénération le clergé parviendrait en France : toutes les calomnies tomberaient. Eh! qu'y aurait-il de plus beau que la parole de Dieu réclamant la liberté de la parole humaine?

Il existe, Messieurs, un monument précieux de la raison en France; ce sont les cahiers des députés des trois ordres aux états généraux, en 1789. Ces cahiers forment un recueil de soixante-six volumes in-folio, dont l'impression serait bien à désirer pour l'honneur de notre pays. Là se trouvent consignés, avec une connaissance profonde des choses, tous les besoins de la France; de sorte que, si l'on avait exactement suivi les instructions des cahiers, on aurait obtenu ce que nous avons acquis par la révolution, moins les crimes révolutionnaires.

Le clergé se distingue principalement par ses institutions : celles qui ont pour objet la législation criminelle, civile, administrative, sont des chefs-d'œuvre. Il provoque l'établissement des états provinciaux ; il désire la réintégration des villes et des communes dans le droit de choisir librement leurs préposés municipaux ; il sollicite la création des justices de paix, l'abolition des tribunaux d'exception, et l'amélioration du régime des prisons, « afin, dit-il, que ces prisons ne soient plus un séjour d'horreur et d'infection. »

En grande politique, le clergé ne montre pas moins d'élévation et de génie : ce fut lui qui pressa la convocation des états généraux de 1789. Le clergé de Reims, l'archevêque à sa tête, demanda un code national contenant les lois fondamentales, le retour périodique des états généraux, le vote libre de l'impôt, la liberté de chaque citoyen, l'inviolabilité de la propriété, la responsabilité des ministres, la faculté, pour tous les citoyens, de parvenir aux emplois, la rédaction d'un nouveau code civil et militaire, l'uniformité des poids et mesures, et enfin une loi contre la traite des nègres. Les autres cahiers du clergé sont plus ou moins conformes à ces sentiments.

Dans la question de la liberté de la presse, la noblesse et le tiers état sont unanimes ; ils réclament cette liberté avec des lois restrictives. Quant au clergé, il expose d'abord les dangers de la licence des écrits ; puis, venant à la question de fait, sur cent soixante-quinze sénéchaussées, duchés, bailliages, villes, provinces, vicomtés, principautés, prévôtés, diocèses et évêchés, formant deux cent quarante-quatre réunions ecclésiastiques, cent trente-quatre se déclarent pour la liberté entière de la presse, une centaine signale les abus qu'on peut faire de cette liberté sans indiquer de moyens précis de répression, et quelques-unes demandent la censure. Il est utile d'entendre le clergé s'exprimer lui-même sur cette matière.

Le clergé du bailliage de Villiers-la-Montagne dit : « Que la liberté indéfinie de la presse soit autorisée, à la charge par l'imprimeur d'apposer son nom à tous les ouvrages qu'il imprimera. »

Le clergé du bailliage principal de Dijon dit : « Le droit de tout citoyen est de conserver le libre exercice de sa pensée, de sorte que tout écrit puisse être librement publié par la voie de l'impression, en exceptant néanmoins tout ce qui pourrait troubler l'ordre public dans tous ses rapports, et en observant les formalités qui seront jugées nécessaires pour assurer la punition d'un délit en pareil cas. »

Le clergé de la province d'Angoumois dit : « L'ordre du clergé ne s'oppose pas à la liberté de la presse, pourvu qu'elle soit modifiée, que les écrits ne soient point anonymes, et qu'on interdise l'impression des livres obscènes et contraires au dogme de la foi et aux principes du gouvernement. »

Le clergé du bailliage d'Autun dit : « La liberté d'écrire ne peut différer de celle de parler ; elle aura donc les mêmes étendues et les mêmes limites ; elle sera donc assurée, hors les cas où la religion, les mœurs et les droits d'autrui seraient blessés ; surtout elle sera entière dans la discussion des affaires publiques ; car les affaires publiques sont les affaires de chacun. »

Le clergé de Paris *intra muros* demande aussi la liberté de la presse avec des lois répressives. La sénéchaussée de Rhodez fait la même demande. Le clergé de Melun et de Moret prononce ces paroles mémorables : « La liberté morale et des facultés intellectuelles étant encore plus précieuse à l'homme que celle du corps et des facultés physiques, il sera libre de faire imprimer et publier tout ouvrage, sans avoir besoin préalablement de censure et de permission quelconques ; mais les peines les plus sévères seront portées contre ceux qui écriraient contre la religion, les mœurs, la personne du roi, la paix publique, et contre tout particulier. Le nom de l'auteur et de l'imprimeur se trouvera en tête du livre. »

Ceux qui s'opposent aujourd'hui avec le plus de vivacité au projet de loi du ministère parlent-ils de la liberté dans des termes plus forts, plus explicites que ceux du clergé en 1789 ? Cependant, à l'époque où le clergé montrait tant d'indépendance et de générosité, n'avait-il pas été insulté, calomnié, pendant cinquante ans, par les encyclopédistes ? N'avait-il pas été accablé des plaisanteries de Voltaire, au point qu'on n'osait plus paraître religieux, de peur de paraître ridicule ? Qui, plus que les prêtres, avait le droit de s'élever alors contre la presse, de se plaindre de l'ingratitude de ces lettres dont ils avaient été les nourriciers et les protecteurs ? Hé bien ! que fait le clergé ? il se venge ; et comment ? en demandant la liberté de la presse, en opposant cette liberté à la licence ! Il ne craint rien pour les vérités religieuses, parce qu'elles sont impérissables ; il ne craint point une lutte publique entre la religion et l'impiété. Quant aux membres du sacerdoce, il semble leur dire : « Défendez-vous par votre vertu ; les imputations de vos ennemis se détruiront d'elles-mêmes si elles sont fausses ; si elles sont véritables, il n'est pas bon que tout un peuple soit privé de la plus précieuse de ses libertés pour dissimuler vos fautes et pour cacher vos erreurs. »

Et l'on voudrait nous dire aujourd'hui que le clergé demande l'anéantissement de cette liberté, lorsque les écrits dont il avait tant à gémir en 1789 ont perdu leur vogue et leur puissance, lorsque l'impiété n'est plus de mode, lorsque tout le monde sent la nécessité d'une religion aussi tolérante dans sa morale qu'elle est sublime dans ses dogmes, lorsqu'un siècle sérieux a succédé à un siècle frivole ! Le clergé actuel, sous la sauvegarde des persécutions qu'il a éprouvées, se croirait-il plus vulnérable aux coups de la liberté de la presse que dans les temps où il demandait cette liberté, que dans les temps où sa prospérité et ses richesses le rendaient un objet de convoitise et d'envie? Rajeunie par l'adversité, l'Église a retrouvé sa force en touchant le sein de sa mère. Les livres ont pu quelque chose contre des dignitaires ecclésiastiques possesseurs d'immenses revenus; ils ne peuvent rien contre des vicaires à 250 fr. de salaire, contre des hommes nus qui, pour toute réponse aux insultes, peuvent montrer les cicatrices de leur martyre.

Le christianisme, Messieurs, est au-dessus de la calomnie; il ne cherche point l'obscurité; il n'a pas besoin de pactiser avec l'ignorance. Craindre pour lui la liberté de la presse, c'est lui faire injure, c'est n'avoir aucune idée juste de sa grandeur, c'est méconnaître sa divine puissance. Il a civilisé la terre, il a détruit l'esclavage; il ne prétend point faire rétrograder aujourd'hui la société ; il ne tombe point dans une contradiction si déplorable. Notre religion a été fondée et défendue par le libre exercice de la pensée et de la parole. Quand les apôtres envoyaient aux gentils leurs épîtres, n'usaient-ils pas de la liberté d'écrire contre le culte romain, et en violant même la loi romaine? Paul ne fut-il pas traduit au tribunal de Félix et de Festus pour rendre compte de ses discours? Festus ne s'écria-t-il pas : « Vous êtes un insensé, Paul! votre grand savoir vous met hors de sens. »

Dans les fastes de la société chrétienne, c'est là le premier jugement rendu contre la liberté de la pensée ; Paul était insensé parce qu'il annonçait à Athènes le Dieu inconnu, parce qu'il prêchait contre ces hommes *qui retiennent la vérité de Dieu dans l'injustice*. Les Actes des martyrs ne sont que le recueil des procès intentés au ciel par la terre, le catalogue des condamnations prononcées contre la liberté de la pensée et de la conscience.

Plus tard le christianisme brilla au sein des académies de l'antiquité : ce fut par ses ouvrages qu'il vainquit les sophismes dans les écoles d'Alexandrie, d'Antioche et d'Athènes. L'Église a dû ses victoires autant à la plume de ses docteurs qu'à la palme de ses martyrs. La religion, obéissant à l'ordre du maître, *docete omnes gentes;* la religion, qui a fondé presque tous les colléges, les universités et les bibliothèques de l'Europe, repousse naturellement des lois qui renverseraient son ouvrage. Rome chrétienne, qui recueillit les savants fugitifs, qui acheta au poids de l'or les manuscrits des anciens, ne demande pas la proscription de la pensée.

Le christianisme est la raison universelle : il s'est accru avec les lumières; il continuera à verser aux générations futures des vérités intarissables. De tout ce qui a existé dans l'ancienne société, lui seul n'a point péri; il n'a aucun intérêt à ressusciter ce qui n'est plus; sa vie est l'espérance; ses mœurs ne sont ni d'un siècle ni d'un autre; elles sont de tous les siècles. Il parle toutes les langues ; il est simple avec les peuples sauvages ; il est savant et éclairé avec les peuples policés ; il a converti le pâtre armé de la Scythie, et couronné le Tasse au Capitole. Il marche en portant deux livres, l'un, qui nous raconte notre origine immortelle ; l'autre, qui nous révèle nos fins également immortelles. Il sait tout, il comprend tout ; il se soumet à toutes les autorités établies. Il n'appartient de préférence à aucune politique, parce qu'il est pour toutes les sociétés : républicain en Amérique, monarchique en France, ne ranime-t-il pas aujourd'hui même la poussière de Sparte et d'Athènes ? Il a soufflé sur des ossements arides : d'illustres morts se sont levés. Ce serait au nom de la religion que l'on prétendrait opprimer la France au moment où cette religion brise avec sa croix les chaînes des églises de saint Paul, au moment où ses mains divines déterrent dans les champs de Marathon la statue de la Liberté, pour transformer en patronne chrétienne l'ancienne idole de la Grèce !

J'aurai le courage de le dire au clergé, parce qu'en combattant pour lui j'ai acquis des droits à lui parler avec sincérité. Avec la Charte, les ministres de l'autel peuvent tout ; sans la Charte, ils ne peuvent rien. Défenseurs des libertés publiques, ils sont les plus forts des hommes, car ils réunissent la double autorité de la terre et du ciel ; ennemis des libertés publiques, ils sont les plus faibles des hommes : s'il était jamais possible que les temples se refermassent, ils ne se rouvriraient plus.

Je viens enfin, Messieurs, à la dernière partie de ce discours.

La quatrième vérité que je me propose de prouver est celle-ci : La loi n'est point de ce siècle ; elle n'est point applicable à l'état actuel de la société.

Les sociétés, Messieurs, sont soumises à une marche graduelle : cette vérité de fait peut irriter, mais elle n'en est pas moins incontestable.

Les peuples, par les progrès de la civilisation, ont maintenant un lien commun, et influent les uns sur les autres.

Il y a deux mouvements dans les sociétés : le mouvement particulier d'une société particulière, et le mouvement général des sociétés générales, lequel mouvement commun entraîne chaque société séparée. Ainsi le monde moral reproduit une des lois du monde physique : l'homme ne se peut plaindre de retrouver quelque chose de ses destinées dans ce bel ordre de l'univers arrangé par la main de Dieu !

Il faut beaucoup de siècles pour mûrir les choses, pour amener un changement essentiel dans les sociétés. Quatre ou cinq grandes révolutions intellectuelles composent jusqu'à présent l'histoire tout entière du genre humain. Nous étions destinés, Messieurs, à assister à l'une de ces révolutions. Cette Chambre renferme plusieurs hommes de mon âge : nous sommes nés précisément à l'époque où le travail lent et graduel des siècles s'est manifesté. Les premiers troubles de l'Amérique septentrionale éclatèrent en 1765; de 1765 à 1827 il y a soixante-deux ans. J'ai vu Washington et Louis XVIII : la république représentative est restée à l'Amérique avec le nom de Washington, la monarchie représentative à l'Europe continentale avec le nom de Louis XVIII. Entre Washington et Louis XVIII se viennent placer Robespierre et Buonaparte, les deux termes exorbitants, dans l'anarchie et le despotisme, d'une révolution dont le terme juste devait fixer la société ; car les sérieuses discordes chez un peuple prennent leur source dans une vérité quelconque qui survit à ces discordes : souvent cette vérité est enveloppée à son apparition dans des paroles sauvages et des actions atroces, mais le fait politique ou moral qui reste d'une révolution est toute cette révolution.

Quel est ce fait dévolu aux deux mondes après cinquante ans de guerres civiles et étrangères? Ce fait est la liberté, républicaine pour l'Amérique, monarchique pour l'Europe continentale. On sait aujourd'hui que la liberté peut exister dans toutes les formes de gouvernement. La liberté ne vient point du peuple, ne vient point du roi ; elle ne sort point du droit politique, mais du droit de nature, ou plutôt du droit divin : elle émane de Dieu qui livra l'homme à son franc arbitre ; de Dieu qui ne mit point de condition à la parole lorsqu'il donna la parole à l'homme, laissant aux lois le pouvoir de punir cette parole quand elle faillit, mais non le droit de l'étouffer.

A peine un demi-siècle a suffi pour établir dans le nouveau et dans l'ancien monde ce principe de liberté. Le passé a lutté contre l'avenir; les intérêts divers, en se combattant, ont multiplié les ruines ; le passé a succombé. Il n'est plus au pouvoir de personne de relever ce qui gît maintenant dans la poudre. Si la liberté avait pu périr en France, elle eût été ensevelie dans l'anarchie démocratique ou dans le despotisme militaire. Mais le temps ne se laisse enchaîner ni aux échafauds des révolutionnaires, ni aux chars des triomphateurs; il brise les uns et les autres ; il ne s'assied point aux spectacles du crime ; il ne s'arrête pas davantage pour admirer la gloire ; il s'en sert et passe outre.

Pourquoi la république française ne s'est-elle pas constituée ? C'est qu'elle a trahi le principe de la révolution générale, la liberté. Pourquoi l'empire a-t-il été détruit? C'est qu'il n'a pas voulu lui-même cette liberté. Pourquoi la monarchie légitime s'est-elle rétablie? C'est qu'elle s'est portée, avec tous ses autres droits, pour héritière de cette liberté.

Dans les révolutions dont le principe doit subsister, il naît presque toujours un individu de la capacité et du génie nécessaires à l'accomplissement de ces révolutions, un personnage qui représente les choses, et qui est l'exécuteur de l'arrêt des siècles. Il se montre d'abord invincible, comme les idées nouvelles dont il est le champion ; mais l'ambition lui est menée par la victoire. Il réussit à s'emparer du pouvoir, et tout à coup il est étonné de ne plus retrouver sa force : c'est qu'il s'est séparé de son principe. Ce géant qui ébranlait le monde succombe, au fond de son palais, dans des frayeurs pusillanimes ; ou bien, captif de ceux qu'il avait vaincus, il expire sur un rocher au bout du monde. Telles furent les destinées de Cromwell et de Buonaparte, pour avoir renié la liberté dont ils étaient sortis. Louis XVIII, après vingt ans d'exil, est rentré dans la demeure de ses pères : objet de la vénération publique, il est mort en paix, plein de gloire et de jours, pour avoir recueilli cette liberté à laquelle il ne devait rien, mais qu'il vous a laissée généreusement, comme la fille adoptive de sa sagesse, et la réparatrice de vos malheurs.

Le principe pour lequel depuis soixante ans les hommes sont agités dans les deux mondes s'étant enfin fixé, il en est résulté que la société s'est coordonnée à ce principe : il a pénétré dans toutes nos institutions. Les lois, les mœurs, les usages ont graduellement changé : on n'a plus considéré les objets de la même manière, parce que le point de vue n'était plus le même. Des préjugés se sont évanouis, des besoins jusqu'alors inconnus se sont fait sentir, des idées d'une autre espèce se sont développées : il s'est établi d'autres rapports entre les membres de la famille privée et les membres de la famille générale. Les gouvernants et les gouvernés ont passé un autre contrat ; il a fallu créer un nouveau langage pour plusieurs parties de l'économie sociale. Nos enfants n'ont plus nos sentiments, nos goûts, nos habitudes : leurs pensées prennent ailleurs leurs racines.

Toutefois, Messieurs, les générations contemporaines ne meurent pas exactement le même jour : au milieu de la race nouvelle, il reste des hommes du siècle écoulé qui crient que tout est perdu, parce que la société à laquelle ils appartenaient a fini autour d'eux, sans qu'ils s'en soient aperçus. Ils s'obstinent à ne pas croire à cette disparition ; toujours jugeant le présent par le passé, ils appliquent à ce présent une maxime d'un autre âge, se persuadant toujours qu'on peut faire renaître ce qui n'est plus.

A ces hommes qui surnagent au-dessus de l'abîme du temps, viennent se réunir (avec les adversaires de la liberté de la presse dont je vous ai déjà parlé) quelques individus de diverses sortes : des ambitieux qui s'imaginent découvrir dans les institutions tombées en vétusté un pouvoir nouveau près d'éclore ; des jeunes gens simples ou zélés qui croient défendre, en rétrogradant, l'antique religion et les vénérables traditions de leurs pères ; des personnes encore effrayées des souvenirs de la révolution ; enfin des ennemis secrets du pouvoir existant, qui, témoins joyeux des fautes commises, abondent dans le sens de ces fautes pour amener une catastrophe.

Quelquefois des chefs se présentent pour conduire ces demeurants d'un autre âge : ce sont des hommes de talent, mais qui aiment à sortir de la foule ; ils se mettent à prêcher le passé à la tête d'un petit troupeau de survivanciers; le paradoxe les amuse. Ces esprits distingués qui arrivent trop tard, et après le siècle où ils auraient dû paraître, n'entraînent point les générations nouvelles ; ils ne pourraient être compris que des morts; or, ce public est silencieux, et l'on n'applaudit point dans la tombe.

Si un gouvernement a le malheur de prêter l'oreille à ces solitaires, s'il a le plus grand malheur de les regarder comme la nation, de prendre pour la voix d'un public vivant la voix d'une société expirante, il tombera dans les plus étranges erreurs. C'est, Messieurs, ce qui est arrivé à l'égard du projet de loi que j'examine ; il est dicté par un esprit qui n'est point l'esprit du siècle. Ces hommes d'autrefois, qui, toujours les yeux attachés sur le passé et le dos tourné à l'avenir, marchent à reculons vers cet avenir, ces hommes voient tout dans une illusion complète. Écoutez-les parler des anciens livres : ils y aperçoivent toujours les dangers qu'on y pouvait trouver il y a quarante ans.

Et qu'importent cependant les plaisanteries de Voltaire contre les couvents de religieux, dans un pays qui n'admet plus de communautés d'hommes? Elles ne rendront aujourd'hui personne impie, parce que le siècle n'en est plus à l'impiété. Qu'importe la politique libérale de Rousseau dans une monarchie constitutionnelle ? Voulez-vous vous convaincre, Messieurs, à quel point tout est changé? Les principes mêmes que je développe à cette tribune auraient été des blasphèmes, légalement sinon justement punis, dans l'ancienne monarchie : si un auteur se fût avisé de publier la Charte comme un rêve de son cerveau, il eût été décrété de prise de corps, et son procès lui aurait été fait et parfait. Apprenons donc à connaître le temps où nous vivons ; ne jugeons pas du péril des livres d'après les anciennes idées et les vieilles institutions ; ne réglons pas la liberté de la presse par des maximes qui ne sont plus applicables; si vous ressuscitiez aujourd'hui le code romain tout entier et les lois féodales, n'est-il pas évident que vous ne sauriez que faire des dispositions relatives aux empereurs ou aux esclaves, ou des droits de champart, de capsool et d'ostises?

Une autre manie de ces hommes qui ont inspiré le projet de loi est de parler d'un coup d'État. A les entendre, il suffit de monter à cheval et d'enfoncer son chapeau ; ils oublient encore que le coup d'État n'est point de l'ordre actuel, et qu'il n'appartient qu'à la monarchie absolue. A dater du règne de Louis XIV, où l'ancienne constitution du royaume acheva de périr, la couronne, en exerçant le pouvoir dictatorial, ne faisait, avant l'année 1789, qu'user de la plénitude de sa puissance. Il n'y avait pas révolution dans l'État par le coup d'État, parce qu'en fait le roi était chef de l'armée, législateur suprême, juge et exécuteur de ses propres arrêts ; il réunissait aux pouvoirs militaire et politique les attributions de la justice civile et criminelle.

Tout subsistait donc dans l'État, après le coup d'État, parce que le roi était là, et que tout était dans le roi ; mais dans la monarchie constitutionnelle, la liberté de la presse et la liberté individuelle entrent dans la composition de la loi politique qui garantit ces libertés. Les juges inamovibles ne peuvent être destitués ; les Chambres, partie intégrante du pouvoir législatif, ne peuvent être abolies. Le coup d'État, dans une monarchie constitutionnelle, serait une révolution ; car après ce coup d'État, qui porterait sur les individus, les tribunaux et les Chambres, il ne resterait plus que la couronne, laquelle ne représenterait plus, comme dans la monarchie de Louis XIV, tout ce qui aurait péri.

Entendrait-on par un coup d'État un mouvement renfermé dans les limites constitutionnelles, la dissolution de la Chambre des députés, l'accroissement de la Chambre des pairs? Ce ne serait pas un coup d'État ; ce serait une mesure qui ne produirait rien dans le sens du pouvoir absolu.

Il est pourtant vrai, Messieurs, que la tyrannie a un moyen d'intervenir dans la monarchie représentative ; voici comment : les trois pouvoirs pourraient s'entendre pour détruire toutes les libertés ; un ministère conspirateur contre ces libertés, deux Chambres vénales et corrompues, votant tout ce que voudrait ce ministère, plongerait indubitablement la nation dans l'esclavage. On serait écrasé sous le triple joug du despotisme monarchique, aristocratique et démocratique. Alors le gouvernement représentatif deviendrait la plus formidable machine de servitude qui fut jamais inventée par les hommes. Heureusement, par la nature même de la coalition des trois pouvoirs, cette coalition serait de courte durée : quelle explosion extérieure, quelle réaction, même dans les Chambres, au moment du réveil !

Voilà pourtant, Messieurs, les méprises où tombent ceux dont l'esprit a inspiré le présent projet de loi : ils rêvent la monarchie absolue sans ses illusions ; le despotisme militaire sans sa gloire ; la monarchie représentative sans ses libertés. Espérons que, pour la sûreté du royaume, le pouvoir ne sera jamais remis entre de pareilles mains. Si ces insensés essayaient seulement de lever l'impôt dans un de leurs trois systèmes, le premier Hampden qui se croirait le droit de refuser cet impôt mettrait le feu aux quatre coins de la France.

En vain on s'irrite contre les développements de l'intelligence humaine. Les idées, qui étaient autrefois un mouvement de l'esprit hors de la sphère populaire, sont devenues des intérêts sociaux ; elles s'appliquent à l'économie entière des gouvernements. Tel est le motif de la résistance que l'on trouve lorsqu'on veut aujourd'hui repousser les idées. Nous sommes arrivés à l'âge de la *raison politique :* cette raison éprouve le combat que la *raison morale* éprouva lorsque Jésus-Christ apporta celle-ci sur la terre avec la loi divine. Tout ce qui reste de la vieille société politique est en armes contre la raison politique, comme tout ce qui restait de la vieille société morale s'insurgea contre la raison morale de l'Évangile. Inutiles efforts! les monarchies n'ont plus les conditions du despotisme, les hommes n'ont plus les conditions d'ignorance nécessaires pour le souffrir. Si les monarchies modernes ne voulaient pas s'arrêter dans la monarchie représentative, après de vains essais d'arbitraire elles tomberaient dans la république représentative. C'est donc nous pousser à l'abîme que de nous présenter une loi qui, en détruisant la liberté de la presse, brise le grand ressort de la monarchie représentative. Ce ne sont point là de vaines théories, ce sont des faits qui, pour être d'une haute nature, n'en sont pas moins des faits, par lesquels toute la matière est dominée. Vous y ferez, Messieurs, une attention sérieuse quand vous discuterez les articles du projet de loi.

Ce projet sur lequel il vous reste à conclure est donc, selon moi, l'ouvrage de ces étrangers dans le nouveau siècle, de ces voyageurs qui n'ont rien regardé; de ces hommes qui font le monde selon leurs mœurs, et non selon la vérité. Ils ont l'horreur des lettres : craignent-ils d'être dénoncés par elles à la postérité? C'est une véritable terreur panique : pourquoi avoir peur d'un tribunal où ils ne comparaîtront pas?

Les ministres sont-ils eux-mêmes les hommes d'autrefois? Le projet de loi est-il l'ouvrage de leurs intérêts, de leurs préjugés, de leurs souvenirs, de leurs mœurs? N'ont-ils fait que céder à des influences étrangères? Ont-ils été trompés par le bruit que l'on a fait autour d'eux, bruit qu'ils auraient pris pour les réclamations de la France? N'ont-ils simplement cherché que la sûreté de leurs places? Tout ce que nous savons, c'est que le projet de loi est devant nous. Il était difficile de rendre palpable aux générations présentes ce songe du passé. En évoquant cette idée morte, il fallait l'envelopper de quelque chose de matériel, afin qu'elle pût nous apparaître : on l'a donc revêtue d'une loi; on a pourvu ce corps des organes propres à exécuter tout le mal que l'esprit pensait. Il est résulté de cette création on ne sait quel fantôme : c'est l'ignorance personnifiée dans toute sa laideur, revenant au combat contre les lumières, pour faire rétrograder les sociétés, pour les refouler dans la nuit des temps et dans l'empire des ténèbres.

Mais cette ignorance, Messieurs, a compté trop tôt sur la victoire. Elle va vous rencontrer sur son chemin, et ce n'est pas chose facile pour elle que de subjuguer tant d'esprits éclairés.

Messieurs, c'est peut-être ici mon dernier combat pour des libertés que j'ai proclamées dans ma jeunesse comme dans les derniers jours de ma vie. J'ai soutenu vingt fois devant vous à cette tribune les mêmes doctrines. Le peu de temps que j'ai passé au pouvoir n'a point ébranlé ma croyance; on n'est point venu vous demander, pour favoriser les victoires de M. le dauphin pendant la dangereuse guerre d'Espagne, le sacrifice qu'on sollicite aujourd'hui pour amener des triomphes que j'ignore. Avant le ministère, pendant le ministère, et après le ministère, je suis resté dans mes doctrines : mon opinion tire du moins quelque force de sa constance.

Si l'indépendance m'avait jamais manqué pour exprimer ce qui me paraît utile, je trouverais aujourd'hui cette indépendance dans mon âge : je suis arrivé à cette époque de la vie où l'espérance ne manque pas à l'homme, mais où le temps manque à l'espérance. Aucun intérêt particulier ne me fait donc ni parler ni agir ; que m'importent les ministres présents et futurs ? Les hommes ne me peuvent plus rien, et je n'ai besoin de personne. Dans cette position, j'oserai dire, en finissant, quelques vérités que d'autres craindraient peut-être de faire entendre : c'est mon devoir comme citoyen, comme pair de France et comme sujet fidèle.

Messieurs, on ne peut se le dissimuler, le gouvernement représentatif est attaqué dans sa base : on cherche à enlever la publicité à ces débats ; les aveux que l'on a faits, la haine qu'un certain parti a manifestée contre la Charte, tout annonce qu'une fois plongé dans le silence, on s'efforcerait de détruire ce que l'on déclare ne pas aimer. On ne réussirait pas, je le sais, mais on préparerait de grandes douleurs à la France.

Quel que soit le sort du projet de loi, ce projet, par sa seule apparition, a fait un mal qu'une longue administration dans le sens de la Charte pourrait seule maintenant effacer. Il a démontré qu'il existait des hommes ennemis décidés de nos institutions, des hommes déterminés à les briser aussitôt qu'ils en trouveraient l'occasion. Jusqu'ici, on avait soupçonné ce fait, mais on n'en avait pas acquis la preuve. Aujourd'hui, tout est à découvert : le projet a tout révélé.

Non, Messieurs, on ne veut point de la Charte lorsqu'on prétend violer le principe même du gouvernement représentatif. Jetant tous les masques, déchirant tous les voiles, les partisans du projet de loi ont montré le fond de leur pensée ; ils n'ont fait aucun mystère de leur opinion. Cette certitude acquise de l'existence d'un parti qui a horreur de l'ouvrage de Louis XVIII ; d'un parti qui, d'un moment à l'autre, peut se faire illusion au point d'entreprendre tout contre nos libertés ; cette certitude, dis-je, attriste profondément les hommes dévoués au monarque et à la monarchie.

Les désaveux ne rassureront personne. En vain on voudra faire passer pour le cri des intérêts privés le cri de réprobation qui s'est élevé contre le projet de loi, d'un bout de la France à l'autre.

Ou il faut compter la Charte pour rien, le gouvernement représentatif comme une chose transitoire, les changements arrivés dans la société comme non avenus, ou il faut maintenir la liberté de la presse ; sans elle il n'y a plus rien qu'une moquerie politique.

Combien de temps les choses pourraient-elles aller de la sorte ? Tout juste le temps que la corruption met à se dissoudre, et la violence à se briser.

La légitimité, ainsi que la religion, est toute-puissante ; elle peut, de même que la religion, tout braver dans la monarchie constitutionnelle ; mais avec ses conditions nécessaires, c'est-à-dire avec les autres légitimités, et au premier rang de celles-ci se trouve la liberté de la presse.

Sous la république, sous l'empire, aurait-on pu vendre publiquement dans les rues les bustes de Louis XVIII et celui de son héritier, comme on vend au milieu de nous, sans dommage pour la race royale, le portrait de Buonaparte et de son fils? Non sans doute : les deux usurpations auraient péri. Pour se mettre à l'abri, elles tuaient les distributeurs de tout ce qui rappelait le pouvoir légitime ; elles égorgeaient ou déportaient les écrivains et établissaient la censure.

Le fils de Cromwell passa tranquillement ses jours en Angleterre, sous le règne des deux fils de Charles I$^{er}$. Le jeune homme de Vienne viendrait aujourd'hui s'établir en France, qu'il ne serait qu'un triomphe de plus pour le trône légitime, qu'une preuve de plus de la force du droit dans la couronne, et de la magnanimité dans le souverain.

Mais il en serait tout autrement si vous violiez les conditions naturelles de la monarchie représentative. Détruisez la liberté de la presse, faites que des défenseurs indépendants ne puissent plaider la cause de la légitimité, qu'ils ne puissent surveiller, dénoncer par l'opinion publique les manœuvres des partis ; alors les conseillers malhabiles de la légitimité se trouvent dans une condition de soupçon, de tyrannie, de faiblesse, pareille à celle des conseillers de l'usurpation. Un ministre qui croirait avoir besoin de silence, qui semblerait avoir des raisons de cacher la légitimité, reconnaîtrait la nature de cette puissance.

Une gloire immense, des malheurs presque aussi grands que cette gloire, le bien rendu pour le mal, voilà ce qu'offre l'histoire de notre famille royale : et cette triple légitimité pourrait être troublée par quelques misérables pamphlets qui n'atteindraient pas même les existences les plus obscures !

Il y a une France admirable en prospérité et en gloire avec nos institutions. Il y a une France pleine de troubles, privée de nos institutions.

Pour arriver à la première, il suffit de suivre le mouvement naturel de l'esprit de la Charte ; chose d'autant plus facile aujourd'hui que toutes les préventions personnelles ont disparu, que toutes les capacités, dans quelque opinion qu'elles aient été placées, se réunissent dans des principes communs.

Pour arriver à la seconde France, à la France troublée, il faut apporter chaque année des mesures en opposition aux mœurs, aux intérêts, aux libertés du pays. Après s'être rendu bien malheureux soi-même par des efforts si déraisonnables, on gâterait tout, et les imprudents promoteurs d'un système funeste achèveraient leurs jours dans de douloureux, mais d'inutiles regrets.

Il me semble, Messieurs, entendre votre réponse : « Le roi, me direz-vous, n'est-il pas là pour nous sauver, si jamais quelque danger menaçait la France? La Charte périrait que le souverain resterait encore. On retrouverait en lui non tous les pouvoirs comme dans la monarchie absolue, mais quelque chose de mieux et de plus, toutes les libertés. »

Je le sais, un prince religieux n'a pas en vain juré de maintenir l'œuvre de son auguste frère ; il aurait bientôt puni quiconque oserait y porter la main. Mais s'il est facile à ce monarque, modèle de loyauté, de franchise et d'honneur, s'il lui est facile de calmer les orages, j'aime encore mieux qu'il vive en paix, heureux du bonheur qu'il donne à ses peuples, dans la région pure et sereine où sont placées ses royales vertus.

En donnant mon vote contre la loi en général, je ne renonce point au droit d'en combattre et d'en discuter les articles, puisqu'il faut en venir à cette lamentable discussion. Je vote à présent contre l'ensemble d'un projet de loi qui met la religion en péril, parce qu'il fait calomnier cette religion ; je vote contre un projet de loi destructeur des lumières, et attentatoire aux droits de l'intelligence humaine ; je vote contre un projet de loi qui proscrit la plus précieuse de nos libertés ; je vote contre un projet de loi qui, en attaquant l'ouvrage d'un vénérable auteur de la Charte, ébranle le trône des Bourbons. Si j'avais mille votes à donner contre ce projet impie, je les donnerais tous, croyant remplir le premier de mes devoirs envers la civilisation, la religion et la légitimité.

## MARCHE ET EFFETS DE LA CENSURE.

### AVERTISSEMENT.

Lorsqu'en 1820 la censure mit fin au *Conservateur*, je ne m'attendais guère à recommencer sept ans après la même polémique, sous une autre forme et par le moyen d'une autre presse. Les hommes qui combattaient alors avec moi réclamaient, comme moi, la liberté de penser et d'écrire : ils étaient dans l'opposition comme moi, dans la disgrâce comme moi, et ils se disaient mes amis.

Aujourd'hui, arrivés au pouvoir, encore plus par mes travaux que par les leurs, ils sont tous contre la liberté de la presse ; de persécutés, ils sont devenus persécuteurs; ils ont cessé d'être et de se dire mes amis. Qui a changé?

Tel que le temps m'a laissé, tel il me retrouve : soutenant les mêmes principes, et n'ayant point rencontré au poste éminent où j'ai passé les lumières qui ont obligé mes ci-devant amis à abandonner leurs doctrines. Il faut même que les ténèbres qui m'environnent se soient étendues sur eux lorsque j'étais ministre, car ils soutiennent que la licence de la presse n'a commencé que le 6 juin 1824.

Leur mémoire est courte : s'ils relisaient les opinions qu'ils ont prononcées, les articles qu'ils ont écrits contre un autre ministère et pour la liberté de la presse, ils seraient obligés de convenir qu'ils étaient au moins, en 1818 et 1819, les sous-chefs de la licence.

D'une autre part, mes anciens adversaires sont revenus au principe de la liberté de la presse; ils se sont rapprochés de moi : cette marche est naturelle; celle de mes premiers compagnons est contre nature. Qu'on se soit éclairé par l'usage même du gouvernement constitutionnel, rien de plus simple; mais que de purs royalistes, sans doute attachés de cœur à l'ancien régime, aient rompu de grandes lances pour la Charte et pour les libertés publiques dans un temps où ces libertés, peu connues, semblaient avoir des périls; qu'aujourd'hui, lorsque tout est calme et qu'ils sont puissants, ils s'épouvantent en pleine paix de ces mêmes libertés, la chose est étrange. S'élever du mal au bien est ordre; descendre du bien au mal est désordre.

Vieux capitaine d'une armée qui a déserté ses tentes, je continuerai, sous la bannière de la religion, à tenir d'une main l'oriflamme de la monarchie, et de l'autre le drapeau des libertés publiques. Aux antiques cris de la France de saint Louis et de Henri IV, *vive le roi! Montjoie! saint Denis!* je joindrai les cris nouveaux de la France de Louis XVIII et de Charles X, *tolérance! lumières! liberté!* Peut-être rattacherai-je avec plus de fruit au trône et à l'autel les partisans de l'indépendance, que je ne ralliai à la Charte de prétendus serviteurs du trône et de l'autel.

L'honneur et mon pays me rappellent sur le champ de bataille. Je suis arrivé à l'âge où les hommes ont besoin de repos; mais si je jugeais de mes années par la haine toujours croissante que m'inspirent l'oppression et la bassesse, je croirais avoir rajeuni.

---

## LES AMIS DE LA LIBERTÉ DE LA PRESSE.

J'ai publié, le 30 du mois dernier, une brochure intitulée : *Du Rétablissement de la Censure au 24 juin 1827.*

Dans l'Avertissement de cette brochure on lit ce passage : « La presse non périodique doit venir au secours de la presse périodique : des écrivains courageux se sont associés pour donner une suite de brochures. On compte parmi eux des pairs, des députés, des magistrats. Tout sera dit; aucune vérité ne restera cachée. Si certains hommes ne se lassent point de nous opprimer, d'autres ne se fatigueront pas de les combattre. »

En effet, une société d'hommes de bien, également attachés à la religion, au roi, à la patrie, s'est formée dans le dessein de venir au secours de la première de nos libertés.

Les brochures qu'ils vont publier seront répandues *gratis* à Paris et dans les départements : ainsi elles n'auront pas besoin d'être annoncées pour être connues. Le public apprendra par elles et les vérités que la censure enlève aux feuilles indépendantes, et les mensonges qu'elle laisse dans les journaux ministériels.

Les amis de la liberté de la presse placent leurs ouvrages sous la sauvegarde et sous la censure des tribunaux. De bons citoyens, des sujets fidèles, de vrais Français, des hommes religieux qui veulent la liberté et non la licence, qui désirent la paix et non le désordre, n'ont rien à redouter des lois. Les uns signeront leurs écrits, les autres garderont l'anonyme. Taire son nom, ce n'est pas le cacher.

Tel est le plan dont les amis de la liberté de la presse commencent l'exécution dès ce moment même. On ne peut s'empêcher de reproduire une réflexion devenue vulgaire : après cinq ans de pleine et entière jouissance de la liberté de la presse, il est triste d'être revenu aux moyens de défense employés dans les premiers temps de la restauration : le pas rétrograde est effrayant. Quand on marche à reculons, il est difficile d'éviter les précipices.

## MARCHE ET EFFETS DE LA CENSURE.

L'écrit déjà cité plus haut étant le premier, dans l'ordre des dates, de tous ceux qui ont été publiés jusqu'à ce jour sur l'ordonnance du 24 juin, c'est de cet écrit qu'il faut partir pour continuer l'histoire de la censure.

On a vu que des mutilations avaient été faites aux journaux, que ces journaux avaient été obligés de rejoindre les tronçons des articles coupés, sous peine d'être exposés à toutes sortes de vexations. Le *Journal des Débats* ayant eu l'audace de laisser dans sa feuille un *blanc* accusateur, on le priva le lendemain de l'honneur du *visa*, de manière qu'il se trouva dans la nécessité ou de paraître avec un nouveau blanc, ou de ne pas paraître du tout, ou de paraître non censuré, ce qui entraînait la suspension provisoire. *La France chrétienne* était dans un cas semblable ; on lui déniait aussi le bâillon, on lui refusait l'amnistie de la censure, on la mettait hors la loi, pour avoir occasion de la punir comme une esclave révoltée. M. Pagès, dans une *lettre* adressée à M. *Lourdoueix*, fait connaître de hideux détails après lesquels il ajoute :

« M. Deliége déclara à M. Marin, directeur de *la France chrétienne*, qu'on ne voulait pas de *blancs* ; que *le Constitutionnel*, le *Journal des Débats*, que tous les journaux déféraient à cette volonté, et que *la France chrétienne* ne serait, à l'avenir, ni approuvée ni rejetée. Depuis ce mo-

JÉRUSALEM
et la mosquée d'Omar
(Syrie)

ment les épreuves, chaque jour envoyées à deux heures après midi, sont chaque jour renvoyées à minuit, sans approbation et sans rejet.

« Je vis alors que tous les journaux s'étaient laissé prendre au traquenard de la police ; et il importait, non certes à la prospérité de notre journal, mais à la dignité de l'opposition, mais aux libertés publiques, qu'une feuille protestât contre ces violences illégales, contre ces piéges grossiers ; qu'elle parût telle qu'elle était mutilée par vous, et que chaque lecteur pût se dire: *La censure a passé par là.*

« Or, si vous êtes de mauvais censeurs pour les autres journaux, pour nous vous ne voulez pas être censeurs, et il faut que l'autorité vous force à remplir vos devoirs ou qu'elle nous rende notre liberté.

« Or, votre inertie s'oppose à ce que *la France chrétienne* puisse paraître ; elle est donc un attentat à la propriété, une véritable spoliation; et ce genre de confiscation, ce vol véritable, ne peut être sanctionné par une ordonnance. »

Constantinople a-t-il donc d'administration plus despotique que celle de la censure, de muets plus arbitraires que les censeurs? Ces messieurs vous tuent en vous appliquant la loi ; ils vous tuent encore mieux en ne vous l'appliquant pas. Si vous prétendez les poursuivre devant les tribunaux, il faut en obtenir la permission de l'autorité supérieure administrative, ou les huissiers refusent de porter vos assignations [1]. Si, de son côté, l'autorité supérieure suspend provisoirement votre feuille, et vous fait elle-même un procès, plusieurs mois s'écoulent avant que vous puissiez être jugé ; votre journal est perdu. Voilà la douce censure, l'équitable censure, la libérale censure, la constitutionnelle censure, la censure qui a produit la véritable liberté de la presse !

Lorsque la censure fut établie, en 1814 et dans les années suivantes, il y avait une sorte d'excuse à cette dérogation de la loi fondamentale : les troupes alliées occupaient la France ; elles demandaient des sommes considérables, des articles indiscrets pouvaient blesser ces étrangers. Dans l'intérieur du royaume, la vieille France et la France nouvelle se trouvaient en présence pour la première fois, et elles avaient des comptes à régler ; les partis étaient animés ; les passions, exaltées par l'aventure des Cent-Jours; des conspirations éclataient de toutes parts : on pouvait craindre que la pa-

---

[1] C'est ce qui est arrivé à MM. les membres composant la société du journal *la France chrétienne*. Ils ont voulu constater une infraction à l'ordonnance de censure; l'huissier a décliné sa compétence jusqu'à obtention de l'autorisation de M. le ministre de l'intérieur, qui, sans doute, ne laissera pas attaquer son commis et son compère. Il faut lire le *Mémoire à consulter sur les actes arbitraires de la censure*, signé par MM. les propriétaires du *Constitutionnel*, et les résolutions du conseil, M. Dupin. Paris, 8 juillet 1827.

role, si longtemps contenue par le despotisme de Buonaparte, ne fît explosion en se dégageant tout à coup.

Il était possible encore que, sous des institutions nouvelles dont on ignorait le mécanisme, on abusât d'abord de la presse ; à peine savait-on ce que c'était que la Charte. Il faut même rendre justice aux ministres de cette époque : en prenant des précautions contre la licence, ils se soumirent à la liberté de l'opinion, puisqu'ils se retirèrent, et peut-être trop tôt, devant la puissance de cette liberté : c'était un hommage que, dans leur sincérité, ils offraient au principe vital de la Charte.

Enfin, lorsque cette Charte fut donnée, elle déclara par son article 8 que *les Français ont le droit de publier et de faire imprimer leurs opinions, en se conformant aux lois qui doivent réprimer les abus de la liberté de la presse*. Or, ces lois n'étaient pas faites. La censure, à laquelle les Français étaient façonnés, et qui était le droit commun, fut provisoirement maintenue. On ne passait donc pas de la liberté de la presse à la censure, on restait comme on était ; on ne détruisait pas un droit acquis, on ajournait seulement un droit accordé. Il n'y avait pas secousse dans les esprits, changement, révolution dans la législation : on pouvait se plaindre qu'une promesse n'était pas remplie, mais on ne pouvait pas dire qu'un bienfait était retiré, en violation de la foi jurée.

Aujourd'hui, existe-t-il une seule des raisons qui servirent au maintien de la censure dans les premières années de la restauration ? Toutes les lois de répression sont faites. Habitués à la liberté de la presse, familiarisés même avec ses écarts, nous avons traité de ses principes sous tous les rapports et dans toutes les formes ; nous connaissons ses affinités avec le gouvernement représentatif ; nous savons qu'elle est le prix et la consolation de tous les sacrifices ; nous savons qu'excepté l'honneur, elle remplace tout chez un peuple : nous l'ôter à présent, c'est nous enlever une possession prescrite, c'est arrêter violemment le cours de nos idées, le mouvement de nos mœurs. La censure a tellement vieilli pour nous, qu'elle est en effet une loi caduque, ressuscitée du double despotisme féodal et impérial : elle a quelque chose de risible, comme les droits de *queuage* et de *remuage*, et d'odieux comme l'oppression militaire.

Un règne a déjà fini, un règne a commencé sous l'empire de la Charte ; des générations entières se sont formées sous cet empire. La liberté de la presse a glorieusement traversé une guerre étrangère et une crise de finances ; la paix règne au dehors et au dedans du pays. Il y a si peu de prétexte apparent à la censure, qu'on est forcé de supposer des desseins à ses fauteurs, et de chercher dans l'avenir ce qu'on ne trouve pas dans le présent.

Nous avons pu faire cette apologie de la première censure, parce que nous nous sommes opposé même à cette première censure. Il n'y a jamais, selon nous, une raison suffisante de suspendre la liberté : celle-ci est plus forte que la servitude pour écarter les dangers d'un État.

Mais il ne s'agit pas de tout cela, dira-t-on : c'est pour sauver la religion que l'on a imposé la censure ; c'est pour se délivrer des impiétés des journaux : la censure, dans le cas présent, est une pure affaire de conscience.

D'abord il faudrait être fixé sur ce mot de *religion,* savoir si ceux qui l'emploient ne confondent pas les choses divines, ne cachent pas les intérêts de l'homme dans les intérêts du ciel. Aucun doute que si la religion est véritablement attaquée, il ne faille la défendre à tout risque et à tout prix ; mais nous nions la majeure, et nous disons ensuite : Les tribunaux sont là pour punir les outrages au culte ; les peines sont sévères ; elles n'ont jamais manqué d'être appliquées quand le délit a été prouvé. Cette manière de toujours raisonner comme s'il n'existait pas de justice, comme s'il n'y avait pas de magistrats, comme si l'on n'avait d'autre défense que l'arbitraire, montre à quel point la raison est détériorée chez les hommes dont nous subissons le système.

En second lieu, si vous ne cherchez à défendre que la religion, votre censure ne s'exerce sans doute que sur les articles irréligieux, que sur les journaux *impies ;* or, elle frappe également tous les genres d'articles et toutes les espèces de journaux : expliquez-nous donc cette *affaire de conscience.*

Enfin, vous prétendez soutenir la religion par la censure, et vous lui faites un tort irréparable. Aujourd'hui on accuse publiquement les ecclésiastiques d'être la première cause de la perte de notre première liberté : on les rend responsables de tout ce qui peut arriver à la Charte ; on accumule sur leurs têtes des haines d'autant plus dangereuses, qu'elles semblent appuyées sur un fait réel, et non sur des déclamations vaines. Qu'est-ce que quelques articles de journaux qui n'allaient point au fond de la question, quelques mots sur les missionnaires et sur les jésuites, auprès d'une accusation, calomnieuse sans doute, mais généralement crue, laquelle représente le clergé catholique comme incompatible avec l'existence d'un gouvernement constitutionnel ? Voilà pourtant où votre censure a amené les choses. Vous vous réjouissez, parce que rien n'éclate encore ; attendez : les générations vont vite. Souvenez-vous que si jamais les autels étaient brisés de nouveau, les ennemis des libertés publiques seraient les véritables auteurs de la catastrophe.

La plus haute des folies pour des hommes aveuglés serait de soutenir que la religion catholique adopte une forme de gouvernement plutôt qu'une autre, qu'elle s'oppose aux vérités de la science et aux progrès de l'esprit humain, lorsqu'elle est au contraire l'ordre universel, la raison par excellence, la lumière même : quiconque aujourd'hui prétendra défendre la religion catholique en la séparant de la société, telle que le temps l'a modifiée, conduira les peuples au protestantisme.

La religion catholique fait des progrès rapides aux États-Unis; la cour de Rome se met en communication avec les républiques espagnoles; pourquoi donc, nous autres catholiques de France, ne pourrions-nous vivre sous une monarchie constitutionnelle? Élevez notre jeune clergé dans l'amour des lois du pays, il les défendra et en tirera sa puissance. En sommes-nous toujours aux regrets du passé, aux calomnies du présent?

Dans une brochure de M. de Salvandy, qui vient de paraître, nous lisons cette très-belle page :

« Les générations de l'ancien régime, élevées on sait par qui et comment, ont égorgé les nobles et les prêtres, tué Louis XVI, tué Marie-Antoinette, tué madame Élisabeth, tué... Ce siècle a été une longue orgie commencée dans la débauche et finie dans le sang. Les générations nouvelles, nées sur les marches des échafauds, grandies à la lueur des incendies et des batailles, ont relevé les autels, rétabli le trône, rappelé à ce trône vénéré le vieux sang des comtes de Paris, reconstitué l'ordre social, reconnu le légitime empire des noms, des richesses, des talents, des vertus, consacré une aristocratie politique investie de privilége et d'hérédité [1]. »

Quoi qu'il en soit, si l'administration de la première censure eut des motifs plausibles, elle fut aussi moins capricieuse et moins rude que l'administration de la censure actuelle.

L'ordonnance pour la mise à exécution de la loi de 1820 établissait douze censeurs; cinq étaient nécessaires pour signer l'arrêt.

A cette époque aussi les *blancs* et les *noirs* étaient permis; les journalistes allaient quelquefois jusqu'à mettre le portrait d'une paire de ciseaux dans les endroits supprimés; le noble duc de Richelieu avait trop de franchise pour souffrir que la censure employât les moyens haineux et faux, violents et hypocrites dont elle se sert aujourd'hui.

Plus tard, lorsque la censure fut rétablie avec insulte à la magistrature, on eut des censeurs secrets de la police, *un Saint-Office d'espions;* mais tels qu'ils étaient, ils ne firent point la guerre aux *blancs;* ils ne se crurent jamais le droit de dénier la censure, de refuser leur petit ministère aux journaux qui se présentaient de bonne grâce. Il était réservé à la censure libérale du bon M. Tartufe de se porter en moins d'un mois à des excès jusqu'ici inconnus, tout en nous déclarant *que les résultats de la censure paraissent si peu incertains aux vrais amis de la liberté de la presse, que pour eux le triomphe de celle-ci ne date que de ce jour.*

Aujourd'hui il n'y a que six censeurs; et la signature d'un seul secrétaire,

---

[1] *Lettre à M. le rédacteur du* Journal des Débats *sur l'état des affaires publiques.*

pris en dehors de leur confrérie, suffit pour rendre valide la maraude censoriale. Sur ces six censeurs, deux, on le sait, MM. Caïx et Rio, ont courageusement donné leur démission; un troisième, M. Fouquet, a siégé, dit-on, deux ou trois fois; mais on assure qu'il se retire, après avoir vu et entendu sans doute de belles choses.

Il n'a pas été permis aux journaux d'annoncer la non-acceptation de MM. Caïx et Rio : la censure proscrit un homme pour son honneur, comme on proscrivait un Romain pour sa fortune. Et tout cela sous la légitimité! sous le règne de l'honneur et de la vertu!

Une ordonnance du roi, du 4 de ce mois, annonce que M. de Silans et M. Lévêque ont été nommés en *remplacement* de MM. Caïx et Rio. La censure, pour être conséquente, aurait dû biffer l'ordonnance royale, puisqu'elle trahit le secret qu'on voulait garder. Pourquoi ne l'aurait-elle pas biffée, cette ordonnance? Dans un article [1] que le bureau de censure a laissé sans censure se trouvait l'ordonnance du roi pour la convocation des conseils généraux.

La censure s'arroge aussi le droit de supprimer jusqu'aux actes du gouvernement; elle se permet encore d'altérer les détails judiciaires, comme on le verra dans l'instant.

Remarquons toutefois une chose : le *Moniteur* annonce bien que MM. de Silans et Lévêque ont été nommés en *remplacement* de MM. Caïx et Rio, mais il ne dit pas de MM. Caïx et Rio *démissionnaires;* de sorte que d'après le journal officiel on pourrait croire que ces deux honorables professeurs ont été *destitués.* On ne sait ce qu'on doit le plus admirer, ou de la justice que se rend la censure en essayant de cacher les sentiments qu'elle inspire, ou de l'obstination des ministres à laisser sur la victime qu'ils ont touchée la tache de leurs mains.

Il a fallu enfin avouer la retraite de M. de Broé et de M. Cuvier; ils ont été remplacés par MM. de Blair et Olivier [2]. M. de Broé avait, dit-on, motivé son refus sur des raisons tirées de la pureté de la magistrature; M. Cuvier a senti que la science séparée de l'estime perd sa tranquillité naturelle : l'étude ne console que du malheur.

Quant à M. le marquis d'Herbouville, on avait prétendu qu'il s'était retiré; il n'en est rien : nous nous empressons de réparer le tort que ce bruit a pu faire au noble pair.

On a demandé si le conseil de surveillance était rétribué. La pudeur publique a répondu négativement. La calomnie insiste; elle va jusqu'à prétendre que tel membre de ce conseil reçoit pour sa place nouvelle un traitement de 1,500 fr. par mois. Un démenti public sera sans doute donné à la

---

[1] *Journal des Débats.* — [2] Il paraît certain que cet honorable magistrat a aussi donné sa démission.

calomnie. En effet, quelques membres du conseil de surveillance jouissent de plusieurs pensions à divers titres ; il n'est pas probable qu'ils aient eu besoin de nouveaux secours : il y a d'ailleurs des places où le zèle suffit.

Dans la brochure qui sert de point de départ à celle-ci, j'ai prouvé que des pairs et des députés n'étaient pas aptes à remplir des fonctions de censeurs. J'aurais pu appuyer cette opinion de l'autorité même et du jugement de la Chambre des pairs.

Le 14 février 1820, fut apporté à cette Chambre un projet de loi relatif aux journaux. Les articles 5 et 6 de ce projet, qui devint loi après avoir éprouvé des amendements, étaient ainsi conçus :

« Article 5. Une commission composée de trois pairs et de trois députés nommés par le roi, sur une liste double de candidats présentés par leur Chambre respective, et de trois magistrats inamovibles, également nommés par le roi, choisira et révoquera à volonté les censeurs.

« Article 6. Cette commission sera renouvelée à chaque session des Chambres : ses membres pourront être indéfiniment renommés. »

L'article 8 accordait à la commission le droit de suspendre provisoirement un journal, lorsque ce journal aurait publié un article non communiqué ou non approuvé.

L'article 11 déclarait que la censure cesserait de plein droit d'avoir son effet au 1$^{er}$ janvier 1825.

On voit combien cette commission légale était supérieure de tous points à la commission de surveillance actuelle : c'étaient les Chambres, et non les ministres, qui devaient en présenter les candidats au choix du roi, sur une liste double. Cette commission devait être renouvelée à chaque session des Chambres. La commission (et non le garde des sceaux, sous la protection du fameux *nous*, de l'ordonnance du 24 juin dernier) ; cette commission seule pouvait suspendre un journal en contravention. Enfin cette loi d'exception avait un terme fixe ; elle devait expirer au 1$^{er}$ janvier 1825.

Eh bien ! malgré ces apparents avantages, la commission nommée par la Chambre des pairs pour faire un rapport sur le projet de loi proposa le rejet pur et simple de ce projet. Le rapporteur de la commission était M. le duc de La Rochefoucauld, cet homme des bonnes œuvres dont nous avons vu profaner les cendres. Voici comme il s'exprima sur les articles 5 et 6 du projet de loi ; du fond de son cercueil fracassé, ses paroles serviront encore les libertés de la patrie.

« Le projet de loi propose, il est vrai, la formation d'une commission composée de pairs, de députés et de magistrats, pour surveiller la censure. Cette pensée a un caractère de modération de la part du gouvernement ; elle a sans doute pour intention de porter un remède à la censure et à l'influence ministérielle, tant redoutée en fait de censure, et à si juste titre ;

mais le bien qu'elle voudrait promettre n'est qu'illusoire. Qui pourra s'imaginer qu'une commission ainsi formée passera des journées entières à recevoir et à vérifier les jugements des censeurs, à écouter les plaintes de trente journalistes plaidant pour l'insertion de l'intégrité de leurs articles? Et si elle ne se livre pas à ces longs et fastidieux travaux, elle ne sera qu'un nom. Peut-être pourrait-elle, dans quelques cas, empêcher quelque grande injustice [1]; peut-être pourrait-elle, parfois, donner quelques conseils généraux sur la manière d'exercer la censure. Mais le ministère, de son côté, n'aurait-il pas son but à remplir, sa tendance à faire prévaloir? Et, disons-le franchement, de quelque manière qu'une censure soit organisée, il est toujours à craindre qu'elle ne soit plus ou moins sous l'influence ministérielle.

« Ce projet de commission est plus qu'illusoire et qu'incomplet, il est évidemment inconstitutionnel. Le projet de loi fait intervenir des pairs et des députés, pour leur donner une participation active à l'exécution d'une loi, et pour leur faire exercer des fonctions au moins moralement responsables. Les Chambres elle-mêmes devraient nommer les pairs et les députés; elles prendraient donc part à l'action du gouvernement quand nos principes constitutionnels s'opposent, dans l'intérêt même du trône, à la confusion des pouvoirs. Cette commission serait chargée de prononcer des peines graves, de suspendre des journaux, de les interdire même dans certains cas, de prononcer ainsi des jugements correctionnels frappant sur les biens et sur les personnes; elle distrairait ainsi les sujets de l'État de leurs juges naturels : elle est inadmissible [2]. »

Les pairs furent frappés de ces hautes considérations, et retranchèrent du projet de loi les articles 5 et 6. A plus forte raison la noble Chambre se fût-elle récriée s'il eût été question d'une simple commission de surveillance à la présentation des ministres.

Le ministère n'insista pas : M. le baron Pasquier déclara « qu'il savait tout ce qu'on pouvait dire sur la création d'une commission spéciale pour l'exercice et la juridiction de la censure; qu'il ne se dissimulait point la force des objections qu'on avait élevées contre son existence [3]. » Le projet de loi fut voté avec le notable amendement qui rejetait les articles 5 et 6 relatifs à l'établissement d'une commission de censure, et avec un amendement plus notable encore qui bornait à la fin de la session de 1820 la durée de cette loi. Encore le projet amendé ne passa-t-il qu'à la majorité d'une voix.

Il est probable, d'après ces débats, que la même question sera agitée à

---

[1] Que n'oblige-t-elle aujourd'hui les censeurs à exécuter leur loi, à *censurer?* — [2] Séance des pairs, 23 février 1820. — [3] Séance des pairs, 28 février 1820. L'ordonnance qui fut faite pour l'exécution de cette loi établissait (art. 9) un conseil de neuf *magistrats*, pour surveiller cette censure d'un an de durée, à l'exclusion des *pairs* et des *députés*.

l'ouverture de la session prochaine, et que messieurs les pairs, membres du conseil de surveillance, seront invités à ne plus faire partie à l'avenir d'une commission de censure. Si les fonctions de préfet ont paru incompatibles avec la dignité de la pairie, à plus forte raison les fonctions de censeur sont-elles une déchéance de cette dignité. La noblesse d'extraction peut dormir sans se perdre ; celle de caractère ne peut sommeiller sans périr.

Étrange anomalie ! dans la discussion du code militaire à la Chambre haute, on a voulu soustraire les pairs portant les armes à la juridiction des conseils de guerre, tant la dignité de la pairie a semblé respectable ! Et un pair pourrait être censeur !

On a soutenu qu'un conseil de surveillance placé hors des attributions de la police, composé de personnes graves et d'un rang élevé dans l'État, était une espèce de tribunal qui témoignait de la considération que l'on avait pour la liberté de la presse, et du désir de rassurer les amis de cette liberté.

Les faits ont mal répondu à cette déclaration. La censure s'est exercée d'une manière intolérable et contre les hommes et contre les choses, en violation même de la loi qui la constitue. D'ailleurs, il est démontré qu'un conseil de surveillance de censure est une chose ou impossible ou illusoire.

Impossible : pour que le conseil de surveillance devînt réellement une magistrature, il faudrait que les membres en fussent inamovibles ; or, un tribunal inamovible, maître absolu de l'opinion, serait le *vrai souverain,* il dominerait le roi et le peuple ; l'article 64 de la Charte disparaîtrait ; les citoyens distraits de leurs juges naturels, comme le remarquait M. le duc de La Rochefoucauld, seraient traduits, sans appel, devant cette formidable magistrature de l'opinion, qui ne connaîtrait d'autre amovibilité que celle de la mort.

Le conseil de surveillance avec une autorité indépendante est donc impossible ; il est illusoire si les membres en sont amovibles : ceux-ci, exposés aux violences et aux caresses du pouvoir, ne sont plus dans les mains de ce pouvoir qu'un instrument ministériel. Tout ou rien, trop ou trop peu, tel est le conseil de surveillance, selon qu'il est amovible ou inamovible.

Les pairs et les députés peuvent-ils être les exécuteurs des lois qu'ils votent et surtout des lois d'exception ? Des membres de la législature ravalés au rang de censeurs, eux qui, en jurant la Charte, ont nécessairement juré les libertés qu'elle renferme ! Pourrait-on concevoir que le magistrat qui plaide ou qui juge dans un procès pour délit de la presse devînt le *censeur* sous les yeux duquel seraient altérées le *soir* les paroles que lui ou le défendeur auraient prononcées le *matin* devant le tribunal ?

A ce propos je rappellerai ce qui s'est passé dans l'affaire de M. de Kératry. M. Alexis de Jussieu, dans une brochure écrite d'un ton ferme, raconte le fait de la manière suivante :

« Aujourd'hui même, au moment de livrer cet écrit à l'impression, j'apprends que la censure vient de supprimer quelques lignes dans la défense de M. de Kératry. » Ce sont celles-ci (il s'agissait du magistrat censeur, M. de Broé) :

« *Pourquoi même ne pas croire qu'à l'exemple d'un savant célèbre en Europe, et de deux estimables professeurs d'histoire, il aura compris que faire taire n'est pas répondre, et qu'attenter aux droits d'une nation, c'est en démériter ?* »

La censure viole ainsi l'article 64 de la Charte qui dit : « Les débats sont publics en matière criminelle ; » et elle viole cet article dans l'intérêt de sa propre cause. Si la censure est bonne et honorable, pourquoi tant de précautions afin de cacher que quelques individus ont refusé des places de censeurs ?

La censure crée une société factice, substitue la fiction à la réalité. La magistrature, maintenant les franchises nationales, acquitte sans blâme et sans dépens M. de Kératry ; elle établit par son arrêt qu'il n'y a rien de répréhensible, rien de contraire aux lois dans le passage incriminé ; elle permet devant elle un développement de principe, une plaidoirie grave en faveur de la liberté de la presse, en réprobation des hommes qui ont asservi cette liberté.

Supposez à présent que le passage dénoncé, que la plaidoirie de M. de Kératry et de son défenseur fussent de simples articles envoyés par *le Courrier français* à la censure ; la censure en laisserait-elle passer deux lignes ? Où se trouve donc le véritable esprit de la France ? Est-il représenté par des juges inamovibles, assis sur les fleurs de lis, en présence du public assemblé ; ou par des censeurs amovibles, assis sur les escabelles de M. de Corbière, dans un abattoir où l'on assomme à huis clos l'opinion [1] ?

Au reste, il paraît évident que six censeurs ne peuvent suffire à l'exécution de tant de journaux ; aussi donne-t-on pour certain qu'au-dessous de ces hommes se trouvent au pied de l'échelle des aides d'office. Si ces faits sont exacts, nous aurions à la fois la censure publique et la censure secrète : on ne peut réunir plus d'éclat à plus de modestie.

Les poids et les mesures varient selon les journaux et selon l'humeur de messieurs de la censure. Ainsi le *Journal des Débats* a vu mutiler un article qui proposait M. Delalot aux électeurs d'Angoulême, et il a été permis au

---

[1] La censure vient de commettre une nouvelle prévarication du genre de celle dont nous nous plaignons en ce moment même. *Le Constitutionnel* et *le Courrier* étaient en appel à la cour royale d'un jugement rendu contre eux en première instance. La cause d'un de ces journaux était défendue par M. Dupin. Son plaidoyer révélait tous les méfaits de la censure ; la censure n'a pas permis, même aux journaux intéressés, de publier la défense de leur avocat. La censure ne tient aucun compte de la Charte ; mais la Charte fera bientôt raison de la censure.

*Constitutionnel* de louer et d'offrir M. Chauvelin aux mêmes électeurs : petite ruse facile à pénétrer. Les agents du pouvoir veulent avoir quelque chose à dire à la tribune en faveur et en défense de leur censure; ils permettent en certains cas un peu de liberté, afin de tuer plus sûrement un jour la liberté. Quelques phrases tolérées sont des arguments ministériels en réserve, et non des franchises laissées au public. Quand on aura obtenu la censure pour un quart de siècle ou pour un demi-siècle, on ne fera pas tant de compliments, et l'on resserrera la muselière.

Heureusement les journaux ministériels sont naïfs ; au lieu de dissimuler la pensée de leurs maîtres, ils la dévoilent.

Si vous ne voulez pas croire à la liberté de la presse sous la censure, voyez, nous disent-ils, tel journal citant des passages des journaux anglais pour et contre M. Canning ; tel autre s'expliquant sur le Brésil ; tel autre parlant des fêtes données à MM. Bourdeau et Gautier, députés de l'opposition.

*Le Moniteur* et les journaux de préfectures éclatent en mêmes jubilations : nous pouvons être sûrs qu'on nous répétera mot pour mot à la tribune les raisonnements des gazettes stipendiées. On aura beau dire que les journaux indépendants ont expliqué leurs pensées, qu'ils ont protesté contre la censure ; leur protestation tournera contre eux, comme une preuve de plus de leur *liberté* ; c'est même la raison pour laquelle on leur permet de protester. En définitive, puisqu'on proscrit des noms et des ouvrages, puisqu'on interdit les *blancs*, puisqu'on veut le martyre sans stigmates, la prétendue tolérance de la censure n'est qu'un piège et une jonglerie.

Ce que cette censure désire surtout, c'est que l'on ferraille avec elle, que l'on parle de principes, de liberté, de constitution, de Charte. Elle dit avec un touchant intérêt aux journaux qui se sont retranchés dans la littérature : « Vous vous faites tort ; vous ennuierez vos lecteurs ; vous perdrez vos abonnés. Qui vous empêche de publier de vigoureux articles de doctrine? Nous vous les passerons tous sans en retrancher une seule ligne. »

Que ces messieurs sont bons! *Allons! ferme!* soutenons une thèse sur la liberté, mais cachons bien nos mains, de peur qu'on ne voie les petits anneaux des gendarmes. Les maîtres ès jeux de la censure nous distribueront des couronnes, et les Pindares de la police célébreront nos victoires.

En politique extérieure, la censure ne nous fait connaître que ce qui convient à l'autorité : elle ne permet pas surtout que l'on traduise les articles des gazettes anglaises, où elle est traitée comme elle le mérite, mais avec des outrages à notre patrie. Ministres, rendez-nous compte de l'honneur français!

Que reste-t-il à la presse périodique pour organe *libre* de l'opinion? les journaux ministériels, qui sans doute ont leur franc-parler ; à la vérité ils sont réduits à deux ; car le ministérialisme est une fièvre jaune dont meurent tour à tour les gazettes qui en sont attaquées. Ces deux journaux donnent à leurs maîtres des éloges qui doivent les embarrasser. Dernièrement un ministre n'était rien moins que *Fabius Cunctator*, à l'âme ardente, à la décision froide, se préparant à fondre du haut de la montagne sur les soldats d'Annibal.

Comme il n'était question dans tout cela que de finances, on se demandait si la montagne était l'hôtel Rivoli ; la Bourse, le Capitole ; la rue Notre-Dame-des-Victoires, le champ de bataille, et quelque banquier, le général carthaginois. De terribles défis que personne n'accepte, des monologues que personne ne lit, sont consignés le matin dans une des gazettes de l'autorité, et répétés le soir par l'autre. On n'oserait peut-être pas avouer les principaux écrivains de ces gazettes, jadis rédacteurs des *Correspondances privées* où le prince, aujourd'hui roi, était chaque jour insulté. Voilà les soutiens du trône, les interprètes des doctrines du ministère !

En politique intérieure, la censure interdit ce qui blesserait les projets et les intérêts de sa coterie. Elle sépare les citoyens des lois, les rend étrangers à leur gouvernement, les prive de l'instruction nécessaire à l'exercice de leurs droits, devient une espèce de rouille qui empêche le jeu de la machine, ou plutôt qui ne laisse tourner que les rouages du pouvoir.

Les censeurs, si dangereux, comme on le voit, en politique, deviennent des critiques en littérature : ils ont leurs coteries, leurs haines, leurs amours; ils coupent et tranchent à leur gré, permettent ou refusent d'annoncer les nouveaux et les anciens écrits, effacent certains noms, biffent les éloges de certains ouvrages : ils interdiraient le feu et l'eau à Racine, et accorderaient le droit de cité à Cotin. Peut-on espérer autre chose, lorsqu'on donne à la médiocrité tout pouvoir sur le génie ; à l'obscurité, toute autorité sur la gloire? Si vous introduisiez l'envie et la sottise dans le temple de la Renommée, n'en briseraient-elles pas les statues?

Les nouveaux censeurs empruntent à l'administration supérieure l'urbanité qui la distingue. Les journaux politiques n'ont qu'une heure (de sept à huit heures du soir) pour être marqués et fouettés. Avant sept heures il n'y a personne au bureau ; après huit heures on n'admet plus rien à la censure du jour : c'est le cercle de Popilius pour l'opinion. Il me semble pourtant que des commis à 6,000 francs de gages pourraient traiter un peu plus poliment le public qui les paye, à la vérité bien malgré lui. Des feuilles périodiques, dont le tirage est considérable, sont cruellement embarrassées lorsqu'on n'a qu'un moment pour remanier une composition mutilée. La haine de l'intelligence humaine et le mépris des lettres se devraient mieux masquer.

On raconte que des fiacres et des gendarmes viennent tous les soirs chercher les censeurs et les reconduisent chez eux : on pense que les gendarmes sont là en guise de gardes d'honneur [1].

Une partie des travaux de la censure a lieu après le coucher du soleil ; il y a des ouvrages qui ne se font que de nuit. Cela se passe pourtant assez loin de M. le ministre de l'intérieur pour que son sommeil n'en soit point troublé.

Voyons maintenant dans quel état la presse périodique demeure lorsque les censeurs, ayant achevé leur besogne, ordonnent de *laisser passer leur justice*.

Un étranger a quitté la France depuis une vingtaine de jours ; par un hasard quelconque il a ignoré l'imposition de la censure, et il est revenu hier à Paris.

A son départ de cette capitale, il avait lu dans les feuilles indépendantes des articles politiques et littéraires sur les sujets les plus dignes d'occuper l'esprit humain. Accoutumé à ce mouvement de la pensée qui annonce les progrès d'un peuple dans la carrière de la raison et de la liberté, il demande les journaux du matin, il les ouvre avec empressement ; il court à ce que les Anglais appellent le *leading article*, l'article principal. Il voit écrit en grosses lettres, dans une feuille, ce titre : LA GIRAFE ; une autre feuille contient une annonce de *chien perdu ;* une troisième parle d'une scène de *Bobèche* ou d'une *danse de singes ;* une quatrième raconte la pêche d'un *énorme esturgeon*.

Notre voyageur cherche en vain dans les matières littéraires les noms qu'il avait coutume d'y trouver ; les ouvrages importants dont on lui donnait l'analyse : tout a disparu. Il se frotte les yeux ; il ne sait s'il rêve ; il se demande si la France n'a pas été frappée tout à coup d'une paralysie à la suite de laquelle elle serait tombée en enfance. Il ne se peut figurer que ce soit là la nation qu'il avait laissée si saine, si grande, si spirituelle, et qu'il retrouve si cacochyme, si petite, si idiote.

Telle est pourtant, dans l'exacte vérité, la dégradation subite où nous a plongés la censure. Un peuple peut-il consentir longtemps à cet amoindrissement forcé, à cet abandon de toutes ses facultés morales et intellectuelles ? S'imagine-t-on que l'on peut passer sans transition des mâles travaux de l'homme aux occupations puériles de l'enfant, des jouissances de la liberté aux plaisirs de l'esclavage, et du spectacle de la gloire aux gambades de Fagotin ?

C'est tenter l'impossible ; il serait plus aisé de nous ramener au mode de la régence que de réduire nos esprits à la mesure des censeurs.

Aussi les effets de la censure ne sont pas moins effrayants qu'ils ne sont

---

[1] M. A. de Jussieu.

inévitables; le dégoût, le mépris, la haine s'augmentent au fond de tous les cœurs pour un système d'administration qui exploite au profit de quelques hommes quarante années de révolutions, de victoires et de malheurs. On se demande si c'est pour arriver à l'ovation de tels et tels ministres que la république a brisé le trône et élevé l'échafaud de Louis XVI, que la Vendée a versé son sang, que Buonaparte a vaincu l'Europe, que Louis XVIII a donné la Charte? Sommes-nous punis par où nous avons péché? Devons-nous expier l'extrême grandeur par l'extrême petitesse?

Des nains ministériels, montés sur les débris de nos libertés, ont osé attacher un bandeau sur les yeux de la France, imitant la gloire, qui seule était de taille à atteindre le front de la fille aînée de l'Europe. Prétendent-ils tuer cette France quand elle ne les verra plus? Mais ne pourrait-elle pas étendre son bras dans l'ombre? Malheur à ceux sur qui s'abaisserait sa main?

Chaque jour on nous effraye du bruit de quelques projets sinistres. Les ministres, nous dit-on, n'en resteront pas là : enivrés de la victoire remportée sur Paris par le licenciement de la garde nationale, sur la France entière par la censure, ils songent à de nouveaux triomphes. Leurs créatures sollicitent une nombreuse nomination de pairs, pour obtenir, si elles le peuvent, des mesures selon leurs vœux; elles méditent une nouvelle circonscription des tribunaux, afin de dompter l'esprit indépendant de la magistrature; elles parlent d'une loi de censure perpétuelle, d'une loi d'élections plus flexible, d'une suspension de la Charte, etc., etc.

De quoi les ennemis du roi et de la patrie ne parlent-ils pas! Mais ils comptent sans le temps, sans les événements, sans la force du siècle, sans l'esprit des peuples. Ne confondons pas le génie qui rêve, avec la médiocrité qui extravague : quelques idées vieillies, cantonnées dans des têtes étroites et usées, peuvent-elles régir une nation où les lumières sont entrées de toutes parts? Une garnison d'invalides, retranchée dans un donjon délabré, fait-elle la loi aux assiégeants, lorsque la place est prise et le pays occupé?

La France avait montré une joie extrême du retrait du projet de loi contre la presse; si elle ne pouvait supporter ce projet, même en pensée, est-ce pour la satisfaire qu'on lui impose la censure? Est-il sage, est-il politique de narguer ainsi, de fouler aux pieds l'opinion?

Après cinq années de possession de la liberté de la presse, cette liberté n'est plus pour la France un simple principe abstrait, c'est un fait pratique qu'il n'est donné à personne de détruire. La censure, loin de calmer les esprits, n'a fait que les irriter : elle les a confirmés dans l'idée que les ministres cherchaient à ravir à la France les institutions que leur a octroyées Louis XVIII.

Dans l'ancienne monarchie, le pouvoir n'avait pas en lui-même son principe modérateur; il ne rencontrait de résistance que dans ses limites; clergé, noblesse, états provinciaux, droits et priviléges municipaux, lui faisaient obstacle.

Dans la monarchie nouvelle, le pouvoir n'a point de bornes; mais il est retenu par un principe renfermé dans son propre sein, *la publicité*. Détruisez celle-ci, il ne reste qu'un despotisme orageux. « La monarchie légitime, a dit un esprit profond, la monarchie légitime si nécessaire à la France, cette monarchie qui est à nous aussi bien qu'à nos adversaires, serait amenée par leur imprudence au seul risque véritable qu'elle ait à courir, celui d'être regardée comme incompatible avec les libertés qu'elle a promises [1]. »

Ces libertés ont pénétré nos institutions et nos mœurs : attaquer la plus précieuse de toutes, c'est blesser nos intérêts essentiels. Ajoutons que la censure, telle qu'elle existe aujourd'hui, est absurde, parce qu'elle est impuissante.

Lorsqu'à côté d'une presse esclave il existe une presse libre, et que celle-ci raconte ce que l'autre est obligée de taire, le pouvoir tombe dans la désaffection et dans l'impopularité, sans arriver au but qu'il se propose : il se donne à la fois les embarras de la liberté de la presse et les inconvénients de la censure.

Nous avons maintenant les chansons et les noëls satiriques de la vieille monarchie, et les brochures politiques de la monarchie nouvelle. Avant un mois le public commencera à connaître ces brochures; elles seront d'autant plus lues, demandées, recherchées, que la presse périodique est moins indépendante.

Lorsqu'un écrit a la faculté de paraître sous le régime de la loi, que l'auteur de cet écrit ne peut pas être arrêté, jugé et fusillé dans vingt-quatre heures, une petite violence administrative à la publicité est une bouderie à laquelle ne se laissera jamais aller un véritable homme d'État. La censure, glaive tranchant de l'arbitraire, s'émousse aux mains de l'autorité légale : il ne coupe pas, il meurtrit; l'arme de la légitimité est la liberté de la presse.

La légitimité revint de l'exil nue et dépouillée : elle réclama la puissance en offrant la liberté; l'échange fut accepté avec transport. De mâle en mâle, par une succession non interrompue, on arrivait de Robert le Fort à Louis XVIII : les fils de ceux qui fondèrent la monarchie, et qui gardèrent le passé pendant mille ans, demandaient à garder l'avenir. Ce miracle d'antiquité était une grandeur qu'on ne pouvait méconnaître : les Français se soumirent à l'autorité de leur roi, comme à l'autorité de leur histoire.

Le souverain eut donc en partage le pouvoir, et le peuple, la liberté. Les

---

[1] M. Royer-Collard, séance du 22 janvier 1823.

deux parties, satisfaites l'une de l'autre, sont sincères et loyales; mais entre elles se sont glissées de petites gens qui cherchent à brouiller. Elles ont réussi jusqu'à un certain point; on s'en étonne, et l'on a tort.

La médiocrité individuelle n'est pas forte par ce qu'elle est en elle-même, mais par le corps nombreux des médiocrités qu'elle représente. Plus l'homme en pouvoir est petit, plus il convient à toutes les petitesses : il donne à la foule l'espérance de réussir; les courtisans le préfèrent, parce qu'ils peuvent dédaigner sa première condition; les rois le conservent comme une preuve de leur toute-puissance. Non-seulement la médiocrité parvenue a tous ces avantages, mais elle a encore un bien plus grand mérite : elle exclut du pouvoir la capacité. Ce député des infirmes aux affaires caresse deux passions du cœur humain : l'ambition du vulgaire, et l'envie de tous.

Mais enfin cela n'a qu'un temps, et un temps fort court dans la forme de nos institutions; elles ramèneront les vraies supériorités, ou bien il faudrait tenter des coups d'État, qui viendraient échouer contre le refus de l'impôt.

Si nous voulons remporter la victoire, agissons toujours de concert, et soyons attentifs aux manœuvres des ennemis de nos libertés. C'est principalement des élections prochaines que nous devons attendre notre salut. Les élections partielles qui ont eu lieu dernièrement n'ont laissé passer qu'un seul candidat de l'autorité. M. Delalot vient d'être nommé à Angoulême, à la haute satisfaction des royalistes constitutionnels et au mortel déplaisir de leurs adversaires ; ce qui prouve, ce que l'on savait depuis longtemps, que la censure est un mauvais moyen d'obtenir aux élections des votes ministériels. Mais prenons garde à une chose.

La dernière loi sur le jury est excellente : faites de sorte à empêcher, dans l'avenir, les fraudes électorales; elle pourrait cependant avoir dans ce moment le plus grand danger, si la France était surprise par une dissolution subite de la Chambre des députés après le 1$^{er}$ octobre prochain.

On commence à exécuter cette loi ; les listes où les citoyens iront s'enregistrer seront closes le 1$^{er}$ octobre de cette année. Il est naturel que toutes les créatures, que tous les agents du ministère soient portés immédiatement sur ces listes.

Malheureusement l'institution du jury n'est pas encore bien entrée dans nos mœurs; il est probable que dans les départements on se montrera tiède à placer son nom sur le rôle des jurés ; on croira qu'il sera toujours temps d'en venir là ; on ne se souviendra pas qu'en négligeant de se faire inscrire on perd ses droits d'électeur. Souvenons-nous bien que LES LISTES DU JURY SONT LES LISTES ÉLECTORALES. Personne ne viendra vous en avertir dans votre domicile ; les autorités ne diront rien ; les journaux, sous le joug de la censure, se tairont ; le 1$^{er}$ octobre arrivera. Si la Chambre des députés est dissoute, alors que fera-t-on? on courra aux colléges électoraux : inutile empressement! on n'est point inscrit sur la liste du jury, on a perdu ses droits d'électeur! On réclamera : les réclamations seront accueillies *pour l'année* 1828. Tout sera parfaitement légal; il n'y aura pas lieu à la plus petite plainte; mais, comme les initiés le disent déjà trivialement en se frottant les mains, *on aura manqué le coche ;* une Chambre des députés sera élue pour *sept ans.* Les ministres, riant des dupes et de la véritable opinion de la France, recueilleront le fruit de la censure.

Je recommande ceci à l'attention la plus sérieuse des citoyens : qu'ils se hâtent de se faire inscrire sur la liste du jury avant le 1$^{er}$ octobre ; il y va de leurs droits électoraux, il y va de la prospérité et de la liberté de la France. Je répéterai plusieurs fois cet avertissement, et tous les écrivains amis de leur pays se feront un devoir de le rappeler.

Il est déplorable d'en être à ces craintes de surprise, d'avoir sans cesse à se défier, à se défendre du pouvoir administratif comme d'un ennemi, de ce pouvoir qui devrait être le premier à instruire les citoyens, à les inviter à l'exercice de leurs droits. Malheureusement les défiances ne sont que trop justifiées par les anciennes tromperies électorales, par tout ce que l'on a fait pour acheter d'abord l'opinion, et ensuite pour l'étouffer. Serrons nos rangs, oublions nos petites dissidences. Ne nous laissons pas décourager parce que le temps nous semble long. On a sans cesse à la bouche cette phrase banale : Il y a bien loin d'ici à telle époque! Bien loin? Et la vie, combien dure-t-elle?

Charles X entendra nos plaintes : c'est de lui surtout que viendra notre salut. Si sa piété est vive, elle est éclairée ; elle ne lui a point été donnée en diminution de ses vertus; il ne se met point humblement à genoux au pied des autels, pour marcher ensuite avec orgueil sur la tête de ses sujets; il n'est pas de ces princes qui se croient le droit de frapper leurs peuples quand ils se sont frappé la poitrine. Il descend de ce Louis IX qui disait : « J'aimerois mieux que *le peuple de mon royaume fust gouverné bien et loyaument par un Ecossoys venu d'Ecosse, ou par quelque loingtain estrangier, que par un roy de France qui ne fust pas aymé de son peuple et qui gouvernast mal à point et en reproches.* »

Vrais sentiments d'un roi, d'un saint et d'un grand homme!

## POST-SCRIPTUM.

Des journaux nous donnent le traité conclu, disent-ils, entre la France, l'Angleterre et la Russie, pour la pacification de la Grèce. Ces négociations, commencées sous mon ministère, me paraîtraient dans ce cas avoir eu une triste fin. Il serait difficile de comprendre que les Ottomans, vainqueurs presque partout, abandonnassent les forteresses qu'on leur a laissé prendre, livrassent toutes les propriétés turques à des rayas rebelles, et que les Grecs de leur côté reconnussent le sultan comme leur *seigneur suzerain,* lui payassent un *tribut annuel,* et consentissent à laisser à la Porte une *voix déterminante dans la nomination des autorités qu'ils se choisiront.*

Je disais dans ma note sur la Grèce qu'il était déjà trop tard, il y a deux ans, de demander pour celle-ci une sorte d'existence semblable à celle de la Valachie et de la Moldavie, les Grecs paraissant être au moment de chasser les Turcs ou d'être exterminés par eux.

Je remarquais toutefois qu'il était encore possible de délivrer les Hellènes sans troubler le monde, sans se diviser, sans mettre même en danger l'existence de la Turquie, par une seule dépêche collective souscrite des grandes puissances de l'Europe : ce sont là, ajoutais-je, de ces pièces diplomatiques qu'on aimerait à signer de son sang.

On en est venu à cette résolution : mais quand? Quand des flots de sang ont été versés, lorsque les Turcs sont rentrés dans les ruines d'Athènes, et que la torche de Mahomet, plantée dans les débris des monuments de Phidias, semble éclairer les dernières funérailles de la Grèce.

La France, qui devait prendre l'initiative dans cette question ; la France, qui aurait pu avoir dans ce moment vingt-cinq mille volontaires en Morée, a été placée, par la faiblesse des ministres, à la suite des autres puissances. Les peuples ont traîné les gouvernements à la remorque dans une affaire où la religion, l'humanité et les intérêts matériels bien entendus réclamaient l'intervention de ces gouvernements.

On a déclamé contre les comités philhellènes ; mais en quêtant du pain, ils ont nourri des veuves, des orphelins, une poignée de héros, et laissé le temps à la chrétienté de rougir.

La Russie voulait agir : qui l'a arrêtée? S'il est juste de secourir aujourd'hui les Grecs, eût-il été injuste de les secourir il y a quatre ans? S'était-on flatté qu'ils seraient anéantis? Ils ont malencontreusement résisté au delà de l'espérance. Maintenant leur renommée embarrasse : qu'en faire? Ne pourrait-on pas les en punir, en les rejetant sous la suzeraineté des Turcs? On n'a pas pu leur ôter la vie ; ôtons-leur la gloire : ce sera toujours se venger de la liberté. Si la Porte n'accepte pas une médiation proposée avec tant de ménagements et des paroles si modestes, combien de temps encore les massacres dureront-ils, puisque le traité ne porte pas une condition expresse d'armistice? Pendant les échanges de notes diplomatiques, les Turcs continueront-ils à égorger les Grecs sous les yeux des médiateurs?

Si vous regardez ces Grecs comme des sujets rebelles, pourquoi vous occupez-vous d'eux ? Si vous les considérez comme un peuple qui mérite d'être libre, quel droit avez-vous de fixer les conditions de sa liberté ou plutôt de prolonger véritablement son esclavage ? Laissez-le mourir : la postérité lui rendra les derniers honneurs ; il n'a pas besoin que votre pitié de parade et votre admiration dérisoire viennent promener vos pavillons en deuil sur les mers qu'il illustra, et tirer des coups de canon à poudre sur sa tombe.

Si les Grecs, comme ils l'ont décrété, érigent une monarchie constitutionnelle et se choisissent un prince étranger, c'est donc le Grand-Turc qui, avec sa voix déterminante, nommera ce roi vassal ?

Si les Grecs n'acceptent pas les chefs désignés par la Porte, qui décidera la question ? Les puissances médiatrices, réunies en conseil de censure, prendront-elles à tout moment les armes ?

Il fallait éviter des détails où l'on a tout réglé sans consulter les parties contendantes. On devait, selon moi, se contenter de dire : « La guerre cessera à l'instant : nous l'exigeons dans l'intérêt de la religion et de l'humanité, dans l'intérêt de nos sujets et du commerce. Nous reconnaissons l'indépendance de la Grèce, et nous offrons notre médiation pour les arrangements qui seront la suite de cette reconnaissance. »

L'Angleterre a reconnu l'indépendance des colonies espagnoles, la France, l'indépendance d'une république de noirs ; et l'on en est à parler d'un *rapprochement éventuel* avec les Grecs ! La France et l'Angleterre ne soutiendraient-elles des principes généreux que lorsqu'elles n'ont à craindre aucune résistance ? Les Turcs sont-ils si formidables ? Il suffit que nos gens d'État se mêlent de quelque chose pour que tout avorte : leur administration pauvrette n'amène rien à terme.

Si de tant de désastres on sauve quelques familles, on devra sans doute s'en réjouir ; mais qu'on ne vienne pas réclamer, au nom d'une mesure incomplète et tardive, une popularité qu'on n'a pas méritée. Faut-il croire à un article secret devenu un article public ? Dans tous les cas, cet article n'engagerait pas beaucoup les puissances ; car il y est dit qu'on établirait avec les Grecs des relations commerciales, *aussi longtemps qu'il existera parmi eux des autorités en état de maintenir de telles relations.*

Or, n'est-il pas évident qu'on pourra toujours déclarer aux Grecs qu'on désirait établir avec eux des relations, mais *qu'ils ne sont pas en état de les maintenir ?* Cette grande négociation finirait ainsi par une misérable moquerie. En tout, le ton du traité, si ce traité est authentique, est timide, vague, embrouillé, sans franchise, très-peu digne du langage de trois grandes puissances de l'Europe. On y sent l'amour des Turcs, les défiances de l'Autriche, la peur de la guerre, la mercantile de la cité de Londres, et l'agiotage de la Bourse de Paris : on ne peut échapper au 3 pour 100.

# DERNIER AVIS AUX ÉLECTEURS [1].

Paris, le 5 septembre 1827.

Il n'y a qu'une chose qui doive fixer dans ce moment l'attention publique ; qu'une chose dont nous puissions entretenir nos lecteurs : la formation des listes pour le jury. Ces listes, on le sait, sont aussi les listes électorales ; quiconque négligerait de s'y faire inscrire avant le 30 de ce mois perdrait son droit d'électeur pendant une année. Si une élection générale avait lieu dans le cours de cette année, le mauvais citoyen, car il faut trancher le mot, qui se serait tenu à l'écart, deviendrait coupable de tout ce qu'une Chambre des députés, dévouée à l'administration du jour, pourrait faire de mal à la France.

Remarquez que vous avez contre vous deux chances de dissolution, à deux époques différentes. Une fois close le 30 septembre, la liste du jury est valable pour un an ; le ministère peut déterminer la couronne à dissoudre la Chambre des députés avant la session prochaine ou après cette session ; que l'élection précède seulement de quelques jours le 1$^{er}$ octobre 1828, c'est la liste arrêtée le 30 septembre 1827 qui servira. De sorte que, s'il plaît au ministère de faire encore une campagne avec la Chambre actuelle des députés, il le peut, réservant sa *bonne* liste (si elle était bonne à ses fins) pour des élections qu'il placerait au mois d'août ou de septembre 1828 ; il gagnerait ainsi une année d'existence ; il ajouterait l'année qui va s'écouler aux sept années qu'il se donnerait ensuite. Y a-t-il en France un seul homme, autre qu'un serviteur extrêmement humble, à qui l'arrangement puisse convenir ? Encore huit années de la chose ministérielle ! c'est un peu long. Voilà néanmoins ce qui arriverait si les électeurs non serviles renonçaient à se présenter à leur préfecture avant le 30 septembre. Et qu'ils se dépêchent, car nous sommes au cinquième jour de ce mois fatal.

Déjà dans les bureaux on se réjouit des retards d'inscription ; on se vante que, ces retards continuant, les quatre cinquièmes, où tout au moins les trois

---

[1] Mon tour de tenir la plume n'était pas revenu. Prévenu trop tard que j'aurais à remplacer momentanément un homme de talent et de mérite, il m'a fallu dicter, revoir et livrer cette brochure à l'impression dans quelques heures. Au reste, il ne s'agit ici ni de l'écrit ni de l'écrivain ; il s'agit de remplir un devoir : *Faites-vous inscrire sur les listes du jury;* voilà tout ce que j'avais à dire, et ce sera toujours bien dit.

cinquièmes des voix seront acquis à l'autorité. On va jusqu'à marquer le nombre des membres dont l'opposition future serait composée : soixante députés de la minorité de gauche, huit députés de la minorité de droite, c'est tout ce que le ministère accorde *aux besoins de l'opposition*.

L'outrecuidance ministérielle est connue; elle a souvent annoncé des succès qu'elle n'a point obtenus. Elle se disait sûre de faire repousser M. Delalot à l'élection d'Angoulême, et M. Delalot a été nommé. (Il en a été ainsi de quelques autres élections partielles.) Elle se regardait comme certaine du vote de plusieurs lois, et ces lois ont été rejetées ou refaites. Nous croyons même, et nous avons nos raisons pour cela, que dans les voix que le ministère s'attribue déjà sur les listes du jury, il aura de grands mécomptes. Ne nous effrayons donc pas des vanteries, mais qu'elles nous servent d'admonition : souvenons-nous qu'un seul suffrage peut décider de la nomination d'un député, et la boule de ce député, du sort d'une loi ou d'un ministère.

Mais si le ministère a l'intention de procéder à des élections, comment se fait-il qu'il soit le premier à solliciter l'inscription sur les listes? Voyez les avertissements des préfets, les articles de journaux : n'est-il pas évident que la censure ne laisserait pas passer ces articles, s'ils contrariaient les plans des hommes du pouvoir? Il est donc clair que ces hommes ne veulent pas renouveler la Chambre des députés, ou qu'ils désirent que l'élection soit sincère, que les opinions soient libres.

Nous aimerions à donner ces éloges au ministère; mais il a trop appris à la France à le juger autrement. Il dirait aujourd'hui la vérité qu'on ne le croirait pas : c'est peut-être ce qu'il y a de plus déplorable dans sa position, pour lui-même et pour le pays.

La défiance est poussée au point que nous avons vu des électeurs, au moment de commencer les démarches nécessaires, reculer devant l'invitation des autorités. « On nous presse, c'est pour nous prendre dans un piége que nous ne voyons pas. Le ministère n'a pas envie que nous votions contre lui; or il nous appelle, donc il nous trahit. » On ne pouvait les tirer de ce raisonnement.

Il est aisé d'expliquer la contradiction apparente entre ce qui peut être le vœu secret de l'administration, et le langage public des autorités et des journaux censurés.

Les raisons de *principe* agissent peu sur les hommes; il n'y a que les raisons de *fait* qui frappent et qui soient entendues. Ainsi, quand vous crieriez du matin au soir : « Rien n'est si beau que la fonction de juré, rien de si admirable que le pouvoir électoral! Si vous vous exposez à le perdre, vous vous montrerez indigne du gouvernement représentatif et de la liberté constitutionnelle : indépendant, vous renoncerez à votre indépendance ; royaliste, vous méconnaîtrez le bienfait de la Charte octroyée par le roi votre maître. Sortez de votre apathie, et assurez votre double droit d'électeur-juré. »

Ce langage est fort convenable ; mais déterminera-t-il à s'inscrire vingt électeurs de ceux qui ne s'inscrivent pas naturellement? nous ne le pensons pas. Il n'y a donc aucun danger pour l'administration à laisser proclamer ces théories ; elle sait très-bien que ce n'est pas avec de la métaphysique politique qu'on fait mouvoir les électeurs ; elle se donne ainsi, à bon marché, un air de candeur ; ses partisans viendront vous dire à la tribune, en apologie de la censure, et après des réélections favorables pour eux : « Cette Chambre nouvelle où le ministère a une majorité acquise, démontre que l'opinion réelle de la France est tout en faveur du système que l'on suit. Soutiendrez-vous que l'on a agi déloyalement, que l'on a écarté des colléges électoraux nos adversaires? loin de là, on les a appelés de toutes parts ; les préfets les ont instruits de ce qu'ils avaient à faire. Quelle opinion a été enchaînée? Le journal royaliste n'a-t-il pas désigné le candidat royaliste ; le journal libéral, le candidat libéral? »

Et l'orateur, en prononçant ces paroles, aurait sous sa main une liasse de journaux censurés et d'arrêtés de préfets, et, comme dans *les Plaideurs*, il en montrerait les pièces ; et Perrin Dandin, réélu, dirait avec attendrissement : *Vraiment il plaide bien!*

Voulez-vous savoir si tout cela est franchise? Sortez des théories, venez au fait ; dites aux électeurs qu'ils doivent se faire inscrire pour mettre un terme au système ministériel ; pour prévenir le retour de ces projets de lois qui désolent et irritent la France ; pour empêcher la perpétuité de la censure et de la détérioration de la pairie ; pour renvoyer les receveurs généraux dans leurs départements, et dissoudre un syndicat dangereux ; pour rendre la caisse d'amortissement à sa destination primitive ; pour cesser d'être humiliés par des pirates dont nous bloquons inutilement les ports ; pour que le commerce refleurisse ; pour que des injustices soient réparées : voilà ce que tout le monde comprendra ; voilà ce qui amènera la foule aux listes de jurés ; mais voilà aussi ce que la censure ne vous permettra pas d'écrire dans les journaux ; voilà ce dont les préfets n'auront garde de vous instruire ; voilà ce qui prouve que la sincérité de l'appel ministériel aux électeurs est une déception de plus.

Dans un pays où l'administration ne se séparerait pas du peuple, ne regarderait pas l'opinion publique comme une ennemie, tout se passerait dans l'ordre ; au lieu de chercher à profiter des difficultés et des lacunes qui peuvent exister dans une loi, au lieu de s'en tenir rigoureusement à la lettre de cette loi, une autorité paternelle attendrait avec patience les citoyens et leur aplanirait les voies.

La loi actuelle sur le jury a oublié de commander aux autorités locales de délivrer un récépissé des pièces qu'on doit leur fournir. Comment prouvera-t-on que ces pièces ont été remises en temps utile, si par hasard elles s'égaraient dans les bureaux, ou s'il convenait à quelque séide ministériel de nier les avoir reçues?

Des électeurs arrivent de la campagne ; ils ont fait plusieurs lieues afin de remplir le vœu de la loi. L'heure est trop avancée ; les bureaux ne sont plus ouverts : ces électeurs pourront-ils revenir ?

Les percepteurs des impositions des communes rurales ne manquent pas de prétextes pour retarder quelquefois la remise des extraits qu'on leur demande.

L'article 3 de l'ordonnance de 1820 veut que tous les dix jours, pendant que les listes électorales restent affichées, les préfets fassent publier un relevé des noms ajoutés ou retranchés. Les électeurs-jurés jouiront-ils du bénéfice de cette ordonnance ?

Puis viennent les dégrèvements, les chicanes sur les pièces produites, les erreurs volontaires ou involontaires des percepteurs, maires, sous-préfets et préfets.

Il est dur d'énumérer les moyens que saurait bien trouver le pouvoir ministériel de fausser une excellente loi ; mais ce pouvoir a été vu à l'œuvre : le personnel de ce pouvoir n'est pas changé, son esprit l'est encore moins ; ce pouvoir a fait, sans rougir, des professions publiques de son despotisme. Les mêmes hommes qui dirigèrent les dernières élections seront chargés de travailler celles qui pourraient avoir lieu. Qu'attendre de leur justice ?

Nos craintes paraîtront peut-être prématurées. L'administration, répliquera-t-on, n'est pas d'humeur à jouer le certain contre l'incertain : elle peut encore se traîner deux ou trois ans comme elle est : que chaque année elle emporte le budget et remette la censure, elle n'en demande pas davantage. Elle tient la considération publique pour niaiserie ; les discours à la tribune, pour néant. Vous lui direz que la censure a tout perdu, elle vous répondra que la censure a tout sauvé : sur ce, clôture, ordre du jour ; le compte des boules réglera l'affaire. A chaque jour suffit sa peine : dans trois ans il arrive tant de choses ! Et puis, quand on sera là, on verra. Pourquoi les ministres se troubleraient-ils le cerveau de toutes ces prévoyances? On leur dit, dans *le Moniteur*, qu'ils sont les premiers hommes du monde, qu'ils ont fait des choses magnifiques, étonnantes ; on suppute, par le menu, toutes ces belles choses que la censure environne de son inviolabilité. Le patenté politique est bien payé des deniers publics, et chacun s'endort. On n'est pas assez fou pour lâcher ce qu'on tient, pour risquer sur un coup de dé une fortune acquise. Il n'y aura pas le plus petit changement ; les choses resteront comme elles sont : rien ne presse donc de se faire inscrire.

Nous en conviendrons, c'est là l'esprit de l'administration : pourvu qu'elle vive, elle est satisfaite. Devenue insensible à tout reproche, elle garderait certainement sa position, si elle suivait les habitudes de sa misère. Vous ne la toucheriez pas davantage en lui disant que dans deux ou trois ans les élections pourraient être dangereuses par l'exaspération toujours croissante des esprits. Qu'importe au ministère tout intérêt qui n'est pas le sien? Mais dans les circonstances où nous sommes, les agents de l'autorité suprême ne sont pas libres de s'abandonner au penchant de leur caractère; ils seront forcés d'agir.

Il est probable qu'après la session prochaine il y aura de nombreuses démissions : beaucoup de députés pensent que leurs pouvoirs légaux expirent au bout de cinq années. L'année 1828 peut donc amener des réélections partielles : voudrait-on laisser ces réélections au profit de qui de droit? De plus, tout ne fait-il pas présumer que ces démissions multipliées entraîneront une dissolution complète? Or, que des élections partielles ou des élections générales aient lieu avant le 1$^{er}$ octobre 1828, notre précédent raisonnement subsiste.

Enfin, si l'on est déterminé à s'inscrire dans un temps quelconque sur la liste des électeurs-jurés, pourquoi ne pas le faire à présent, pourquoi ne pas prévenir les chances défavorables? La Chambre des députés ne sera pas dissoute : eh bien! l'on sera en règle, et l'on attendra paisiblement l'avenir.

Quant à ceux qui pourraient craindre d'exercer les fonctions de juré, ils doivent maintenant être rassurés. Il est prouvé que leur tour ne peut guère revenir, dans les départements, qu'une fois tous les huit ans. Voudrait-on renoncer aux plus beaux des droits, aux droits électoraux, pour éviter une aussi petite peine? Mais alors même on n'y réussirait pas; *on ne serait plus électeur, et on resterait juré :* le préfet peut toujours vous inscrire d'office, et les citoyens dont vous n'auriez pas voulu partager l'honorable labeur seraient les premiers à vous dénoncer comme étant apte à faire partie d'un jury.

Ne cherchons pas dans le pouvoir ministériel, dans son amour du repos, dans son imprévoyance accoutumée, dans sa difficulté à pousser ses calculs au delà des besoins du moment; ne cherchons pas un prétexte pour autoriser notre paresse et notre négligence. L'administration pourrait sortir inopinément de sa nature : il n'y a personne qui ne démente une fois dans sa vie ses propres défauts. On veut sans doute du silence et de l'immobilité au dehors; on sacrifierait la dignité de la France à une hausse de fonds de quelques centimes; jamais la prospérité de la patrie ne sera mise en balance avec la prospérité du 3 pour 100. Mais s'agit-il de conserver une place de ministre, il n'y a pas de coup d'État qui coûte : garde nationale, libertés publiques, pairie, tout y passerait.

Audacieux avec légèreté, timides sans prudence, violents contre tout ce qu'ils sentent enchaîné par la loyauté, faibles contre tout ce qui oserait pousser au dernier terme la vengeance d'un outrage, ingrats comme des nécessiteux, se figurant que leur colère épouvante et que leur faveur est quelque chose, des hommes ont creusé un abîme sous nos pas : eux seuls méconnaissent les symptômes alarmants d'une crise que leurs fautes ont préparée. Au lieu d'arrêter le mal, la censure l'a prodigieusement augmenté.

Qu'a-t-elle empêché, cette censure? Le ministère a-t-il vu se tempérer pour lui l'animadversion publique? Les journaux étaient accusés de donner des ordres, de dicter des lois, d'ameuter la foule autour des cercueils. Eh bien! les gazettes sont demeurées muettes : les cendres de M. Manuel ont-elles été moins accompagnées à leur dernier asile? Qu'a-t-on entendu à ces funérailles où la censure devait joindre son silence à celui des tombeaux? N'y avait-il rien de plus qu'à l'inhumation du général Foy, accomplie sous les auspices de la liberté de la presse? Tout devient résistance quand tout blesse; tout est opposition aujourd'hui, les vivants et les morts.

La religion, nous l'avions prévu, souffre particulièrement de cet état de choses. On ne parle plus dans les journaux de missionnaires et de jésuites; mais écoutez ce que l'on répète autour de vous : c'est le clergé tout entier que l'on accuse. Au dire de ses ennemis, c'est pour favoriser son ambition, c'est pour cacher ses fautes que l'on a mis la censure; il veut la ruine de nos institutions; la Charte est incompatible avec son existence. Telles sont les calomnies qu'a fait naître le système ministériel, calomnies indignes et absurdes sans doute, mais populaires; or, les mensonges ont produit plus de troubles sur la terre que les vérités.

Il est malheureusement trop vrai que des ressentiments profonds fermentent dans les cœurs. Les petits Machiavels du temps s'imaginent que tout marche à merveille dans une société quand le peuple a du pain et qu'il paye l'impôt. Ils ignorent, ces prétendus hommes d'État, qu'il y a chez les nations des besoins moraux plus impérieux que les besoins physiques. Lorsque ces nations sont offensées dans leurs libertés, dans leurs opinions, dans leurs goûts, dans leur orgueil, en vain les champs se couvrent de moissons; un malaise général se fait sentir, et des désordres sont à craindre. Dans l'ordre politique, les maux physiques causent les soulèvements, et les souffrances morales font les révolutions. Une nation ne manque de rien; elle jouit de toutes les richesses de la terre, de tous les trésors du ciel, et voilà qu'elle tombe tout à coup dans le délire. Pourquoi cela? C'est qu'elle portait au sein une blessure secrète que son gouvernement n'a su guérir. Rome est patiente aux plus cruelles disettes, et s'émeut pour l'honneur de Virginie; Paris tout entier se laisse mourir de faim plutôt que d'ouvrir ses portes à

Henri IV. C'est la liberté, c'est la gloire, c'est la religion, qui arment les hommes; les bras ne servent que les intelligences.

On a voulu nous donner la censure pour mille raisons personnelles, et peut-être pour favoriser les élections dans le sens du pouvoir administratif. Elle ne produira point ce qu'on désire qu'elle produise; mais elle aura d'autres effets, effets funestes si l'on ne s'empresse d'en détruire la cause : on a pris pour des circonstances graves beaucoup de sottises faites : la médiocrité a eu peur de son ombre, et on lui a immolé la liberté.

Quand on verra réunies, à la prochaine session, toutes les rognures des journaux, toutes les méchancetés et toutes les absurdités de la censure, toutes les destructions causées par les intérêts personnels, par les petites passions politiques et littéraires, on restera stupéfait. Force sera d'écouter de la tribune l'histoire des *blancs,* des dénis même de censure, des permissions accordées à tel journal, refusées à tel autre. Comment a-t-on pu mettre en tutelle l'âge viril d'un grand peuple? Comment s'est-on figuré que ce peuple oublierait tout ce qu'il avait appris, qu'il se soumettrait sans indignation à ne parler de ses plus chers intérêts qu'avec licence et privilége, qu'il consentirait à encadrer son génie dans les bornes de l'esprit étroit qu'on lui a donné pour mesure, à rétrograder jusqu'à l'enfance, à balbutier, dans les lisières, l'imbécile langage de la Mère-l'Oie? Une nation qui, depuis quarante années, s'instruit au gouvernement représentatif; une nation qui a payé de son sang et de ses sueurs ce rude apprentissage; une nation qui, depuis cinq ans, a joui de l'indépendance entière de sa pensée; une nation dont le droit écrit se retrouve dans la Charte et les serments de deux rois : une telle nation souffrira-t-elle longtemps les flagellations d'une censure famélique, qu'on pourrait nourrir de toute autre chose que des libertés de la France?

> J'aime bien mieux ces honnêtes enfants
> Qui de Savoie arrivent tous les ans,
> Et dont la main légèrement essuie
> Ces longs canaux engorgés par la suie.

Voulez-vous faire cesser toutes les divisions, calmer toutes les inquiétudes, rendre la France prospère, calme au dedans, invulnérable au dehors, exécutez franchement la Charte; non parce qu'elle est *Charte, Constitution, Code, Principe,* mais parce qu'elle est l'expression des besoins du temps. Tout gouvernement qui méconnaît la vérité politique dans laquelle il doit vivre marche à sa perte. Dans l'ordre illégitime même, Buonaparte n'a péri que parce qu'il a été infidèle à sa mission : né de la république, il a tué sa mère. Il s'est hâté de jouir et d'abuser de sa gloire comme d'une jeunesse fugitive; il paraissait sur tous les rivages; il inscrivait précipitamment son nom dans les fastes de tous les peuples; il jetait en courant des diadèmes à sa famille et à ses soldats ; il se dépêchait dans ses monuments, dans ses lois, dans ses victoires. Penché sur le monde, d'une main il terrassait les rois, de l'autre il abattait le géant révolutionnaire ; mais en écrasant l'anarchie il étouffa la liberté, et finit par perdre la sienne sur son dernier champ de bataille.

Et nous, du milieu de notre infirmité, du fond de nos chères ténèbres ; nous, vieux malades d'un autre âge, presque oubliés dans celui-ci, nous aurions la prétention de repousser ces principes, que Buonaparte, tout vivant, tout éclatant, tout enfant de son siècle qu'il était, n'attaqua pas impunément ; principes qui laissèrent ce géant sans force lorsqu'il s'en fut séparé !

On ne peut se délivrer d'un système qui compromet les choses saintes, qui nuit à la couronne, qui tue les libertés, qui opprime les opinions, qui divise les esprits, qui punit les services, qui détruit l'industrie, qui paralyse le commerce, qui persécute les lettres, qui ne sympathise avec aucun des sentiments de la France ; on ne peut se délivrer de cet ignoble système que par des élections indépendantes ; il ne tient qu'à nous d'obtenir le triomphe : remplissons les formalités de la loi du 2 mai. Si nous négligeons de conserver nos droits électoraux, la politique à la fois mesquine et oppressive sous laquelle nous gémissons se perpétuera. Cette politique prolongée amènerait tôt ou tard une catastrophe. Nous faire inscrire sur la liste du jury, c'est sauver l'avenir, c'est défendre le trône, l'autel, nos libertés, nos propriétés, nos familles.

Tel est le sentiment des *Amis de la liberté de la presse ;* telle est en particulier l'opinion de celui dont la devise sera toujours : *le Roi, la Charte et les honnêtes gens.*

---

# DE LA RESTAURATION ET DE LA MONARCHIE ÉLECTIVE,

ou

### RÉPONSE

A L'INTERPELLATION DE QUELQUES JOURNAUX SUR MON REFUS DE SERVIR
LE NOUVEAU GOUVERNEMENT.

Une question obligeante m'a été faite à diverses reprises dans les feuilles publiques. On a demandé pourquoi je refusais de servir une révolution qui consacre des principes que j'ai défendus et propagés.

Je n'avais pas oublié cette question ; mais je m'étais déterminé à n'y pas répondre ; je voulais sortir en paix du monde politique, comme je sors en paix du monde littéraire dans la Préface du grand ouvrage [1] qui termine mes *Œuvres complètes,* et qui paraîtra dans quelques jours. « A quoi bon, me disais-je, armer de nouveau les passions contre moi ? Ma vie n'a-t-elle pas été assez agitée ? Ne pourrais-je trouver quelques heures de repos au bord de ma fosse ? » Une proposition faite à la Chambre des députés est venue changer ma résolution. Je serai compris des gens de cœur. A peine délivré d'un long et rude travail, il m'en coûte de troubler le dernier moment qui me reste à passer dans ma patrie ; mais c'est une affaire d'honneur ; je ne puis l'éviter.

Depuis les journées de juillet, je n'ai point fatigué le pouvoir de mes doléances. J'ai parlé de la monarchie élective aux pairs de France, avant qu'elle fût formée ; j'en parle maintenant aux Français, après huit mois d'existence de cette monarchie. Une grave occasion, la chute de trois souverains, m'avait obligé de m'expliquer : une occasion tout aussi grave, la proscription de ces rois, ne me permet pas de rester muet. Dans cet opuscule (réfutation indirecte de la proposition faite aux Chambres législatives, et développement de mes idées sur ce qui est), les partis se trouveront plus ou moins froissés : je n'en caresse aucun ; je dis à tous des vérités dures. Je n'ai rien à ménager : dépouillé du présent, n'ayant qu'un avenir incertain au delà de ma tombe, il m'importe que ma mémoire ne soit pas grevée de mon silence. Je ne dois pas me taire sur une restauration à laquelle j'ai pris tant de part, qu'on outrage tous les jours, et que l'on proscrit enfin sous mes yeux. Sans coterie, sans appui, je suis seul chargé et seul responsable de moi. Homme solitaire, mêlé par hasard aux choses de la vie, ne marchant avec personne, isolé dans la restauration, isolé après la restauration, je demeure, comme toujours, indépendant de tout, adoptant, des diverses opinions, ce qui me semble bon, rejetant ce qui me paraît mauvais, peu soucieux de plaire ou de déplaire à ceux qui les professent. Au moyen âge, dans les temps de calamités, on prenait un religieux, on l'enfermait dans une petite tour où il jeûnait au pain et à l'eau pour le salut du peuple. Je ne ressemble pas mal à ce moine du douzième siècle : à travers la lucarne de ma geôle expiatoire, je vais prêcher mon dernier sermon aux passants, qui ne l'écouteront pas.

Les raisons qui m'ont empêché de prêter foi et hommage au gouvernement actuel sont de deux sortes : les unes générales, les autres particulières ou personnelles ; parlons d'abord des premières.

Si la restauration avait eu lieu en 1796 ou en 1797, nous n'aurions pas eu la Charte, ou du moins elle eût été étouffée au milieu des passions émues. Buonaparte écrasa la liberté présente, mais il prépara la liberté future en

---

[1] *Études* ou *Discours historiques,* formant les tomes I et J de cette édition.

domptant la révolution et en achevant de détruire ce qui restait de l'ancienne monarchie. Il laboura tout ce champ de mort et de débris : sa puissante charrue, traînée par la Gloire, creusa les sillons où devait être semée la liberté constitutionnelle.

Survenue après l'empire, la restauration aurait pu se maintenir à l'aide de la Charte, malgré la défiance dont elle était l'objet, malgré les succès étrangers dont elle n'était que l'accident, mais dont elle paraissait être le but.

La légitimité était le pouvoir incarné ; en la saturant de libertés, on l'aurait fait vivre en même temps qu'elle nous eût appris à régler ces libertés. Loin de comprendre cette nécessité, elle voulut ajouter du pouvoir à du pouvoir ; elle a péri par l'excès de son principe.

Je la regrette, parce qu'elle était plus propre à achever notre éducation que toute autre forme gouvernementale. Encore vingt années de l'indépendance de la presse sans secousses, et les vieilles générations auraient disparu, et les mœurs de la France se seraient tellement modifiées, et la raison publique aurait fait de si grands progrès, que nous eussions pu supporter toute révolution sans péril.

Le chemin que l'on a suivi est plus court : est-il meilleur? est-il plus sûr?

Il existe deux sortes de révolutionnaires : les uns désirent la révolution avec la liberté, c'est le très-petit nombre ; les autres veulent la révolution avec le pouvoir, c'est l'immense majorité. Nous nous faisons illusion ; nous croyons de bonne foi que la liberté est notre idole : erreur. L'égalité et la gloire sont les deux passions vitales de la patrie. Notre génie, c'est le génie militaire ; la France est un soldat. On a voulu les libertés tant qu'elles ont été en opposition à un pouvoir qu'on n'aimait pas, et qui semblait prendre à tâche de contrarier les idées nationales : ce pouvoir abattu, ces libertés obtenues, qui se soucie d'elles, si ce n'est moi et une centaine de béats de mon espèce? A la plus petite émeute qui n'est pas dans le sens de son opinion, à la plus légère égratignure dans un journal, le plus fier partisan de la liberté de la presse invoque tout haut ou tout bas la censure. Croyez-vous que ces docteurs qui jadis nous démontraient l'excellence des lois d'exception, puis qui devinrent épris de la liberté de la presse quand ils furent tombés, qui se vantent aujourd'hui d'avoir toujours combattu en faveur des libertés, croyez-vous qu'ils ne soient pas enclins à revenir à leur première tendresse pour une *sage liberté*, ce qui, dans leur bouche, voulait dire la liberté à la livrée ministérielle, chaîne et plaque au cou, transformée en huissier de la chambre? Ne les entend-on pas déjà répéter l'ancien adage de l'impuissance : *Qu'il est impossible de gouverner comme cela?*

Je l'ai prédit dans mon dernier discours à la tribune de la pairie : la monarchie du 29 juillet est dans une condition absolue de gloire ou de lois d'exception : elle vit par la presse, et la presse la tue ; sans gloire elle sera dévorée par la liberté ; si elle attaque cette liberté, elle périra. Il ferait beau nous voir, après avoir chassé trois rois avec des barricades pour la liberté de la presse, élever de nouvelles barricades contre cette liberté ! Et pourtant que faire? L'action redoublée des tribunaux et des lois suffira-t-elle pour contenir les écrivains? Un gouvernement nouveau est un enfant qui ne peut marcher qu'avec des lisières. Remettrons-nous la nation au maillot! Ce terrible nourrisson qui a sucé le sang dans les bras de la victoire à tant de bivouacs, ne brisera-t-il pas ses langes? Il n'y avait qu'une vieille souche profondément enracinée dans le passé qui pût être battue impunément des vents de la liberté de la presse. Il y eut liberté en France pendant les trois premières années de la révolution, parce qu'il y eut légitimité : depuis la mort de Louis XVI, que devint cette liberté jusqu'à la restauration? Elle tua tout sous la république, et fut tuée sous l'empire. Nous verrons ce qu'elle deviendra sous la monarchie élective.

Les embarras de cette monarchie se décèlent à tous moments : elle est en désaccord avec les monarchies continentales absolues qui l'environnent. Sa mission est d'avancer, et ceux qui la conduisent n'osent avancer : elle ne peut être ni stationnaire ni rétrograde; et dans la crainte de se précipiter, ses guides sont stationnaires et rétrogrades. Ses sympathies sont pour les peuples; si on lui fait renier ces peuples, il ne lui restera aucun allié. Elle marche entre trois menaces : le spectre révolutionnaire, un enfant qui joue au bout d'une longue file de tombeaux, un jeune homme à qui sa mère a donné le passé et son père l'avenir.

Aujourd'hui, c'est une chose convenue que la restauration était un temps d'oppression; l'empire, une époque d'indépendance : deux flagrantes contre-vérités. Il serait bien étonné de sa couronne civique, s'il revenait à la vie, le libéral de la conscription, qui mitraillait le peuple au 13 vendémiaire sur les marches de Saint-Roch, et faisait sauter à Saint-Cloud la représentation nationale par les fenêtres. La liberté de la presse, la liberté de la tribune, et la royauté dans la rue, lui paraîtraient d'étranges éléments de son empire. On va jusqu'à immoler notre réputation nationale à celle de Napoléon ; il semble que nous n'étions rien sans lui. En nous vantant de notre indépendance, ne tombons pas en extase devant le despotisme ; sachons mettre l'honneur de la patrie au-dessus de la gloire d'un homme, quelque grande qu'elle soit.

Quant à la restauration, les quinze années de son existence avec leurs inconvénients, leurs fautes, leur stupidité, leurs tentatives de despotisme par les lois et par les actes, le mal-vouloir de l'esprit qui les dominait ; ces quinze années sont, à tout prendre, les plus libres dont aient jamais joui les Français depuis le commencement de leurs annales.

Nous avons sous les yeux depuis six mois un miracle : tout pouvoir est brisé ; obéit qui veut ; la France se gouverne et vit d'elle-même par le seul progrès de sa raison. Sous quel régime a-t-elle fait ce progrès? Est-ce sous les lois de la Convention et du Directoire, ou sous l'absolutisme de l'empire? C'est sous le régime légal de la Charte ; c'est pendant le règne de la liberté de la tribune et de la liberté de la presse. Ce que j'ose dire aujourd'hui blessera les passions du moment : tout le monde le redira quand l'effervescence réactionnaire sera calmée.

Ces quinze années de la restauration n'ont pas même été sans éclat ; elles ont laissé pour monuments de beaux édifices, des statues, des canaux, de nouveaux quartiers dans Paris, des halles, des quais, des aqueducs, des embellissements sans nombre, une marine militaire recréée, la Grèce délivrée, une vaillante colonie dans le repaire des anciens pirates que l'Europe entière pendant trois siècles n'avait pu détruire, un crédit public immense, une propriété industrielle dont l'état florissant ne se peut mieux attester que par les banqueroutes générales, effroyable ruine de nos manufactures et de nos places de commerce, depuis l'établissement de la monarchie élective.

J'entends parler de l'abaissement où languissait la France, en Europe, pendant la restauration. Ceux qui s'expriment ainsi affrontaient apparemment les balles de la garde royale à la tête de la jeunesse, dans les trois mémorables journées : marchant sans doute aujourd'hui dans le sens de la révolution opérée, ils ont nargué les Cosaques et les Pandours, secouru les peuples qui répondaient à notre cri de liberté, et poussé jusqu'aux rives du Rhin nos générations belliqueuses. Ces fières insultes à la restauration m'ont fait croire un matin que Buonaparte avait secoué sa poussière, abîmé dans la mer l'île qui lui servait de tombe, et était revenu en trois pas par les Pyramides, Austerlitz et Marengo. J'ai regardé : qu'ai-je aperçu? De nobles champions sensibles au dernier point à notre déshonneur national, mais au fond les meilleures gens du monde. Ils ont obtenu la paix de l'Europe, en laissant assommer les peuples assez sots pour avoir pris au sérieux les déclarations de non-intervention. Cette pauvre légitimité s'avisait quelquefois d'avoir du sang dans les veines. Elle osa aller de la Bidassoa à Cadix, malgré l'Angleterre ; elle arma, combattit et vainquit en faveur de la Grèce ; elle s'empara d'Alger, sous le canon de Malte ; elle déclara qu'elle ne rendrait cette conquête que quand et comment il lui plairait. Le gouvernement actuel brave une autre autorité : il refuse la Belgique malgré la nation ; il laisse égorger les Polonais malgré la nation ; il laisse ou va laisser l'Autriche occuper Parme, Plaisance, Modène, peut-être Bologne et le reste, malgré la nation. Qu'il continue à se conduire de la sorte, et les cabinets de l'Europe le préféreront à la monarchie passée ; il gagnera sa légitimité auprès des gouvernements légitimes, comme un chevalier gagnait jadis ses éperons, non la lance au poing, mais le chapeau bas.

Si des personnes froissées par la restauration en parlent avec colère, je les comprends ; si d'autres personnes ennemies du sang des Capets veulent le bannir, et pensent qu'on ne peut achever une révolution qu'en changeant la race royale, je ne m'explique pas leur haine, mais je fais la part à leur système ; si les vrais triomphateurs de juillet s'expriment avec amertume sur ce qui leur semblait comprimer leur énergie, je m'associe à leur généreuse ardeur et à leurs vives espérances. Mais quand des hommes qui marchaient à la queue de la restauration, qui sollicitaient ses rubans et ses faveurs, qui brûlaient d'être ses ministres, qui conservent même aujourd'hui ses pensions et ses places ; quand ces hommes viennent raconter à la face du monde le mépris qu'ils sentent pour la restauration, c'est trop fort ; qu'ils le gardent pour eux ; qu'ils sachent que les vrais amis de la restauration n'en ont jamais accepté que l'honneur et la liberté. J'ai entre les mains les lettres intimes, à moi adressées, de mon illustre ami M. Canning : elles prouveront à la postérité que la France, sous la restauration, n'était ni si humiliée, ni si endurante, ni si bravée qu'on l'affecte de croire. L'empereur Alexandre me fournirait d'autres témoins irrécusables de ce fait. Je possède les marques de confiance dont il m'honorait ; il me faisait écrire qu'il signerait les yeux fermés tous les traités que je lui présenterais au nom de la France ; et la diplomatie n'ignore pas que je n'ai cessé de réclamer pour ma patrie un partage plus équitable de l'Europe que le partage des traités de Vienne. Dans un plan général que j'avais fait adopter, et où se trouvaient comprises les colonies espagnoles émancipées, nous aurions obtenu des limites qui n'auraient pas laissé Paris, deux fois occupé, à six marches de la cavalerie ennemie. Mais dans ce pays, de misérables jalousies ont-elles jamais accordé à un homme en place le temps d'achever quelque chose ? Si l'enfant à qui j'ai donné mon vote au mois d'août eût passé au scrutin royal ; si je fusse entré dans ses conseils ; si les troubles du Nord eussent éclaté, j'aurais appelé la jeune France autour de Henri V; je lui aurais demandé d'effacer, avec le jeune monarque, la honte de Louis XV. Que les ministres de la monarchie élective osent convoquer un pareil ban. Quand le gouvernement actuel aura fait la guerre sous le drapeau tricolore, comme la restauration sous le drapeau blanc, en présence de la liberté de la presse ; quand il aura agrandi notre territoire, illustré nos armes, amélioré nos lois, rétabli l'ordre, relevé le crédit et le commerce, alors il pourra insulter à la restauration ; jusque-là qu'il soit modeste : ce n'est pas la tête qu'il faut porter haut, c'est le cœur. Vous parlez de l'abaissement de la France, et vous êtes à genoux ! Cela vous va mal. Les vaincus, qui ne le sont pas de votre main, peuvent encore, malgré leurs blessures, relever votre gant et vous renvoyer vos dédains.

Et pour dire un mot de ce système de *non-intervention*, dont on fait tant de bruit, je pense qu'un homme d'État ne doit jamais énoncer des principes rigoureux à la tribune, car l'événement du lendemain peut le forcer à déroger à ces principes. Aussi avons-nous vu l'étrange embarras des ministres, lorsque, s'écriant toujours qu'ils n'intervenaient pas, ils intervenaient sans cesse dans les transactions de la Belgique. Le département des relations extérieures avait, de son propre aveu, déclaré que la France ne consentirait pas à l'entrée des Autrichiens dans les pays insurgés de l'Italie, et les Autrichiens sont entrés dans ces pays, et la France a laissé faire, et de généreux citoyens qui n'avaient agi qu'en se confiant à notre déclaration, gémissent peut-être actuellement dans les cachots. On eût évité ces misérables contradictions en se renfermant dans les règles de la politique. Un gouvernement ne proclame pas de si haut des doctrines qu'il n'est pas sûr de pouvoir maintenir, ou qu'il ne se sent pas décidé à maintenir. Sans doute il professe des sentiments d'équité, de liberté et d'honneur ; mais il ne se lie pas par de vaines paroles ; il demeure libre d'intervenir ou de ne pas intervenir, selon les circonstances et dans les intérêts essentiels de l'État.

Le mot de cette énigme est facile à deviner : des hommes qui n'avaient pas bien compris la révolution de juillet, qui en avaient peur, qui lui prêtaient leur propre faiblesse, ont cru que la monarchie nouvelle ne pouvait exister de droit, si elle n'était vite sanctionnée de tous les cabinets de l'Europe. Au lieu de contraindre à cette reconnaissance par une attitude de force et de grandeur, on l'a sollicitée par des offices de chancellerie ; on a mis en avant le principe de non-intervention pour se cacher derrière. La reconnaissance obtenue (bien moins par l'effet du principe de la non-intervention que par la frayeur que nous inspirions malgré l'humble posture du conseil), on s'est trouvé embarbouillé dans ce principe dont on n'avait pas senti la portée : on l'avait voulu pour vivoter en paix, non pour vivre en gloire.

Certainement nous ne sommes pas obligés de nous constituer les champions de tous les peuples qui s'agiteront sur la terre ; mais il faut que nos discours et nos déclarations publiques ne leur soient pas un piége ; il faut que ces déclarations ne servent pas à les jeter dans des entreprises au-dessus de leurs forces, car alors leur sang retomberait sur nous. La France pouvait rester tranquille ; mais si elle s'est offerte pour témoin de la liberté, dans tout duel entre cette liberté et le pouvoir, elle doit être là pour arranger l'affaire avec ses bons offices ou son épée.

Résulte-t-il de ceci que je conseillerais la guerre si j'avais le droit de donner un conseil ? Il y a cinq ou six mois que j'aurais dit sans hésiter : « Profitez de la nouvelle position de la France, de son énergie, de la bienveillance des nations, de la frayeur des cabinets, pour lui faire obtenir par des traités ou par les armes les limites qui manquent à sa sûreté et à son indépendance. » C'était une condition de vie pour un gouvernement qui aurait compris le mouvement de juillet. Maintenant l'heure n'est-elle point passée? L'Europe a été témoin de nos tergiversations ; les rois sont revenus de leur stupeur ; les peuples, de leurs espérances : ceux-ci même, trompés, sont devenus indifférents ou ennemis. Notre révolution n'a plus les caractères purs et distinctifs de son origine ; elle n'est plus qu'une révolution vulgaire ; des esprits communs l'ont engagée dans des routes communes. Ce qui se serait opéré par l'élan naturel des masses, ne pourrait actuellement s'accomplir que par des moyens devant lesquels tout homme de bien reculerait. Hélas! telle a été l'administration de la France depuis quelques mois, que je vois des citoyens éclairés, d'un jugement sain, d'une âme élevée, incliner à croire qu'il y aurait danger pour l'ordre intérieur dans une rupture avec l'étranger. Sommes-nous donc véritablement forcés à nous contenter des assurances des cabinets qui nous promettent de nous faire grâce de la guerre? Sommes-nous obligés d'avouer contradictoirement aujourd'hui que nous laisserons agir l'Europe comme bon lui semblera chez nos voisins, que nous ne défendrons que notre territoire, après nous être déclarés si chevaleresquement, par la non-intervention, les paladins de la liberté des peuples? L'honneur de la France se réduit-il à la seule résistance que nous opposerions à une invasion? Faut-il compter pour rien notre renommée et notre parole? En vérité, si les fautes des précédentes administrations ont mis l'administration actuelle dans l'impérieuse nécessité d'adopter par raison un système qui fut suivi par faiblesse, il la faut plaindre. Nous armons pour faire désarmer, nous nous ruinons pour empêcher ce qu'on prévoirait être notre ruine : ce n'était pas à donner des preuves de cette courageuse résignation que la France s'était crue appelée après les journées de juillet.

A entendre les déclamations de cette heure, il semble que les exilés d'Édimbourg soient les plus petits compagnons du monde, et qu'ils ne fassent faute nulle part. Il ne manque aujourd'hui au présent que le passé ; c'est peu de chose! comme si les siècles ne se servaient point de base les uns aux autres, et que le dernier arrivé se pût tenir en l'air! Comment se fait-il que, par le déplacement d'un seul homme à Saint-Cloud, il ait fallu prêter 30 millions au commerce, vendre pour 200 millions de bois de l'État, augmenter les perceptions de 55 centimes sur le principal de la contribution foncière, et de 30 centimes sur la contribution des patentes? Jamais sacre royal a-t-il coûté aussi cher que notre inauguration républicaine? Notre vanité aura beau se choquer des souvenirs, gratter les fleurs de lis, proscrire les noms et les personnes, cette famille, héritière de mille années, a laissé par sa retraite un vide immense ; on le sent partout. Ces individus, si chétifs à nos yeux, ont ébranlé l'Europe dans leur chute. Pour peu que les événements produisent leurs effets naturels, et qu'ils amènent leurs rigoureuses conséquences, Charles X, en abdiquant, aurait fait abdiquer avec lui tous ces rois gothiques, grands vassaux du passé sous la suzeraineté des Capets.

Les hommes de théorie prétendent qu'on a gagné à la chute de la légitimité le principe de l'élection.

L'élection est un droit naturel, primitif, incontestable ; mais l'élection est de l'enfance de la société, lorsqu'un peuple opprimé et sans garanties légales n'a d'autre moyen de délivrance que le choix libre d'un autre chef. Sous l'empire d'une civilisation avancée, quand il y a des lois écrites, quand le prince ne peut transgresser ces lois sans les armer contre lui, sans s'exposer à voir passer sa couronne à son héritier, l'élection perd son premier avantage ; il ne lui reste que les dangers de sa mobilité et de son caprice. Dans un État politique incomplet, l'élection est la constitution tout entière ; dans un État politique perfectionné, la constitution est l'élection dépouillée de ce qu'elle a de passionné, d'ambitieux, d'anarchique et d'insurrectionnel. Que si, par l'élection, on arrive au changement de race, ce qui peut être quelquefois utile, on arrive aussi à la multiplication des dynasties royales, aux guerres civiles comme en Pologne, à la succession électorale des tyrans militaires comme dans l'empire romain.

Par l'élection, le principe de l'ordre n'étant pas perpétuel dans une famille perpétuellement gouvernante, ce principe est transitoire dans la personne royale transitoire ; il manque de solidité, et, selon le caractère de l'individu appelé au trône, il se détend jusqu'à l'anarchie, ou se tend jusqu'au despotisme. Si, frappé de ces périls, vous ajoutez l'hérédité à l'élection, vous créez une forme politique amphibie à tête de roi, à queue de peuple, qui a le double inconvénient de l'élection et de la légitimité, sans avoir les avantages de l'une et de l'autre.

Nous marchons à une révolution générale : si la transformation qui s'opère suit sa pente et ne rencontre aucun obstacle ; si la raison populaire continue son développement progressif ; si l'éducation morale des classes intermédiaires ne souffre point d'interruption, les nations se nivelleront dans une égale liberté ; si cette transformation est arrêtée, les nations se nivelleront dans un égal despotisme. Ce despotisme durera peu, à cause de l'âge avancé des lumières ; mais il sera rude, et une longue dissolution sociale le suivra. Il ne peut résulter des journées de juillet, à une époque plus ou moins reculée, que des républiques permanentes ou des gouvernements militaires passagers, que remplacerait le chaos. Les rois pourraient encore sauver l'ordre et la monarchie en faisant les concessions nécessaires : les feront-ils ? Point ne le pense.

Préoccupé que je suis de ces idées, on voit pourquoi j'ai dû demeurer fidèle, comme individu, à ce qui me semblait la meilleure sauvegarde des libertés publiques, la voie la moins périlleuse par laquelle on pourrait arriver au complément de ces libertés.

Ce n'est pas que j'aie la prétention d'être un larmoyant prédicant de politique sentimentale, un rabâcheur de panache blanc et de lieux communs à la Henri IV. En parcourant des yeux l'espace qui sépare la tour du Temple du château d'Édimbourg, je trouverais sans doute autant de calamités entassées qu'il y a de siècles accumulés sur une noble race. Une femme de douleur a surtout été chargée du fardeau le plus lourd, comme la plus forte : il n'y a cœur qui ne se brise à son souvenir; ses souffrances sont montées si haut, qu'elles sont devenues une des grandeurs de la révolution. Mais enfin on n'est pas obligé d'être roi : la Providence envoie les afflictions particulières à qui elle veut, toujours brèves, parce que la vie est courte; et ces afflictions ne sont point comptées dans les destinées générales des peuples.

Je ne m'apitoie point sur une catastrophe provoquée; il y a eu parjure, et meurtre à l'appui du parjure : je l'ai proclamé le premier en refusant de prêter serment au vainqueur. La Charte était *octroyée ?* Cela signifiait-il que toutes les conditions étaient d'un côté, aucune de l'autre? Pour cette Charte *octroyée,* la France avait donné plus d'un milliard annuel; elle avait accordé le milliard des émigrés, les milliards des étrangers; voilà comme le contrat était devenu synallagmatique. N'en voulait-on plus, de ce contrat? Dans ce cas il fallait rendre une vingtaine de milliards, supposer qu'il n'y avait rien de fait, reprendre ses premières positions hors du pays; alors on aurait négocié de nouveau, et l'on eût vu si la nation consentait à la légitimité sans la Charte.

Mais parce qu'on rencontrait une opposition constitutionnelle dans une chambre qui depuis a prouvé assez qu'elle n'était ni factieuse ni républicaine; sous le prétexte de conspirations qui n'existaient pas ou qui n'ont existé que jusqu'à l'année 1823, priver toute une nation de ses droits! mettre la France en interdit! c'était une odieuse bêtise qui a reçu et mérité son châtiment. Si cette entreprise de l'imbécillité et de la folie eût réussi pendant quelques jours, le sang eût coulé. La faiblesse victorieuse est implacable; toutes les paroles des courtisans et des espions jubilaient de vengeance. Moi qui parle, j'aurais été le premier sacrifié, car rien ne m'aurait empêché d'écrire. Je me serais cru le droit de repousser la violence par la violence, de tuer quiconque serait venu m'arrêter, une ordonnance et une loi à la main. Eh bien! toutes ces concessions faites, notre recours à une vengeance sans prévision et sans limites n'en est pas moins un des plus funestes accidents qui aient pu arriver aux libertés comme à la paix du monde.

Que voulons-nous? que cherchons-nous? un niveau plus parfait encore que celui qui nous égalise? Mais l'inégalité renaît de la nature même des hommes et des choses. Combien de révolutionnaires, choqués de n'arriver à rien dans le cours de la révolution, tournèrent sur eux les mains désespérées qu'ils avaient portées sur la société! Le bonnet rouge ne parut plus à leur orgueil qu'une autre espèce de couronne, et le sans-culotisme qu'une sorte de noblesse dont les Marat et les Robespierre étaient les grands seigneurs. Furieux de retrouver l'inégalité des rangs jusque dans le monde des douleurs et des larmes, condamnés à n'être encore que des vilains dans la féodalité des niveleurs et des bourreaux, ils s'empoisonnèrent ou se coupèrent la gorge avec rage, pour échapper aux supériorités du crime.

Nous remettrons-nous entre les mains de ces vétérans révolutionnaires, de ces invalides coupe-tête de 1793, qui ne trouvent rien de si beau que les batailles de la guillotine, que les victoires remportées par le bourreau sur les jeunes filles de Verdun et sur le vieillard Malesherbes? Qui croient qu'on se laisserait trancher le cou aujourd'hui aussi bénignement qu'autrefois? qu'il serait possible de rétablir le meurtre légal et le superbe règne de la Terreur, le tout pour jeter ensuite la France échevelée et saignante sous le sabre d'un Buonaparte au petit pied, avec accompagnement de bâillons, menottes, autres menus fers, et parodie impériale?

D'un autre côté, que voudrait ce vieux parti royaliste, plein d'honneur et de probité, mais dont l'entendement est comme un cachot voûté et muré, sans porte, sans fenêtre, sans soupirail, sans aucune issue à travers laquelle se pût glisser le moindre rayon de lumière? Ce vieux et respectable parti retomberait demain dans les fautes qu'il a faites hier : toujours dupe des hypocrites, des intrigants, des escrocs et des espions, il passe sa vie dans de petites manigances, qu'il prend pour de grandes conspirations.

Entre les hommes qui livreraient toutes nos libertés pour une place de garçon de peine au service de la légitimité, et ceux qui les vendraient pour du sang à une usurpation de leur choix, et ceux qui n'étant ni de l'un ni de l'autre bord restent immobiles au milieu, on est bien embarrassé.

Les systèmes politiques ne m'ont jamais effrayé; je les ai tous rêvés : il n'y a point d'idées de cette nature dont je n'aie cent et cent fois parcouru le cercle. J'en suis arrivé à ce point, que je ne crois ni aux peuples ni aux rois; je crois à l'intelligence et aux faits qui composent toute la société. Personne n'est plus persuadé que moi de la perfectibilité de la nature humaine; mais je ne veux pas, quand on me parle de l'avenir, qu'on me vienne donner pour du neuf les guenilles qui pendent depuis deux mille ans dans les écoles des philosophes grecs et dans les prêches des hérésiarques chrétiens. Je dois avertir la jeunesse que lorsqu'on l'entretient de la communauté des biens, des femmes, des enfants, du pêle-mêle des corps et des âmes, du panthéisme, du culte de la pure raison, etc. ; je la dois avertir que quand on lui parle de toutes ces choses comme des découvertes de notre temps, on se moque d'elle : ces nouveautés sont les plus vieilles comme les plus déplorables chimères. Que cette admirable portion de la France n'abuse pas de sa force ! Qu'elle se garde d'ébranler les colonnes du temple ! On peut abattre sur soi l'avenir ; et plus d'une fois les Français se sont ensevelis sous les ruines qu'ils ont faites.

Sans préjugés d'aucune sorte, c'est donc pour mon pays que je déplore une subversion trop rapide. J'aurais désiré qu'on se fût arrêté à l'innocence et au malheur. La barrière était belle ; l'étendard de la liberté y aurait flotté avec moins de chances de tempêtes, et tous les intérêts s'y seraient ralliés. La jeunesse aurait été appelée naturellement à prendre possession d'une ère qui lui appartenait. On franchissait deux degrés ; on se délivrait de vingt-cinq ou trente ans de caducité ; on avait un enfant qu'on eût élevé dans les idées du temps, façonné aux opinions et aux besoins de la patrie. On aurait fait tous les changements que l'on aurait voulu à la Charte et aux lois. Ajoutez de la gloire, ce qui était facile, à cette entrée de règne, au milieu de la plus abondante liberté, et vous auriez fait de ce règne une des grandes époques de nos fastes.

Lorsque je dis que la jeunesse aurait été appelée à son naturel héritage, je n'avance rien qui ne soit hors de doute. La restauration ne méconnaissait aucun talent, témoin les hommes qui sont aujourd'hui au pouvoir. M. le maréchal Soult, M. le baron Louis, ont été ministres de Louis XVIII. M. de Villèle, au moment de sa chute, voulait faire donner le portefeuille des finances à M. Laffitte. Quand M. de Villèle fut tombé, on me proposa de rentrer au ministère ; j'y consentis, mais à condition que MM. Casimir Périer, Sébastiani et Royer-Collard entreraient avec moi : cela ne se put arranger pour le moment. Il paraît que Charles X s'est souvenu à Saint-Cloud de ma proposition, puisqu'il avait nommé M. Casimir Périer ministre des finances de Henri V. On offrit à M. de Rigny, en 1829, le portefeuille de la marine. MM. d'Argout et de Montalivet ont reçu la pairie de la légitimité : le second a même hérité, non-seulement de la pairie de son père, mais encore collatéralement de la pairie de son frère ; faveur bien méritée sans doute, mais tout à fait particulière. En vérité, je crois que la restauration n'a jamais cordialement repoussé que moi.

Mais pouvait-on s'arrêter à Henri V ? Oui, avec moins de poltronnerie d'un côté et plus de sang-froid de l'autre. On prétend que le monarque mineur n'aurait pu tenir auprès de la royauté abdiquée ; que les intrigues de la vieille cour auraient tout miné ; que deux pouvoirs, l'un de droit, l'autre de fait, se combattant dans l'État, l'auraient détruit ; et qu'enfin la prétention du pouvoir primitif constituant, du droit divin, serait toujours restée.

Je ne suis pas de cette opinion : je crois qu'en appelant autour de Henri de Béarn les hommes forts qui n'ont pas même trouvé place dans la monarchie élective, tous les chefs énergiques du passé libéral et militaire, tous les talents, toute la jeunesse, on aurait facilement dompté les veneurs, les douairières, les inquisiteurs et les publicistes de Saint-Germain et de Fontainebleau. D'ailleurs, l'expérience a prouvé qu'un roi déchu a bien peu de puissance. Charles X et son fils, dans le cas où ils fussent demeurés en France, loin d'être entourés et recherchés, auraient été bientôt plongés dans une profonde solitude.

Supposez-vous le contraire? Alors il était toujours temps de faire ce qu'on a fait le 6 août; on aurait eu l'avantage de convaincre la France par l'expérience qu'on ne pouvait pas s'abriter sous la branche aînée des Bourbons, que force était d'élire un nouveau monarque. Enfin admettons qu'il fût utile de déposer, sans l'essayer et sans l'entendre, cet orphelin privé tour à tour sur le sol français de son père, de sa couronne et de sa tombe; admettons que ce règne présumé n'eût pas été heureux, êtes-vous mieux aujourd'hui, êtes-vous plus assurés de l'avenir?

Dans tous les cas, un congrès national réuni pour examiner ce qu'il y avait à faire aurait été préférable, selon moi, à un gouvernement improvisé de ville en ville, pour trente-trois millions d'hommes, avec le passage d'une diligence surmontée d'un drapeau. Ceux même qui ont commencé le mouvement le voulaient-ils aussi complet? Chaque peuple a son défaut : celui du peuple français est d'aller trop vite, de renverser tout, de se trouver de l'autre côté du bien, au lieu de se fixer dans ce bien, lorsqu'il le rencontre. Au moral comme au physique, nous nous portons sans cesse au delà du but; nous foulons aux pieds les idées, comme nous passons sur le ventre des ennemis : nos conquêtes auraient dû s'arrêter au Rhin, et nous avons couru à Moscou, et nous voulions courir aux Indes.

Le gouvernement actuel me protége comme un étranger paisible; je dois à ses lois reconnaissance et soumission, tant que j'habite sur le sol où il me permet de respirer. Je lui souhaite des prospérités, parce qu'avant tout je désire celles de la France; ses ministres sont honorables; quelques-uns sont habiles. Le chef de l'État mérite des respects; il ne fait point le mal; il n'a pas versé une goutte de sang; il s'élève au-dessus des attaques; il comprend la foi jurée à un autre autel que le sien : cela est digne et royal; mais cela ne change pas la nature des faits. Je ne puis servir le gouvernement qui existe, parce que je crains qu'il ne puisse arriver à l'ordre que par l'oppression de la liberté, et qu'il me semble exposé, s'il veut maintenir la liberté, à tomber dans l'anarchie.

Au surplus, je serai heureux de me tromper. On remarque quelque chose d'usé dans ce pays parmi les hommes, qui peut mener au repos. L'incertitude de l'avenir est si grande ; on connaît si peu le point de l'horizon d'où partira la lumière ; on a depuis quarante ans une telle habitude de changer de gouvernement, une telle facilité de s'accommoder de rien et de tout, une telle épouvante du retour des crimes et des malheurs de la révolution, qu'on ira peut-être mieux que je ne le pense, et aussi bien que je le désire. Peut-être arrivera-t-il une Chambre qui constituera au-dessous de la royauté, trop peu puissante, une république d'occasion sachant faire marcher la liberté avec l'ordre ; peut-être surgira-t-il des génies capables de maîtriser le temps ; peut-être quelque accident imprévu, quelque secret de Dieu viendra-t-il tout arranger. Les faits ne seront pas peut-être logiques ; ils iront peut-être à l'encontre de toutes les prévisions, de tous les calculs ; il y a peut-être dans la nation assez de modération et de lumières pour surmonter les obstacles au bien, pour amortir ou repousser les assauts de la presse périodique : Dieu le veuille ! Que la France soit libre, glorieuse, florissante, n'importe par qui et comment, je bénirai le ciel.

Les raisons générales qui m'ont empêché de reconnaître la monarchie élective se déduisent des choses ci-dessus relatées. Quant aux motifs personnels de ma conduite, ils sont encore plus faciles à comprendre. Je n'ai pas voulu me mettre en contradiction avec moi-même, armer mon long passé contre mon court avenir, rougir à chaque mot qui sortira de ma bouche, ne pouvoir me relire sans baisser la tête de honte. Les journées de juillet m'enlevaient tout, hors l'estime publique : je l'ai voulu garder.

Que la proposition qui bannit à jamais la famille déchue du territoire français soit un corollaire de la déchéance de cette famille, cette nécessité en fait naître une autre pour moi dans le sens opposé, celle de me séparer plus que jamais de ce qui existe, de prendre acte nouveau et public de cette séparation ; je chercherais, d'ailleurs, en vain ma place dans les diverses catégories des personnes qui se sont rattachées à l'ordre de choses actuel.

Il y a des hommes qui, par le sentiment de leur talent et de leur vertu, ont dû servir leur patrie quand il ne leur a plus été possible de maintenir la forme de gouvernement qu'ils préféraient : je les admire ; mais de si hautes raisons n'appartiennent ni à ma faiblesse ni à mon insuffisance.

Il y a des hommes qui ont prononcé la déchéance de Charles X et de ses descendants par devoir, et dans la ferme conviction que c'est ce qu'il y avait de mieux pour le salut de la France. Ils ont eu raison, puisqu'ils étaient persuadés : je ne l'étais pas ; je n'ai pu imiter leur exemple.

Il y a des hommes qui ne pouvaient ni interrompre leur carrière, ni compromettre des intérêts de famille, ni priver leur pays de leurs lumières, parce qu'il avait plu au gouvernement de faire des folies : ils ont agi très-bien, en s'attachant au pouvoir nouveau. Si, toutes les fois qu'un monarque tombe, il fallait que tous les individus, grands et petits, tombassent avec lui, il n'y aurait pas de société possible. La couronne doit tenir sa parole; quand elle y manque, les sujets ou les citoyens sont dégagés de la leur. Mais les antécédents de ma vie ne me permettaient pas de suivre cette règle générale, et je me trouvais placé dans l'exception.

Il y a des hommes qui détestent la dynastie des Bourbons, et qui ont juré son exil : je crois qu'il est temps d'en finir avec les proscriptions et les exils. J'ai rendu, comme ministre et comme ambassadeur, tous les services que j'ai pu à la famille Buonaparte ; elle ne peut désavouer si je ne dis pas ici la vérité : il n'a pas tenu à moi qu'elle n'ait été rappelée en France, et que même la statue de Napoléon n'ait été replacée au haut de sa colonne. C'est ainsi que je comprenais largement la monarchie légitime : il me semblait que la Liberté devait regarder la Gloire en face.

Il y a des hommes qui, croyant à la souveraineté du peuple, ont voulu faire triompher ce principe suranné de la vieille école politique : moi, je ne crois pas au droit divin, mais je ne crois pas davantage à la souveraineté du peuple. Je puis très-volontiers me passer d'un roi, mais je ne me reconnais pas le droit d'imposer à personne le roi que j'aurais choisi. Monarque pour monarque, Henri de Béarn me paraissait préférable pour l'ordre et la liberté de la France. J'ai donc donné ma voix à Henri V, comme mon voisin de droite a pu choisir Louis-Philippe I$^{er}$ ; mon voisin de gauche, Napoléon II ; mon voisin en face, la République.

Il y a des hommes qui, après avoir prêté serment à la République une et indivisible, au Directoire en cinq personnes, au Consulat en trois, à l'Empire en une seule, à la première Restauration, à l'Acte additionnel, aux Constitutions de l'empire, à la seconde Restauration, ont encore quelque chose à prêter à Louis-Philippe : je ne suis pas si riche.

Il y a des hommes qui ont jeté leur parole sur la place de Grève, en juillet, comme ces chevriers romains qui jouent à *pair ou non* parmi des ruines. Ces hommes n'ont vu dans la dernière révolution qu'un coup de dé ; pourvu que cette révolution dure assez pour qu'ils puissent tricher la fortune, advienne que pourra. Ils traitent de niais et de sot quiconque ne réduit pas la politique à des intérêts privés : je suis un niais et un sot.

Il y a des peureux qui auraient bien voulu ne pas jurer, mais qui se voyaient égorgés eux, leurs grands-parents, leurs petits-enfants et tous les propriétaires, s'ils n'avaient trembloté leur serment : ceci est un effet physique que je n'ai pas encore éprouvé ; j'attendrai l'infirmité, et, si elle m'arrive, j'aviserai.

Il y a des grands seigneurs de l'empire unis à leurs pensions par des liens sacrés et indissolubles, quelle que soit la main dont elles tombent : une pension est, à leurs yeux, un sacrement ; elle imprime caractère comme la prêtrise et le mariage ; toute tête pensionnée ne peut cesser de l'être : les pensions étant demeurées à la charge du trésor, ils sont restés à la charge du même trésor. Moi j'ai l'habitude du divorce avec la fortune; trop vieux pour elle, je l'abandonne, de peur qu'elle ne me quitte.

Il y a de hauts barons du trône et de l'autel qui n'ont point trahi les ordonnances : non! mais l'insuffisance des moyens employés pour mettre à exécution ces ordonnances a échauffé leur bile : indignés qu'on ait failli au despotisme, ils ont été chercher une autre antichambre. Il m'est impossible de partager leur indignation et leur demeure.

Il y a des gens de conscience qui ne sont parjures que pour être parjures ; qui, cédant à la force, n'en sont pas moins pour le droit : ils pleurent sur ce pauvre Charles X, qu'ils ont d'abord entraîné à sa perte par leurs conseils, et mis ensuite à mort par leur serment ; mais si jamais lui ou sa race ressuscite, ils seront des foudres de légitimité. Moi, j'ai toujours été dévot à la mort, et je suis le convoi de la vieille monarchie comme le chien du pauvre.

Enfin, il y a de loyaux chevaliers qui ont dans leur poche des dispenses d'honneur et des permissions d'infidélité : je n'en ai point.

J'étais l'homme de la restauration *possible,* de la restauration avec toutes les sortes de libertés. Cette restauration m'a pris pour un ennemi ; elle s'est perdue : je dois subir son sort. Irai-je attacher quelques années qui me restent à une fortune nouvelle, comme ces bas de robes que les femmes traînent de cours en cours, et sur lesquels tout le monde peut marcher? A la tête des jeunes générations, je serais suspect; derrière elles, ce n'est pas ma place. Je sens très-bien qu'aucune de mes facultés n'a vieilli ; mieux que jamais je comprends mon siècle ; je pénètre plus hardiment dans l'avenir que personne ; mais la nécessité a prononcé : finir sa vie à propos est une condition nécessaire de l'homme public.

Je dois, en terminant, prévenir une méprise qui pourrait naître, dans certains esprits, de ce que je viens d'exposer.

De prétendus royalistes n'aspirent, dit-on, qu'à voir l'Europe attaquer la France. Hé bien! le jour où la France serait envahie serait celui qui changerait mes devoirs. Je ne veux tromper personne ; je ne trahirai pas plus ma patrie que mes serments. Royalistes, s'il en existe de tels, qui appelez de vos vœux les baïonnettes ennemies, ne vous abusez pas sur mes sentiments ; reprenez contre moi votre haine et vos calomnies ; je reste un renégat pour vous ; un abîme sans fond nous sépare. Aujourd'hui je sacrifierais ma vie à l'enfant du malheur ; demain, si mes paroles avaient quelque puissance, je les emploierais à rallier les Français contre l'étranger qui rapporterait Henri V dans ses bras.

Si j'avais l'honneur de faire encore partie de la Chambre des pairs, j'aurais dit à la tribune de cette Chambre ce que je dis dans cette brochure, sauf ce qui est relatif au serment, car sous ce rapport ma position n'eût plus été la même. Ma voix sera peut-être importune; mais que l'on se console; on l'entend pour la dernière fois dans les affaires politiques, toutes choses demeurant comme elles sont. Prêt à aller mourir sur une terre étrangère, je voudrais qu'il n'y eût plus d'autre Français exilé que moi; je voudrais que la proposition de bannissement ne fût pas adoptée : c'est en faveur de quelques têtes qu'on veut proscrire que je publie mon opinion. Au mois d'août, je demandais pour le duc de Bordeaux une couronne; je ne sollicite aujourd'hui pour lui que l'espérance d'un tombeau dans sa patrie : est-ce trop?

## NOTES.

Qu'il me soit permis de me citer, puisqu'on me met dans le cas de la défense personnelle. Qui a défendu la Charte plus que moi[1]? Qui a montré plus que moi d'opposition à la domination étrangère?

Je disais, dans mon *Rapport sur l'état de la France*, fait au roi dans son conseil, à Gand, le 12 mai 1815 :

« Sire, je sens trop combien tout ce que je viens de dire est déchirant pour votre cœur. Nous partageons dans ce moment votre royale tristesse. Il n'y a pas un de vos conseillers et de vos ministres qui ne donnât sa vie pour prévenir l'invasion de la France. Sire, vous êtes Français, nous sommes Français! Sensibles à l'honneur de notre patrie, fiers de la gloire de nos armes, admirateurs du courage de nos soldats, nous voudrions, au milieu de leurs bataillons, verser jusqu'à la dernière goutte de notre sang pour les ramener à leur devoir, ou pour partager avec eux des triomphes légitimes. Nous ne voyons qu'avec la plus profonde douleur les maux prêts à fondre sur notre pays; nous ne pouvons nous dissimuler que la France ne soit dans le plus imminent danger : Dieu ressaisit le fléau qu'avaient laissé tomber vos mains paternelles; et il est à craindre que la rigueur de sa justice ne passe la grandeur de votre miséricorde! Ah! sire! à la voix de Votre Majesté, les étrangers respectant le descendant des rois, l'héritier de la bonne foi de saint Louis et de Louis XII, sortirent de la France! Mais si les factieux qui oppriment vos sujets prolongeaient leur règne, si vos sujets trop abattus ne faisaient rien pour s'en délivrer, vous ne pourriez pas toujours suspendre les calamités qu'entraîne la présence des armées. Du moins votre royale sollicitude s'est déjà assurée, par des traités, qu'on respectera l'intégrité du territoire français, qu'on ne fera la guerre qu'à un seul homme. »

Je disais, le 2 juin de la même année, à Gand, à propos de la déclaration du congrès :

« Il est impossible de conquérir la France. Les Espagnols, les Portugais, les Russes, les Prussiens, les Allemands ont prouvé, et les Français auraient prouvé à leur tour, qu'on ne subjugue point un peuple qui combat pour son nom et son indépendance. »

Si l'on remarque que ces passages étaient écrits et publiés au milieu même de l'armée confédérée, cette circonstance ajoutera peut-être quelque force aux sentiments qu'ils expriment.

[1] *Voyez les Réflexions politiques, la Monarchie selon la Charte. Dans le Génie du Christianisme* même je parle avec admiration du gouvernement représentatif.

J'écrivais au mois d'août 1816, dans *la Monarchie selon la Charte*, en traitant de la politique extérieure :

« Qui aurait jamais imaginé que des Français, pour conserver de misérables places, pour faire triompher les principes de la révolution, pour amener la destruction de la légitimité, iraient jusqu'à s'appuyer sur des autorités autres que celles de la patrie, jusqu'à menacer ceux qui ne pensent pas comme eux de forces qui, grâce au ciel, ne sont pas entre leurs mains ?

« Mais vous qui nous assurez, les yeux brillants de joie, que les étrangers veulent vos systèmes (ce que je ne crois pas du tout), vous qui semblez mettre vos nobles opinions sous la protection des baïonnettes européennes, ne reprochiez-vous pas aux royalistes de revenir dans les bagages des alliés ?... Que sont donc devenus ces sentiments héroïques? Français si fiers, si sensibles à l'honneur, c'est vous-mêmes qui cherchez aujourd'hui à me persuader qu'on vous *permet* tels sentiments, ou qu'on vous *commande* telle opinion. Vous ne mouriez pas de honte lorsque vous proclamiez pendant la session qu'un ambassadeur voulait absolument que le projet du ministère passât, que la proposition des Chambres fût rejetée. Vous voulez que je vous croie quand vous venez me dire aujourd'hui (ce qui n'est sûrement qu'une odieuse calomnie) qu'un ministre français a passé trois heures avec un ministre étranger pour aviser un moyen de dissoudre la Chambre des députés? Vous racontez confidemment qu'on a communiqué une ordonnance à un agent diplomatique, et qu'il l'a fort approuvée : et ce sont là des sujets d'exaltation et de triomphe pour vous! Quel est le plus Français de nous deux, de vous qui m'entretenez des étrangers quand vous me parlez des lois de ma patrie, de moi qui ai dit à la Chambre des pairs les paroles que je répète ici : « Je « dois sans doute au sang français qui coule dans mes veines cette impatience que « j'éprouve, quand, pour déterminer mon suffrage, on me parle d'opinions placées hors « de ma patrie; et si l'Europe civilisée voulait m'imposer la Charte, j'irais vivre à « Constantinople............................. »
Et comment les mauvais Français qui soutiennent leurs sentiments par une si lâche ressource ne s'aperçoivent-ils pas qu'ils vont directement contre leur but? Ils connaissent bien peu l'esprit de la nation. S'il était vrai qu'il y eût du danger dans les opinions royalistes, vous verriez par cette raison même toute la France s'y précipiter. Un Français passe toujours du côté du péril, parce qu'il est sûr d'y trouver la gloire.

« ............................................

Ce n'est pas en se mettant sous les pieds d'un maître qu'on se fait respecter; une conduite noble est sans danger. Tenez fidèlement vos traités; payez ce que vous devez; donnez, s'il le faut, votre dernier écu, vendez votre dernier morceau de terre, la dernière dépouille de vos enfants, pour payer les dettes de l'État; le reste est à vous; vous êtes nus, mais vous êtes libres.

« Éloignons de vaines terreurs; les princes de l'Europe sont trop magnanimes pour intervenir dans les affaires particulières de la France............................
Les alliés ont eux-mêmes délivré leur propre pays du joug des Français; ils savent que les nations doivent jouir de cette indépendance qu'on peut leur arracher un moment, mais qu'elles finissent par reconquérir : *Spoliatis arma supersunt*. »

Je prononçais à la tribune de la Chambre des pairs, le 2 mars de cette année, ces paroles tirées de mon *Opinion sur le projet de loi relatif au recrutement de l'armée* :

« Sans doute, quiconque a une goutte de sang français dans les veines doit désirer de toute la force de son âme, doit être prêt à acheter, par tous les sacrifices, l'affranchissement de son pays : nos cœurs palpiteront de joie quand le drapeau blanc flottera seul sur toutes les cités de la France. Mais, rendus au premier des biens pour un peuple, *à un bien sans lequel il n'y en a point d'autres*, à la dignité de notre indépendance, nous n'en aurons pas moins à guérir les plaies qu'un faux système nous a faites. »

Il est impossible de tenir le lecteur au courant de toutes les prévarications comme de toutes les niaiseries de la censure. Un journal, dans une annonce des œuvres de M. Désaugiers, avait dit *qu'il était le plus gai et le plus spirituel de nos chansonniers;* la censure a biffé cette phrase, parce qu'un chansonnier est aujourd'hui censeur.

Un autre journal avait cité un mauvais couplet de ce même censeur : aussitôt le couplet est retranché, et *sans blanc.*

Un ancien article d'un autre censeur, naguère opposant au ministère, avait été oublié dans un carton d'un journal indépendant; cet article oublié est présenté malicieusement à la censure : le père reconnaît son enfant et l'étouffe. La censure a aussi ses Brutus.

M. Charles Dupin avait adressé à un excellent journal littéraire un morceau qu'il a fait depuis imprimer à part, et qui s'intitule *Hommage aux habitants de la France méridionale;* l'article entier a été retranché sans qu'on puisse deviner pourquoi, sinon que M. Dupin invite les habitants de la France méridionale à apprendre à lire, et qu'il cite malencontreusement deux pairs de France.

Voilà un échantillon des niaiseries de la censure : on peut en avoir beaucoup d'autres dans un écrit piquant intitulé : *Lettres de la Girafe au pacha d'Égypte.* Voici maintenant ce que nos voisins pensent de cette censure; les journaux ne nous le diront pas.

Il me semble inutile de répéter ici l'article du *Courrier anglais* cité dans ma brochure *sur le rétablissement de la censure,* et l'article du *Times,* cité par l'auteur de la *Lettre de la Girafe au pacha d'Égypte.*

---

Je reçois à l'instant d'un de mes nobles collègues les pièces suivantes, que je m'empresse de mettre sous les yeux du public.

### A M. le rédacteur de...

« Monsieur,

« Permettez-moi de me servir de votre journal pour exprimer ma profonde et sensible reconnaissance des nombreux témoignages d'estime et d'amitié que j'ai reçus de mes honorables frères d'armes de l'ancienne garde nationale parisienne. Étant dans l'impossibilité de répondre aux lettres multipliées et aux marques de bienveillance dont chaque jour ils daignent m'honorer, depuis l'opinion que j'ai prononcée le 19 juin à la tribune de la Chambre des pairs, souffrez, Monsieur, que je leur adresse ici les remerciements et l'hommage des sentiments que leur approbation m'inspire, et que je les supplie de croire que mon dévouement et ma reconnaissance égalent mon respectueux attachement et mon admiration pour cet illustre corps, dont la patrie garde le souvenir avec gloire et douleur.

« Agréez, Monsieur, l'assurance de mes sentiments et de ma considération très-distinguée.

« Le duc de Choiseul. »

Paris, le 7 juillet 1827.

M. Armand Bertin, par une lettre en date du 8 juillet, apprend à M. le duc de Choiseul que la lettre ci-dessus a été rayée à la censure dans le *Journal des Débats.*

### Lettre de M. le duc de Choiseul à M. le vicomte de Bonald.

« Monsieur le Vicomte,

« *Pair de France,* vous avez accepté des fonctions dans le comité supérieur de la censure; permettez-moi, comme votre collègue *à la Chambre des pairs*, d'avoir l'honneur de vous consulter sur un fait qui m'est personnel.

« Je dois d'abord avoir celui de vous informer que, depuis le licenciement de la garde nationale parisienne, j'ai reçu, après mon discours du 19 juin à la Chambre haute, une multitude de lettres et de témoignages de reconnaissance de la part des personnes que j'ai eu l'honneur longtemps de commander.

« Ne pouvant répondre à chacune d'elles en particulier, j'ai adressé avant-hier la lettre dont copie est ci-jointe à MM. les rédacteurs des *Débats*, du *Courrier* et du *Constitutionnel*.

« J'apprends à l'instant que ma lettre a été *biffée* et son insertion *refusée à la censure*.

« Sans entrer ici dans la discussion des droits d'un pair et des supériorités de la censure, discussion qui pourra trouver sa place ailleurs, j'ai cru devoir d'abord m'adresser à vous, monsieur le vicomte, pour vous prier de faire cesser ce scandale, bien persuadé que le sentiment de votre dignité et celui des convenances vous engageront à donner les ordres nécessaires, ordres que je réclame comme pair de France et comme citoyen français.

« Agréez, monsieur le vicomte, l'assurance de ma haute considération,

« LE DUC DE CHOISEUL. »

Paris, le 9 juillet 1827.

### Réponse de M. le vicomte de Bonald à M. le duc de Choiseul.

« MONSIEUR LE DUC,

« Je mettrai sous les yeux du conseil la lettre que vous m'avez fait l'honneur de m'écrire et la réclamation qu'elle contient, et j'aurai celui de vous faire part de sa décision.

« Agréez, monsieur le duc, l'assurance de ma haute considération,

« LE VICOMTE DE BONALD. »

Paris, le 9 juillet 1827.

Le lendemain ou surlendemain de la réponse ci-dessus de M. de Bonald à M. le duc de Choiseul, la censure effaça l'article ci-après qui avait été inséré dans *le Constitutionnel* :

« M. le duc de Choiseul a écrit, comme pair de France, à M. de Bonald, son collègue et président de la commission de censure, pour se plaindre du refus fait par la censure de laisser insérer une lettre qu'il a adressée au *Constitutionnel*, relativement à la garde nationale parisienne. M. de Choiseul insiste surtout ce qu'a d'étrange l'interdiction faite à un pair de France de la presse périodique pour manifester des sentiments qui n'ont rien que d'honorable et de patriotique. »

Enfin, le 15 juillet, M. le duc de Choiseul reçut la lettre suivante de M. le vicomte de Bonald :

Paris, le 14 juillet 1827.

« MONSIEUR LE DUC,

« Le conseil de surveillance de la censure, vu la lettre que vous avez fait à son président l'honneur de lui écrire, et dans laquelle Votre Seigneurie réclame contre la radiation faite par le bureau de censure de sa lettre à messieurs de la ci-devant garde nationale parisienne, envoyée aux journaux des *Débats*, du *Courrier* et du *Constitutionnel*,

« Arrête à l'unanimité que le jugement du bureau de censure est maintenu, et charge son président de le communiquer à Votre Seigneurie.

« Agréez, monsieur le duc, l'assurance de ma haute considération.

« *Le président du conseil de surveillance de la censure,*
« LE VICOMTE DE BONALD,
« Pair de France.

« *A M. le duc de Choiseul, pair de France.* »

*Réponse de M. le duc de Choiseul à M. le vicomte de Bonald.*

Paris, le 15 juillet 1827.

« MONSIEUR LE VICOMTE,

« Je reçois la lettre que vous m'avez fait l'honneur de m'écrire, comme président du conseil de surveillance de la censure.

« Vous m'y annoncez la confirmation *à l'unanimité du jugement du bureau de censure*, sans m'en faire connaître un seul motif.

« L'inconvenance de cette forme est la suite naturelle de celle du premier procédé.

« Ne pouvant, comme *pair de France*, reconnaître un tribunal dans un bureau de censure ; ne pouvant me soumettre à *d'autres jugements* que ceux de la cour des pairs dans les cas extraordinaires, et dans les cas ordinaires que ceux des tribunaux, il est de mon devoir de ne point laisser avilir notre haute dignité, et de protester contre cette coupable violation de nos droits.

« Agréez, monsieur le vicomte, l'assurance de ma haute considération,

« LE DUC DE CHOISEUL,
« Pair de France. »

Il faut espérer que tant de scandale finira avec la censure, et qu'on ne s'obstinera pas à prolonger un état de choses si révoltant.

# POLITIQUE

## OPINIONS ET DISCOURS

### PRÉFACE

DES OUVRAGES POLITIQUES.

1826.

J'ai dit, dans l'*Avertissement général* de l'édition de mes OEuvres complètes, que mes écrits politiques contiennent l'*Histoire abrégée de la Restauration*, et que, rangés par ordre chronologique, ils représentent, comme dans un miroir, les hommes et les choses qui ont traversé l'ère récente de la monarchie.

J'ai dit encore dans ce même Avertissement : Mes ouvrages politiques se diviseront en trois parties : les Discours prononcés aux Chambres, les Ouvrages politiques proprement dits, et la Polémique.

Les *Discours* et les *Opinions* que je donne aujourd'hui dans ce volume offrent le tableau des lois promulguées ou proposées en France depuis ma nomination à la Chambre des pairs, c'est-à-dire depuis le retour de Gand.

Les ouvrages proprement dits *politiques*, et qui touchent aux circonstances du jour, sont une sorte de relation des événements : l'histoire de la restauration est, pour ainsi dire, renfermée entre le petit écrit *de Buonaparte et des Bourbons*, et la brochure intitulée : *le Roi est mort : vive le Roi !* Le temps qui sépare ces deux écrits est rempli par les *Réflexions politiques*, le *Rapport fait au roi dans son conseil à Gand*, la *Monarchie selon la Charte*, etc., etc.

Ces ouvrages ont exercé sur les événements une influence qui n'a point été niée : Louis XVIII avait la bienveillante générosité de dire que la brochure de *Buonaparte et des Bourbons* lui avait valu une armée. On sait assez quelle tempête éleva contre moi la *Monarchie selon la Charte*.

Enfin, ce que j'appelle la *Polémique*, choix des divers articles de controverse politique échappés à ma plume, est l'histoire des opinions en France, depuis le commencement de la restauration, jusqu'au jour où j'écris cette Préface (1826).

Ces trois genres d'ouvrages divers se placent dans un principe commun, dans celui des libertés publiques; les vérités fondamentales de la monarchie constitutionnelle y sont sans cesse rappelées : mes seuls chapitres, articles et opinions relatifs à la liberté de la presse, forment peut-être sur cette matière le corps de doctrine le plus complet qui existe.

Les Muses furent l'objet du culte de ma jeunesse; ensuite, je continuai d'écrire en prose avec un penchant égal sur des sujets d'imagination, d'histoire, de politique et même de finances [1]. Mon premier ouvrage, l'*Essai historique*, est un long traité d'histoire et de politique. Dans le *Génie du Christianisme*, la politique se retrouve partout, et je n'ai pu me défendre de l'introduire jusque dans l'*Itinéraire* et dans *les Martyrs*. Mais, par l'impossibilité où sont les hommes d'accorder deux aptitudes à un même esprit, on ne voulut sortir pour moi du préjugé commun qu'à l'apparition de *la Monarchie selon la Charte*. Les imprudences ministérielles, en essayant d'étouffer cet ouvrage, ne le firent que mieux connaître, et les journaux anglais, bons juges en fait de gouvernements constitutionnels, achevèrent ce qu'une irritation, d'ailleurs excusable, avait commencé.

Il y a loin sans doute d'*Atala* à *la Monarchie selon la Charte* ; mais mon style politique, quel qu'il soit, n'est point l'effet d'une combinaison. Je ne me suis point dit : « Il faut, pour traiter un sujet d'économie sociale, rejeter les images, éteindre les couleurs, repousser les sentiments. » C'est tout simplement que mon esprit se refuse à mêler les genres, et que les mots de la poésie ne me viennent jamais quand je parle la langue des affaires. Plusieurs volumes de politique réunis dans cette édition de mes œuvres attesteront cette vérité.

Quoi qu'il en soit, ces *Opinions*, ces *ouvrages* sur *les choses du jour*, cette *Polémique*, rangés par ordre de dates, formeront un monument de quelque utilité pour l'histoire.

Considérés sous un autre point de vue, ces discours attesteront les progrès de la société ; ils prouveront que nous n'en sommes plus aux éléments de la politique, et que des vérités qui auraient semblé téméraires à Montesquieu lui-même sont devenues des vérités usuelles et communes.

Je commence, dans ce volume de la *Politique*, par la publication des *Opinions* et des *Discours*. Si je n'avais trouvé en moi les sentiments manifestés dans ces opinions, il m'aurait suffi d'être membre de la Chambre des pairs pour avoir appris à soutenir les intérêts d'une politique généreuse.

Le principe de l'aristocratie est la liberté, comme le principe de la démocratie est l'égalité; mais, par une suite de la révolution, le corps aristocratique, nouvellement reconstruit en France, a eu besoin d'un plus grand effort et d'un concours singulier de circonstances pour défendre son noble principe.

L'aristocratie est fille du temps ; elle sort du droit politique, elle peut être anéantie; tandis que la démocratie, qui vient du droit naturel, et qui réside dans les masses populaires, ne périt point et est toujours présente, active ou passive à toutes les révolutions d'un État. Séparée de l'aristocratie, la démocratie ne tend à la liberté qu'en courant vers son principe, l'égalité : la liberté n'est pas pour elle un but, mais un moyen. Aussitôt que la démocratie a rencontré l'égalité qu'elle cherche, elle fait bon marché de la liberté. Or, comme le pouvoir d'un seul s'accommode admirablement du nivellement des rangs, il consent très-volontiers à l'union avec le peuple, et le despotisme s'établit par le haut et le bas de la société.

L'aristocratie est donc la source la plus sûre de la liberté. Mais l'aristocratie, ouvrage des siècles, ayant été renversée parmi nous, il était à craindre qu'elle fût lente à se régénérer, et que, conséquemment, une des principales sauvegardes de la liberté se

---

[1] Voyez l'*Essai historique*, p. 190. On trouve au bas de cette page la note suivante :

« Je n'ai pas attendu à être membre de la Chambre des pairs pour m'occuper de l'économie politique : on voit que je savais ce que c'était que la liquidation d'une dette et un fonds d'amortissement, quelque trentaine d'années avant que ceux qui parlent aujourd'hui de finances sussent peut-être faire correctement les quatre premières règles de l'arithmétique. »

relevât avec peine. Par un bonheur extraordinaire, il est arrivé que les qualités individuelles ont suppléé, dans la Chambre héréditaire, à ce qui lui manquait en années : l'aristocratie des talents a formé l'anneau de la chaîne qui rattachera la pairie nouvelle à l'aristocratie des temps.

D'un autre côté, la plupart des grands noms historiques et des hautes dignités sociales sont venus se joindre aux capacités naturelles, et former avec celles-ci les racines de la nouvelle aristocratie. Il s'est élevé un arbre d'une espèce inconnue sur ces racines, et cet arbre a déjà porté des fruits excellents.

Des éléments en apparence hétérogènes, et qu'on n'aurait jamais crus susceptibles de s'amalgamer, avaient des affinités secrètes. Quand les partis qui ont administré le royaume, voulant ou servir des amis, ou neutraliser des adversaires, ont introduit successivement dans le premier corps de l'État les talents de la France, ils ne se doutaient guère de ce qu'ils faisaient. Ces talents n'ont pas plus tôt été en présence les uns des autres qu'ils se sont reconnus et mêlés. Toutes les gloires sont solidaires : la Chambre héréditaire, qui en renferme de diverses sortes, s'est trouvée forte d'une aristocratie individuelle à laquelle le pouvoir ministériel n'avait point pensé.

Il manque cependant à la Chambre des pairs deux choses : l'influence qui résulte de la grande propriété, et la publicité des débats parlementaires.

Quant au premier point, il n'est pas aussi fâcheux qu'il le semble, au premier coup d'œil. D'abord, de très-grands propriétaires de l'ancienne et de la nouvelle France sont membres de la pairie ; ensuite le temps des grands propriétaires est passé, là où ces grandes propriétés ont été détruites.

Les grandes propriétés européennes et même américaines ont eu trois sources : la conquête, une prise de possession sans titre, la confiscation et la violence des lois ; elles se sont encore accrues aux dépens de la petite propriété, par les successions de famille et par les acquisitions particulières. Or, la grande propriété ayant été morcelée en France, il n'est plus possible de la réunir, puisqu'il faudrait, ou qu'une partie de la nation fît la conquête de l'autre, ou que l'on confisquât les immeubles au profit du petit nombre, ou qu'enfin une conquête étrangère vînt imposer un nouveau partage inégal des terres.

Les substitutions, que je voudrais voir établies plus impérieusement pour la pairie, ne recomposeront que lentement les propriétés, si elles les recomposent jamais ; car elles sont aujourd'hui opposées au penchant des mœurs et à l'esprit des familles. L'industrie, le commerce, l'économie, le hasard, la faveur du prince, élèveront sans doute encore quelques grandes fortunes ; mais elles seront isolées, mais elles n'amèneront point un système de grande propriété, et, au bout d'une ou deux générations, ces fortunes rentreront, par la loi de l'égalité des partages, dans la catégorie des propriétés moyennes.

Enfin, la différence entre les propriétés particulières avant la révolution, et les propriétés particulières depuis la révolution, n'était pas aussi grande en étendue qu'on se l'imagine. Si les corps étaient riches dans l'ancien régime, les individus l'étaient peu. Dans l'aristocratie, par exemple, c'est-à-dire dans la noblesse, cent cinquante familles, tout au plus, possédaient de grandes propriétés territoriales ; encore ces familles étaient-elles à moitié ruinées, comme on a pu s'en convaincre par l'état des dettes fourni aux débats de la loi d'indemnité. Quant au reste de la noblesse, lorsqu'un gentilhomme avait de vingt-cinq à trente mille livres de rente, il était cité dans sa province ; dix mille livres de rente passaient pour une fortune ; à mille écus de rente on était réputé très à l'aise, et un cadet qui avait quinze cents francs à dépenser par an était *richissime*. La pauvreté du gentilhomme était devenue proverbiale, et cette pauvreté était le plus bel ornement de l'ancienne noblesse. La révolution a plus détruit de colombiers que de châteaux : aussi son crime social n'est pas d'avoir violé tel genre de propriété, mais la propriété elle-même. Celui qui a été dépouillé de la chaumine de son père a été plus maltraité, et éprouvé peut-être des regrets plus amers que celui à qui l'on a ravi des foyers de marbre.

Tout considéré, si l'on réunit les grandes fortunes militaires actuelles, les grandes fortunes qui se sont formées par un moyen quelconque depuis une trentaine d'années, les grandes fortunes de banque, les grandes fortunes conservées de l'ancien régime, on trouvera que la grande propriété individuelle est à peu près aussi considérable en 1826 qu'elle l'était en 1789.

On dit que la grande propriété est favorable à la liberté : cela demande explication. Jetez les yeux autour de vous en Europe, vous verrez qu'il n'y a presque point d'État, si faible et si petit qu'il puisse être, où les grands propriétaires ne soient plus nombreux, proportion gardée, qu'en France. Dans ces pays où la grande propriété existe (l'Angleterre exceptée), les nations sont-elles plus libres ? La grande propriété maintient la liberté chez les peuples régis par les lois constitutionnelles ; elle favorise le despotisme dans les gouvernements absolus.

Pour résumer tout ceci et pour conclure : l'absence de la grande propriété dans une partie de la Chambre héréditaire ne nuit pas autant à l'esprit aristocratique qu'elle le devrait faire, à cause de la diminution générale de toutes les fortunes de la France, et parce que les individus de l'ancien corps aristocratique étaient en général assez pauvres. Il y a cependant parmi les pairs des indigences qui, bien qu'honorables aux personnes, n'en sont pas moins scandaleuses pour la dignité de la couronne, la grandeur de la monarchie et la considération de la première dignité de l'État.

Mais s'il y a quelque raison, dans l'ordre actuel des choses, à la médiocrité de la propriété d'une partie de la Chambre des pairs, il n'y a point de compensation au défaut de publicité des séances de cette noble assemblée. La France perd les instructions qu'elle recevrait, si elle était témoin des débats admirables qu'amène la présentation des lois à la tribune des pairs : science, clarté, convenance, éloquence improvisée ou écrite de toutes les sortes, brillent au plus haut degré dans ces débats. La Chambre héréditaire renferme dans son sein la plupart des hommes qui, depuis trente années, à différentes époques, ont déployé des talents utiles à la patrie. La religion, les lois, la guerre, les sciences, les lettres, l'administration ont leurs représentants dans ce corps illustre. Il serait difficile de traiter un sujet, de quelque nature que ce soit, qui ne trouvât sur-le-champ un pair capable de l'approfondir.

J'ai assisté aux séances du parlement britannique au temps des Burke, des Sheridan, des Fox et des Pitt ; j'ai vu attaquer et défendre, il y a peu d'années, à Westminster, la question de l'émancipation des catholiques : les discussions dans la Chambres des pairs en France sont indubitablement plus fortes que les discussions dans la Chambre des pairs en Angleterre.

C'est une grande erreur de la Charte d'avoir fermé la Chambre des pairs lorsqu'elle ouvrait la Chambre des députés. Même dans le système de précaution qui dictait cet article, on se trompait encore ; car si l'on craint les effets de la tribune, ce ne sont pas les séances secrètes de la Chambre héréditaire qui feront le contre-poids des séances publiques de la Chambre élective.

La publicité des séances de la Chambre des pairs diminuerait encore les inconvénients qui résultent de l'article 38 de la Charte, combiné avec la septennalité. Cet article fixe à quarante ans l'âge éligible du député. La septennalité, excellente en principe, mais pernicieuse sans le changement d'âge et sans une plus grande garantie des droits électoraux, est venue ajouter son vice au vice de l'article 38. De sorte que le citoyen, qui n'est guère élu avant d'avoir atteint quarante-cinq ou cinquante ans, et qui charge encore ces années de la période septénaire, peut difficilement avoir appris ou conservé l'éloquence. On ne commence point une carrière à quarante-cinq ans ; quelques exemples extraordinaires ne font point règle. La septennalité, telle qu'elle est établie, frappera nécessairement d'une paralysie ministérielle la Chambre élective. Cette Chambre s'enfoncera tellement dans la vieillesse, qu'un homme qui serait élu deux fois sous l'empire du renouvellement septennal, pourrait regarder sa seconde élection comme un arrêt de mort.

La Chambre des pairs, au contraire, se rajeunit par l'hérédité : ses membres ont non-seulement voix délibérative à trente-cinq ans, mais ayant le droit de parler avant cet âge (à vingt-cinq ans), ils peuvent ainsi, au milieu d'une assemblée savante et expérimentée, se former de bonne heure aux affaires et à l'éloquence politique.

La Chambre héréditaire a déjà joué un grand rôle ; chaque jour l'importance de ce rôle augmentera. Elle a opposé, en certaines occasions, des résistances décentes et courageuses à des lois qui lui semblaient contraires aux intérêts publics. Outre que ces résistances étaient fondées en justice, elles résultaient encore de l'indépendance naturelle à l'aristocratie, fortifiée de cette autre indépendance qui naît de la conscience du talent.

Élevé à cette noble école, j'ai prononcé, comme pair ou comme ministre, les opinions qu'on réunit ici sous les yeux du public : membre de l'opposition, je défends dans ces discours les principes de la religion, de la légitimité et des libertés publiques ; ministre, je m'efforce de maintenir les droits de la France et la dignité de la couronne. Je puis me rendre du moins ce témoignage à moi-même : la liberté et l'honneur de mon pays n'ont point péri entre mes mains [1].

---

# DISCOURS

#### PRONONCÉ LE 23 AOUT 1815,

### A L'OUVERTURE DU COLLÉGE ÉLECTORAL, A ORLÉANS.

---

Messieurs, lorsque Louis XVI, de sainte et douloureuse mémoire, convoqua les états généraux, il voulut remédier à un mal que la France regardait alors comme insupportable, mais qui nous paraît bien léger, aujourd'hui que l'expérience nous a rendus meilleurs juges de l'adversité. Comme il arrive presque toujours aux médecins peu habiles, d'une blessure facile à guérir, nous fîmes une plaie incurable. L'Assemblée constituante eut des intentions sages, mais le siècle l'entraîna. Avec moins de talents et plus d'audace, l'Assemblée législative attaqua la monarchie, que la Convention renversa. Les deux conseils se détruisirent par leurs propres factions. Sous le tyran, le peuple se tut, et ne retrouva la voix que sous le roi légitime. Au retour de Buonaparte, la Convention sembla sortir avec lui du tombeau : les deux fantômes viennent de rentrer ensemble dans l'abîme, laissant, en témoignage de leur apparition, des calamités sans nombre, et six cent mille étrangers sur le sol de France.

Si l'on ne considérait, Messieurs, que le résultat de ces assemblées, on pourrait se sentir découragé ; mais nos fautes doivent nous servir de leçons.

---

[1] Il ne manque à cette collection de mes *Opinions* que mes deux opinions relatives *aux délits commis dans les Échelles du Levant* : elles sont placées avant l'*Itinéraire*, avec ma Note sur la Grèce, tome II de cette édition.

Le moment est venu d'employer à l'affermissement de la monarchie cette même force populaire qui a servi à l'ébranler. Jamais les députés de la nation n'ont été rassemblés dans des circonstances plus graves : le roi a voulu les avertir lui-même de l'importance des fonctions qu'ils auront à remplir, en rapprochant le peuple du trône, en confiant quelques colléges électoraux au noble patronage des princes de son sang.

Mais il ne faut pas vous le dissimuler, Messieurs, tout dépend des choix que la France va faire. L'Europe nous attend à cette dernière expérience; elle est venue, pour ainsi dire, se placer au milieu de nous, afin d'assister à des résolutions qui décideront de son repos autant que du nôtre. Le peuple français va voir des rois aux tribunes de ses conseils : après avoir jugé les princes de la terre, il sera jugé par eux à son tour. Il s'agit de savoir si nous serons déclarés incapables de nous fixer à ces institutions que nous avons cherchées à travers tant d'orages, si nos succès seront regardés comme un jeu de la fortune, nos calamités comme un châtiment mérité; ou si, nous renfermant dans une liberté sage, nous conserverons l'éclat de notre gloire et la dignité de nos malheurs.

Que faut-il faire, Messieurs, pour arriver à ce dernier but? Une chose facile : choisir les bons, écarter les méchants, cesser de croire que l'esprit, le talent, l'énergie, sont le partage exclusif de quiconque a manqué à ses devoirs, et qu'il n'y a d'habile que le pervers. Que la France appelle à son secours les gens de bien, et la France sera sauvée. L'Europe ne se sentira complétement rassurée que quand elle entendra nos orateurs, trop long-temps égarés par des doctrines funestes, professer ces principes de justice et de religion, fondement de toute société ; nous ne reprendrons notre poids dans la balance politique qu'en reprenant notre rang dans l'ordre moral.

Permettez, Messieurs, que je vous parle avec la franchise du pays où je suis né : ce n'est plus le moment de garder des ménagements qui pourraient devenir funestes. Sans doute il faut éteindre les divisions, cicatriser les blessures, jeter sur les fautes de nos frères le voile de la charité chrétienne, nous interdire tout reproche, toute récrimination, toute vengeance, et, à l'exemple de notre roi, pardonner le mal qu'on nous a fait. Mais il y a loin, Messieurs, de cette indulgence nécessaire, à cette impartialité criminelle qui, obligée de faire un choix, le laisserait tomber également sur le bon ou sur le mauvais citoyen, ne mettrait aucune différence entre les principes et les opinions, les actions et les paroles. Si, en dernier résultat, il était égal d'avoir commis ou de n'avoir pas commis de crime, d'avoir gardé ou d'avoir violé son serment; si, lorsque l'orage est passé, on traite de la même sorte et celui qui a produit cet orage et celui qui l'a conjuré; si l'un et l'autre jouissent du même degré de confiance, de la même part de dignités et d'honneurs, l'honnête homme, Messieurs, ne sera-t-il pas trop découragé ? Ne rendons pas le devoir si difficile. Voulons-nous réparer les désastres de la patrie? Ne laissons plus dire à ceux qui profitaient de nos revers, que la vertu est un *métier de dupe,* expression dérisoire qui échappe quelquefois à la lassitude du malheur comme à l'insolence de la prospérité. Enrichissons-la, cette vertu, de notre estime et de nos faveurs ; elle nous rendra nos dons avec usure.

Laisser à l'écart les artisans de nos troubles, c'est justice. La justice n'est point une réaction, l'oubli n'est point une vengeance. Il ne faut pas qu'un homme se croie puni parce qu'il n'est pas récompensé du mal qu'il a fait. Ceux qui ont amené dans vos murs ces étrangers que le bras de vos aïeux arrêta jadis à vos portes, mériteraient-ils d'obtenir vos suffrages ? Toutefois, si de tels hommes se fussent rencontrés parmi vous, vous auriez pu les voir se présenter, et même avec un front serein ; car, dans ce siècle, le vice a sa candeur comme la vertu, et la corruption sa naïveté comme l'innocence.

Mais, grâce à l'excellent esprit de ce département, vous ne serez point, Messieurs, réduits à faire ces distinctions pénibles : on ne compte ici que des sujets dévoués à leur roi. Déjà vos colléges d'arrondissements présentent à votre élection des candidats aussi distingués par leurs talents que par leur conduite courageuse et leur noble caractère. Heureux embarras des richesses, qui ne vous laissera que le regret de ne pouvoir tout nommer et tout choisir ! La fidélité du trône de saint Louis est chez les Orléanais une vertu héréditaire : ils conservèrent leurs remparts pour Charles le Victorieux, comme ils ont gardé leur cœur pour Louis le Désiré. Qui ne sait, Messieurs, que votre ville, pendant nos tempêtes, fut le refuge de tous les Français persécutés ? Le prêtre fugitif y trouva un autel, le serviteur du roi, un asile, pour y prier leur Dieu, pour y pleurer leur maître ! N'est-ce pas vous encore qui, les premiers, demandâtes la liberté de l'illustre orpheline, aujourd'hui l'orgueil et la gloire de la France ?

Pour moi, Messieurs, je regarderai comme un des plus beaux jours de ma vie celui où j'ai été appelé à présider votre collége électoral. Le roi, qui tient compte à ses fidèles sujets, même de leur zèle, a trop payé par cet honneur mes faibles services. J'ai du moins quelque titre à votre bienveillance ; car j'ose croire qu'il n'y a point d'homme qui entre mieux que moi dans vos sentiments, qui apprécie davantage votre loyauté. Comme vous, je donnerais mille fois ma vie pour le meilleur des princes ; et mon cœur a toujours battu, mes yeux se sont toujours remplis de larmes au cri d'amour et de salut, au cri français de *Vive le roi !*

# OPINION
### SUR LA
### RÉSOLUTION RELATIVE A L'INAMOVIBILITÉ DES JUGES
#### PRONONCÉE A LA CHAMBRE DES PAIRS, LE 19 DÉCEMBRE 1815.

## § I<sup>er</sup>.

Messieurs, la *résolution* qui vous a été transmise par la Chambre des députés mérite toute votre attention ; la controverse qu'elle a excitée, les discours remarquables qu'elle a produits, annoncent assez que ce n'est pas une de ces propositions qu'on doive adopter ou rejeter légèrement.

Je vais essayer de la traiter à fond, d'en développer les différentes parties avec exactitude, fidélité, impartialité. Si j'ose aujourd'hui paraître à cette tribune avec un peu de confiance, c'est que, depuis plusieurs années, occupé de recherches historiques, je me trouve sur un terrain qui m'est assez connu, et où je crains moins de m'égarer. Je serai long, beaucoup trop long peut-être : c'est une espèce de rapport complet que je vais vous faire. Je vous demande, Messieurs, toute votre patience : la gravité du sujet me servira d'excuse auprès de vous.

Dans la *résolution* soumise à vos lumières, on doit examiner deux choses distinctes, et qui pourtant ont entre elles une liaison intime : premièrement, l'inamovibilité des charges de judicature en France ; secondement, les raisons pour lesquelles on pourrait désirer que cette inamovibilité fût suspendue pendant un an.

Ceux qui sont d'avis d'adopter la *résolution*, ceux qui veulent la rejeter, conviennent tout d'abord que l'*inamovibilité* est une chose excellente ; mais ils ne sont pas d'accord sur le moment où elle s'est introduite dans notre magistrature : chacun s'est fait un système plus ou moins favorable au sentiment qu'il veut établir. Voyons si, en remontant aux sources, nous ne parviendrons pas à fixer nos idées de manière à pouvoir, en toute connaissance de cause, accueillir ou repousser la *résolution*.

Messieurs, je vais d'abord vous surprendre, car je m'écarte de toute opinion reçue ; mais j'espère bientôt appuyer la mienne sur des faits irrécusables.

Je soutiens donc que de tous temps la magistrature a été amovible et inamovible en France ; les deux principes ont été constamment placés l'un auprès de l'autre. Depuis Clovis jusqu'à Philippe de Valois, ces deux principes marchèrent ensemble ; depuis Philippe de Valois jusqu'à Charles VII, l'inamovibilité disparut de fait, bien qu'elle existât de droit. On essaya vainement, sous Louis XI, de la remettre en vigueur, en la faisant passer à une autre classe de citoyens. Elle triompha sous François Ier, se fixa sous Charles IX, et régna seule enfin sous Henri IV.

Ainsi, l'inamovibilité de notre justice n'a point été en France, comme on l'a avancé, un développement des lumières et de la prérogative royale; bien au contraire, car lorsque la prérogative l'étendit sous les Valois, le côté amovible de la magistrature prit le dessus. Les Grecs et les Romains, si éclairés d'ailleurs, n'ont point connu l'inamovibilité des charges de judicature. L'Égypte, où on la retrouve, lui dut peut-être la permanence de ses institutions, comme l'éternité de ses monuments. Presque toutes les nations modernes l'ont ignorée, et les Anglais ne l'ont reçue qu'en 1759 : ainsi leur belle constitution a fleuri pendant soixante-dix années, sans être appuyée sur l'inamovibilité judiciaire. Celle-ci est née parmi nous au milieu de la barbarie (ce qui est fort engendre ce qui est durable); elle a été suspendue dans les âges moyens, et, chose étrange! cette *inamovibilité* qui fait notre gloire, après être sortie, comme on va le voir, des sources les plus pures, n'a été rétablie que par la corruption et la vénalité.

L'inamovibilité de la justice, qui a donné à notre magistrature tant de grandeur, tire parmi nous son origine de trois principes sacrés et inamovibles : la royauté, la propriété, la religion.

La royauté, héréditaire sous la première race, troublée sous la seconde par des révolutions, héréditaire de mâle en mâle sous la troisième, en vertu de la loi salique, est la première source de notre immuable justice. Les rois, chez les Francs et chez les Germains leurs pères, étaient les premiers magistrats : *Principes qui jura per pagos reddunt*, dit Tacite. Ainsi, quand saint Louis et Louis XII rendaient la justice au pied d'un chêne, ils ne faisaient que siéger à l'ancien tribunal de leurs aïeux. La justice devint naturellement inamovible dans ces grands magistrats héréditaires; elle prit ainsi dans son air quelque chose d'immortel et d'auguste, comme ces générations royales qui la portaient dans leur sein et la faisaient régner sur le trône.

La seconde source de notre magistrature inamovible est, comme je l'ai dit, la propriété. Voici, Messieurs, une chose remarquable et qui distingue les peuples d'origine germanique de toutes les nations de l'antiquité. Ils attachèrent la justice au sol; ils en firent une fille de la terre, et la rendirent immuable comme la propriété. Sous la première race, les *leudes* ou les *fidèles*, appelés par Tacite *les compagnons du prince*, avaient le droit de juridiction dans les domaines qu'ils possédaient en *propres*. On en voit la preuve dans une ordonnance de 595, aux Capitulaires de Baluze. Le droit de juridiction dans les *propres* se composait, pour le leude ou le seigneur, du droit de magistrature, inamovible en sa personne, et des différents droits d'amende judiciaire au civil et au criminel, tels que le *fredum* et autres. Ensuite les rois, en distribuant des terres aux leudes, concédèrent avec ces terres le droit de justice. La première charte où l'on trouve une pareille concession est du règne de Dagobert I$^{er}$, en 630. Trente ans après, l'usage de donner des justices en propriété était devenu général, comme on l'infère des *Formules* de Marculfe.

Enfin, on aperçoit encore sous la première race la troisième source de la magistrature inamovible, je veux dire la religion. Le clergé, à cette époque, possédait des *propres*; il pouvait hériter, il jouissait en outre des biens de l'Église, et, dans ces deux natures de propriétés, il exerçait comme juge inamovible tout droit de juridiction. Les évêques et les abbés, qui avaient tant contribué à l'établissement des Francs dans les Gaules, obtinrent aussi, comme les leudes, de grands fiefs, avec ce droit de juridiction qu'emportait toujours la terre, même lorsque le domaine était encore amovible. Tout cela se confirme par le traité des Andelys, dans Grégoire de Tours, et par plusieurs chartes mérovingiennes, sans s'appuyer sur celle de Clovis de 496, que dom Bouquet croit supposée.

Voilà pour la première race.

Au commencement de la seconde, l'inamovibilité resta la même dans le roi, les prélats et les grands possédant des *propres*. Il paraît même que Charlemagne rendit une loi en faveur de l'immutabilité des offices de judicature : sous les successeurs de ce grand homme, l'établissement des fiefs et de la noblesse multiplia considérablement la magistrature inamovible et héréditaire. L'orgueil, ou, si l'on veut, la vanité, avait donné lieu à un phénomène historique qui ne s'est reproduit chez aucune autre nation. Des priviléges particuliers se trouvant attachés aux concessions du prince, les leudes imaginèrent de changer leurs *propres* ou leurs *alleux* en bénéfice, c'est-à-dire de donner leur propriété au roi, pour la recevoir ensuite de sa main : alors la noblesse se trouva investie d'une magistrature inamovible à double titre, et par le roi et par la propriété. De là cet axiome de l'ancien droit français, que la justice est patrimoniale. Le droit de juger découlait si invinciblement de la seigneurie, qu'il passait même aux femmes, héritières de ces seigneuries : en 1315, la comtesse Mahaut siégea comme pair de France dans le procès du trop fameux Robert d'Artois.

Voilà pour la seconde race.

Sous la troisième, cette magistrature ne fit d'abord que se confirmer et s'étendre : les ducs, les comtes, les barons, les évêques, les abbés, devenus presque indépendants de l'autorité royale, furent plus que jamais des juges inamovibles. L'établissement de la première pairie, sous Hugues Capet, vers la fin du dixième siècle, consolida de plus en plus le fondement de notre justice; car la pairie, en variant dans ses différents âges, n'en conféra pas moins à chaque pair de France le droit d'une magistrature inamovible et héréditaire.

Tel est, Messieurs, le principe de l'inamovibilité, et je crois l'avoir suffisamment établi. Quel caractère auguste ne dut-il point faire prendre à notre justice, lorsqu'elle se montra aux yeux des peuples ainsi appuyée sur le sceptre, l'épée et la croix! Aussi régla-t-elle tout en France. Chez les autres nations de la terre, le droit civil naquit du droit politique; chez nous seuls, et par l'effet de notre magistrature inamovible, le droit politique découla du droit civil. Nous devons tout aux ordonnances de nos rois-magistrats, aux arrêts de nos cours de judicature; rien, ou presque rien aux assemblées de la nation. C'est dans cet esprit, Messieurs, c'est par cette route qu'il faut étudier et chercher le secret de nos mœurs. En faisant naître nos constitutions de la garantie et des résultats de notre magistrature inamovible, on comprendra pourquoi la forme du gouvernement a été si stable chez les Français; pourquoi ce gouvernement a présenté cette longue suite de rois héréditaires; pourquoi nous n'avons presque jamais montré de jalousie du pouvoir politique, excepté comme par hasard, et dans des moments de vertiges. Le peuple voyait dans ses chefs, à commencer par le roi, des juges et non pas des maîtres : de là son attachement aux corps de judicature, et son indifférence pour nos états généraux. Il trouvait dans notre magistrature inamovible tous les biens qu'il pouvait réclamer : droits de citoyen, sûreté de propriété, maintien des lois, défense contre l'oppression : chose admirable! la justice était pour nous la liberté !

Le principe général et les trois origines particulières de notre inamovibilité judiciaire étant reconnus, j'espère, Messieurs, vous montrer maintenant, avec la même clarté, l'existence de notre magistrature amovible.

On la trouve, Messieurs, auprès de la première, dans le berceau de la monarchie, à la cour, chez les leudes et parmi le clergé : elle y offre un singulier spectacle. Les rois de la première race rendaient la justice, comme les anciens Hébreux et les Pélasges, à la porte de leur palais. Autour du roi étaient placés les officiers de la couronne, les ducs, les comtes, les farons ou les barons; deux officiers recevaient les requêtes. Un comte-juge était le rapporteur. Ce conseil s'appelait *placita*, dont notre mot *plaids* conserve l'étymologie. Ces juges ou conseillers de la justice du roi étaient temporaires et amovibles; ils prononçaient sur tout ce qui regardait l'ordre public, et connaissaient des appels dans les causes particulières.

Tandis que le roi, magistrat inamovible, entouré de juges amovibles, exerçait cette justice paternelle à la porte de son palais, le leude offrait dans ses bois le spectacle de la justice armée. L'épée à la ceinture, la hache dans une main, le bouclier dans l'autre, il dictait ses arrêts sur le prix d'une tête abattue, sur la longueur et la profondeur d'une blessure. Il était assisté à ce tribunal militaire par des juges appelés *rachinburges* et *scabini*. Ils devaient être au moins au nombre de sept : *Congreget secum septem raginburgios*, dit la loi salique. Ces rachinburges étaient choisis par le peuple, et amovibles, *populi consensu*. Pour les élever au nombre de douze, on choisissait des notables, *boni homines*. Les ordonnances des Mérovingiens, les lois salique et ripuaire règlent dans le plus grand détail les devoirs de ces magistrats amovibles.

Enfin, auprès de la justice paternelle du roi, de la justice armée du comte, était placée la justice chrétienne du prélat. Celui-ci se faisait assister dans ses fonctions par un vidame et des clercs, juges amovibles à la volonté de l'évêque. Il prononçait le plus souvent ses sentences pacifiques au pied de l'autel, dans quelque église où des affranchis avaient reçu la liberté. Les crimes moraux tombaient sous sa compétence, et les malheureux ressortissaient de droit à son tribunal : les veuves et les orphelins étaient sous sa juridiction particulière. Il jugeait d'après le droit romain, et dans les terres de ses bénéfices, régies par les lois des Barbares, il apportait les adoucissements d'un esprit éclairé. La sainteté de la vie de ces premiers évêques des Gaules, leurs lumières, leur charité, rendirent leurs décisions vénérables, et donnèrent une prépondérance à la juridiction ecclésiastique.

Sous la seconde race, des cours d'assises furent régulièrement établies. Des envoyés royaux, *missi dominici, missi regii*, furent chargés par Charlemagne de l'administration de la justice amovible. Le chef du domaine royal, *major villæ*, devint juge ; le comte du palais, *comes palatii*, fut le président de la justice du prince pour les laïques, et l'apocrisiaire pour les ecclésiastiques. Ces officiers étaient amovibles : ils délibéraient en présence de Charlemagne, magistrat inamovible, qui, au rapport d'Hincmar et d'Éginhard, rendait si admirablement la justice dans son palais d'Héristal : *lite cognita, sententiam dicebat*. Les comtes, de leur côté, imitèrent dans leurs domaines cette forme de la justice du prince ; mais ce bel ordre se perdit sous Charles le Chauve. Les seigneurs n'obéirent plus aux envoyés royaux ; on ne porta plus les jugements en appel à la cour du roi ; les lois salique, ripuaire, bourguignonne, romaine, s'ensevelirent dans l'oubli, et des coutumes bizarres devinrent les lois des Français.

Alors commence la troisième race : elle jeta les fondements de nos mœurs dans les ténèbres les plus épaisses de la barbarie. Ce fut au foyer du château, près du chêne allumé pour la fête, au milieu des guerres de seigneur à seigneur, dans les chasses et dans les bois, que s'établit le patronage de la féodalité ; source d'une infinité de lois fantasques, mais principe d'un grand nombre de vertus. On vit sortir, de la nuit féconde qui couvrait la France, des rois d'une majesté naïve, des pontifes qui mêlaient l'honneur chevaleresque à la sainteté de la tiare, des chevaliers qui joignaient la candeur du prêtre à l'héroïsme du guerrier, des magistrats simples et incorruptibles, qui seuls représentaient la gravité chez une nation brillante et légère.

Chaque seigneur conserva dans ses domaines des cours d'assises où il était juge souverain, inamovible et héréditaire. Quand il tenait ses assises, il appelait ses *pairs :* il en fallait au moins deux pour rendre un jugement. Lorsque le seigneur ne pouvait siéger, il déléguait un magistrat amovible, appelé *bailli,* d'un mot grec qui signifie précepteur. Outre ces cours d'assises seigneuriales, il y avait encore dans l'ordre de la noblesse des justices féodales, dont les juges amovibles prononçaient en matière de fiefs.

Les juridictions ecclésiastiques continuèrent à être administrées comme elles l'étaient sous la seconde race, mêlant le droit romain au droit coutumier, parce que les prélats étaient à la fois princes de l'Église et seigneurs de fiefs.

La magistrature nationale, ou, ce qui était la même chose, la magistrature royale, se forma sous les mêmes principes que celle des seigneurs. Le parlement succéda aux *placita* de Grégoire de Tours et de Frédégaire, au *mallum imperatoris* des Capitulaires, différent lui-même du *publicum mallum* qui se tenait d'abord au mois de mars, et que Pépin le Bref fixa au mois de mai. Une ordonnance de l'an 1294, citée par Budée, nous montre le parlement de Paris à peu près tel qu'il existait au commencement de la révolution. C'est vers l'an 1000 que l'on trouve le mot barbare *parlamentum* employé pour *colloquium,* et pour signifier en particulier le conseil de la justice ; tandis qu'auparavant il voulait dire ces assemblées populaires que l'on réunissait au son de la trompe ou de la cloche, *ad sonum tubæ, ad sonum campanæ.*

Dans ce parlement ancien nous voyons des juges inamovibles et des magistrats amovibles, savoir : le roi lui-même, qui y assistait souvent ; les pairs, les barons, les chevaliers, les prélats, tous sous le nom de *conseillers-jugeurs ;* ensuite des hommes instruits tirés de la classe des clercs et des bourgeois, et appelés *conseillers-rapporteurs.* D'ambulatoire qu'il était, le parlement devient permanent à Paris, en vertu de l'ordonnance de Philippe le Bel, du 18 mars 1303. Ce même roi voulut aussi rendre les offices inamovibles dans la justice de robe ; ses intentions ne furent pas suivies. Au reste, à cette époque le parlement n'était pas perpétuel. Il y avait par an deux parlements : l'un commençait à l'octave de Pâques, l'autre, à l'octave de la Toussaint. Ces deux classes de *conseillers-jugeurs,* juges inamovibles, et de *conseillers-rapporteurs*, magistrats amovibles, établirent peu à peu la distinction de la noblesse d'épée et de la noblesse de robe. Celle-ci ravit bientôt à la première cet exercice du droit de juger, qui avait fait sa grandeur féodale, et auquel elle devait une partie de son origine. La renaissance du droit romain, la multiplication des titres écrits, le conflit des juridictions ecclésiastiques et laïques, les appels de *défaut de droit*, de *faux jugement* et d'*abus*, l'extension des justices royales ; tout cela rendit impossible et insupportable aux nobles l'exercice des fonctions judiciaires : ils abandonnèrent peu à peu le parlement, et Philippe le Long en exclut les prélats, *se faisant scrupule*, dit-il, *de les empêcher de vaquer à leurs spiritualités*.

C'est ici l'époque, Messieurs, d'une grande révolution dans l'ordre judiciaire en France ; ici se perd, par la retraite des nobles et des prélats, l'inamovibilité de la magistrature. Non que le principe ne subsistât toujours dans le roi et dans les pairs, mais il *dormit*, pour me servir d'une expression que l'on employait en parlant de la noblesse, lorsqu'elle avait dérogé momentanément. Tout passa dans les mains des juges amovibles, et au parlement et dans les justices seigneuriales.

Sous Charles V, les conseillers et les présidents du parlement ne tenaient point leurs charges à titre d'offices. Les gens de robe, devenus juges, n'avaient que de simples commissions ; ils étaient payés par jour, selon leur travail, et le roi les changeait comme il le voulait.

Les troubles du règne de Charles VI, sans rendre les juges inamovibles, rendirent le parlement perpétuel. On fit encore un pas vers l'inamovibilité, et la noblesse de robe attira peu à peu dans ses mains l'héritage complet de la noblesse d'épée. Dans les désordres où les Anglais, le duc de Bourgogne et Isabeau de Bavière plongeaient la France, on oublia de renouveler les rôles de conseillers et de juges ; ceux-ci, profitant de cet oubli, se perpétuèrent dans leurs commissions ; toutefois ces commissions ne furent point des offices à vie : ce furent seulement des offices tenus pendant le règne du prince qui les avait accordés. Des hommes habiles et très-instruits d'ailleurs n'ont pas suivi rigoureusement la vérité historique lorsqu'ils ont avancé que l'inamovibilité fut établie, ou, pour parler plus correctement, fut rétablie dans le parlement sous Louis XI. Il est vrai qu'il donna, en 1467, un édit pour rendre perpétuels les offices de judicature ; mais il n'en tint compte : on le voit changer sans cesse les officiers du parlement par pur caprice, et pour prouver, comme le dit un historien, *qu'il était le maître*. Si, dans l'ordonnance du 21 septembre 1468, il commande que l'on entretienne *en charges sans aucunement les muer* ceux qui les possèdent, il ajoute : *sinon toutefois qu'aucuns d'eux soient trouvés autres que bons et loyaux*. Si, en 1483, quelque temps avant sa mort, il fit promettre à son fils de conserver en charges tous ceux qu'il en avait pourvus, il n'en est pas moins vrai qu'à la fin de l'édit de 1468 il avait ordonné que les charges et offices fussent confirmés à l'avénement de son fils à la couronne. Il n'y a donc point encore là, Messieurs, de véritable inamovibilité dans la magistrature de robe.

Sous les règnes de Charles VIII et de Louis XII, et même sous celui de Louis XI, la vénalité des charges, si fâcheuse dans son principe, si avantageuse dans ses conséquences éloignées, commença à s'introduire, puisque les arrêts de 1493 et de 1508 proscrivent la vente des offices de judicature, et que les états généraux firent des remontrances à Louis XI sur ce sujet; mais ce ne fut que sous le règne de François I$^{er}$ que la vénalité de ces offices devint légale. Elle fut consacrée sous Henri II par l'ordonnance de 1554. François II l'attaqua, ou plutôt Catherine de Médicis, qui, par des vues politiques, voulut rendre au parlement son ancienne forme d'élection. Deux édits de Charles IX, de 1568 et 1569, confirmèrent la vénalité. Henri III, nonobstant son ordonnance, dite de Blois, renouvela les dispositions des édits de Charles IX. Les charges de judicature tombèrent aux parties casuelles, et devinrent un objet de commerce entre les particuliers. Il ne manquait plus pour compléter le système que de rendre les charges héréditaires; c'est ce que fit Henri le Grand par son édit de 1604 : tout officier de judicature, payant chaque année au roi le soixantième de la finance de sa charge, pouvait faire passer cette charge à sa veuve et à ses héritiers. Louis XIV et Louis XV mirent la dernière main à cet ouvrage du temps et du gouvernement de tant de rois. Et voilà, Messieurs, ainsi que je l'ai annoncé dans l'exposé de ce discours, comment on revint, par les voies les moins pures, au principe si pur de l'inamovibilité. Vous voyez à présent jusqu'à quel point sont fondés en raison ceux qui, pour mieux combattre la proposition soumise à votre examen, se font un système complet de magistrature inamovible, et ceux qui, pour la soutenir, seraient tentés de nier ce principe.

## § II.

Or, maintenant, Messieurs, la première partie de la question étant bien connue, les raisons que l'on peut donner pour rejeter la *résolution* de la Chambre des députés me semblent perdre de leur importance. En effet, la conséquence de la *résolution,* si vous l'adoptez, sera de mettre pendant un an l'ordre judiciaire dans l'état où il s'est trouvé durant tant de siècles; je veux dire qu'il restera à la fois amovible et inamovible : inamovible de droit par la Charte, comme il l'était autrefois dans le roi, les pairs et les juges d'épée; amovible de fait, mais pour le court espace d'un an, tel qu'il existait dans les juges de robes. Or, si notre magistrature a été dans cette position depuis Clovis jusqu'à Charles IX, sans qu'on ait éprouvé ces malheurs qui seraient aujourd'hui, nous dit-on, le résultat d'une amovibilité temporaire, espérons que la France ne périra pas pour être sous le rapport de la justice, pendant douze mois, précisément comme elle a été pendant douze siècles.

Si je descends du principe général aux raisons particulières de ceux qui combattent la *résolution,* il me paraît qu'elles ne sont pas tout à fait sans réplique. En commençant par celles qu'on tire de la Charte, on dit que la *résolution* est inconstitutionnelle, qu'elle empiète sur la prérogative royale. S'il en était ainsi, Messieurs, il faudrait la rejeter à l'instant. Heureusement de telles assertions sont faciles à détruire. Qu'il me soit permis de rappeler que j'ai un peu étudié la Charte; j'en ai été le premier commentateur; je l'ai défendue lorsqu'elle était attaquée; je crois donc avoir acquis le droit d'en parler librement, sans qu'on puisse me soupçonner d'y être moins attaché que ceux qui combattent la *résolution.*

Hé bien! Messieurs, cette *résolution* ne donne pas, selon moi, la plus petite atteinte à la Charte. Il est certain, comme on l'a remarqué, que l'article 57, comparé à l'article 58, laisse une certaine liberté, et que la proposition peut être regardée comme un moyen terme qui sert à lier ces mots de *nomination* et d'*institution* employés dans les deux articles.

Mais, sans tenir à cette interprétation, il est de principe qu'on ne viole pas la Charte parce qu'on supplie l'autorité royale d'en suspendre temporairement un article. Vous-mêmes, Messieurs, ne venez-vous pas de concourir à la formation de quelques lois dont le but est d'arrêter l'action de plusieurs dispositions de la Charte, notamment des dispositions 4 et 8? Combien d'ordonnances nécessaires sans doute, et toutes autorisées par l'article 14, n'ont-elles pas néanmoins dépassé les limites du pouvoir constitutionnel! La Chambre des députés a-t-elle le droit de demander qu'on ajoute une nouvelle dérogation à ces dérogations que le temps et nos malheurs ont impérieusement exigées? Qui oserait le nier? L'article 19 de la Charte accorde aux deux Chambres *la faculté de supplier le roi de proposer une loi sur quelque objet que ce soit, et d'indiquer ce qui leur paraît convenable que la loi contienne.* Vous ne voulez pas sans doute, Messieurs, vous priver d'un aussi beau privilége qui ajoute à votre dignité, parce qu'il annonce une pleine confiance en votre raison : contester aux Chambres le droit de proposition, ce serait une véritable infraction à la Charte.

D'ailleurs, il faut faire une distinction entre une constitution établie, et une constitution qui commence : on doit craindre de toucher à la première; mais pour mettre la seconde en mouvement, on est quelquefois obligé de se placer en dehors de cette même constitution. N'est-ce pas ce qu'on a fait cette année pour la formation de la Chambre des députés? Cette Chambre n'aurait pas pu exister telle qu'elle est, si la prévoyance du roi, qui s'élève si haut, avait cru qu'il n'était pas possible de s'éloigner de la lettre de la Charte. Il en est ainsi, Messieurs, de la partie de la constitution qui regarde l'ordre judiciaire : cette partie n'est pas achevée ; elle n'a pas encore reçu son entière exécution. Il ne s'agit pas d'enlever aux juges, par la suspension temporaire de l'institution royale, un caractère déjà imprimé ; il s'agit de savoir comment on les revêtira de ce caractère. La Charte pose en principe l'inamovibilité ; mais elle ne dit pas dans quel délai, avec quelle précaution on appliquera ce principe : elle en laisse le soin à la prudence de la loi. C'est donc une loi sur cet important sujet que la *résolution* demande ; elle cherche très-justement à diriger notre attention vers le choix des juges. L'inamovibilité, inconnue dans les gouvernements républicains et dans les empires despotiques, convient aux monarchies tempérées, qui se composent de pouvoirs indépendants ; elle est dans l'intérêt de l'État, dans l'intérêt des justiciables ; mais son excellence dépend de la bonté des choix, car si les choix sont mauvais, l'inamovibilité, le plus grand des biens, deviendrait le plus grand des maux.

Voilà les raisons qui établissent la légalité et le but constitutionnel de la *résolution*. Quant à la prérogative royale, loin que cette *résolution* la resserre, elle tend visiblement à l'augmenter. Le roi, par la Charte, ne peut nommer que des juges inamovibles : avec la *résolution*, il joindra à ce pouvoir celui de l'amovibilité. Et quel pouvoir ! qu'il est immense ! disons-le franchement, qu'il serait dangereux, s'il était confié à tout autre prince qu'à un roi dont l'Europe entière admire la modération et la sagesse ! Vous ne doutez pas, Messieurs, que lorsque le roi, par l'article 27 de la Charte, pouvait nommer des pairs à vie et des pairs héréditaires, la prérogative royale ne fût plus étendue que quand l'ordonnance du 18 août a semblé restreindre cette prérogative à la faculté de conférer la seule pairie héréditaire. La *résolution* des députés fait pour la justice, en sens contraire, tout justement ce qu'a fait l'ordonnance du 18 août pour la pairie ; elle ne retranche pas, elle ajoute à la prérogative royale.

Mais enfin, des propositions multipliées ne servent, dit-on, qu'à inquiéter le gouvernement. Jusqu'ici je n'en connais que deux qui aient été portées d'une Chambre à l'autre Chambre : personne ne nie d'ailleurs qu'il n'y ait des inconvénients attachés à notre genre de constitution. Si nous nous plaignons à présent, que sera-ce quand la presse et les journaux seront libres ; quand le public se mêlera de nos débats, blâmera, approuvera nos discours, censurera les lois, les nominations, les ministres, les actes du ministère ? Il faudra bien pourtant, tôt ou tard, arriver là, car nous voulons un gouvernement représentatif.

On ajoute encore « que des *résolutions* annoncent une défiance peu respectueuse ; qu'elles sont pour les ministres une espèce de leçon, un reproche tacite fait à leur vigilance ; qu'il n'est pas bon que le pouvoir législatif prenne l'initiative dans des mesures qui sont du ressort du pouvoir exécutif. »

Je n'ignore pas tous ces raisonnements : on pourrait même, pour les fortifier, citer ce qui se passa il y a quelques années dans le parlement d'Angleterre. Le gouvernement britannique avait fait de mauvais choix ; l'opposition attaqua le ministère. Le ministre laissa parler les orateurs ; ensuite il se leva et dit : « Les choix sont mauvais, très-mauvais, plus mauvais peut-être encore qu'on ne le suppose ; mais qui oserait soutenir dans la Chambre des communes que le gouvernement n'a pas le *droit* de faire de mauvais choix ? »

La réponse est péremptoire ; elle est tirée de la nature même de la monarchie ; toutefois serait-elle bonne pour les circonstances où nous nous trouvons ? Quand cette réponse fut faite, la constitution anglaise existait-elle depuis longtemps, où était-elle nouvellement établie ? Fallait-il créer un ordre de choses tout entier, expliquer, fonder, fixer cet ordre par des lois urgentes, nées des besoins du moment ? Avait-on été obligé de violer tant d'articles du pacte constitutionnel ? Était-ce après vingt-sept ans de malheurs, de bouleversements, de révolutions inouïes dans l'État et dans les mœurs, que le ministre anglais tenait ce langage ?

D'ailleurs, Messieurs, il n'est pas question ici d'attaquer des choix ; on cherche seulement un moyen de les rendre plus faciles au chef honorable de la justice. Je ne vois rien dans les *propositions* des Chambres qui sorte des bornes de la plus stricte convenance. N'est-il pas tout simple que, dans la multitude des affaires qui accablent les ministres, quelques-unes se dérobent à leur sollicitude ? Qui songe à leur en faire un crime ? N'est-il pas tout simple que les Chambres, sans cesse occupées du bien public, suppléent par une *résolution* à ce qui semble avoir échappé à l'œil du gouvernement ? Je suppose qu'avant la loi sur la suspension de la liberté individuelle, un pair eût sollicité cette suspension, aurions-nous trouvé détestable, comme proposition, ce que nous avons déclaré excellent comme loi ? Enfin, si le droit de proposition ne doit pas être exercé, pourquoi est-il dans la Charte ? Il y est comme droit de nature, il y est comme une sorte de faculté consultative du pouvoir législatif au conseil exécutif, comme un soulagement à l'attention, un aide aux travaux des ministres. Après tout, une proposition des Chambres, souvent utile, ne peut jamais être dangereuse au gouvernement, puisqu'il en demeure le dernier juge : s'il la trouve bonne, il la fait vivre en la changeant en loi ; s'il la condamne, elle expire au pied du trône. Usons donc, sans en abuser, de tout

L'ORAGE.
(Atala)

ce que la Charte nous a permis, et ne voyons pas le mal où il n'est pas.

On s'écriera peut-être : « Hé bien ! nous admettons que la *résolution* n'est pas inconstitutionnelle ; vous conviendrez du moins qu'elle est de nature à produire les résultats les plus funestes. » Je n'en conviens pas du tout ; mais je sais qu'on élève beaucoup d'objections. Pour montrer mon impartialité, je vais moi-même proposer une difficulté considérable, qui jusqu'ici avait été oubliée, mais qu'un pair vient d'indiquer dans son discours.

On pourrait dire : « Vous demandez la suspension de l'institution royale pendant un an, sous prétexte qu'il y a de grandes réformes à faire parmi les juges, et qu'après les bouleversements de la révolution, il faut se donner le temps de connaître et de bien choisir les hommes. Mais est-ce la première fois que l'on a vu des troubles en France ? et nos rois ont-ils jamais ordonné les réformes dont vous parlez ? Sous Charles VI, Isabeau de Bavière créa un parlement ; Morvilliers en fut le premier président. Ce parlement reçut le serment de fidélité que les Parisiens prêtèrent à Henri V, roi d'Angleterre ; il procéda à la condamnation du dauphin, légitime héritier du trône ; cependant le dauphin, devenu Charles VII, pardonna tout et ne changea pas les magistrats. Après la Ligue, après la Fronde, aucun membre du parlement ne perdit sa place : on pourrait dire, il est vrai, qu'à cette dernière époque les juges étaient inamovibles. »

Voilà, je pense, Messieurs, l'objection historique dans toute sa force. Mais, malgré l'autorité de ces exemples, comment comparer les temps et les hommes que nous venons de rappeler avec les temps et les hommes que nous avons vus ? Qu'y a-t-il de commun entre la Fronde et nos derniers malheurs ? Sous Charles VI, sous Henri IV, pendant la minorité de Louis XIV, il y avait faction et non pas révolution en France : les esprits étaient agités, les mœurs restaient immobiles ; la morale, la religion surtout, étaient entières. On peut se relever de tous les crimes quand les bases de la société ne sont pas détruites ; on peut revenir à toutes les vertus quand l'esprit de famille n'est pas changé, quand les mœurs domestiques sont demeurées les mêmes malgré les altérations du gouvernement. Si au contraire la révolution est faite dans la famille comme dans l'État, dans le cœur comme dans l'esprit, dans les principes comme dans les usages, un autre ordre de choses peut s'établir ; mais il ne faut plus s'appuyer sur des analogies qui n'existent pas, et prendre le passé pour la règle du présent.

Quels avaient été, Messieurs, les principes et l'éducation de ces juges factieux sous les règnes de Charles VI, Henri IV et Louis XIV ? quelles étaient les lois particulières auxquelles ils se soumettaient ? les mœurs, la religion qu'ils conservaient dans leur famille, la morale qu'ils transmettaient à leurs fils ? les exemples de vertus domestiques qu'ils donnaient, tout en étant emportés par les tempêtes de l'État? A l'époque des calamités du quatorzième siècle, ils ne recevaient ni présents, ni visites, ni lettres, ni messages, relativement aux procès. Ils ne mangeaient ni buvaient jamais avec les plaideurs ; on ne pouvait leur parler qu'à l'audience : le commerce leur était défendu. Les juges ne pouvaient être sénéchal, prévôt ni bailli dans le lieu de leur naissance. La justice était gratuite ; les conseillers au parlement recevaient cinq sous parisis par jour de service, le premier président avait mille livres, les trois autres présidents cinq cents livres : joignez à cela deux manteaux qu'on donnait chaque année à ces magistrats ; voilà quelle était leur fortune. Il fallait trente ans de service pour obtenir, à titre de pension, la continuation d'un traitement si modique. Lorsque ces légistes n'étaient point de service, et que conséquemment ils n'étaient point payés, ils retournaient enseigner le droit dans leurs écoles. Aussi le roi Jean disait d'eux : « *De quels gages, tout modiques qu'ils sont, la modeste sincérité des officiers de notre cour est contente.* » Sous Charles VI, les juges étaient si pauvres, que le greffier du parlement ne put dresser le procès-verbal de quelques fêtes qui eurent lieu à Paris, parce qu'il n'avait pas de parchemin, et que sa cour n'était pas assez riche pour en acheter. Toutes les dépenses du parlement, vers le milieu du quatorzième siècle, s'élevaient à la somme de onze mille livres, qui, à quatre livres quatre sous le marc, faisaient environ cent soixante-cinq mille francs de notre monnaie d'aujourd'hui.

Plus tard, et en se rapprochant de notre siècle, Henri de Mesme, fils du premier président de Mesme, nous fait connaître ainsi ses mœurs et ses études : « L'an 1545, dit-il, je fus envoyé à Toulouse pour estudier en lois, avec mon precepteur et mon frère, soubs la conduite d'un vieux gentilhomme tout blanc, qui avoit longtemps voyagé par le monde. Nous estions deboût à quatre heures, et, ayant prié Dieu, allions à cinq heures aux estudes, nos gros livres soubs le bras, nos ecritoires et nos chandeliers à la main. »

« Les mœurs innocentes de ces magistrats, dit Mézeray, et leur extérieur même, servaient de lois et d'exemple... Un grand fonds d'honneur faisait leur principale richesse : ils croyaient leur fortune sûre et honorable quand elle était médiocre et juste. »

Les factions de l'État pouvaient quelquefois, Messieurs, égarer de pareils hommes ; mais l'expiation suivait de près la faute : l'ambitieux Brisson mourut pour son roi.

Pairs de France, j'aperçois au milieu de vous les descendants de ces magistrats vénérables ! Ils pourraient vous dire qu'à l'époque même de la révolution ils retrouvaient dans leurs familles cette religion, ces bonnes mœurs, cette science, cette gravité, cet amour de la justice, qui commençaient à disparaître dans les ordres de l'État. Les Nicolaï, les Lepelletier, les Lamoignon, les Molé, les d'Aligre, les Séguier, les Barentin, les d'Albertas, les d'Aguesseau, s'étaient conservés comme les antiques monuments de la monarchie : vieillis auprès de la loi, ils étaient restés purs et inaltérables comme elle.

Ah! Messieurs! quel plaisir nous trouverions à comparer, s'il était possible, la magistrature que la révolution a fait naître, à cette magistrature qui rendit le dernier soupir avec Malesherbes! Autrefois en France, lorsque le roi, grand justicier de son royaume, venait à mourir, toute justice était suspendue ; il fallait renouveler les offices de judicature : le parlement paraissait aux obsèques du prince, et entourait le cercueil. Bientôt le cri de la perpétuité de notre empire : *Le roi est mort : vive le roi!* se faisait entendre. Les tribunaux se rouvraient, et la justice renaissait avec la monarchie.

Messieurs, les tribunaux ne se sont point rouverts après la mort de Louis XVI ; on n'a point entendu autour de son cercueil le cri de *vive le roi!* Comme autrefois, les magistrats ont suivi le monarque au lieu de la sépulture, mais on ne les en a point vus revenir : ils se sont ensevelis dans la tombe de leur maître ; et, pendant quelques années, la justice est remontée au ciel avec le fils de saint Louis.

Les troubles sous Charles VI, la Ligue et la Fronde, n'avaient point détruit le parlement et bouleversé les sanctuaires de nos lois. De nos jours, au contraire, notre antique justice a fait naufrage comme le reste de la France. Il s'est formé de ses débris des tribunaux où tout est nouveau, jusqu'au code d'après lequel ils prononcent sur l'honneur, la vie et la fortune des citoyens. Qui vous répond de vos juges? La religion? mais n'est-elle pas aujourd'hui séparée de tout, comme elle était autrefois dans tout? La morale? mais pourrait-on dire que sous le rapport des mœurs nous sommes ce qu'étaient nos pères? L'éducation? mais les bonnes études n'ont-elles pas péri au milieu de nos discordes? Parmi les magistrats qui composent le nouvel ordre judiciaire, il en est sans doute qui auraient fait honneur, même à notre ancien barreau ; cependant, nous ne pouvons pas nous le dissimuler, la voix publique s'élève de toutes parts. Tant d'hommes depuis vingt-cinq ans ont échappé à la vue dans le tourbillon révolutionnaire! Ne leur demandons pas des vertus qui ne sont pas de leur siècle ; faisons une ample part au temps et au malheur ; oublions beaucoup de choses ; usons d'une grande indulgence : mais sera-ce employer trop de rigueur que de vouloir connaître un peu les juges avant de les choisir? Et pour les connaître, ne faut-il pas prendre le temps nécessaire? Trop d'empressement nous exposerait à donner à l'iniquité l'inamovibilité de la justice.

On nous dit : Si vous retardez l'institution royale, vous jetterez l'inquiétude dans une multitude de familles : le juge, pendant un an, ne saura comment juger : dénoncé par la partie condamnée, il craindra toujours d'être dépouillé. D'une part, vous ferez des juges hypocrites; de l'autre, vous vous exposerez à perdre des magistrats recommandables. En France, on ne veut point rester incertain de sa destinée. Aucun homme ne se souciera d'occuper une place qu'une calomnie peut lui ravir : il refusera de se soumettre à cette honteuse défiance de la loi.

Voilà de grandes paroles, Messieurs; mais tout cela est-il bien juste? Je ne sais si les magistrats se soulèveront contre ce délai d'une année; je sais qu'ils n'ont point murmuré quand Buonaparte s'est donné cinq ans pour confirmer l'inamovibilité. De plus, une mesure générale n'est insultante pour personne : on n'est pas persécuté, parce qu'on n'est pas définitivement fixé dans la place que l'on occupe. Si l'amovibilité était une chose si fâcheuse, on n'accepterait jamais de places amovibles, et elles le sont presque toutes en France. Dans l'ordre des choses mêmes dont nous parlons, les juges de paix sont amovibles, les tribunaux de commerce et une partie des cours prévôtales sont amovibles, les conseils de guerre sont amovibles; et pourtant, dans toutes ces sortes de magistratures, on ne se croit pas déshonoré. Enfin, Messieurs, si les juges réclamaient contre la suspension momentanée de l'institution royale, combien le ministre de la justice devrait se plaindre, lui qui, magistrat suprême, est placé à la tête d'une inamovibilité dont il ne partage pas les honneurs!

Quant à ces hommes qui jugeront contre leur conscience, si je ne me trompe, ce n'est pas la question. Il ne s'agit pas de ce que le magistrat fera, mais de ce qu'il a fait, mais de sa conduite passée, mais de savoir s'il n'a point commis de crimes qui le rendent indigne de s'asseoir sur les fleurs de lis. Si un an d'inquiétude suffit pour en faire un juge prévaricateur, il faut convenir qu'il était bien près de la corruption. De bonne foi, perdra-t-il sa place au bout de l'année, parce qu'il aura été dénoncé par un plaideur mécontent, parce qu'il se sera trompé dans le jugement d'un procès? Non, sans doute. Mais il la perdra si l'on vient à découvrir ce qu'on ne sait pas aujourd'hui; s'il a surpris la religion du ministre de la justice; si l'on apprend que dans le cours de la révolution il a tenu une conduite honteuse; si la morale, l'humanité, la justice, ont de graves reproches à lui faire.

La suspension de l'institution royale ne servira, dit-on, qu'à rendre le juge hypocrite! Ce juge a donc des vices à cacher, des vertus à feindre? Nous craignons avec raison l'hypocrite d'un an; craignons donc aussi de donner l'inamovibilité à cet hypocrite, puisque nous n'en ferions qu'un juge vicieux, et vicieux tout à son aise le reste de ses jours à la tête des tribunaux.

D'ailleurs, Messieurs, l'objection tombe par un seul fait. Les juges depuis le retour du roi, à l'exception de quelques cours, sont demeurés amovibles. Toujours menacés d'être renvoyés avant d'avoir reçu l'institution royale, en ont-ils plus mal jugé? Leur reproche-t-on des prévarications insignes? Ont-ils montré cette inquiétude dont on fait tant de bruit? Non, Messieurs : ils sont restés tels qu'ils étaient, ni meilleurs, ni pires. Ceci nous amène à remarquer que la suspension de l'institution royale pendant un an ne changera presque rien à l'état de votre magistrature actuelle : il y a en effet dix-huit mois que cette magistrature, inamovible par le droit, est amovible par le fait.

Allons plus loin; admettons, ce que je ne crois pas, que la suspension de l'institution royale jette en effet quelque désordre dans la magistrature. Mais ce mal passager, ce mal d'un an, pourrait-il être comparé à ce mal dont on ne sortirait que par la mort ; à ce mal qui empoisonnerait peut-être pour toujours les sources de la justice, si l'on venait à se tromper sur les choix, par une de ces erreurs qui peuvent échapper à l'attention la plus soutenue comme à la volonté la plus sage ?

Suspendre pendant un an l'institution royale n'est pas une chose insolite en France. Nous avons une foule de lois relatives aux choix des magistrats. « *Voulons*, dit une ordonnance du 5 février 1388, *que nul ne soit president et conseiller si, premierement, il n'est tesmoigné à nous par nostre chancelier et par les gens de nostre parlement, estre suffisant à exercer ledit office.* » L'ordonnance de Moulins, de 1566, recommandait, pour la haute magistrature, une *enquête de capacité et de prud'homie des pourvus*. L'ordonnance de 1560 avait établi cette enquête pour les juges inférieurs.

Ce droit d'enquête existait de temps immémorial dans les parlements ; il s'étendait souvent, pour le magistrat proposé, au delà d'une année. Les cours souveraines exerçaient ce droit sur les tribunaux subalternes, comme elles l'exerçaient sur elles-mêmes. Il fallait faire preuve de bonne vie et mœurs, d'attachement au roi et à la religion. L'institution eût-elle été donnée, si l'enquête n'était pas favorable, les parlements refusaient l'enregistrement des *provisions,* et le ministre n'insistait pas.

Et pourtant, Messieurs, de quoi s'agissait-il alors? De nommer çà et là quelques juges à quelques places vacantes dans les tribunaux existants. Aujourd'hui il n'est question que de recréer tous les tribunaux, et de constituer à la fois quelques milliers de juges. Une sage suspension dans les choix semble, en pareil cas, naturellement indiquée. L'intégrité du ministre de la justice, favorisée par cette longueur de temps, pourrait alors établir en France des tribunaux dignes de la gravité des Harlay et des L'Hospital, et de la science des Loyseau, des Pasquier et des Du Tillet. En précipitant la nomination des juges inamovibles, on contrarierait toutes les traditions, tous les usages, et toutes les lois de nos aïeux. Il y a une chose curieuse à observer : tandis que la Chambre des députés adoptait la *résolution* pour la suspension de l'institution royale, on prenait la même mesure dans un royaume voisin, où notre ordre judiciaire a naguère été établi. Ce pays avait aussi autrefois son sénat inamovible, presque héréditaire, et le corps judiciaire le plus renommé de l'Europe après les parlements de France.

« L'enquête, objecte-t-on, avait lieu autrefois avant la nomination; elle était donc sans inconvénient, puisqu'elle ne menaçait que le juge; mais la suspension, venant après la nomination, tourne contre le justiciable. » Pour le prouver, on ajoute que le juge, incertain de son sort, deviendra très-dangereux, surtout dans un moment où des lois terribles ont été remises entre ses mains.

Ceci, Messieurs, n'est qu'un nouveau développement de l'objection générale à laquelle j'ai déjà essayé de répondre. C'est toujours supposer que, par la suspension de l'institution royale, les juges vont devenir des espèces de démons; qu'ils se hâteront de faire tout le mal possible; qu'ils persécuteront la veuve, dépouilleront l'orphelin, favoriseront la richesse et le pouvoir, condamneront l'indigence et la faiblesse. Grand Dieu! s'il en est ainsi, ne rendons jamais de pareils juges inamovibles, de peur qu'ils ne fassent toute leur vie le mal qu'ils vont faire dans une année.

Pour nous rassurer, on soutient que l'inamovibilité transformera tout à coup leur caractère; les bons deviendront excellents; les médiocres, meilleurs; les méchants, moins mauvais. Hé bien! je reconnais ces heureux effets de l'inamovibilité; mais je dis qu'elle ne les opère qu'avec le temps, que ces métamorphoses ne sont ni l'ouvrage d'un jour ni même d'une année; tout ne changera pas comme d'un coup de baguette, parce que vous vous hâterez d'instituer à la fois les juges, au risque de faire des choix funestes. L'inamovibilité ne confère pas si vite toutes les vertus; je pourrais trop aisément le prouver.

On s'est jeté enfin sur les principes généraux : on a affirmé, dans l'une et l'autre Chambre, que l'indépendance de la justice est la sauvegarde de la liberté; que toutes les espèces de tyrannie, la tyrannie du forum comme celle du sérail, ont toujours essayé de décroître l'inamovibilité.

Tout cela est vrai, mais pourquoi perdre son temps à le soutenir, puisque personne n'avance le contraire? D'un bout à l'autre de ce discours je n'ai cessé, Messieurs, de vanter l'inamovibilité : j'ose le dire, aucun de vos orateurs ne l'a admirée plus que moi, et n'en a fait un aussi grand éloge. Mais, encore une fois, attaque-t-on l'inamovibilité, parce qu'on demande un an pour trouver des hommes dignes de veiller à l'arche sainte des lois? Puisqu'on met en avant les principes généraux, qu'on se souvienne donc aussi que si la liberté se conserve par la justice, elle peut se perdre par le juge. Que nous servirait une magistrature inamovible, si nous avions des magistrats infidèles, prêts à violer leurs serments, à se précipiter dans les bras du premier tyran heureux, à lui porter en présent une inamovibilité changeante comme la fortune ? Nous n'avons pas besoin, ajoute-t-on, de recourir à cette suspension afin d'apprendre à mieux connaître le juge : s'il trahit ses devoirs, il est des lois pour le punir. Hé ! s'agit-il de se mettre en garde contre des délits ordinaires ? Nous pouvons frapper un juge prévaricateur ; mais aurions-nous quelque moyen de l'atteindre, si, faute de le connaître, nous avions eu le malheur de le consacrer ? Un magistrat ennemi du gouvernement, qui empoisonnerait l'opinion autour de lui, userait de son influence secrète pour corrompre la multitude, protégerait ou ne punirait pas les rebelles, sans toutefois se compromettre légalement, et n'aspirerait qu'au moment de se rendre coupable d'une de ces hautes forfaitures qui ruinent les peuples et font périr les rois ? Nous châtierions ce magistrat pour son iniquité dans de petites causes; mais il serait hors de notre puissance, quand il aurait précipité sa patrie dans ces grands procès que l'on finit par perdre à l'appel des nations, comme au tribunal de Dieu.

Voici mes deux dernières considérations : c'est dans l'intérêt du ministre de la justice lui-même que la *résolution* doit être accueillie. Si elle était rejetée, surtout après avoir été connue du public, de quel poids immense le ministre ne se trouverait-il pas chargé ? Au contraire, la responsabilité qui pèse sur sa tête sera considérablement allégée par la suspension de l'institution royale.

Enfin, Messieurs, c'est ici la première *résolution* que vous recevez de la Chambre des députés : elle est grave, utile dans son but ; elle a été pesée avec maturité, soutenue et attaquée par les hommes les plus respectables, adoptée après un long examen. Je pense qu'il serait heureux qu'une conviction intime vous la fît recevoir à votre tour : toute concordance de sentiments entre les deux Chambres est désirable, et d'un bel exemple aux Français.

Je me résume : la résolution pour la suspension de l'inamovibilité n'est point opposée au système de notre ancienne justice amovible et inamovible à la fois : elle n'est point contraire à la Charte ; elle augmente la prérogative royale ; elle donne le temps de faire de bons choix ; elle est favorable au ministre de la justice. Je vote pour son adoption, à moins que quelques-uns de messieurs les pairs, ou les ministres eux-mêmes, n'aient un meilleur projet de loi à nous proposer.

## OPINION

SUR LA

RESOLUTION DE LA CHAMBRE DES DÉPUTÉS RELATIVE AU DEUIL GÉNÉRAL DU 21 JANVIER,

PRONONCÉE A LA CHAMBRE DES PAIRS LE 9 JANVIER 1816.

Messieurs, qu'il me soit permis de vous rappeler, dût-on m'accuser d'un peu d'orgueil, que je reçus l'année dernière, à pareille époque, une bien douce récompense de ma fidélité à mon souverain légitime. Cette récompense fut d'être officiellement chargé d'annoncer la pompe funèbre que la France allait célébrer en mémoire du roi-martyr, et les monuments que la piété de Louis XVIII voulait fonder pour éterniser ses regrets. Je fus redevable de ce choix à un ministre dont l'amitié m'honore, et qui, s'il a des ennemis, doit en chercher le plus grand nombre parmi les ennemis du roi. Vous aurez sans doute oublié, Messieurs, ou peut-être n'aurez-vous jamais lu le programme que je traçai alors de la fête expiatoire : comme il renferme des dispositions qui se rattachent à la *résolution* de la Chambre des députés, comme ces dispositions sont à moitié l'ouvrage du roi, souffrez que je remette sous vos yeux quelques traits du tableau.

« Tandis que les restes mortels de Louis XVI et de Marie-Antoinette seront portés à Saint-Denis, on posera la première pierre du monument qui doit être élevé sur la place Louis XV.

« Ce monument représentera Louis XVI, qui déjà, quittant la terre, s'élance vers son éternelle demeure. Un ange le soutient et le guide, et semble lui répéter ces paroles inspirées : *Fils de saint Louis, montez au ciel!* Sur un des côtés du piédestal paraîtra le buste de la reine dans un médaillon ayant pour exergue ces paroles si dignes de l'épouse de Louis XVI : *J'ai tout su, tout vu, et tout oublié.* Sur une autre face de ce piédestal on verra un portrait en bas-relief de madame Élisabeth ; ces mots seront écrits autour : *Ne les détrompez pas*, mots sublimes qui lui échappèrent dans la journée du 20 juin, lorsque des assassins menaçaient ses jours en la prenant pour la reine. Sur le troisième côté sera gravé le testament de Louis XVI, où on lira, en plus gros caractères, cette ligne évangélique :

JE PARDONNE DE TOUT MON COEUR A CEUX QUI SE SONT FAITS MES ENNEMIS.

« La quatrième face portera l'écusson de France avec cette inscription : *Louis XVIII à Louis XVI.* Les Français solliciteront sans doute l'honneur d'unir au nom de Louis XVIII le nom de la France, qui ne peut jamais être séparée de son roi...

« Ce monument ne sera pas le seul consacré au malheur et au repentir. On élèvera une chapelle sur le terrain du cimetière de la Madeleine. Du côté de la rue d'Anjou, elle représentera un tombeau antique ; l'entrée en sera placée dans une nouvelle rue que l'on percera lors de l'établissement de cette chapelle. Pour mieux envelopper les différentes sépultures, l'édifice entier se déploiera en forme d'une croix latine, éclairée par un dôme qui n'y laissera pénétrer qu'une clarté religieuse. Dans toutes les parties du monument on placera des autels où chacun ira pleurer une mère, un frère, une sœur, une épouse, enfin toutes ces victimes, compagnes fidèles qui, pendant vingt ans, ont dormi auprès de leur maître dans ce cimetière abandonné. C'est là qu'on viendra particulièrement honorer la mémoire de M. de Malesherbes. On nous pardonnera peut-être d'associer ici le nom du sujet au souvenir du roi. Il y a dans la mort, le malheur et la vertu, quelque chose qui rapproche les rangs.

« Le roi fondera à perpétuité une messe dans cette chapelle ; deux prêtres seront chargés d'y entretenir les lampes et les autels. A Saint-Denis, une autre fondation plus considérable sera faite au nom de Louis XVI, en faveur des évêques et des prêtres infirmes qui, après un long apostolat, auront besoin de se reposer de leurs saintes fatigues. Ils remplaceront l'ordre religieux qui veillait aux cendres de nos rois. Ces vieillards, par leur âge, leur gravité et leurs travaux, deviendront les gardiens naturels de cet asile des morts, où eux-mêmes seront près de descendre. Le projet est encore de rendre à cet abbaye les tombeaux qui la décoraient, et auprès desquels Suger faisait écrire notre histoire, comme en présence de la mort et de la vérité. »

Voilà, Messieurs, ce qui fut commandé par le roi. Une ordonnance déclara, de plus, qu'à l'avenir le 21 janvier serait un jour consacré par des cérémonies religieuses. La première pensée de ce grand sacrifice de paix appartient donc à notre souverain, comme tout ce qui s'est fait de bon et de noble depuis la restauration de la monarchie. Et pourtant, dans le programme dont je viens de lire quelques passages, que de choses déjà vieillies, que de réflexions qui ne sont déjà plus applicables au moment où je vous parle ! *Dum loquimur, fugerit invida ætas!* Combien, lorsque je retraçais la pompe de Saint-Denis, il y avait alors d'espoir au milieu du deuil de la patrie ! Combien le repentir de quelques hommes paraissait sincère ! Qu'il était doux pour le roi de leur pardonner !

Mais, quand leur seconde trahison nous forçait de quitter le sol natal, auraient-ils jamais cru que nous nous retrouverions ici, à cette époque du 21 janvier, pour célébrer la seconde fête expiatoire? Ils espéraient n'entendre plus parler de ces morts qui les accusent à la face du Dieu vivant. Ce Dieu, pour les confondre, a renfermé dans le court espace d'un an des événements qu'un siècle entier pourrait à peine contenir; les hommes et les choses se sont précipités, se sont écoulés comme un torrent : toute la terre a, pour ainsi dire, passé en France entre deux pompes funèbres. Partis d'un tombeau, nous sommes revenus au pied de ce tombeau; et, de tant de projets conçus, il n'est resté que ceux que Louis XVIII avait formés pour les cendres du roi son frère.

La Chambre des députés veut partager les œuvres de notre souverain; elle veut unir la douleur du peuple à celle du roi : elle nous invite à nous joindre à son touchant hommage. Pairs de France, vous qui tenez la place de l'antique noblesse, à l'exemple du pieux Tanneguy, vous vous empresserez de concourir aux obsèques d'un monarque que des ingrats abandonnèrent. J'ai vu, Messieurs, les ossements de Louis XVI mêlés dans la fosse ouverte avec la chaux vive qui avait consumé les chairs, mais qui n'a pu faire disparaître le crime ! J'ai vu le squelette de Marie-Antoinette, intact à l'abri d'une espèce de voûte qui s'était formée au-dessus d'elle comme par miracle ! La tête seule était déplacée ! et dans la forme de cette tête on pouvait encore reconnaître (ô Providence !) les traits où respirait avec la grâce d'une femme toute la majesté d'une reine ! Voilà ce que j'ai vu, Messieurs ! voilà les souvenirs pour lesquels nous n'aurons jamais assez de larmes; voilà les attentats que les hommes ne sauraient jamais expier ! Quand vous élèveriez à la mémoire de ces grandes victimes un monument pareil aux tombeaux qui bravent les siècles dans les déserts de l'Égypte, vous n'auriez encore rien fait : tout cet amas de pierres ne couvrirait pas la trace d'un sang qui ne s'effacera jamais !

Mais remarquez, Messieurs, la puissance de la religion, de cette religion appelée à notre secours par notre monarque et par la Chambre des députés ! Elle seule peut égaler les marques de la douleur à la grandeur des adversités; elle n'a besoin pour cela ni de pompes magnifiques, ni de mausolées superbes : quelques larmes, un jeûne, un autel, une simple pierre où elle aura gravé le nom du roi, lui suffiront. Laissons-la donc mener le deuil : cherchons seulement si dans la *résolution* soumise à votre examen, ainsi que dans les adresses que l'on prépare, rien n'a été oublié.

Je crois, Messieurs, apercevoir une omission. Au milieu de tant d'objets de tristesse on n'a pas assez également départi le tribut de nos larmes. A peine dans les projets divers a-t-on nommé ce roi enfant, ce jeune martyr qui a chanté les louanges de Dieu dans la fournaise ardente. Est-ce parce qu'il a tenu si peu de place dans la vie et dans notre histoire, que nous l'oublions? Mais que ses souffrances ont dû rendre ses jours lents à couler, et que son règne a été long par la douleur! Jamais vieux roi, courbé sous les ennuis du trône, a-t-il porté un sceptre aussi lourd? Jamais la couronne a-t-elle pesé sur la tête de Louis XIV descendant dans la tombe, autant que le bandeau de l'innocence sur le front de Louis XVII sortant du berceau? Qu'est-il devenu ce pupille royal laissé sous la tutelle du bourreau, cet orphelin qui pouvait dire, comme l'héritier de David : « Mon père et ma mère m'ont abandonné? » Où est-il le compagnon des adversités, le frère de l'orpheline du Temple? Où pourrais-je lui adresser cette interrogation terrible et trop connue : *Capet, dors-tu? Lève-toi!* — Il se lève, Messieurs, dans toute sa gloire céleste, et il vous demande un tombeau. Malédiction sur les scélérats qui nous obligent aujourd'hui à tant de réparations vaines! Qu'elle soit séchée la main parricide qui osa se lever sur cet enfant de saint Louis, roi oublié jusqu'ici dans nos annales, comme il le fut dans sa prison! La France rejette enfin les hommes qui ont eux-mêmes rejeté une amnistie sans exemple. Ils ont méconnu leur second père : la patrie ne les connaît plus! Leur propre fureur a effacé la clause du testament de Louis XVI qui les mettait à l'abri : la justice a repris ses droits, et le crime a cessé d'être inviolable.

Je vote, Messieurs, pour l'adoption pleine et entière de la *résolution* de la Chambre des députés, et je regrette que nos règlements nous interdisent de la voter par acclamation. Je propose, en outre, d'ajouter à la *résolution* cet amendement, qui complétera les expiations du 21 janvier :

« Le roi sera humblement supplié d'ordonner qu'un monument soit élevé à la mémoire de Louis XVII, au nom et aux frais de la nation. »

---

# OPINION
### SUR
## LA RÉSOLUTION RELATIVE AU CLERGÉ,
#### PRONONCÉE A LA CHAMBRE DES PAIRS
#### LE 10 FÉVRIER 1816.

Messieurs, une idée aussi funeste qu'elle est étrange tomba dans la tête de quelques-uns de ces milliers de *législateurs* qui découvrirent tout à coup qu'après une existence de quatorze siècles la France n'avait pas de constitution : ils imaginèrent de séparer entièrement l'ordre religieux de l'ordre politique, et cela fut regardé comme un trait de génie. Dieu, qui a fait l'homme, ne se trouva plus mêlé aux actions de l'homme, et la loi perdit ce fondement que tous les peuples ont placé dans le ciel. On fut libre de recevoir ou de rejeter le premier signe du chrétien, de prendre une épouse à l'autel de Dieu ou au bureau du maire ; de choisir pour règle de conduite les préceptes de l'Évangile ou les ordonnances de police ; d'expier ses fautes aux pieds du prêtre ou du bourreau ; de mourir dans l'attente d'une autre vie ou dans l'espoir du néant : tout cela fut réputé *sagesse*.

Et néanmoins, tandis qu'on renonçait à la religion on prétendait à la liberté. Mais qu'y eut-il de plus libre et pourtant de plus religieux que Rome et Athènes ? Tout peuple qui ne cherche pas dans les choses divines de garanties à son indépendance finit toujours par la perdre, quelles que soient les révolutions dans lesquelles il se plonge pour la conserver. Hé ! sans le roi, Messieurs, que nous fût-il resté de nos excès et de nos malheurs ? — Des crimes et des chaînes !

Si l'Angleterre, malgré les tempêtes dont elle fut agitée sous Charles Ier, parvint à fonder sa constitution, c'est qu'à cette époque les Anglais étaient chrétiens. C'était la Bible à la main qu'ils prêchaient l'indépendance ; loin d'être irréligieux ils étaient fanatiques. Avec le fanatisme, leurs niveleurs établirent la liberté ; avec l'impiété, nos révolutionnaires arrivèrent à la servitude. N'est-ce pas une chose singulière, Messieurs, que d'avoir été esclaves sous des républicains philosophes, et de nous retrouver libres sous un roi très-chrétien ?

Ce titre nous rappelle que nous nous sommes enfin soumis à l'autorité de ces princes qui nous ont placés au premier rang de la religion, comme au premier degré de la gloire. Si l'Église nous a reconnus pour ses fils aînés pendant un aussi grand nombre de siècles, ne cesserons-nous point d'être ingrats envers notre mère ? La *résolution* que la Chambre des députés nous a transmise a pour but de rendre au clergé, non l'éclat qu'il avait autrefois, mais cette indépendance sans laquelle le culte n'est plus qu'un fardeau pour le peuple : cette *résolution* d'une haute nature mérite, Messieurs, la plus sérieuse attention.

Nous avons un privilége, dans la Chambre des pairs, qu'on ne sera peut-être pas tenté de nous disputer : c'est d'appartenir, par la maturité de notre âge, à des temps qui ne sont plus. Nous pouvons raconter aux générations nouvelles quelle était jadis la splendeur de nos temples. Comment cette Église des Gaules, si puissante et si vénérable, a-t-elle été détruite ? Vous le savez, Messieurs. Les raisonnements les plus forts, les calculs les plus précis, l'éloquence la plus énergique ou la plus entraînante, tout échoua contre les passions.

Un homme, devenu depuis trop fameux, s'opposa lui-même au premier envahissement du patrimoine de l'Église. « Ils veulent être libres, s'écria-t-il, et ils ne savent pas être justes! » Mot qui condamne aujourd'hui cet homme, ses adhérents et ses œuvres.

Un reste de pudeur ne permit pas de plonger d'abord le clergé tout entier dans la misère. On accorda aux prêtres desservants 81 millions sous le titre de salaire ; 72 millions furent destinés à des pensions religieuses. Ces deux sommes excédaient les revenus ecclésiastiques, qui s'élevaient à peu près à 150 millions : elles ne furent pas longtemps payées. Les révolutions forcent presque toujours à achever le mal quand on l'a commencé ; il semble à tout oppresseur qu'il se condamnerait en réparant : il est trop vrai que, chez les hommes, souvent une demi-injustice accuse, et une iniquité complète absout.

Vinrent ensuite, Messieurs, ces temps de terreur, où l'on aurait pu dire ce qu'un orateur disait de la persécution sous Dioclétien, que l'Église tout entière quittait la terre pour monter au ciel. Au massacre des Carmes succéda la déportation de plus de trente mille prêtres. Le clergé se divisa en deux grandes classes de persécutés : l'une suivit le monarque dans son exil, l'autre resta cachée dans les ruines de la monarchie. Les consolations de la religion furent ainsi partagées entre le sujet et le roi. J'ai vu cette Église errante qui pleurait au bord des fleuves étrangers : *Super flumina...... sedimus et flevimus!* Vous avez vu, Messieurs, celle qui gémissait dans les débris du temple : tous les témoins des tribulations de l'Église sont donc rassemblés ici, et il est inutile de peindre des malheurs qui sont les nôtres.

L'Église gallicane chancelait, affaiblie par ses blessures. Tout à coup un homme arrive d'Égypte ; ses destinées sont mystérieuses comme celles de ces monuments du désert où sont gravés des caractères que l'on n'entend plus. Une vieille forteresse en ruine l'a empêché de conquérir l'Asie, il vient conquérir l'Europe. Il a vu les Sphinx, les Pyramides, la plaine des Tombeaux ; il s'est entretenu avec les peuples de l'Aquilon et de l'Aurore. Il prend tous les masques, parle tous les langages, affecte tous les sentiments. En arrivant, il gagne une grande bataille, assassine un grand prince, étouffe la voix de son crime par celle de ses victoires, met les rois de la terre à ses pieds, force le souverain pontife à passer les Alpes, et présente à l'huile sainte un front qui n'était point courbé sous le triple poids du bonnet rouge, du turban et de la couronne.

De toutes les choses entreprises par Buonaparte, celle qui lui coûta le plus fut indubitablement son concordat. Personne, ou presque personne autour de lui ne voulait le rétablissement des autels, et il était beaucoup moins ennemi des prêtres que son conseil. Supérieur aux hommes qui l'environnaient, il sentait qu'il ne pouvait rien fonder sans la religion ; mais, au milieu des esprits forts qui lui avaient ouvert le chemin du trône, il se croyait obligé de conserver les honneurs de l'impiété. Contraint de marcher dans cette route tortueuse, avec ceux-ci il se moquait de la religion, mais il disait qu'il était bon de s'en servir comme d'un moyen politique ; avec ceux-là il déclamait contre les athées, promettait de rendre à l'Église tout son éclat, mais faisait entendre qu'il se trouvait forcé de garder d'abord certains ménagements. Il trouvait ensuite dans son propre caractère des obstacles invincibles à une véritable restauration du culte. Si, d'un côté, la force de sa tête et son intérêt personnel lui faisaient apercevoir les avantages qu'il tirerait de la religion ; de l'autre, sa jalousie de tout pouvoir le poussait à persécuter ce clergé qu'il prétendait rétablir. Ainsi, détruisant lui-même son ouvrage, il a plus nui tout seul à la religion que les révolutionnaires ensemble. Cet homme, si parfait dans le mal, était incomplet dans le bien ; rien ne sortait pur de ses mains. Il étendit sur les prêtres ce système d'avilissement dans lequel il n'était que trop habile. Comptant peu sur l'attachement des âmes nobles, il cherchait à créer autour de lui la bassesse pour faire naître la fidélité : il espérait que la vertu tombée serait obligée de le suivre, comme l'innocence déshonorée n'a souvent d'autre ressource que la protection de son corrupteur.

Les prétendues lois qui devaient rétablir la religion en France furent de véritables lois de proscription. Par les lois organiques du concordat (lois que la cour de Rome n'a jamais reconnues), les évêques se virent enlever l'organisation de leurs séminaires. La conscription fut établie jusque dans le Saint des Saints, et bientôt on la vit figurer comme un article de foi dans le catéchisme.

Ce n'était pas assez que la révolution eût dépouillé les autels, il fallait encore s'opposer à ce que les églises pussent jamais posséder : les deux fameux articles 73 et 74 de ces mêmes lois organiques rassurent toutes les craintes de la sagesse du siècle. Par ces articles, les fondations qui ont pour objet l'entretien des ministres et l'exercice du culte ne peuvent consister qu'en rentes sur l'État : les immeubles ne sont point susceptibles d'être affectés à des titres ecclésiastiques.

Un décret du 30 décembre 1809, article 40, fixe le traitement des vicaires à 500 francs au plus, et à 300 francs au moins : presque partout on a pris le *minimum*. Plusieurs autres lois et décrets portent que les pensions ecclésiastiques seront précomptées sur les traitements des desservants : elles l'étaient avec rigueur sur ce misérable viager de 300 ou de 500 francs.

Les écoles secondaires ecclésiastiques furent soustraites à la puissance ecclésiastique : la religion cessa d'exercer une autorité salutaire sur les vivants, et l'on voulut priver les morts eux-mêmes des respects dont le christianisme se plaît à environner la tombe. Buonaparte, qui versait le sang des Français pour sa gloire, s'empara de leurs cendres à son profit ; il mit les cimetières en régie, et afferma nos funérailles.

Dieu a brisé son fléau ; mais sommes-nous instruits par le châtiment ? Qu'avons-nous fait, depuis que nous sommes libres, pour le rétablissement de la religion? Au sortir de la captivité, ne voulons-nous point rebâtir le temple? Jetons les yeux autour de nous et considérons l'état de l'Église.

Depuis que la France est rentrée dans ses anciennes limites, elle ne renferme plus, d'après les circonscriptions établies par le Concordat, que cinquante diocèses, neuf archevêchés et quarante et un évêchés. Le nombre des desservants se compose environ de cent neuf vicaires généraux, de quatre cent vingt chanoines, de quatre cent quatre-vingt-dix curés de première classe, de deux mille quatre cents curés de seconde classe, de vingt-six mille six cent soixante succursalistes.

Il y a dans ce moment cinq archevêchés et huit évêchés vacants, et à peu près cinq mille succursales.

La totalité des places à remplir, y compris celles des vicaires et prêtres employés dans les hôpitaux, maisons de charité, etc., était en 1815 d'environ quarante-six mille ; il n'y avait que trente-quatre mille prêtres en état d'être employés : il en manquait donc douze mille.

Or, Messieurs, si vous calculez la probabilité des décès, douze années suffiront pour emporter ces trente-quatre mille vieux prêtres, qui, brisés par un long martyre, retournent chaque jour à ce Dieu pour lequel ils ont tant combattu. Il peut se faire qu'en 1828 il ne reste pas un seul membre de l'ancien clergé, calcul d'autant plus effrayant que, depuis 1801 jusqu'à ce jour, les ordinations n'ont donné que six mille prêtres.

Quant au traitement, le trésor fournit pour les cardinaux, archevêques, évêques, grands vicaires et chanoines, un peu plus de 1 million 400 mille francs ; pour les curés de première et de seconde classe, et pour les succursalistes, à peu près 11 millions. Les bourses, les congrégations religieuses, et autres petites dépenses, emportent environ 600,000 francs. Cinq millions sont affectés de plus au payement de quelques pensions ecclésiastiques. Les départements contribuent en outre aux frais du culte pour 2 millions 600,000 francs. En réunissant toutes ces sommes, on trouve que l'État fait au clergé, en 1816, une rente viagère de 20 millions 600,000 fr. : et l'on a dépouillé ce clergé d'une propriété qui rapportait en 1789 150 millions de revenus! et l'Assemblée constituante elle-même lui avait alloué par an la somme de 153 millions!

Les archevêques, évêques, grands vicaires, chanoines et curés, ont donc aujourd'hui des traitements qui suffisent à peine, chez les uns à la décence, chez les autres aux premiers besoins de la vie.

Les succursalistes, avec 500 francs, sont dans la misère.

Les vicaires, ne recevant rien du trésor, vivent d'aumônes ou meurent de faim.

Cinq mille paroisses sont privées de tout secours religieux. Dix mille sont sans presbytère. Le cinquième des diocèses est sans maison épiscopale, sans édifices pour les séminaires.

Les édifices, presque partout, tombent en ruine, et des calculs, dont on ne peut contester l'exactitude, démontrent qu'avant peu d'années les deux tiers de la France seront sans prêtres et sans autels.

« En 1799, disait l'abbé Siéyès dans un projet de décret sur le clergé, il sera fait un dénombrement exact des évêques, curés et vicaires survivants ; leurs revenus seront convertis en rentes viagères. » Je viens, Messieurs, de faire ce dénombrement seize ans après l'époque fixée : que vous semble-t-il du revenu *net* et des *survivants*?

Dans la triste situation de nos finances, qui ne nous permet pas de venir immédiatement au secours des pauvres prêtres, la *résolution* de la Chambre des députés nous offre du moins une première ressource. Il s'agit d'autoriser les églises à recevoir des dotations en fonds de terre. Tant que la religion ne possédera rien en propre, elle se montrera toujours aux yeux de la foule sous la forme d'un impôt, et non avec les charmes d'un bienfait. « Rendez sacré et inviolable l'ancien et nécessaire domaine du clergé, dit Montesquieu ; qu'il soit fixe et éternel comme lui. » Qu'est-ce, en effet, que des prêtres salariés, Messieurs? Que peuvent-ils être pour le peuple, sinon des mercenaires à ses gages, qu'il croit avoir le droit de mépriser? Reconnaître que la religion est utile ; interdire en même temps aux églises le droit de propriété, est-ce raisonner conséquemment? Soyons de bonne foi, et disons plutôt : « Nous ne voulons pas de religion. » Mais disons aussi : « Nous ne voulons pas de monarchie. » Dans ce cas, c'est même trop que de payer les prêtres : il est inutile de grever le peuple d'un impôt pour une chose qui n'est bonne à rien. Qu'après l'exil, la déportation, le massacre du clergé, on combatte encore vaillamment contre sa puissance tombée ; qu'en voyant la misère profonde de nos ecclésiastiques sans abri, sans pain, sans vêtements, on leur rappelle la pauvreté des apôtres, tout en jouissant soi-même d'un abondant superflu, c'est là, il faut en convenir, du dévouement et du courage ! S'apitoyer, au contraire, sur les malheurs du clergé, en faire des tableaux touchants, dire qu'il faut qu'il soit bien traité, qu'il ait de bonnes pensions : tout cela pour conclure par le fameux *mais*, n'est-ce point, au fond, la même opinion? On pourrait alors s'épargner tous ces frais d'éloquence.

Mais pourquoi les prêtres ne seraient-ils pas salariés? répondent ceux qui combattent la *résolution :* les militaires, les juges, les administrateurs le sont bien.

Si l'on veut traiter la religion comme une institution humaine, ne discutons plus ; nous ne pouvons plus nous entendre. Alors s'il plaît au gouvernement, sous un prétexte quelconque, de retrancher le salaire des prêtres, tous les temples vont se fermer. Le gouvernement ne supprimera jamais ce salaire ? Mais l'Assemblée constituante avait solennellement déclaré que la première dette de la France, que la dette la plus sacrée, la plus inviolable, était celle que nous avions contractée envers l'Église : le vent a emporté toutes ces belles déclarations ! Il faudra donc que la religion, toujours à la veille de sa ruine, suive le cours de nos révolutions, et ne soit pas même à l'abri du caprice d'une législature ou de l'humeur d'un ministère. On supprime un tribunal, on licencie une armée, sans exposer la sûreté d'un royaume ; mais chasse-t-on les pontifes du sanctuaire sans mettre la société en péril? La prêtrise n'est point un état, c'est un caractère : ne confondons point des choses si différentes. Un soldat, un magistrat, que le trésor public ne soutient plus, peuvent changer de profession et se créer un nouveau moyen d'existence : mais le prêtre, privé de son traitement, que deviendra-t-il? *sacerdos in æternum!*

On nous objecte encore que, n'étant plus un corps politique, le clergé serait dangereux s'il acquérait une existence considérable.

Sans doute le clergé n'est plus un corps politique ; mais c'est parce que nous raisonnons toujours comme s'il l'était que nous tombons dans une confusion d'idées d'où naissent ensuite nos objections. Distinguons les choses pour nous bien comprendre nous-mêmes.

Le clergé a perdu des droits qui le rendaient un ordre dans l'État ; il n'est plus *corps*, mais il est demeuré *corporation*. A ce dernier titre, il peut administrer, comme toute autre communauté, les biens attachés aux fondations qu'il dessert. Et remarquez que ce n'est même jamais que comme *corporation*, et non comme *corps*, qu'il a géré les biens des églises. Son rang politique dans nos états généraux était étranger à son administration.

Cela, bien entendu, nous explique pourquoi en Angleterre, sous une constitution libre, l'Église est encore un propriétaire riche et puissant sans que le royaume en soit troublé. C'est que, dans ce royaume, le clergé a cessé d'être *corps*, et qu'il est resté *corporation*, ainsi que le nôtre aujourd'hui. Les évêques anglicans sont admis, il est vrai, dans la Chambre des pairs ; mais ils y siégent comme individus, et non comme représentants d'un corps politique. Toutes les objections s'évanouissent par cette simple explication.

Le clergé, cessant d'être un ordre, n'est plus que l'organe nécessaire d'une religion qui n'est ennemie d'aucune forme de gouvernement : les seuls États démocratiques existants aujourd'hui en Europe, les petits cantons suisses, professent la religion catholique ; ainsi la plus ancienne religion a produit la plus ancienne liberté. « Nous devons au christianisme, dit encore l'auteur de l'*Esprit des Lois*, et dans le gouvernement un certain droit politique, et dans la guerre un certain droit des gens, que la nature humaine ne saurait assez reconnaître. »

A en juger par les inquiétudes que l'on affecte de répandre, il semble que, si l'on permet les dotations en faveur des églises, le clergé va soudain envahir toutes les propriétés de la France.

Les conjectures s'évanouissent devant les faits; examinons les faits. Depuis l'année 1801 jusqu'à l'année 1816, les legs en faveur des hospices se sont élevés à la somme de 20 millions. Les églises deviendraient-elles plus riches dans le même nombre d'années, surtout lorsque la France, diminuée d'un tiers, ne possède plus cette pieuse Belgique à qui l'on doit plus de la moitié de ces dons faits à nos hôpitaux? La loi de Buonaparte, qui est à peu près celle que l'on vous propose ici, excepté qu'elle ne permet qu'en rentes sur l'État ce qu'on vous demande de permettre en biens-fonds; cette loi a-t-elle apporté des trésors aux établissements religieux? En admettant que les églises soient aussi favorisées que l'ont été les hospices pendant les seize dernières années, elles se trouveront propriétaires de 20 millions dans seize ans d'ici, c'est-à-dire qu'elles auront 800,000 livres de rentes. Si vous supposez qu'à cette époque il existe quarante-six mille prêtres en France, autant qu'il y a de places à remplir, chaque prêtre jouira d'un revenu d'à peu près 17 livres par an, 29 sous par mois et de 9 deniers par jour. Que de richesses, Messieurs! combien il faut se mettre en garde contre la future opulence de l'Église!

Rassurons-nous cependant. C'est un des caractères de ce siècle de craindre les maux impossibles et d'être indifférent à ceux qui vivent pour ainsi dire au milieu de nous. Ces terreurs de la puissance à venir du clergé ressemblent à celles que Buonaparte prétendait avoir de l'autorité du saint-siége. Il était maître de Rome, il tenait Pie VII dans la plus odieuse captivité, et il ne parlait que de l'ambition des Grégoire, des Boniface et des Jules. « Ceux qui crient aujourd'hui au papisme, disait le docteur Johnson, auraient crié au feu pendant le déluge. »

Les confesseurs sont un autre sujet d'alarmes. Chaque confesseur, affirme-t-on, deviendra le spoliateur secret d'une famille : nulle sûreté désormais pour les fortunes; on va commettre de toutes parts le crime de restitution! Mais, Messieurs, fréquente-t-on beaucoup dans ce siècle les tribunaux de la pénitence? Je ne sache pas que jusqu'ici nous ayons infiniment à nous plaindre des dangers du repentir. Hélas! j'ai toute une autre crainte, et je la crois mieux fondée. Je pense que les dotations seront rares, faibles, insuffisantes; nous ne changerons pas l'esprit du siècle. Ceux qui craignent de voir renaître le fanatisme peuvent se tranquilliser : pour être fanatique, il faut croire en quelque chose; on n'est pas persécuteur quand on est indifférent; et, lorsqu'on a affecté de si grandes frayeurs sur les divisions du

Midi, que l'on prétendait être religieuses, on ne se souvenait pas que nous sommes bien plus près de faire la guerre à Dieu que pour Dieu.

On nous dit souvent que, sous les rapports politiques, il faut marcher avec le siècle ; qu'il faut suivre le mouvement de l'Europe, et ne pas essayer de faire rétrograder l'esprit humain : je suis complétement de cette opinion; mais soyons donc conséquents, et suivons aussi le mouvement de l'Europe sous les rapports religieux. Quel exemple ne nous offre-t-elle pas dans ce moment même ! L'empereur de Russie vient de donner une constitution à la Pologne : on sait que ce prince professe en politique, comme en toute autre matière, les opinions les plus généreuses. Or écoutez, Messieurs, l'article 30 de cette nouvelle constitution :

« Les catholiques romains, ainsi que les ecclésiastiques du rite grec uni, auront, au lieu des sommes que le gouvernement leur payait sous le nom de *compétence*, un revenu annuel de 2 millions de florins polonais en biens nationaux. Ils en useront comme d'une propriété inaliénable. Ces nouveaux fonds, joints à ceux que le clergé possédait déjà, seront répartis entre toutes les églises, de façon que le sort des pauvres prêtres soit amélioré, que l'entretien du culte, des séminaires et des maisons d'éducation, soit assuré.... Les champs et prés que l'on avait pris au clergé comme biens nationaux, pour les incorporer au domaine de la couronne, seront rendus à l'Église. On retranchera des lois et des ordonnances tout ce qui pourrait porter atteinte à la discipline de l'Église et à ses droits reconnus. »

Voilà, Messieurs, comme on fonde les empires ; voilà comme on établit la liberté en établissant la religion, en réparant les injustices. Alexandre d'ailleurs se montre aussi magnanime que sage, car il n'est pas même de la communion dont il se déclare le protecteur. Et qu'on ne dise pas que c'est ici une mesure dictée par la nature des choses en Pologne; non, Messieurs : c'est le résultat de l'esprit qui anime en ce moment les souverains : témoin ce fameux traité où les maîtres de trois puissants empires s'associent sous la protection du Dieu des chrétiens, reconnaissent que toute puissance vient de lui, et que les malheurs qui frappent les rois et les peuples naissent de l'oubli de la religion. Ainsi nous sommes sûrs que l'Europe entière applaudira à tout ce que nous ferons en faveur du culte de nos pères; que les souverains alliés croiront notre révolution finie; qu'ils seront plus prompts à retirer leurs soldats, quand ils nous verront retourner à ce Dieu qu'ils adorèrent au camp des Vertus, au milieu de leurs bataillons prosternés.

Si j'examinais les divers articles de la *résolution*, j'aurais quelques amendements à proposer : je désirerais, par exemple, que les donations fussent faites aux églises, aux établissements religieux, et non pas nominativement au clergé. C'est bien, il est vrai, le sens général de la *résolution*, mais la pensée du législateur n'y est pas assez clairement exprimée. Soyons toujours justes dans le mot, il n'y aura rien de faux dans la chose. C'est par une locution vicieuse qu'on dit *les biens du clergé*. Le clergé n'a jamais rien possédé ; il ne peut posséder rien. Ce sont les églises qui sont seules propriétaires ; le clergé n'est que l'administrateur d'un patrimoine dont un tiers appartient à l'autel, un tiers aux pauvres, et dont le dernier tiers est destiné à l'entretien des ministres.

Voilà les principes, Messieurs ; il est nécessaire de s'en écarter moins que jamais, car on ne peut se dissimuler qu'il est survenu de graves changements dans les relations extérieures de l'Église de France. Homme privé, je suis sans alarmes sur les prétentions de la cour de Rome ; pair de France et ministre d'État, je ne puis oublier que les parlements n'existant plus, que le concordat ayant étendu en deçà des Alpes l'action immédiate du saint-siège, les libertés de l'Église gallicane sont plus exposées, et le clergé plus nécessairement placé sous l'influence d'une autorité temporelle étrangère. Peut-être même que, sans faire une loi expresse sur les dotations en fonds de terre, il eût mieux valu rapporter simplement l'ordonnance de 1749 et les articles 73 et 74 des lois organiques du concordat, en laissant subsister l'article 15 de la convention du 15 juillet 1801, l'article 809 du livre III, titre II, du Code civil, quelques règlements particuliers sur les fabriques qui semblent autoriser les donations en général sans en spécifier la nature, et l'ordonnance du roi du 10 juin 1814. L'Église se fût ainsi retrouvée dans la situation où elle était en 1748, pouvant acquérir avec l'agrément du roi : on eût évité par là des explications inutiles et des détails de loi qui peuvent avoir aujourd'hui des difficultés.

Enfin, il me paraîtrait juste que l'on pût léguer aux autels où nous venons expier nos passions tout ce que la loi permet de donner à l'objet même de ces passions.

Mais ce n'est ici qu'une *résolution* de la Chambre des députés, et non un projet de loi du gouvernement. Perdre le temps à l'amender me semble tout à fait inutile. Cette *résolution* sera transmise au roi, qui la modifiera selon les desseins de sa sagesse. Il est même à désirer que le gouvernement transforme en un seul et unique projet de loi les propositions diverses sur le clergé, dont les Chambres s'occupent aujourd'hui. Ces propositions s'enchaînent si naturellement, que la question du divorce et de l'éducation publique peuvent en partie s'y rattacher : réunies sous un même titre, elles composeraient une espèce de code ecclésiastique qui consolerait la piété, et assurerait le sort de la religion.

Il ne s'agit donc dans ce moment que d'adopter le principe renfermé dans la *résolution* : le gouvernement fera le reste. Oui, Messieurs, pour la gloire de la religion et la perpétuité de l'autel, reconnaissons vite que les églises de France peuvent reprendre parmi nous cet antique droit de propriétaire dont elles étaient investies, même avant l'établissement de nos aïeux dans les Gaules. Quoi! le plus pauvre de nos paysans possède souvent un champ, un sillon, un arbre ; et le clergé, qui a défriché nos forêts, planté nos vignes, enrichi notre sol de tant d'arbres étrangers ; qui a transporté l'abeille de l'Attique sur les coteaux de Narbonne, et le ver à soie de la Chine sur les mûriers de Marseille ; le clergé ne glanera pas un épi dans ces vastes campagnes si longtemps fécondées de ses sueurs, et quelquefois arrosées de son sang! Serons-nous donc pour le prêtre plus avares que la mort? Elle lui donnera au moins quelques pieds de terre, qu'elle ne lui reprendra jamais! Quoi! ceux qui élevèrent tant de monuments utiles à la patrie, qui bâtirent des villes entières, n'auront pas un toit à eux pour y soigner leur vieillesse! Quoi! ces hommes qui, dans les jours de paix, s'occupaient à creuser nos canaux, à tracer nos chemins, à jeter des ponts sur nos fleuves ; ces hommes qui, dans les temps de calamités, payaient la rançon de nos rois, rachetaient les esclaves, secouraient les pestiférés, versaient généreusement le trésor de l'Église au trésor de l'État, ces hommes recevront l'aumône dans les hospices qu'ils ont fondés! Qui voudra se dévouer aux fatigues de l'apostolat, si les prêtres, comme les parias des Indes, n'ont à espérer que la pauvreté et le mépris? Et qu'ont-ils fait pour être traités de la sorte? — Ce qu'ils ont fait? Ils ont été nos pères et nos législateurs, eux qui sont aujourd'hui nos victimes! Notre monarchie est, pour ainsi dire, l'ouvrage de leurs mains. Depuis ce premier évêque qui baptisa Clovis, jusqu'à ces derniers évêques qui suivirent Louis XVI à son baptême de sang, le clergé n'a cessé de travailler à la grandeur, ou de s'associer aux malheurs de la France. C'est lui qui a adouci la férocité de nos mœurs; c'est lui qui nous a transmis les lumières de Rome et de la Grèce. Nos meilleurs et nos plus grands ministres, Suger, d'Amboise, Richelieu, Mazarin, Fleury, sont sortis de son sein ; la France lui doit une foule de savants, d'orateurs et d'hommes de génie ; et, pour compter le nombre de ses bienfaits, il faudrait pouvoir compter le nombre des misères humaines.

Messieurs, je vous l'avouerai, je désire ardemment que le principe de la *résolution* soumise à votre examen soit adopté pour l'honneur de notre patrie, pour l'honneur même de cette Chambre. Qui protégera les autels, si ce ne sont les pairs de France? La noblesse a conservé son rang, le clergé l'a perdu : ne reconnaîtra-t-elle plus dans leur adversité les antiques rivaux de sa puissance? ne tendra-t-elle point la main aux anciens compagnons de sa gloire? Il y a vingt-cinq ans que les tribunes de nos assemblées ne cessent de retentir de lois spoliatrices, sacriléges, inhumaines : hélas! elles ont toutes été accueillies! Aurions-nous le malheur de rejeter la première proposition religieuse qui semble annoncer la fin de cette longue série d'injustices, et signaler notre retour aux principes de l'ordre social? Il y a vingt-cinq ans que toutes les fois qu'on parle de réparation, on vous dit que le temps n'est pas propice; qu'il faut aller doucement, avec prudence; qu'il faut attendre, qu'il faut ajourner la proposition : et toutes les fois qu'il s'agissait de dépouiller les citoyens, de les bannir, de les égorger, il y avait toujours urgence; il fallait passer les nuits : un jour de perdu mettait la patrie en danger! Le moment du mal est toujours venu; le moment du bien, jamais! Un peuple qui a proscrit les prêtres, pillé les temples, profané les vases sacrés, violé les tombeaux, dispersé les reliques des saints, ne serait-il pas marqué du sceau d'une réprobation éternelle, si, quand cet affreux délire est passé, il repoussait encore toute idée de religion? A quoi nous aurait donc servi notre expérience? Serions-nous condamnés, après la destruction de la monarchie, après le meurtre de Louis XVI, à entendre faire contre la religion les mêmes raisonnements, les mêmes plaisanteries que l'on faisait avant ces horribles malheurs? Alors il ne reste plus qu'à s'envelopper dans son manteau, et qu'à pleurer la fin prochaine de la France.

Éloquents défenseurs de l'Église, vous que j'aperçois ici, vous qui soutintes les premiers assauts de l'impiété dans notre première assemblée, que disiez-vous alors? Qu'un royaume est perdu quand il abandonne le culte de ses aïeux; que la chute de l'autel entraîne la chute du trône. On vous traitait de fanatiques, de petits esprits, d'hommes agités par vos intérêts personnels. Hé bien! trop véridiques prophètes, qui oserait dire aujourd'hui que vous vous êtes trompés? Et vous qui étiez si ardents à solliciter le triomphe d'une fausse sagesse, qu'êtes-vous devenus? mes yeux vous cherchent en vain; l'abîme que vous aviez ouvert s'est refermé sur vous!

Ah! Messieurs! si, par une fatalité inexplicable, on devait encore reproduire les sophismes de Thouret, de Barnave, de Chapellier, de Mirabeau, je m'écrierais, en empruntant ces belles paroles d'un pair de France, de M. l'abbé de Montesquiou :

« Quel génie destructeur a passé sur cet empire? Voyez les malheurs qui se répandent! Il semble qu'il y ait ici le département des douleurs! Il y a des hommes qui se sont consacrés à accabler de chagrins leurs concitoyens. Dès qu'on les voit paraître, on dit : Allons! encore un sacrifice! encore un malheur de plus!. . . . . . . . . . . . . . . . . . . . . Qu'allez-vous faire? me disait-on quand je suis monté à cette tribune. Le sort en est jeté : des comités particuliers ont tout décidé. Eh bien! il faut descendre de cette tribune, et demander au Dieu de nos pères de vous conserver la religion de saint Louis, de vous protéger! Les plus malheureux ne sont pas ceux qui souffrent l'injustice, mais ceux qui la font. »

Et moi aussi, Messieurs, je descends de cette tribune, mais non pas accablé de douleur comme jadis l'orateur du clergé : j'espère que votre décision va remplir l'Église de joie. Tout annonce que nous commençons à revenir à ces vérités éternelles dont on ne s'écarte jamais impunément. La religion n'est plus un objet de risée ; on ne rougit plus de s'avouer disciple de l'Évangile ; et chacun, interrogé sur sa foi, ose faire la réponse des premiers fidèles : Je suis chrétien. »

Considérant que le gouvernement, en nous représentant la *résolution* sous la forme d'un projet de loi, y pourra faire les changements qui me semblent indispensables, je vote pour la *résolution :* mais si quelques-uns de messieurs les pairs avaient à proposer un amendement qui consistât à réduire les divers articles de la *résolution* à un seul article renfermant le principe des dotations en fonds de terre, et la liberté entière de l'administration ecclésiastique, je me rangerais à cet amendement.

---

# DISCOURS

PRONONCÉ

A L'OCCASION DES COMMUNICATIONS FAITES A LA CHAMBRE DES PAIRS PAR M. LE DUC DE RICHELIEU,

DANS LA SÉANCE DU 22 FÉVRIER 1816

---

Messieurs, un mois juste s'est écoulé depuis le moment où vous fûtes appelés à Saint-Denis : vous y entendîtes la lecture du testament de Louis XVI. Voici un autre testament : lorsqu'elle le fit, Marie-Antoinette n'avait plus que quatre heures à vivre. Avez-vous remarqué dans ces derniers sentiments d'une reine, d'une mère, d'une sœur, d'une veuve, d'une femme, quelques traces de faiblesse ? La main est ici aussi ferme que le cœur ; l'écriture n'est point altérée : Marie-Antoinette, du fond des cachots, écrit à madame Élisabeth avec la même tranquillité qu'au milieu des pompes de Versailles. Le premier crime de la révolution est la mort du roi ; mais le crime le plus affreux est la mort de la reine. Le roi du moins conserva quelque chose de la royauté jusque dans les fers, jusqu'à l'échafaud : le tribunal de ses prétendus juges était nombreux ; quelques égards étaient encore témoignés au monarque dans la tour du Temple ; enfin, par un excès de générosité et de magnificence, le fils de saint Louis, l'héritier de tant de rois, eut un prêtre de sa religion pour aller à la mort, et il n'y fut pas traîné sur le char commun des victimes. Mais la fille des Césars, couverte de lambeaux, réduite à raccommoder elle-même ses vêtements, obligée, dans sa prison humide, d'envelopper ses pieds glacés dans une méchante couverture, outragée devant un tribunal infâme par quelques assassins qui se disaient des juges, conduite sur un tombereau au supplice, et cependant toujours reine !.... Il faudrait, Messieurs, avoir le courage même de cette grande victime pour pouvoir achever ce récit.

Une chose ne vous frappe-t-elle pas dans la découverte de la lettre de la reine?

Vingt-trois années sont révolues depuis que cette lettre a été écrite. Ceux qui eurent la main dans les crimes de cette époque (du moins ceux qui n'ont point été rendre compte de leurs œuvres à Dieu) ont joui pendant vingt-trois ans de ce qu'on appelle prospérité. Ils cultivaient leurs champs en paix, comme si leurs mains étaient innocentes ; ils plantaient des arbres pour leurs enfants, comme si le ciel eût révoqué la sentence qu'il a portée contre la race de l'impie. Celui qui nous a conservé le testament de Marie-Antoinette avait acheté la terre de Montboissier : juge de Louis XVI, il avait élevé dans cette terre un monument à la mémoire du défenseur de Louis XVI ; il avait gravé lui-même sur ce monument une épitaphe en vers français à la louange de M. de Malesherbes. N'admirons point ceci, Messieurs ; pleurons plutôt sur la France. Cette épouvantable impartialité qui ne produit ni remords, ni expiations, ni changements dans la vie ; ce calme du crime qui juge équitablement la vertu, annoncent que tout est déplacé dans le monde moral, que le mal et le bien sont confondus, qu'en un mot la société est dissoute. Mais admirons, Messieurs, cette Providence dont les regards ne se détournent jamais du coupable. Il croit échapper à travers les révolutions ; il parvient au bonheur et à la puissance : les générations passent, les années s'accumulent, les souvenirs s'éteignent, les impressions s'effacent ; tout semble oublié. La vengeance divine arrive tout à coup ; elle se présente face à face devant le criminel, et lui dit en l'arrêtant : « Me voici ! » En vain le testament de Louis XVI assure la grâce aux coupables : un esprit de vertige les saisit ; ils déchirent eux-mêmes ce testament ; ils ne veulent plus être sauvés ! La voix du peuple se fait entendre par la voix de la Chambre des députés : la sentence est prononcée ; et, par un enchaînement de miracles, le premier résultat de cette sentence est la découverte du testament de notre reine !

Messieurs, c'est à notre tour à prendre l'initiative. La Chambre des députés a voté une adresse au roi, pour protester contre le crime du 21 janvier ; témoignons toute l'horreur que nous inspire le crime du 16 octobre. Ne pourrions-nous pas en même temps renfermer dans cet acte de notre douleur la proposition de M. le duc de Doudeauville? Dans ce cas, la *résolution* de la Chambre pourrait être ainsi rédigée :

« La Chambre des pairs, profondément touchée de la communication que Sa Majesté a daigné lui faire par l'organe de ses ministres, arrête :

« Que son président, à la tête de la grande députation, portera aux pieds de Sa Majesté les très-respectueux remerciements des pairs de France. » Il lui exprimera toute la douleur qu'ils ont ressentie à la lecture de la lettre de la reine Marie-Antoinette, et toute l'horreur qu'ils éprouvent de l'épouvantable attentat dont cette lettre rappelle le souvenir; il dira en même temps à Sa Majesté que la Chambre des pairs se joint de cœur et d'âme à celle des députés, dans les sentiments exprimés par cette dernière Chambre, relativement au crime du 21 janvier; suppliant le roi de permettre que le nom de la Chambre des pairs ne soit point oublié sur les monuments qui serviront à éterniser les regrets et le deuil de la France.

# OPINION

PRONONCÉE

A LA CHAMBRE DES PAIRS LE 12 MARS 1816, SUR LA RÉSOLUTION DE LA CHAMBRE DES DÉPUTÉS,

## RELATIVE AUX PENSIONS ECCLÉSIASTIQUES

DONT JOUISSENT LES PRÊTRES MARIÉS.

Messieurs, vous avez entendu le rapport de votre commission sur la *résolution* de la Chambre des députés, relative aux pensions ecclésiastiques dont jouissent les prêtres mariés. C'est à regret que je viens combattre ce rapport. J'aurais aimé à céder à l'autorité des hommes distingués dont j'ai le malheur de ne pas partager l'opinion; mais, dans tout sujet qui intéresse ou la conscience ou l'honneur, quand on n'est pas convaincu, il est impossible de garder le silence. J'espère donc que mes honorables collègues me pardonneront de vous exposer des doutes que j'avais déjà soumis à la supériorité de leurs lumières.

Je suivrai, Messieurs, dans l'ordre de mon discours, les deux divisions admises par votre commission. J'examinerai la *résolution* : 1° sous le rapport des lois ou de la justice légale ; 2° sous le rapport de la religion ou de la justice morale.

Pour parler d'abord du premier, sans rechercher si le sacrement de l'Ordre était un empêchement dirimant au mariage des prêtres dans le douzième siècle, j'irai droit au but, et je ne remontrai pas plus haut que l'année 1789. A cette époque, les biens des églises de France furent envahis, et l'État fit au clergé des pensions et des traitements. Nous n'avons à nous occuper que de ce qui regarde les pensions.

A qui furent-elles accordées, ces pensions? Elles le furent aux archevêques, évêques, aux chanoines prébendés ou semi-prébendés, aux officiers ecclésiastiques pourvus de titres dans des chapitres supprimés; à tous autres bénéficiers, comme abbés, prieurs, etc.; aux curés qui avaient des bénéfices; aux religieux et religieuses de tous ordres.

Faisons deux grandes classes de ces ecclésiastiques pensionnés, et disons, ce qui est la vérité, que les pensions furent données aux religieux et aux religieuses, et aux prêtres bénéficiers; les organistes et autres officiers laïques sont hors de la question.

Pourquoi fit-on des pensions aux religieux et religieuses? Parce qu'ils avaient apporté des dots en entrant dans certains ordres monastiques; parce qu'on leur avait au moins ravi une propriété commune, le toit qui les mettait à l'abri, l'asile où ils passaient leurs jours.

Pourquoi les bénéficiers furent-ils pensionnés? Parce qu'ils remplissaient où étaient censés remplir des fonctions religieuses particulières; fonctions pour lesquelles ils touchaient les revenus de leurs bénéfices. En les privant de ces revenus, sans avoir eu le droit de les affranchir de leurs engagements spirituels, il parut juste de leur donner un salaire qui leur tînt lieu du revenu supprimé.

La loi supposa en outre que les bénéficiers ne vivaient que de leurs bénéfices; que, ne pouvant comme prêtres embrasser une profession civile, il fallait bien les nourrir puisqu'on leur ôtait tout moyen d'existence.

La preuve que ce fut là l'esprit de la loi, c'est que les prêtres qui n'avaient point de bénéfices n'eurent point de pension, parce qu'ils furent considérés comme ne remplissant aucune fonction religieuse particulière, et parce que, vivant sans le secours d'un bénéfice, ils furent censés jouir d'un patrimoine qui suffisait à leurs besoins.

Or, Messieurs, je soutiens, contre l'avis de la commission, que tout prêtre, anciennement bénéficier, aujourd'hui pensionné, qui a contracté mariage, n'a plus sa part dans le contrat que la nation a passé avec les églises; je soutiens qu'il a perdu les deux titres de sa possession.

Il a perdu le premier titre, celui en vertu duquel il recevait une somme subrogée au revenu qu'il touchait, pour les fonctions ecclésiastiques dont il était chargé comme bénéficier, puisqu'en effet il a cessé de remplir ces fonctions.

Il a perdu le second titre, celui qui provenait de son impossibilité de vivre sans bénéfice, puisque, ayant renoncé à son caractère de prêtre, il a recouvré la faculté de gagner sa vie par une profession civile.

Votre commission me répond, Messieurs, que la pension n'a point été faite pour l'acquittement d'une fonction; que cette pension est individuelle et indépendante de toute considération étrangère. Si le prêtre a manqué à ses devoirs religieux, la loi civile ne peut connaître de ce délit. Elle ne voit qu'un fait : un prêtre a reçu une pension du gouvernement : que ce prêtre soit devenu l'homme le plus méprisable du monde, n'importe, il est toujours le créancier de l'État.

Cette réponse, Messieurs, ne me semble pas péremptoire : en mettant en avant un principe, on en oublie un autre, pour le moins aussi sacré.

Un contrat entre deux parties est toujours synallagmatique lorsque le contraire n'est pas déclaré par une clause précise. De plus, un contrat entre deux parties est fait d'après des conditions expresses ou tacites : *expresses*, il n'y a pas matière à discussion ; *tacites*, elles sont sujettes à être interprétées.

Si dans le contrat bilatéral une des parties manque à ses engagements, l'autre partie est nécessairement déliée de ses obligations. Or, j'espère prouver dans un moment que le prêtre bénéficier marié a manqué à ses engagements, quoiqu'on ait essayé d'établir le contraire.

Dans le contrat passé entre l'État et les églises, les conditions tacites sont d'une extrême évidence ; elles sont même expresses, ainsi que je le montrerai bientôt ; mais je veux bien, dans ce moment, ne les considérer que comme tacites. L'intention des deux parties contractantes a nécessairement été que les pensions et les traitements du clergé fussent départis selon l'esprit et les principes de l'administration ecclésiastique ; car l'État, en prenant les biens de l'Église, n'a pas pu prétendre changer la destination de ces biens, représentés par les traitements et les pensions qui les ont remplacés. Ces traitements et ces pensions doivent donc toujours former ces trois parts si connues, savoir : les frais du culte, le soulagement des pauvres, l'entretien des desservants de l'autel.

On dira peut-être que cette supposition probable est pourtant gratuite de ma part. Non, Messieurs ; et je l'appuie sur un témoignage irrécusable : ce témoignage sera celui-là même dont votre commission s'est servie pour établir une opinion contraire à la mienne. Qui connaîtra l'esprit de la loi, si ce ne sont les législateurs qui l'ont faite ? Or, écoutez Mirabeau ; il suffira seul : « Qu'il soit déclaré, » dit-il dans la fameuse séance du 2 novembre 1789, « que tous les biens ecclésiastiques sont à la disposition de la nation, à la charge de pourvoir d'une manière convenable *aux frais du culte, à l'entretien de ses ministres, et au soulagement des pauvres.* »

Cette opinion passa à la majorité de cinq cent soixante-huit voix contre cinq cent quarante-six.

Voilà donc, Messieurs, le principe bien reconnu dans le contrat primitif. Il est donc clair que les pensions ont été faites aux bénéficiers aux mêmes titres qu'ils recevaient les revenus de leurs bénéfices. Si vous supposiez qu'il y a quelque chose de personnel ou d'individuel dans la pension, il faudrait reconnaître que les membres du clergé étaient propriétaires, principe que vous n'admettez pas. Lorsqu'un abbé avait autrefois résigné son bénéfice, il n'en retirait plus rien, parce qu'il ne remplissait plus les fonctions qui le faisaient jouir de ce bénéfice : d'où l'on doit conclure que, si un prêtre bénéficier s'est marié, en se débarrassant de ses obligations religieuses, il a résigné de fait la pension qui représentait les émoluments de ses charges ecclésiastiques. Les canons sont d'accord avec cette doctrine : un prêtre bénéficier qui se fût marié, outre les autres châtiments, eût encore été privé de ses bénéfices; il doit donc perdre aujourd'hui, en se mariant, la pension subrogée à ses bénéfices. Ce sont tellement là les notions du sens commun, que, même pendant la Terreur, les autorités locales voulaient retenir les pensions ecclésiastiques des prêtres mariés : votre commission vous a rappelé ce fait curieux :

Pressé de toutes parts par les principes, on croit y échapper en disant : « On pouvait peut-être admettre ce que vous souteniez avant la promulgation de la loi qui autorise le mariage des prêtres : mais, après la publication de cette loi, vous n'avez plus aucun droit de dépouiller les prêtres mariés, puisqu'ils n'ont fait qu'user d'une faculté que vous leur avez donnée. »

Loin d'être contre moi, cet argument est en ma faveur. On a permis aux prêtres d'opter entre la prêtrise et le mariage ; ils ont choisi le dernier : donc on ne leur doit plus la pension qui leur était accordée en partie sur ce fondement, que la loi primitive, les renfermant dans leur profession religieuse, les privait de tout moyen d'exister par une profession civile.

On dit encore (et, en vérité, je ne puis me défendre d'une certaine honte en agitant cette question), on dit que la femme du prêtre n'a peut-être épousé ce prêtre que parce qu'il avait une pension ; qu'elle a contracté de bonne foi ; que des enfants sont survenus, etc.

Des enfants ! Messieurs, pardonnez tout ceci, c'est bien malgré moi que j'en parle ; mais dans la thèse que je soutiens, je suis obligé de prévoir les objections. J'ai lieu de craindre qu'on ne m'oppose celles que je viens d'indiquer, car elles m'ont déjà été faites; j'accours donc au poste où mon expérience m'a appris que je pourrais être attaqué.

Eh bien ! Messieurs, les femmes, les enfants des prêtres ont donc des droits aux pensions de leurs maris et de leurs pères? Peut-on manquer de foi à ces innocentes familles ? Non, il ne faut manquer de foi à personne ; mais on ne doit rien aux femmes et aux enfants des prêtres mariés. Dans l'usage ordinaire, lorsqu'un homme pensionné par l'État vient à mourir, on paye à sa veuve le quartier de la pension commencé et non échu au moment de la mort du défunt. Il ne peut être ici question des droits de succession, de douaire, de reprises matrimoniales. Que la femme d'un prêtre l'ait épousé à cause de la pension dont jouissait ce prêtre, c'est un motif qui n'est ni fort touchant pour lui, ni fort puissant devant la loi. Nos pères, Messieurs, étaient aussi bons justiciers que nous ; ils ne firent point de pensions aux prêtres qui s'étaient mariés pendant les troubles de la Ligue ; les enfants de ces prêtres ne réclamèrent point la survivance des bénéfices paternels. Par une suite de la licence qu'amènent les guerres civiles, les bénéfices se trouvèrent placés entre les mains de quelques seigneurs protestants ; mais cet abus fut de courte durée.

On prévoit un autre embarras : on imagine que le prêtre marié aura peut-être emprunté sur sa pension ; qu'il aura peut-être donné pour gage le titre de cette pension : que va devenir la créance ? Peut-on léser les intérêts du créancier ? En vérité, c'est se forger des difficultés à plaisir. On trouve quelquefois le moyen de se faire faire une avance à courte date sur des appointements considérables ; mais que peut-on avoir emprunté sur des pensions de deux à trois cents francs ? Une pension de deux cents livres de rente, qui s'éteint à la mort du titulaire, peut-elle même devenir un gage solide et réel, surtout quand cette pension était déclarée *insaisissable*, comme votre commission vous l'a dit ? De plus, si un homme a fait de mauvaises affaires ; si un créancier, par avidité, a risqué des sommes sur de mauvais titres, la loi doit-elle entrer dans toutes ces considérations ? Enfin, de deux choses l'une : ou le prêtre marié a quelque chose au delà de sa pension, ou il n'a rien : s'il a quelque chose, le créancier a son recours naturel sur les biens du débiteur ; s'il n'a rien, la *résolution* de la Chambre des députés laisse au prêtre dépourvu une pension à titre de secours : voilà le gage du créancier. Si vous dites que cette pension à titre de secours deviendra insaisissable comme étant alimentaire, ne dites donc plus qu'on a pu emprunter sur les anciennes pensions ecclésiastiques, lorsque vous soutenez que ces pensions n'étaient elles-mêmes qu'individuelles et alimentaires.

Voici un autre raisonnement : « Les délits des prêtres mariés sont une pure affaire de discipline religieuse. Ce n'est que par les saints canons ou dans le for de la conscience qu'un prêtre marié peut être condamné. Avait-on le droit de décréter le mariage des prêtres ? Le prêtre a-t-il pu se croire dégagé de la loi ecclésiastique par la loi civile ? Ce n'est pas là la question. Il suffit qu'à tort ou à raison vous ayez autorisé le mariage des prêtres, pour qu'il vous soit interdit de punir la faute que votre loi a non-seulement permise, mais encouragée. »

Eh bien ! j'admets un moment ce raisonnement. Puisque vous convenez que le délit du prêtre marié est de la compétence de l'autorité ecclésiastique, je demande que ce prêtre marié soit replacé sous la juridiction de son évêque : renfermé dans un séminaire et soumis aux pénitences canoniques, rien ne s'opposera alors à ce qu'il touche sa pension. Vous sentez aussi bien que moi, Messieurs, combien tout ceci est dérisoire. On parle de discipline ecclésiastique ; mais si l'évêque voulait user de son pouvoir sur le prêtre marié, que celui-ci réclamât la liberté du citoyen, n'est-il pas clair qu'il échapperait à la poursuite spirituelle ? Sa femme même viendrait le redemander et le disputer à l'autel. Voyez donc dans quelle jurisprudence vous vous trouvez engagés : une de vos lois autorise le scandale ; et, si vous dites que c'est à l'Église à le faire cesser, une autre loi est là pour le protéger contre l'Église.

Écoutons maintenant un syllogisme singulier : un prêtre s'est marié sous la protection de la loi civile ; mais la loi ecclésiastique rendant son caractère ineffaçable, il est toujours prêtre ; donc il a toujours droit à sa pension ecclésiastique.

Ainsi, pour lui conserver cette pension, on fait valoir deux lois opposées, la loi civile et la loi ecclésiastique. La loi civile, qui lui dit : « Mariez-vous ; et comme je vous en donné la permission, je n'ai plus le droit de vous ôter la pension que vous recevez à titre ecclésiastique. »

La loi ecclésiastique, qui lui dit : « En vain vous vous êtes marié ; vous n'avez pas cessé d'être prêtre, et, à ce titre, vous avez droit à votre pension ecclésiastique. »

N'est-ce pas une chose satisfaisante et tout à fait merveilleuse de voir un homme qui ne peut, quoi qu'il fasse, échapper à une pension, et qui la reçoit, bon gré, mal gré, comme étant prêtre et comme n'étant plus prêtre ?

Ici finit, Messieurs, ce que j'avais à dire touchant la *résolution* considérée sous le rapport des lois ou de la justice légale. Il me semble démontré, dans toute la rigueur du principe, que vous avez le droit de retirer les pensions ecclésiastiques dont jouissent illégalement les prêtres mariés. Combien ce droit va vous paraître encore plus incontestable, quand il sera appuyé de toutes les raisons tirées de la religion ou de la justice morale.

Éloignons, j'y consens, l'indignation, les souvenirs, les tableaux pathétiques ; mais vous ne pouvez cependant rejeter les considérations morales. Ce n'est pas le tout d'envisager une loi sous le rapport du principe abstrait, il faut encore considérer les effets moraux de cette loi. S'il existait dans notre Code une loi qui favorisât l'assassinat, l'adultère, l'impiété, le mensonge, ne vous hâteriez-vous pas de faire disparaître cette loi ? Eh bien ! vous en avez une qui consacre l'assassinat de la morale publique, qui applaudit au sacrilége, qui souille l'autel, qui autorise la violation des serments les plus sacrés : cette loi, c'est la loi qui permet le mariage des prêtres. Voulez-vous faire croire que vous en adoptez les principes, en laissant les oblations de l'autel à ces lévites qui ont abandonné le Dieu de Jacob pour suivre des femmes étrangères ? N'y a-t-il pas dans ces seules expressions, *Pensions ecclésiastiques aux prêtres mariés*, une alliance de mots révoltants? Voulez-vous encore une fois violer les mœurs pour respecter la loi? C'est ce que l'on fit à Rome sous Tibère, lorsque le bourreau outragea la fille de Séjan, afin de maintenir la loi qui défendait de mettre une vierge à mort.

Étudiez, Messieurs, les lois qui permettent aux prêtres de se marier, lois que votre commission vous a pertinemment énumérées, vous verrez qu'elles ne se contentaient pas d'ouvrir aux religieux les voies du siècle, mais qu'elles accordaient encore des espèces de primes d'encouragement pour le sacrilége, les mauvaises mœurs et le scandale. Elles voulaient que les prêtres mariés continuassent à célébrer les saints mystères, non pour conserver, mais pour détruire la religion. Le peuple, même dans ces temps d'impiété, chassa du temple cette race impure. Voulons-nous, Messieurs, continuer les primes de la Convention? Laisserons-nous toujours au prêtre marié des pensions d'autant plus odieuses que les vicaires ne reçoivent rien du gouvernement? Quels termes de comparaison offerts aux yeux de la foule! Un homme dépouillé pour avoir rempli tous ses devoirs, un homme récompensé pour les avoir violés tous!

On a adopté une singulière manière de raisonner. S'agit-il des prêtres qui ont respecté leur caractère, on vous dit : « Oui, ils sont pleins de vertu, nous compatissons à leurs peines, il faudra trouver un jour le moyen de faire quelque chose pour eux; mais à présent cela n'est pas possible. »

S'agit-il des prêtres mariés, on vous dit : « Oui, ce sont des hommes dignes de mépris; il est même fâcheux qu'on ait parlé d'eux, car c'est leur donner une importance qu'ils ne méritent pas ; l'opinion en a fait justice, personne ne les défend ; mais il ne faut pas leur retrancher leurs pensions. »

Ainsi, Messieurs, accordons tout au prêtre apostat, refusons tout au prêtre fidèle!

Je sais qu'à l'égard de celui-ci on insiste beaucoup sur les vertus apostoliques; on le renvoie à ces trésors de l'Évangile qui coûtent si peu à prodiguer! Que l'on cesse enfin de nous présenter ce lieu commun dérisoire. Il ne nous est pas permis, à nous qui avons proscrit et immolé les prêtres; il ne nous est pas permis, les mains pleines de leurs dépouilles, les pieds pour ainsi dire dans leur sang, de nous ériger en prédicateurs, pour recommander le détachement des biens du monde aux malheureux qui survivent. Ne faisons point l'éloge de la douleur à ceux qui souffrent; ne parlons point d'abstinence à ceux qui ont faim ; ne disons point à ceux qui ont froid qu'un manteau est inutile, et à ceux qui portent le poids de la chaleur du jour que l'ombre n'est pas désirable. Les hommes généreux trouveront peut-être quelque justesse dans ces réflexions, et ils n'emploieront plus un langage qui n'encourage à la vertu qu'en blessant l'humanité.

Il me serait trop facile, Messieurs, de vous faire la peinture du pauvre vicaire persécuté pendant nos troubles, et toujours fidèle à son Dieu, consacrant aujourd'hui à nos autels le reste de ses jours et de son martyre, sans recevoir la moindre rétribution de l'État. J'opposerais à cet homme vénérable le prêtre marié, apostat, persécuteur pendant la révolution, aujourd'hui pensionné, défendu comme un honorable créancier de l'État, excitant pour sa famille illégitime une pitié que l'on n'accorde pas au prêtre réduit à l'aumône. Et dans quel amas de boue et de sang a-t-on été obligé de fouiller pour retrouver des titres déplorables ? Quelles lois votre commission a-t-elle été obligée de citer à l'appui d'une cause qu'elle soutient en gémissant ? Les lois de la Convention ! Messieurs, on vous a lu, il y a quelques jours, le testament de la reine ; aujourd'hui on vous parle du mariage des prêtres : voilà le fruit des lois de 93 ! Et dans cette année de malédiction ne trouverez-vous pas, au nombre des juges de votre roi, quelques prêtres affreux, auteurs et complices de ces lois qui permettent aux ecclésiastiques d'enfreindre leur premier devoir ? Joseph Lebon n'était-il pas un prêtre de cette tribu ? N'était-il pas un prêtre aussi ce François Chabot marié à une religieuse, qui ne voulait pas qu'on donnât des défenseurs à Louis XVI, qui demandait contre les émigrés une loi *si simple, qu'un enfant pût les mener à la guillotine ?* N'était-ce pas encore un prêtre apostat ce Jacques Roux, qui, refusant de recevoir le testament de Louis XVI, répondit à l'infortuné monarque : « Je ne suis chargé que de te conduire à la mort. » Tels furent ces prêtres législateurs, ces prêtres qui décrétèrent à leur profit le sacrilége, qui publièrent les lois en vertu desquelles ils jouissent encore aujourd'hui de ce déshonneur légal que personne ne leur conteste.

Faut-il, pour compléter le tableau, placer à côté de ces prêtres abominables ceux qui semblent un peu moins odieux, à force d'être ridicules ? Non, Messieurs, ce serait descendre trop bas : je vous épargnerai le récit des turpitudes de ces curés-époux, comme les appelle la commission, qui chantaient l'office divin auprès de leurs femmes assises avec eux dans le sanctuaire, qui se présentaient avec ces mêmes femmes à la barre de la Convention, qui se montraient à la suite de ces pompes où l'on faisait boire dans les vases sacrés des ânes revêtus d'ornements pontificaux. Sommes-nous désormais à l'abri de tous ces scandales ? Nous devrions l'être ; mais il n'en est pas ainsi : il n'y a pas plus de quinze jours qu'un prêtre s'est présenté chez un vicaire d'une paroisse de Paris pour faire publier les bans de son mariage. Un autre prêtre, argumentant aussi de la loi, a voulu adopter son fils naturel. Inscrivons vite le nom de ces honnêtes gens sur la liste des pensionnaires ecclésiastiques.

On prétend que parmi les prêtres mariés il s'en trouve quelques-uns plus faibles que coupables ; la lâcheté est une méchante excuse d'une mauvaise action ; et je ne sais si l'on est en France plus indulgent pour la bassesse que pour le crime. Quoi qu'il en soit, il y a sans doute des prêtres mariés qui sont dignes de pitié ; j'en connais qui se condamnent eux-mêmes, qui ont horreur de ce qu'ils ont fait : aussi ne demandent-ils point leur pension ; ils sont les premiers à convenir qu'ils n'y ont plus aucun droit. De tels hommes méritent qu'on les plaigne : ils sortent, comme je l'ai dit ailleurs, de la classe des coupables, pour entrer dans celle des infortunés. Malheureusement ils sont en bien petit nombre ; on n'aperçoit dans la plupart des prêtres mariés aucun signe de repentir ; loin d'abjurer leurs erreurs, ils les justifient. Ils sont et doivent être, par leur position, ennemis d'un ordre de choses qui les condamne. On les rencontre à chaque pas dans nos troubles politiques ; ils corrompent nos administrations partout où ils se trouvent. Objets de scandale pour la morale publique, il est à craindre qu'ils n'élèvent leur famille hors de cette religion qu'ils ont trahie. Ne protégeons donc plus les hommes qui, dans toute la vérité du langage chrétien, ont immolé leur Dieu tandis qu'on immolait leur roi : abandonnons à eux-mêmes les déicides comme les régicides.

Pour me résumer, Messieurs, je dirai donc :

1° Que les prêtres mariés, en manquant à leurs devoirs, en cherchant un nouveau moyen d'existence dans la vie civile, ont renoncé, d'après tous les principes de la justice légale, à leurs pensions ecclésiastiques : ces pensions leur avaient été données aux mêmes titres que les bénéfices, comme on le voit par l'analogie des choses, et par les expressions mêmes du contrat primitif : ils auraient été autrefois privés de leurs bénéfices, s'ils s'étaient mariés ; donc ils doivent perdre aujourd'hui leurs pensions, pour la faute qui leur aurait enlevé leurs bénéfices.

2° Ils ont perdu incontestablement leurs droits à une pension ecclésiastique, par tous les principes de la justice morale : l'intérêt de la religion et des mœurs ne permet pas qu'on leur continue cette pension.

J'ajouterai, Messieurs, une troisième considération tirée de vous-mêmes. Certainement tout ce que vous ferez sera bien fait ; si vous croyez qu'on doive laisser les pensions ecclésiastiques aux prêtres mariés, vous n'obéirez sans doute qu'à ce que vous croirez être la stricte justice, et vous vous mettrez au-dessus des vains murmures de l'opinion. Mais enfin vous ne pouvez pas faire que cette opinion n'existe pas ; vous ne pouvez pas même l'attribuer à l'esprit de parti, car personne n'estime les prêtres mariés ; vous ne pouvez pas non plus traiter certains sujets aussi librement que vous en traiterez quelques autres, parce qu'ils touchent aux points les plus délicats de la religion, de la conscience et de l'honneur. Ceci doit être l'objet de mûres réflexions, surtout la *résolution* que vous examinez ayant passé dans l'autre Chambre à une majorité immense : malgré les diverses manières de considérer les objets, on s'est réuni sur ce point. Rien n'est plus satisfaisant pour les bons Français qu'un accord parfait de principes entre les branches de la législature : les députés viennent de nous donner un nouvel exemple de l'esprit de conciliation qui les anime, en adoptant l'amendement unique auquel nous avons réduit leur *résolution* sur les dotations du clergé.

Heureux si la déférence qu'ils ont témoignée pour vos lumières incline votre esprit à recevoir leur nouvelle *résolution*! Je sais qu'il en coûte toujours un peu d'adopter une mesure lorsqu'elle a quelque apparence de rigueur : après tant de divisions, il est tout simple que l'on désire la concorde; après tant de fautes, il est naturel d'invoquer l'oubli. Moi-même, Messieurs, qui ai fait entendre des vérités sévères, pensez-vous que je n'aie pas souffert en parlant ainsi? Je connais toute notre fragilité; je ne suis point assez insensé pour demander que nous soyons tous des héros de vertus; les hommes ne sont point faits comme cela : aujourd'hui forts, demain faibles, le moins imparfait est celui qui peut dire : Je fus brave un tel jour. Cependant des législateurs sont quelquefois obligés de mettre des bornes à leur indulgence : défenseurs de la morale et de la religion, nous ne devons pas soutenir ceux qui les blessent, si nous voulons sauver la société, et rendre le repos à notre patrie.

Par toutes ces considérations, Messieurs, et malgré mon respect pour l'autorité des nobles pairs mes collègues, je ne puis conclure comme la commission : je me crois obligé, en conscience, à voter pour la *résolution*, telle qu'elle nous a été transmise par la Chambre des députés.

Je vote donc pour la *résolution*.

---

## OPINION
### SUR
### LE PROJET DE LOI RELATIF AUX ELECTIONS,

PRONONCÉE A LA CHAMBRE DES PAIRS, SÉANCE DU 3 AVRIL 1816.

---

Messieurs, je parais à cette tribune lorsque la Chambre, fatiguée, est suffisamment instruite; j'y parais à l'instant où l'un de vos orateurs les plus éloquents vient d'en descendre. Je sens tout le désavantage de cette position; mais aussi n'est-ce pas un motif de plus à votre indulgence? Beaucoup de patience fait supporter un peu d'ennui : daignez m'écouter.

Intégralité du renouvellement de la Chambre des députés, nécessité d'une loi d'élection; tels sont les deux points principaux dont je vais avoir l'honneur de vous entretenir.

Le renouvellement partiel change le principe du gouvernement représentatif, composé des trois pouvoirs, monarchique, aristocratique et démocratique ; il en fait disparaître le dernier. Il donne à la Chambre des députés une perpétuité d'existence de la plus dangereuse nature ! Il tend à faire des députés eux-mêmes des espèces de pairs populaires, comme nous sommes des pairs royaux ; ainsi il y a chaos et confusion dans les éléments.

Si vous dites que le pouvoir de dissoudre la Chambre des députés, dont le roi est investi, rétablit la nature des choses, on répond que ce pouvoir, placé contradictoirement auprès du renouvellement partiel, ne peut être exercé que par une espèce de coup d'État. Ce pouvoir, toujours manifesté au moment de la tempête, sera donc placé dans notre constitution comme ces signaux de détresse employés par les vaisseaux en péril, et qui ne servent trop souvent qu'à annoncer le naufrage.

Par le renouvellement partiel, vous entretiendrez une fièvre lente dans la France ; vous laisserez la carrière ouverte à l'intrigue et à l'ambition ; vous placerez les ministres dans la position la plus pénible : chaque année, étrangers, pour ainsi dire, à la Chambre des députés, comment connaîtront-ils l'esprit de cette Chambre ? Comment seront-ils jamais sûrs de la majorité ? A peine commenceront-ils à s'entendre et à marcher avec les nouveaux députés, que le renouvellement partiel viendra tout détruire, déranger toutes les combinaisons, briser tous les liens de la concorde, changer la face de l'avenir. Le ministère toujours harcelé, toujours incertain du lendemain, sera dans l'impossibilité d'étendre ses vues au delà d'une année. Il lui faudra renoncer à ces vastes plans, qui se déroulent avec lenteur, et qui ne peuvent s'accomplir qu'autant que le gouvernement est stable, et l'opinion publique fixée.

Ainsi point de ministère durable, ou du moins tranquille, avec le renouvellement partiel : point d'hommes de génie dont les desseins soient assurés. Si ce système, à la fois changeant et perpétuel, s'oppose, par son côté mobile, au repos et à la gloire d'un État, par son côté fixe il peut produire les plus grands malheurs. Qui nous garantit qu'un jour il ne se formera pas une coalition fatale entre un ministère ambitieux et une Chambre ambitieuse et perpétuelle ? Dans ce cas, le cinquième que cette Chambre recevrait tous les ans serait facilement ou séduit, ou enfin divisé, de manière à n'offrir qu'une opposition impuissante. Toutes les libertés de la France périraient dans cette combinaison oligarchique, qui donnerait des tuteurs aux rois et des maîtres au peuple. Prenons-y garde, Messieurs, une assemblée populaire qui ne se renouvelle point en entier tend elle-même à la tyrannie, ou devient l'instrument du despotisme : le Long Parlement d'Angleterre et le Corps législatif de Buonaparte vous offrent l'un et l'autre un exemple de cette effrayante vérité.

Mais une Chambre élue pour cinq ans ne voudra-t-elle pas aussi gouverner l'État? Se confiant en sa durée, ne voudra-t-elle point se mêler d'administration, faire et défaire les ministres selon son humeur et ses caprices? Et comment le pourrait-elle, puisque le roi peut toujours la dissoudre?

Toutes les grandes raisons sont donc pour le renouvellement intégral; mais il arrive que l'on fait contre le renouvellement le raisonnement que je vous ai déjà dénoncé au sujet de quelques autres projets de lois. On l'admet en théorie : on le loue, on l'estime, on le considère, mais on n'en veut point. « Vous avez raison, nous dit-on, cent fois raison ; mais il nous faut le renouvellement partiel. » Et pourquoi, puisque vous convenez que l'intégral est meilleur? les *circonstances!*

Voici encore les *circonstances*. Me serait-il permis de les examiner un peu?

Il y a des gens, excellents d'ailleurs, mais faibles, qui, ne s'étant pas fait une idée bien nette du gouvernement représentatif, s'effrayent à la plus petite résistance, à la moindre chaleur dans les propositions ou dans les discours. Ils croient que tout est perdu si un projet de loi a subi des modifications, s'il n'a pas passé précisément tel que l'ont présenté les ministres, si les ministres eux-mêmes ont été l'objet de quelque attaque; comme si tout cela n'était pas de la nature du gouvernement représentatif! Il faut ou abolir cette sorte de gouvernement, ou prendre son parti. Vous n'empêcherez jamais un homme de penser tout haut à la tribune, si vous lui donnez le droit d'y paraître. Vous n'empêcherez jamais une Chambre d'amender une loi, si vous ne parvenez pas à en diriger la majorité; si ce sont là des maux, ils sont sans remède.

Ces personnes timides disent donc : « Les circonstances exigent du calme : cette Chambre des députés est admirable, mais ne pourrait-on la rendre encore meilleure? Usons du renouvellement partiel; par ce moyen nous verrons bientôt arriver des hommes comme il nous les faut; alors la majorité sera tranquille, et la Chambre des députés, perfectionnée. »

Ceci est une manière de voir les objets aussi bonne qu'une autre : examinons seulement si ceux qui raisonnent ainsi en faveur du renouvellement partiel ne se font aucune illusion, s'ils obtiendraient le résultat qu'ils espèrent, si en voulant la fin ils ne se trompent pas sur les moyens.

Et d'abord les séries sortantes doivent être tirées au hasard à la fin de la session, dans le sein de la Chambre.

Quels noms la main du hasard choisira-t-elle dans l'urne? Aveugle qu'elle est, la fortune ne pourra-t-elle pas exclure ce que l'on désirerait conserver, et conserver ce que l'on voudrait exclure?

Est-on sûr ensuite que les députés sortis ne seront pas réélus, ou qu'ils ne seront pas remplacés par des hommes d'une opinion peut-être encore plus vive?

Je n'entre point dans des mystères dont on a cependant parlé assez clairement pour qu'il me fût permis de soulever quelques voiles; mais je pense qu'on se tromperait complétement si l'on comptait sur des influences dont l'événement prouverait le peu de force. Il y a dans l'esprit français une certaine liberté qui échappera presque toujours à une direction étrangère, et une vanité qui tourne au profit de l'indépendance des opinions. Rien ne serait, à mes yeux, plus légitime qu'une influence exercée pour éloigner de la tribune publique tout homme exagéré dans ses sentiments; mais cette influence serait de nul effet, et par la nature du caractère français, et par la position des choses. Il n'y a dans nos provinces que des hommes d'une opinion franche et prononcée; ceux que nous appelons si improprement des modérés, c'est-à-dire d'aveugles complaisants de la puissance, indifférents au bien et au mal, pourvu qu'ils conservent leur repos; ceux-là, s'il en existe dans les départements, n'auraient pas une voix aux élections.

Si donc vous récapitulez toutes les probabilités, vous verrez que le renouvellement partiel ne vous donnera, à la prochaine session, qu'à peu près les mêmes députés que vous avez aujourd'hui.

Si ce ne sont pas les mêmes hommes, à coup sûr ce seront des hommes dans la même opinion, ou dans une opinion diamétralement opposée.

Enfin, si l'on pouvait supposer une chose impossible; si l'on admettait que les quatre-vingts députés sortants fussent tous ceux dont l'opinion est la plus animée; que les quatre-vingts députés rentrants fussent tous nouveaux et tous choisis dans l'opinion intermédiaire, cela ne produirait pas encore un changement de majorité, dans le sens de l'opinion que cette majorité manifeste aujourd'hui.

Il ne me reste plus qu'à combattre l'objection constitutionnelle.

Votre commission a établi que les Chambres n'ont pas le droit de prendre l'initiative, surtout quand il s'agit de changer un article de la Charte. C'est une théorie, très-bonne peut-être; mais enfin, c'est une théorie: aucun article de la Charte n'interdit en effet, dans ce cas particulier, l'initiative aux deux Chambres, et il reste toujours l'article 19, en vertu duquel elles ont la faculté de proposer une loi sur quelque objet que ce soit. Voilà un fait et un droit; et un fait et un droit valent mieux que des doctrines ingénieuses uniquement fondées sur une manière particulière de voir.

Or, si les Chambres ont la faculté de proposer une loi sur quelque objet que ce soit (et la Charte n'est pas exceptée), à plus forte raison peuvent-elles se permettre d'amender un article dans un projet de loi.

De plus, je crois qu'on n'a jamais contesté en principe le droit que les trois branches de la législature (et chacune d'elle en particulier) ont de proposer la modification des lois constitutionnelles. Allons plus loin encore, et disons que la véritable doctrine sur cette matière me semble être précisément le contraire de celle que la commission veut établir ; car si l'initiative peut être quelquefois accordée aux Chambres, c'est précisément en ce qui concerne la constitution. Ce sujet, par sa nature même, est de leur directe et absolue compétence. Quand l'opposition, en Angleterre, fit la fameuse motion de la réforme parlementaire (réforme qui portait surtout sur les élections), s'avisa-t-on jamais de lui répondre qu'elle demandait une chose inconstitutionnelle ? Non sans doute ; on écarta seulement la motion par le vote de la majorité.

Nous disons donc en principe rigoureux, comme en vertu de l'article 19 de la Charte, que la Chambre des députés eût été parfaitement autorisée à faire usage de l'initiative touchant la loi qui nous occupe. Mais ce raisonnement n'est que surérogatoire ; car enfin ce n'est pas la Chambre, c'est le roi qui a pris l'initiative sur la question du renouvellement intégral : on vous l'a prouvé ; je vais le prouver encore.

L'argumentation la plus subtile ne peut, Messieurs, détruire l'autorité de cette fameuse ordonnance du 13 juillet, qu'on vous a déjà tant de fois citée.

On cherche à en éluder la force, en disant que le projet de loi d'élection, rentrant par son article 15 dans la disposition de l'article 37 de la Charte, maintient le renouvellement partiel, et neutralise ainsi l'ordre de révision sur lequel repose une partie de notre système.

Mais, Messieurs, cette ordonnance du 13 juillet n'a point été rappelée, elle n'a pu l'être ; elle est devenue une espèce de loi fondamentale de l'État, puisque la Chambre actuelle des députés n'existe que par l'autorité de cette ordonnance. Comment donc l'une de ses principales dispositions serait-elle détruite, parce que dans un projet de loi il se trouve un article en opposition avec cette disposition ? Les ministres eux-mêmes ont si peu pensé que cette disposition fût anéantie, qu'ils n'ont pas fait la moindre observation lorsque les députés ont amendé l'article du projet, et substitué au renouvellement partiel le renouvellement intégral, en usant du droit de révision accordé par l'ordonnance du 13 juillet. Si les ministres avaient cru que la Charte était attaquée, l'initiative du roi en péril, ils se seraient sans doute hâtés de prendre la parole ; et pourtant, dans tout le cours de la discussion, ils n'ont pas monté une seule fois à la tribune ! Les croyez-vous moins zélés que vous pour le maintien de la Charte ? Et prétendez-vous être plus scrupuleux que les auteurs mêmes du projet de loi ?

Par une autre conséquence d'un autre principe, tout projet de loi qui est présenté aux Chambres tombe de droit sous la puissance de l'amendement. Or, comment soutiendra-t-on que, dans un projet de loi, il y a tel article qui peut être amendé et tel article qui ne le peut pas ? Établira-t-on en principe que quiconque propose un amendement sans en avoir reçu l'ordre prend traîtreusement l'initiative? Alors, il faut prier le gouvernement d'avoir l'extrême bonté de mettre à la marge de ses projets une marque qui nous enseigne notre devoir, et nous apprenne ce qui nous est permis et ce qui nous est défendu; cela lui épargnerait beaucoup de soins, et à nous beaucoup de discours.

On a bien entrevu cette objection; et, pour la prévenir, on explique le mot amender. Amender, dit-on, c'est modifier, et non pas remplacer un principe par un principe directement opposé.

Et voilà comme les meilleurs esprits, les esprits les plus raisonnables et les plus éclairés, les hommes les plus recommandables sous tous les rapports, peuvent errer en voulant échapper à une vérité qui les presse! Il suivrait de cette définition des amendements qu'il y a des articles non amendables, et nous retournerions par cette route à la doctrine curieuse des amendements permis et non permis. En effet, Messieurs, il y a tels articles d'une loi pour lesquels il n'existe aucune nuance, et qu'on ne peut amender qu'en les changeant. C'est ce qui arrive, par exemple, dans le cas actuel : il est clair que le renouvellement doit être partiel ou intégral; il n'y a pas de milieu. Si l'on ne voulait pas que cet article fût atteint par l'amendement, il fallait l'omettre; on eût inféré du silence de la loi que le roi tenait, sur le point du renouvellement, au principe établi par la Charte; mais dès lors que le roi a permis que l'article du renouvellement partiel fût introduit dans le projet de loi, cet article, par une conséquence nécessaire, se trouve soumis au droit d'amendement et à la révision commandée par l'ordonnance du 13 juillet.

Enfin, si le roi avait trouvé inconstitutionnels les amendements de la Chambre des députés, il les eût gardés, et il n'eût pas envoyé la loi amendée à la Chambre des pairs. Bannissons donc toute crainte. Le roi a pris évidemment l'initiative sur la question du renouvellement intégral : le roi n'a point rejeté les amendements; le roi paraît désirer que nous nous occupions de la loi d'élection, puisqu'il a daigné nous en soumettre le projet.

Je sais que l'on a été jusqu'à murmurer officieusement que les ministres désirent nous voir repousser la loi. Messieurs, cela n'est pas possible : il serait aussi trop bizarre de supposer que des hommes d'État sollicitent eux-mêmes le rejet de leur propre loi; car alors pourquoi l'avoir faite, ou pourquoi ne l'avoir pas retirée? Il ne faut donc attacher aucune importance à ces propos de la malveillance; des calomnies ne valent pas la peine d'être réfutées.

Examinons maintenant ce qui arriverait si nous adoptions l'avis de la commission, c'est-à-dire si nous rejetions le projet de loi amendé.

La loi fondamentale du gouvernement représentatif n'existant pas, nous serions régis par l'article 37 de la Charte, qui consacre le renouvellement.

Or, comment ce renouvellement s'exécuterait-il sans loi d'élection ? On aurait recours à une ordonnance. Une ordonnance a pu suffire au commencement de la présente session, parce qu'il y avait force majeure, parce que les événements commandaient ces mesures extraordinaires, que l'article 14 de la Charte autorise dans les temps de danger ; mais aujourd'hui quelle nécessité si violente justifierait un pareil coup d'État ?

Vous ne voulez pas, dites-vous, manquer à la constitution en admettant le renouvellement intégral ; par cette raison vous écartez la loi proposée, et vous ne vous apercevez pas qu'en rejetant cette loi, vous allez bien autrement compromettre la Charte ! Car, de deux choses l'une : ou la prérogative royale sera suspendue, et par conséquent la Charte blessée, si vous n'exécutez pas le renouvellement ordonné chaque année par la Charte ; ou, si vous exécutez ce renouvellement, vous ne pouvez le faire qu'en convoquant des colléges électoraux qui sont hors de la Charte, et en vertu d'une ordonnance contraire également à la lettre et à l'esprit de cette Charte.

Vous ne pourrez jamais sortir de ce dilemme : quoi que vous fassiez, la Charte sera violée si vous n'adoptez pas la loi d'élection. Êtes-vous libres d'ailleurs de refuser cette loi ? Le préambule de l'ordonnance du 13 juillet dit positivement qu'une loi d'élection sera faite dans le cours de la présente session. Fidèle à l'esprit de son ordonnance, le roi a proposé cette loi ; il a consenti à la recevoir amendée par la Chambre des députés ; enfin, il vous a saisis vous-mêmes de cette loi par son ordonnance du 4 mars : quelle suite de volonté ! quelle persévérance ! Pouvez-vous méconnaître ces ordres réitérés et vous dérober au plus pressant des devoirs ?

Vous avez si bien senti dans le premier moment le poids de vos obligations, que vous n'avez pas pensé à faire la moindre difficulté sur la manière dont la loi vous est parvenue. Est-ce aussi pour rejeter cette loi que vous avez nommé une commission de sept membres ? Hâtons-nous, Messieurs, de sortir des exceptions et de rentrer sous l'empire de la loi. Il est temps et plus que temps de mettre un terme à cet état provisoire dans lequel nous vivons. Que le gouvernement soit sobre de mesures extraordinaires ; qu'on cesse de nous placer éternellement entre la Charte et une ordonnance, dans la crainte de nous faire manquer malgré nous à l'une ou à l'autre. De nouvelles élections, exécutées sans loi dans ce moment, soit qu'elles fussent partielles, soit qu'elles fussent générales, enlèveraient la France au pouvoir légal de la Charte pour la livrer à l'empire d'une espèce de dictature ministérielle. Croyez-vous, après ce qui a été dit dans la Chambre des députés, que les amis de la liberté constitutionnelle ne soient pas justement alarmés ? Dans quel principe le projet de loi a-t-il été fait ? de quelle manière l'a-t-on interprété et défendu ? J'honore les ministres, je remettrais volontiers mon sort entre leurs mains ; mais, Messieurs, ni vous ni moi ne serions disposés à leur faire le sacrifice des libertés de la patrie, sacrifice qu'ils ne demandent point, et qu'ils n'accepteraient pas sans doute.

Vivement émus, les députés ont senti qu'il fallait mettre le plus tôt possible la France à l'abri du caprice des hommes. Nous convient-il, Messieurs, quand le roi veut lui-même nous sauver de l'arbitraire en nous proposant une loi ; quand la Chambre des députés nous demande cette loi au nom de tous les citoyens ; nous convient-il de la refuser à notre généreux monarque, aux interprètes des besoins du peuple? Vous sentez-vous assez de courage pour prendre sur votre responsabilité tout ce qui peut arriver dans l'intervalle d'une session à l'autre, dans le cas où vous repousseriez la loi d'élection? Ah ! si, par une fatalité inexplicable, des colléges illégaux, convoqués par une ordonnance illégale, allaient nommer des députés dangereux pour la France, quels reproches ne vous feriez-vous point? Pourriez-vous entendre le cri de douleur de votre patrie? pourriez-vous ne pas craindre le jugement de la postérité?

Le puissant orateur qui a parlé avant moi à cette tribune vous a dit qu'il fallait renouveler prochainement un cinquième de la Chambre des députés : il veut donc une loi d'élection ; car il est trop noblement attaché aux principes de la liberté constitutionnelle pour réclamer une ordonnance.

Un autre noble orateur a demandé, du ton le plus solennel, si, quand les passions s'agitent ; si, lorsque toutes les calamités pèsent sur nous, c'est bien le moment de s'occuper d'une loi d'élection.

Ces paroles sombres et mystérieuses veulent dire, sans doute, que dans ce moment il serait dangereux d'assembler les colléges électoraux.

Mais alors, Messieurs, pourquoi ceux qui manifestent cette crainte soutiennent-ils le renouvellement partiel? Car ce renouvellement admis, avant trois mois, la session finie, il faudra convoquer les colléges électoraux. Au reste, si, comme on vous l'a dit, le roi seul donne la loi, à quoi bon tant de raisonnements, et que font ici les pairs de France, puisqu'on n'a pas besoin d'eux pour faire des lois?

Je ne relève pas, Messieurs, les rapprochements inattendus entre les gouvernements révolutionnaires promettant la liberté et changeant le gouvernement, et les Chambres actuelles examinant avec respect quelques articles de la Charte ; je ne relève pas ce qu'on a dit de l'Europe attentive. Quant à moi, Messieurs, je dois sans doute au sang français qui coule dans mes veines cette impatience que j'éprouve quand, pour déterminer mon suffrage, on me parle des opinions placées hors de ma patrie ; et si l'Europe civilisée voulait m'imposer la Charte, j'irais vivre à Constantinople.

Mais cette Charte, Messieurs, c'est le descendant de saint Louis, c'est le frère de Louis XVI, c'est un Français qui nous l'a donnée. Je la chéris comme le garant de ma liberté, comme le présent de mon roi ! C'est pour cela que je la veux tout entière ; c'est pour cela que je demande une loi d'élection.

J'espère, Messieurs, que vous ne désavouerez pas ces sentiments. Plus le haut rang de la pairie semble nous éloigner de la foule, plus nous devons nous montrer les zélés défenseurs des priviléges du peuple. Attachons-nous fortement à nos nouvelles institutions, empressons-nous d'y ajouter ce qui leur manque. Pour relever l'autel avec des applaudissements unanimes, pour justifier la rigueur que nous avons déployée dans la poursuite des criminels, soyons généreux en sentiments politiques ; réclamons sans cesse tout ce qui appartient à l'indépendance et à la dignité de l'homme. Quand on saura que notre sévérité religieuse n'est point de la bigoterie ; que la justice que nous demandons pour les prêtres n'est point une inimitié secrète contre les philosophes ; que nous ne voulons point faire rétrograder l'esprit humain : que nous désirons seulement une alliance utile entre la morale et les lumières, entre la religion et les sciences, entre les bonnes mœurs et les beaux-arts ; alors rien ne nous sera impossible, alors tous les obstacles s'évanouiront, alors nous pourrons espérer le bonheur et la restauration de la France. Trois choses, Messieurs, feront notre salut : le roi, la religion et la liberté. C'est comme cela que nous marcherons avec le siècle et avec les siècles, et que nous mettrons dans nos institutions la convenance et la durée.

Je vote pour la loi amendée, me réservant de proposer moi-même quelques amendements quand on en viendra à la discussion particulière des articles.

## PROPOSITION

FAITE A LA CHAMBRE DES PAIRS, DANS LA SÉANCE DU 9 AVRIL 1816,

### RELATIVE AUX PUISSANCES BARBARESQUES.

(La Chambre a décidé qu'il y avait lieu de s'occuper de cette proposition.)

Messieurs, je vais avoir l'honneur de vous soumettre un projet d'adresse au roi. Il s'agit de réclamer les droits de l'humanité, et d'effacer, j'ose le dire, la honte de l'Europe. Le parlement d'Angleterre, en abolissant la traite des noirs, semble avoir indiqué à notre émulation l'objet d'un plus beau triomphe : faisons cesser l'esclavage des blancs. Cet esclavage existe depuis trop longtemps sur les côtes de la Barbarie ; car, par un dessein particulier de la Providence, qui place l'exemple du châtiment là où la faute a été commise, l'Europe payait à l'Afrique les douleurs qu'elle lui avait apportées, et lui rendait esclaves pour esclaves.

J'ai vu, Messieurs, les ruines de Carthage; j'ai rencontré parmi ces ruines les successeurs de ces malheureux chrétiens, pour la délivrance desquels saint Louis fit le sacrifice de sa vie. Le nombre de ces victimes augmente tous les jours. Avant la révolution, les corsaires de Tripoli, de Tunis, d'Alger et de Maroc, étaient contenus par la surveillance de l'ordre de Malte; nos vaisseaux régnaient sur la Méditerranée, et le pavillon de Philippe-Auguste faisait encore trembler les infidèles : profitant de nos discordes, ils ont osé insulter nos rivages. Ils viennent d'enlever la population d'une île entière : hommes, femmes, enfants, vieillards, tout a été plongé dans la plus affreuse servitude. N'est-ce pas aux Français, nés pour la gloire et pour les entreprises généreuses, d'accomplir enfin l'œuvre commencée par leurs aïeux? C'est en France que fut prêchée la première croisade; c'est en France qu'il faut lever l'étendard de la dernière, sans sortir toutefois du caractère des temps, et sans employer des moyens qui ne sont plus dans nos mœurs. Je sais que nous avons pour nous-mêmes peu de chose à craindre des puissances de la côte d'Afrique; mais plus nous sommes à l'abri, plus nous agirons noblement en nous opposant à leurs injustices. De petits intérêts de commerce ne peuvent plus balancer les grands intérêts de l'humanité; il est temps que les peuples civilisés s'affranchissent des honteux tributs qu'ils payent à une poignée de Barbares.

Messieurs, si vous agréez ma proposition, et qu'elle se perde ensuite par des circonstances étrangères, du moins votre voix se sera fait entendre; il vous restera l'honneur d'avoir plaidé une si belle cause. Tel est l'avantage de ces gouvernements représentatifs par qui toute vérité peut être dite, toute chose utile proposée : ils changent les vertus sans les affaiblir; ils les conduisent au même but, en leur donnant un autre mobile. Ainsi nous ne sommes plus des chevaliers, mais nous pouvons être des citoyens illustres; ainsi la philosophie pourrait prendre sa part de la gloire attachée au succès de ma proposition, et se vanter d'avoir obtenu dans un siècle de lumières ce que la religion tenta inutilement dans des siècles de ténèbres.

Veuillez maintenant, Messieurs, écouter ma proposition :

### PROJET D'ADRESSE AU ROI.

Qu'il soit présenté une adresse au roi par la Chambre des pairs : dans cette adresse, Sa Majesté sera humblement suppliée d'ordonner à son ministre des affaires étrangères d'écrire dans toutes les cours de l'Europe, à l'effet d'ouvrir des négociations générales avec les puissances barbaresques, pour déterminer ces puissances à respecter les pavillons des nations européennes, et à mettre un terme à l'esclavage des chrétiens.

# PROPOSITION

#### FAITE

### A LA CHAMBRE DES PAIRS, DANS LA SÉANCE DU 23 NOVEMBRE 1816,

#### ET TENDANTE

##### A CE QUE LE ROI SOIT HUMBLEMENT SUPPLIÉ DE FAIRE EXAMINER CE QUI S'EST PASSÉ AUX DERNIÈRES ÉLECTIONS, AFIN D'EN ORDONNER ENSUITE SELON SA JUSTICE;

#### SUIVIE DES

##### PIÈCES JUSTIFICATIVES ANNONCÉES DANS LA PROPOSITION.

## AVERTISSEMENT.

Dans la proposition que j'eus l'honneur de faire à la Chambre des pairs, le 23 du mois dernier, j'annonçai des pièces justificatives. La proposition ayant été écartée, il me restait à prouver, par respect pour messieurs les pairs, que je n'avais rien annoncé légèrement. Il m'importait encore de montrer aux personnes qui m'avaient remis les pièces justificatives que j'avais fait tout ce que j'avais pu faire, que je n'avais trompé ni l'intérêt de la chose publique, ni l'estime qu'elles m'avaient témoignée en voulant bien me confier une affaire d'une si haute importance.

J'avais envoyé en conséquence à l'imprimeur de la Chambre des pairs ma proposition, les pièces justificatives annoncées dans la proposition, et l'analyse de ces pièces. Étant allé lundi, 2 de ce mois, à dix heures du matin, chez M. Didot, pour corriger des épreuves, je le trouvai alarmé des menaces qu'on était venu lui faire relativement à l'impression de ma proposition. Il me représenta qu'étant père de famille, il craignait de se compromettre en continuant cette impression. Je respectai ses motifs ; je ne voulus point exposer à des persécutions un homme estimable, et dont les talents font tant d'honneur à son art. En conséquence, M. Didot me rendit deux cent cinquante exemplaires déjà tirés de ma *Proposition* et de l'*Analyse* des pièces justificatives : il me remit encore une épreuve des pièces justificatives elles-mêmes, et le reste du manuscrit.

Mon imprimeur, M. Lenormant, ayant déjà été poursuivi pour la publication d'un de mes ouvrages, je ne voulus pas l'exposer aux nouvelles chances de ma fortune. Je cherchai, et je trouvai enfin un imprimeur *assez hardi* pour imprimer la *Proposition d'un pair de France.*

Je crois devoir rappeler l'état actuel de notre législation relativement à la liberté de la presse.

L'article 8 de la Charte déclare que « tous les Français ont le droit de publier et de faire imprimer leurs opinions, en se conformant aux lois qui doivent réprimer les abus de cette liberté. »

La loi relative à la liberté de la presse, du 21 octobre 1814, dit, article 1er : « Que tout écrit de plus de vingt feuilles d'impression pourra être imprimé librement et sans examen ou censure préalable ; »

Articles 2 et 3 : « Qu'il en sera *de même, quel que soit le nombre de feuilles, des opinions des membres des deux Chambres.* »

Une ordonnance du roi, du 20 juillet 1815, exempte même de la censure tout écrit au-dessous de vingt feuilles d'impression.

Si, malgré ces lois, un pair de France, en plein exercice de ses fonctions, ne peut pas faire imprimer ses opinions chez l'imprimeur de la Chambre même, sans exposer cet imprimeur à être inquiété dans sa famille et menacé dans son état; si, au moins, dans le cours d'une session, nous n'avons pas la liberté de penser, de parler, d'écrire sur les affaires qui occupent les Chambres, et de publier ce que nous avons pensé et écrit, alors, je le demande, où sommes-nous? où allons-nous? que devient la Charte? que deviennent les lois et le gouvernement constitutionnel?

Je ne me plains pas, en ce qui me touche personnellement, de ce nouveau genre d'abus; pas plus que je ne me plains des libelles qu'on imprime tous les jours contre moi, avec ou sans la protection de la police. Je trouve très-bon qu'on m'attaque, quoique je ne puisse me défendre; mes intérêts ne me feront jamais abandonner mes principes. Je suis donc charmé que la liberté de la presse existe pour quelqu'un : cela empêche du moins la prescription. Mais je me plains dans ce moment, pour l'honneur des Chambres, pour la dignité de la pairie, pour les droits de tous les Français. Ce qui m'arrive aujourd'hui peut arriver demain à tout pair, à tout député qui aurait le malheur de faire une proposition ou d'émettre une opinion contraire aux vues des ministres. Les deux Chambres vont s'occuper d'une loi sur la liberté de la presse : je livre le fait que je viens de raconter aux méditations de leur sagesse.

### PROPOSITION FAITE A LA CHAMBRE DES PAIRS.

Messieurs, les meilleures lois sont inutiles, lorsqu'elles ne sont pas exécutées : elles deviennent dangereuses, lorsqu'elles le sont mal. Vous allez bientôt vous occuper de donner à la France un bon système d'élection; il importe que vous le mettiez à l'abri des passions qui tendraient à le détruire. C'est pour cette raison que j'appelle aujourd'hui votre attention sur la manière dont les élections ont été conduites. Je ne viens point vous proposer de porter une accusation; vous ne pouvez jamais être accusateurs. Espérons que vous ne serez plus forcés de reprendre la noble, mais terrible fonction de juges! Je ne viens point non plus vous demander d'examiner la légalité des dernières élections; la Chambre des députés les a reconnues valides, et conséquemment elles le sont. On vous dirait d'ailleurs que ce n'est pas de votre compétence. Mais il est du devoir de chaque branche de la législature, et plus particulièrement de celui de la Chambre des pairs, de veiller à ce qu'aucune atteinte ne soit portée aux lois constitutives de l'État. Vous êtes, Messieurs, les gardiens héréditaires de la Charte. Il paraît que la liberté des dernières élections a été violée; que plusieurs citoyens ont été désignés nominativement à l'exclusion, et privés ainsi arbitrairement du plus beau de leurs droits. Vous ne pouvez pas être tranquilles spectateurs d'un délit qui attaque nos constitutions dans leurs fondements.

J'ai donc l'honneur de vous proposer, Messieurs, de présenter une adresse au roi. Dans cette adresse, le roi sera humblement supplié de faire examiner ce qui s'est passé aux dernières élections, afin d'en ordonner ensuite selon sa justice.

Si vous croyez, Messieurs, devoir délibérer sur ma proposition, j'aurai l'honneur d'en développer les motifs le jour qu'il vous plaira de fixer, et de déposer sur le bureau les pièces justificatives; elles sont importantes et nombreuses.

Paris, le 23 novembre 1816.

(La Chambre a déclaré qu'il n'y avait pas lieu de s'occuper de la proposition.)

## ANALYSE DES PIÈCES JUSTIFICATIVES.

Les pièces et les documents annoncés dans la proposition précédente sont de deux espèces.

Les uns peuvent être appelés généraux, pour ne pas les nommer officiels. L'authenticité d'un grand nombre de ces documents est déjà prouvée par ce qui s'est passé à la Chambre des députés : ce sont des circulaires de ministres, des lettres de préfets, des réclamations de plusieurs électeurs et de différents individus; réclamations faites auprès du ministre de la justice, du ministre de l'intérieur et du ministre de la police.

Les autres documents consistent en récits, notes et lettres particulières. Ces récits, notes et lettres, dont j'ai les originaux, forment une masse de renseignements par lesquels on aurait pu remonter aux preuves, établir les faits, et indiquer les témoins.

On trouve d'abord dans les documents généraux une espèce de circulaire, signée du ministre de la police générale. Je ne puis dire si elle a été envoyée dans tous les départements, ce qui semblerait probable; mais je suis sûr du moins qu'elle l'a été dans un très-grand nombre.

On se demande pourquoi une lettre du ministre de la police, à propos des élections libres d'un peuple libre? Que la police écrive secrètement à ses agents secrets pour les engager à veiller à la tranquillité publique pendant le cours des élections, elle fait ce qu'elle doit; mais est-ce bien à ce ministère qu'il convient de parler publiquement de l'esprit dans lequel les élections doivent être faites? Cela n'est-il pas choquant pour la dignité nationale? Que dirait-on en Angleterre si le magistrat de *Bown-Street* et de *Old-Bailey* s'avisait de donner des avis aux comités au moment des élections parlementaires? Quel singulier maître que la police en fait de morale, de constitution, de liberté!

On lit dans cette circulaire : « Sous le rapport de la convocation, point d'exclusions odieuses; point d'applications illégales des dispositions de haute police, pour écarter ceux qui sont appelés à voter. »

On lit encore : « Sous le rapport des élections, ce que le roi veut, ses mandataires doivent le vouloir; il ne faut que des députés dont les intentions soient de marcher avec le roi, avec la Charte et avec la nation ; les individus qui ne possèdent pas ces principes tutélaires ne doivent pas être désignés par les autorités locales. Sa Majesté attend des préfets qu'ils dirigent tous leurs efforts pour éloigner des élections les ennemis du trône et de la légitimité, qui voudraient renverser l'un et écarter l'autre, et les amis insensés qui l'ébranleraient en voulant le servir autrement que le roi veut l'être. »

Qu'on ne se permette pas d'exclusions odieuses, tout le monde est de cet avis. Qu'on évite toute application illégale pour écarter ceux qui sont appelés à voter, c'est fort bien. Il ne faut dans aucun cas d'application *illégale* contre qui que ce soit, de quelque mesure que ce puisse être. La police avouerait-elle que les personnes rendues libres pour les élections étaient *illégalement* arrêtées? On aimerait à voir cette conscience à la police. Quoi qu'il en soit, beaucoup de surveillances ont été levées ; mais n'est-ce pas une chose unique que les hommes frappés de mesures de haute police se soient tous trouvés coupables, ou, si l'on veut, tous innocents au même degré ; de sorte que les diverses surveillances sous lesquelles ils étaient placés ont expiré tout juste le même jour et à la même heure? Ainsi devenus libres, tout simplement parce que le temps de leur détention était fini, ils ont pu aller aux élections jouir de leurs droits de citoyen. C'est dommage que quelques exceptions embarrassantes dérangent ce système. Tel, mis en liberté pour aller voter, a été remis ensuite en surveillance : cela faisait toujours une voix, et il ne faut rien négliger. Tel autre, arrivé en poste au collége électoral au moment où l'opération était finie, a demandé au collége acte de sa présence : il avait sans doute ses raisons.

Les personnes en surveillance ont-elles toutes été mises en liberté, parce qu'on n'a pas voulu les priver de leur droit de suffrage, sans égards aux différents degrés de leur culpabilité? Mais je vois dans la même circulaire que les préfets *doivent diriger tous leurs efforts pour éloigner des élections les ennemis du trône et de la légitimité qui voudraient renverser l'un et écarter l'autre.*

Or, la plupart de ces hommes rendus à la société, afin qu'ils concourussent aux *élections*, n'étaient-ils pas en surveillance précisément pour leur conduite politique ?

La circulaire produit donc l'un ou l'autre de ces deux maux : par le premier paragraphe (qui fait cesser les mesures de haute police pour le cas particulier des électeurs), elle a pu jeter dans les élections des ennemis de la légitimité, ennemis qui ont un intérêt naturel à nommer des mandataires semblables à eux : par le second paragraphe (qui ordonne d'écarter les *ennemis de la légitimité* et les *amis insensés du trône*), elle ravit arbitrairement à deux classes de citoyens leur droit de suffrages. De plus, il y a contradiction manifeste dans les deux passages ; enfin il est odieux de frapper du même anathème et l'ennemi de la légitimité, souvent couvert de tous les crimes, et l'ami du roi, qui n'a d'autre tort peut-être que l'ardeur de son zèle et la plénitude de son dévouement : laissons à l'Italie son ancien supplice, et n'attachons pas un vivant à un mort.

On dira peut-être que les hommes dont nous parlons n'étaient pas en surveillance à cause de leur conduite politique : on les avait donc arrêtés pour des délits que je n'ose qualifier de leur nom ? Point de milieu : ou ces hommes étaient les ennemis du trône, ou Dieu sait de qui ils étaient ennemis.

Cet exemple prouve qu'il faut que chacun se mêle de ce qui le regarde. La police, arbitraire de sa nature, a voulu parler principes ; et, pour joindre la pratique à la théorie, elle a levé la consigne des gendarmes.

Si le droit de suffrage aux élections est le plus beau, le plus cher, le plus imprescriptible des droits du citoyen ; si la police, persuadée elle-même de cette vérité, a poussé la libéralité jusqu'à lever la surveillance des électeurs suspects au roi ou à la justice, pourquoi a-t-on fait refuser des congés à d'anciens députés couverts de blessures reçues au service du roi, à des officiers royalistes, de sorte qu'ils n'ont pu se rendre aux élections ? Ce sont des faits de notoriété publique.

Peut-être les royalistes étaient-ils compris dans la seconde classe d'exclusion de la circulaire ; ils étaient du nombre des *amis insensés du trône*. Mais les anciens jacobins arrivés aux élections n'étaient-ils pas rangés dans la première classe exclue ? La justice doit être égale pour tout le monde : ou il fallait lâcher dans les élections *les ennemis de la légitimité* et *les amis insensés du trône*, ou retenir les uns et les autres. Si l'on a fait le contraire, n'a-t-on pas montré une étrange partialité ? et de quel côté, grand Dieu ! a-t-on fait pencher la balance !

Deux classes de citoyens sont donc exclues par la circulaire, qui commence toutefois par dire qu'il ne faut exclure personne.

Mais voici encore d'autres exclusions. La circulaire, parlant aux *autorités locales* [1], leur ordonne de *ne pas désigner* certains individus. On jugera s'il est légal que des autorités locales désignent ou ne désignent pas des individus à l'élection, et par conséquent privent ou ne privent pas ces individus de leur droit de citoyen.

Comme les opinions sont diverses, comme chacun peut voir le salut du roi, de la Charte et de la nation autrement que son voisin, quel chaos ne résulterait-il point de toutes ces autorités locales prononçant d'après leurs passions du degré d'amour de chaque électeur pour le roi, la nation et la Charte ?

---

*Voyez* la note sous le N° 11 des pièces justificatives, à la fin des *Opinions et Discours*.

De plus, je trouve quelques variantes dans la lettre de la police. Une version porte : « *Les individus* qui ne professent pas ces principes tutélaires ne sauraient donc être désignés. » On lit dans une autre version : « *Les députés* qui se sont constamment éloignés de ces principes tutélaires. » Voilà donc des députés, je ne sais lesquels, désignés comme ne pouvant être réélus, et signalés comme ne voulant pas marcher d'accord avec le roi, la Charte et la nation.

Ce ne sera pas la faute des administrations si les élections ne sont pas excellentes, car, dans ces administrations, il paraît qu'on s'en est beaucoup mêlé.

Après la police, arrivent les finances, et de même que la police enseigne à ses affidés comment il faut avoir des élections libres, des députés vertueux, le ministre des finances apprend à ses agents comment ils doivent concourir à la liberté et au perfectionnement des élections.

Une lettre signée *Barairon* adresse à divers agents une circulaire signée *Corvetto*. Au fond de cette double circulaire se trouve déposée la circulaire du ministre de la police. Le ministre des finances invite chaque agent à donner connaissance des principes renfermés dans la circulaire de M. le comte Decazes *aux personnes qui* seront dans le cas d'en faire un usage convenable. Un directeur de l'enregistrement et des domaines, nommé Langlumé, en envoyant les pièces ci-dessus énoncées à un de ses subalternes, finit ainsi : « L'intention du roi et de ses ministres est que tous les fonctionnaires publics contribuent de tous leurs moyens à ce qu'il soit fait de bons choix : je suis convaincu qu'ils useront de toute leur *influence* pour arriver à ce but si désirable ; et je crois inutile de prévenir messieurs les employés que, si un fonctionnaire public s'écartait de ses devoirs, *il perdrait sans retour la confiance du gouvernement.* »

Je ne sais pas quelle est la ligne des devoirs de messieurs les employés par rapport aux élections ; mais il me semble que M. Langlumé les menace de *destitution* s'ils n'usent pas de toute leur influence dans les élections.

La circulaire de M. Corvetto n'a pas borné ses effets à un seul département. Une lettre datée de Montbrison, 7 octobre, dans les renseignements particuliers, s'exprime ainsi : « Pour vous faire juger, Monsieur, du terrain qu'embrasse la circulaire de M. le ministre des finances, vous saurez qu'elle est de Paris, datée des 17 et 18 septembre, signée Corvetto, contre-signée par le secrétaire général des finances Lefebvre, envoyée au conservateur des eaux et forêts de Grenoble, et par ce conservateur à l'inspecteur de l'Ain, par ce dernier au sous-inspecteur de Montbrison, qui ne l'a reçue qu'après qu'il n'était plus temps d'en faire usage. Si réellement cette lettre a suivi sa destination dans les autres pays, chez les receveurs généraux, n'est pas de percepteur qui n'ait reçu la sienne, et ensuite de garde forestier qui n'en ait reçu une. »

Si des ministres nous descendons à leurs agents, nous trouverons que des commissaires ont été envoyés dans les départements pour travailler les élections, avec des pouvoirs dont l'étendue n'est pas connue. Ces pouvoirs paraissent avoir été de deux sortes : les uns, écrits et exprimés en termes généraux, semblent avoir été faits pour être montrés aux autorités; les autres consistaient en instructions secrètes, soit écrites, soit verbales. C'est du moins ce qui résulte de la lecture des pièces justificatives. Combien comptait-on de ces commissaires? quel nombre de départements chacun a-t-il parcourus? qu'ont-ils dit et fait à leur passage? C'est ce qu'on ne pourrait savoir complétement que par une enquête juridique : voici seulement quelques faits.

Un M. A.... a traversé à peu près neuf à dix départements : le Loiret, la Nièvre, l'Allier, Saône-et-Loire, la Loire, la Haute-Loire et l'Aveyron. Partout il se présentait aux autorités, déployait ses pouvoirs, et parlait contre la majorité de l'ancienne Chambre. Dans l'Aveyron, ce M. A.... paraît avoir demandé au préfet l'éloignement momentané du commandant de la gendarmerie qu'il regardait comme trop royaliste; il défendait impérativement de nommer MM. de Bonald et Clausel.

A Digne (Basses-Alpes), on trouve un autre commissaire se faisant appeler R....., nom véritable ou supposé. Il menaçait les autorités de destitution, dans le cas où M. de Vitrolles serait réélu. Il engageait les hommes les plus connus par leur conduite révolutionnaire et par leur infidélité pendant les Cent-Jours à se présenter aux élections, à en écarter les *nobles* et les anciens serviteurs du roi.

A Dijon, un autre commissaire voyageur prétendait avoir l'ordre de faire exclure des élections MM. de Grosbois et Brenet.

A Auch, même scène, même conduite. Un commissaire demandait l'expulsion de M. de Castelbajac.

Un sieur Le C.... s'est montré à Caen avec plusieurs agents; on lui donnait le titre d'*inspecteur d'opinion*, et il déclamait contre les anciens députés.

A Beauvais, deux autres commissaires ont paru. Le sieur B...... ou la B......, l'un de ces deux commissaires, étant inspecteur de la trésorerie, menaçait de destitution les employés des finances qui ne se déclareraient pas contre M. de Kergorlay. Le sieur la B....... s'est aussi montré à Amiens.

Je ne finirais pas si je voulais parler de tous ces agents. Les choses ont été poussées si loin, que la police, effrayée du zèle de ces ardents citoyens, se serait vue dans la nécessité de les désavouer, d'ordonner même à quelques autorités de les faire arrêter ; mais, par une de ces fatalités qui détruisent l'effet des meilleures intentions, ses ordres sont parvenus trop tard.

Passons maintenant aux préfets.

Le premier qui se présente est celui d'Arras ; sa circulaire contient ce passage, maintenant si connu : « Je suis autorisé à le dire, à le répéter, à l'écrire, le roi verra avec mécontentement siéger dans la nouvelle Chambre ceux des députés qui se sont signalés dans la dernière session par un attachement prononcé à la majorité opposée au gouvernement....

« A votre arrivée à Arras, Monsieur, faites-moi l'honneur de venir chez moi ; moi seul peux vous faire connaître la pensée du roi et ses véritables intentions. »

Les commentaires sont inutiles. Un des membres du collége électoral du département du Pas-de-Calais crut devoir demander le dépôt sur le bureau, et la mention au procès-verbal, de la lettre inconstitutionnelle de M. le préfet ; mais la parole lui fut interdite. Un autre électeur de ce département a dénoncé au ministère de la justice le discours d'un président de collége d'arrondissement.

M. le préfet de Vaucluse semblerait avoir poussé les choses pour le moins aussi loin que M. le préfet du Pas-de-Calais. Il aurait exclu M. de Forbin, et présenté aux élections M. de Liautaud, en se servant du nom du roi. Les faits sont attestés dans une lettre de M. de Forbin, écrite en réclamation aux ministres de l'intérieur, de la police générale et de la justice.

M. le comte de Clermont Mont-Saint-Jean, ancien député, a également porté plainte à M. le procureur général Bellard, contre M. le préfet de Seine-et-Marne, qui l'avait (lui M. de Clermont Mont-Saint-Jean) exclu nominativement des élections.

On sait ce qui s'est passé à Cahors. Les pièces relatives à cette affaire ont été soumises à la Chambre des députés. Par ces pièces, M. le préfet du département du Lot serait accusé d'avoir mis en usage les moyens les plus illégaux pour exclure des élections les députés de la dernière Chambre. M. le préfet a cru devoir se justifier dans les papiers publics. On a refusé d'insérer dans les mêmes journaux la réplique de MM. Syrieys et Lachaise-Murel. Tel est l'état où se trouve la presse sous un gouvernement constitutionnel. Dans les pièces justificatives on trouvera une nouvelle protestation de quarante et un électeurs du département du Lot, qui n'est pas encore connue.

Plusieurs autres préfets, que je pourrais citer, ont donné l'exclusion nominative à plusieurs autres candidats en parlant à la personne même de ces candidats. Ils ont de plus employé les menaces et les promesses, et effectué les unes et les autres.

Les présidents des colléges électoraux doivent être plus impassibles par la nature de leurs fonctions, par leur indépendance personnelle et les engagements solennels qu'ils contractent en acceptant la présidence. L'ordonnance royale qui leur confère cet honneur porte textuellement « que MM. les présidents. . . . . ne doivent tolérer aucune coalition tendante à capter ou gêner les suffrages ; qu'ils ne doivent rien faire par haine ou par faveur ; qu'ils doivent exercer leurs fonctions avec zèle, exactitude, fermeté et impartialité. » Un serment écrit, répétant mot pour mot les paroles de l'ordonnance, est envoyé par les présidents au ministre de l'intérieur. C'est du moins ce qui eut lieu pour les élections de 1815. Je ne saurais croire qu'il y ait eu des présidents capables d'oublier ou de mal comprendre des engagements aussi sacrés : serait-il vrai que MM. de Kergorlay, Michaud, Villèle et plusieurs autres eussent à se plaindre ?

Il semble donc résulter, des divers rapports parvenus de toutes les parties de la France, que des commissaires chargés des ordres de la police ont été envoyés dans les départements; qu'il y a eu des exclusions formelles, des désignations non moins formelles, prononcées par des autorités constituées; que des surveillances ont été levées pour laisser aller aux élections des électeurs d'une certaine espèce, et que des permissions ont été refusées à des électeurs d'une autre espèce. Quel a été le fruit de tant de soins ? Des collèges électoraux d'arrondissements et de départements se sont séparés sans avoir pu terminer leurs opérations. Trois départements ne sont point du tout représentés. D'autres n'ont complété que le tiers ou la moitié de leurs élections : ainsi se trouve encore affaiblie une représentation déjà faible par le nombre, ce qui peut avoir les plus graves inconvénients, tant pour l'indépendance des votes que pour la discussion des lois.

Outre ce premier malheur, ces intrigues en ont produit un autre encore plus grand : elles ont mis les partis en présence ; elles ont ranimé des factions prêtes à s'éteindre. L'opinion, qui devenait excellente, a sensiblement rétrogradé vers les principes révolutionnaires. Les royalistes ont été consternés ; et comment ne l'auraient-ils pas été à la vue de ces commissaires de police, parmi lesquels ils remarquaient des hommes trop connus, dans la révolution et pendant les Cent-Jours, par leurs erreurs politiques, par leur haine contre les Bourbons ? Pouvaient-ils croire que de tels agents eussent dû être choisis pour apôtres de la légitimité ? Pouvaient-ils comprendre quelque chose à ce renversement d'idées ? Les jacobins, poussant un cri de joie, qui a été entendu de tous leurs frères en Europe, sont sortis de leurs repaires : ils se sont présentés aux élections tout étonnés qu'on les y appelât, tout surpris de s'y voir caressés comme les vrais soutiens du trône.

Des hommes destitués, en raison de leur conduite, se sont trouvés avoir dans le département de la Haute-Garonne les qualités requises pour présider des colléges d'arrondissements. On s'est permis, dans le département du Gers, de choisir pour scrutateur un ex-membre d'un comité révolutionnaire.

Dans le même département, trois jacobins fameux, à l'égard desquels il avait été pris des mesures de haute police, ont été mis en liberté au moment des élections, et ils n'ont pas manqué de répandre leur esprit autour d'eux. Il sera utile de faire observer que, tandis qu'on jetait ainsi dans la société des hommes capables de corrompre l'opinion, on déplaçait subitement des hommes attachés à la cause royale; on leur ordonnait de partir dans vingt-quatre heures, comme si l'on eût craint le contre-poids de leur influence.

Le roi était déjà à Senlis : les généraux qui se trouvaient au camp de la Villette adressèrent aux *représentants de la nation* une lettre où on lisait ces mots : « Les Bourbons sont rejetés par l'immense majorité des Français; si on pouvait souscrire à leur rentrée, rappelez-vous, représentants, qu'on aurait signé le testament de l'armée.... Les Bourbons n'offrent aucune garantie à la nation. » Un des signataires de cette lettre est venu porter son vote à Cahors.

A l'époque du mouvement de Grenoble, il se fit un mouvement correspondant à Millau : un homme fut soupçonné d'en être le chef, et d'entretenir des intelligences avec les rebelles de l'Isère; la police crut devoir le mettre sous la garde des autorités de Millau : le temps des élections est arrivé, et l'on a permis à cet émule de Didier d'aller voter à Rodez.

Un membre de la Chambre des représentants avait fait, pendant les Cent-Jours, une proposition de loi. Il demandait qu'on saisît les biens des Français armés pour la cause royale : « Soient mis hors de la loi, s'écria-t-il, ces brigands, leurs ascendants et leurs descendants. » Les représentants eux-mêmes ne purent se défendre d'un mouvement d'horreur. Depuis la rentrée du roi, la police avait mis en surveillance l'auteur de cette proposition : c'est lui dont j'ai déjà parlé, et qui, mis en liberté pour aller voter à Ploërmel, a été remis ensuite en surveillance.

Beauvais a été étonné de la présence de l'ancien chef de division de la police secrète sous Fouché et Rovigo : homme qui a fait peur si longtemps à ses propres maîtres. Il est venu, libre et autorisé, voter contre un homme qui vota si courageusement contre l'Acte additionnel : sous la monarchie légitime, Desmarets était appelé, et Kergorlay était exclu.

Dijon a vu siéger des électeurs tout récemment échappés aux tribunaux, où ils avaient été traduits pour crimes présumés de trahison [1].

A Nevers, on a signalé avec effroi un électeur accusé d'avoir été juré dans le procès de la reine Marie-Antoinette !

---

[1] *Voyez* le *Journal de la Côte-d'Or.*

Un juré du même tribunal s'est mis sur les rangs à Arles pour être candidat, et on l'a souffert! et on n'a pas permis à M. de Béthisy de se rendre à son collége électoral à Lille, bien sûr sans doute que l'on était qu'il n'en sacrifierait pas moins sa vie *pour le roi, quand même!*

Presque partout dans les départements les royalistes ont été représentés par les commissaires de police comme les ennemis du roi. Les élections se sont faites dans plusieurs provinces au cri d'*à bas les prêtres! à bas les nobles!* cri qui fut le signal de la révolution, et qui annonça tous les malheurs. Les propos les plus odieux ont été tenus contre la famille royale, dont on sépare toujours la cause de celle du roi, selon l'abominable système des ennemis de la légitimité. A Épinal, on chantait *la Marseillaise*, et l'on a trouvé affichés au coin des rues des placards épouvantables.

On n'apaise pas les passions comme on les soulève; on ne remue pas impunément la lie d'un peuple corrompu par vingt-cinq années de révolution. Si tant de soins n'avaient été pris que pour se procurer une faible majorité dans une nouvelle Chambre, il ne faudrait pas appeler cela de l'habileté; ce ne serait qu'une incapacité déplorable, les résultats obtenus n'étant point en proportion des moyens employés, la vue de l'auteur de ce système n'ayant pas eu la force d'en embrasser toutes les parties, d'apercevoir ce qui allait se trouver au delà du terme qu'il avait marqué.

Si au contraire la vue s'était portée au delà du but; si l'on avait calculé le changement qu'allait produire dans l'esprit public cet appel aux ennemis du trône; si l'on avait prévu le danger qui peut résulter pour la couronne du triomphe des révolutionnaires sur les royalistes; si l'on avait voulu à la fois exalter les premiers et décourager les seconds, replacer ceux-ci dans la condition où ils se trouvaient sous Buonaparte, les remettre sous le joug des mêmes hommes qui les ont si longtemps opprimés; si l'on s'était plu à changer en terreur et en inquiétudes le repos dont nous commencions à jouir; si dans la France, aigrie par nos anciennes factions et ses calamités récentes, on n'avait pas craint de remettre tout en problème, je ne nommerais plus cela incapacité : je l'appellerais trahison, haute trahison.

Je n'ignore pas ce que l'on dit, ou plutôt de quoi on se vante : on dit que l'on saura bien contenir les flots dont on a rompu la digue; qu'on écrasera les jacobins après s'en être servi; qu'on serait charmé qu'ils remuassent pour avoir le plaisir de les frapper; que si la Chambre nouvelle n'eût pas été modérée dans un sens ou dans un autre, on l'eût cassée comme la dernière. Puérile jactance, vaines paroles de gens qui ne connaissent ni la puissance des affaires, ni celle des hommes, ni ce que la France est en état de supporter!

Les dangereux personnages appelés aux élections sont d'autant plus à craindre, qu'on a passé toutes les bornes de la prudence en leur témoignant de l'estime. « Buonaparte, disait dernièrement un homme d'État, se servait, pendant les Cent-Jours, des révolutionnaires en les méprisant; on a voulu s'en servir aujourd'hui en les honorant. » Remarque aussi juste que profonde.

Après tout, ces tentatives coupables sur la liberté des élections vont même contre la chose que l'on cherchait à prouver, tant elles ont été mal calculées. Que prétendaient, l'année dernière, ceux qui s'élevaient contre l'ancienne Chambre des députés? Ils prétendaient qu'elle n'était point dans le sens de l'opinion ; qu'elle ne représentait point les véritables sentiments de la France : cependant elle avait été librement élue. Que répondrait-on aujourd'hui aux ennemis de la Chambre nouvelle (en supposant qu'elle trouve des ennemis), s'ils disaient qu'elle ne représente point les véritables sentiments de la France, qu'elle n'est que le fruit d'une intrigue ? Essayerez-vous de répliquer? On vous citera et les circulaires des ministres, et les lettres des préfets, et les commissaires de police, et les exclusions formelles, et les destitutions de places, et les refus de congés, et la levée des surveillances. Serait-on reçu à rejeter la faute sur quelques agents particuliers dans quelques départements isolés, lorsque la liberté des élections a été attaquée par un système général, depuis Perpignan jusqu'à Lille, depuis Brest jusqu'à Strasbourg? Si ce sont des autorités locales qui ont outrepassé leurs pouvoirs, pourquoi ces autorités n'ont-elles pas été cassées à l'instant même? Les préfets qui ont violé la liberté des élections conservent leurs places, tandis que d'autres préfets (si l'on en croit la voix publique) ont été destitués, parce qu'en obéissant à leur conscience ils ont agi en opposition aux intentions de la police.

Grâce à cette Providence qui veille sur le trône de saint Louis, grâce au bon esprit de la France, tout n'a pas été perdu, comme il aurait pu l'être, et la nouvelle Chambre se montrera digne de succéder à la première. Les royalistes, qui ne doivent exister nulle part, se sont présentés partout ; ce parti (c'est ainsi qu'on l'appelle), pour lequel il ne faut rien faire, parce qu'il est si faible qu'on ne doit pas le compter ; ce parti s'est pourtant trouvé assez fort pour lutter seul, sans secours, sans soutien, contre toute la puissance ministérielle, secondée de tous les intérêts révolutionnaires, armée de ce nom sacré qui conduisit souvent les Vendéens à la victoire, et qui seul aujourd'hui peut les vaincre.

Mais, quel que soit le but qu'on s'est proposé en se rendant maître des élections, était-il permis de violer les premières lois de l'État pour atteindre à ce but? Sans doute partout où il y a des élections il y a cabales, intrigues, mouvements d'opinions et de partis : c'est un mal qui sort de la chose ; il est inévitable. Sans doute un gouvernement peut et doit employer des influences morales : des ministres, des préfets, des présidents ont le droit de dire qu'il faut préférer les hommes de modération, de probité et de vertu; qu'il faut écarter les hommes immoraux, les scélérats, les parjures; mais un ministre doit-il exercer une puissance directe et coercitive sur les élections? Doit-il désigner les individus? Doit-il priver par une mesure arbitraire un citoyen de l'exercice de ses droits? Est-ce avec des circulaires, des commissaires de police, des menaces aux autorités, des destitutions, des mutations de places, qu'il doit diriger les élections d'un grand peuple? Doit-il, moralement et politiquement parlant, grossir les colléges électoraux de tout ce qu'il avait cru nécessaire de retrancher de la société? Est-ce le vote d'un traître ou d'un pervers qui doit donner au roi et à la France des représentants dignes de lui, faits pour elle?

Et si, en cassant la dernière Chambre, si, en troublant les élections, on n'a songé qu'à conserver des places qu'on a cru mal à propos menacées, à quelle estime pourrait prétendre celui qui n'aurait pas craint de jouer le sort de sa patrie contre la conservation de sa place; celui qui n'a pas senti qu'en se retirant il honorerait son caractère, et se préparerait même un chemin plus beau comme plus sûr au pouvoir?

Sans la liberté des élections il n'y a plus de gouvernement représentatif, il n'y a plus de Charte. Il est d'autant plus nécessaire de la protéger, cette liberté, que la liberté individuelle et la liberté de la presse sont suspendues. Par la loi qui arrête la première, le ministre est le maître de retenir ou de relâcher à son gré tels ou tels électeurs. Il pourrait ainsi remplir une Chambre législative de ses créatures et non des mandataires du peuple. Par la loi qui entrave la liberté de la presse, la police peut se servir des journaux pour corrompre l'esprit public au moment des élections, créer une opinion factice propre à favoriser non les intérêts de la France, mais les systèmes d'un parti. A ces moyens d'oppression, s'il est encore permis de joindre des entreprises directes contre la liberté des suffrages, que deviendra la représentation nationale?

Ne nous laissons pas dominer par nos opinions particulières; attachons-nous aux principes pour ne pas tomber dans les passions. Je le demande à ceux qui seraient tentés d'approuver qu'on eût violé la liberté des élections, afin d'avoir des députés d'une certaine sorte, s'il leur conviendrait qu'un autre ministère employât un jour des moyens coupables pour en faire nommer d'une autre espèce? C'est aux pairs de France, qui n'ont rien à craindre des ambitions et des intrigues, parce que l'électeur royal qui les nomme est au-dessus de toutes les influences comme de toutes les erreurs; c'est à eux de veiller au maintien des lois. Qu'ils leur donnent la stabilité dont ils jouissent eux-mêmes, et ne permettent pas que le gouvernement représentatif de la France devienne la risée de l'Europe.

On ne peut se le dissimuler, des doctrines funestes à la liberté se répandent autour de nous. On murmurait l'année dernière, on dit tout haut cette année, que les Chambres ne doivent être que des conseils obéissant aux ordres ministériels ; que nous ne sommes point faits pour un gouvernement constitutionnel ; qu'il faut nous conduire avec des ordonnances ; que nous n'avons pas besoin de lois. Et qui sont ceux qui soutiennent ces doctrines ? Une partie de ceux-là mêmes qui, pendant vingt-cinq ans, ont crié à la constitution et à la liberté. Ils ont bouleversé la France pour quelques lettres de cachet, et ils trouvent aujourd'hui très-bon qu'on fasse des élections avec des commissaires de police. Ces anciens partisans de la liberté de la pensée déclament contre la liberté de la presse ; ils la voulaient pour détruire, ils ne la veulent plus pour réparer ; ou plutôt ils la veulent encore, mais pour eux seuls, mais au profit de leur vanité, de leurs intérêts, de leurs passions, et par le moyen de la police. Ils ne savent comment allier leurs vieux principes et les nouvelles doctrines ; ils se mettent à la torture pour combattre et défendre à la fois le gouvernement représentatif, embarrassés qu'ils sont dans la théorie qu'ils avouent et dans la pratique qu'ils craignent. Ils voudraient aujourd'hui qu'on nous retirât d'une main ce qu'on semblerait nous donner de l'autre. C'est précisément ce qui a eu lieu dans tout le cours de la révolution : une constitution n'était pas plus tôt achevée qu'on la proclamait comme un chef-d'œuvre ; mais à l'instant même on en suspendait la partie la plus essentielle : libres par la loi, esclaves par l'administration, voilà notre histoire depuis vingt-cinq ans.

Heureusement il est resté des hommes d'un esprit élevé, d'un caractère noble, qui n'ont point désavoué leurs principes ; ils se réunissent à tous ceux qui professent des opinions indépendantes, sans acception de partis et de personnes ; conséquents dans leurs systèmes politiques, comme ils l'ont été dans leur conduite, ils ne veulent pas que le gouvernement représentatif en France soit un vain nom : ils le veulent réellement et de fait dans tous ses rapports, dans toute sa plénitude. La Charte, toute la Charte, sans arrière-pensée, sans suspension, sans restriction, voilà ce qu'il nous faut. La liberté constitutionnelle nous a coûté trop cher pour perdre le fruit de nos sacrifices : qu'elle nous excuse dans l'avenir, et que du moins elle honore nos neveux, si elle n'efface pas nos crimes ! Quant à moi, je combattrai éternellement pour tout ce que réclament la dignité et le bonheur de la France, la religion, la légitimité, la liberté ; de même que je ne cesserai jamais, quoi qu'il m'en puisse coûter, d'avertir mon roi et ma patrie des périls dont ils me paraîtront menacés.

Et où prétendrait-on nous mener, si l'on parvenait à nous priver peu à peu de nos libertés constitutionnelles ? Dans l'ancien régime, lorsque les états généraux ne s'assemblèrent plus, deux grands corps, la noblesse et le clergé, restèrent et s'interposèrent entre le suprême pouvoir et le peuple.

Venaient ensuite les parlements avec leurs remontrances et leurs doléances; enfin les états de provinces, les provinces elles-mêmes, les corporations, les villes privilégiées formaient de toutes parts des obstacles à l'autorité arbitraire.

Aujourd'hui que tout cela est détruit, comment nous défendrions-nous, si on pouvait impunément violer les principes de la Charte? Nous arriverions au despotisme pur; et ce despotisme ne serait pas le despotisme royal, mais le despotisme ministériel, le pire de tous, parce qu'il est de sa nature variable, craintif et soupçonneux comme la faiblesse; intolérant, exclusif et haineux comme un parti; peu noble et petit dans ses vengeances, comme toute faction civile dont le champ de bataille est un bureau. Ce despotisme sans dignité est aussi dangereux pour le roi que pour le peuple, surtout dans un siècle où l'administration paye tout et a tout envahi. Que ne ferait point, par exemple, un ministre, s'il pouvait hautement, publiquement, s'emparer des élections et nommer les députés; chose d'autant plus facile à l'avenir qu'il n'aurait plus à travailler sur la surface entière de la France, mais seulement chaque année sur un cinquième des élections? C'est le pouvoir ministériel qui renversa la première race, comme le pouvoir aristocratique précipita la seconde, comme le pouvoir démocratique a pensé perdre la troisième : tâchons de ne pas revenir au point de départ.

Je sais qu'il paraît difficile qu'un despotisme quelconque s'affermisse aujourd'hui : on n'arrête pas les progrès des choses; les principes politiques de la Charte resteront, en dépit de ce qu'on pourrait faire pour les détruire; mais on peut troubler l'État en les attaquant; on peut perdre le gouvernement, sans réussir à vaincre le siècle. Il faut le dire, pour nous inspirer une frayeur salutaire, un gouvernement serait en danger si un ministre pouvait mépriser demain la loi proclamée aujourd'hui; si l'ambition n'était arrêtée par aucune considération; si l'extrême audace, qui touche à l'extrême faiblesse, heurtait également dans sa course les hommes et les lois. L'opinion, que l'on aurait comprimée d'abord, s'échapperait enfin : lorsque le bras de fer du dernier tyran n'a pu la tenir terrassée, lorsqu'il n'a pu l'enchaîner dans sa gloire, serait-ce les faibles mains de quelques agents obscurs qui pourraient la retenir? La police apprendra qu'on ne met point l'opinion au secret.

Je termine ici l'analyse des pièces justificatives. En parcourant et les documents généraux et la correspondance particulière, on voit que toutes les pièces sont uniformes dans leur contenu; qu'elles disent à peu près les mêmes choses, savoir : qu'on a tenté presque partout de violer la liberté des suffrages dans les dernières élections; que les révolutionnaires ont été appelés contre les royalistes au secours de la royauté; que partout, et au même moment, on a tenu contre la famille royale des propos dont il serait aisé de découvrir la source. La loi des cris séditieux n'a-t-elle été faite que contre les royalistes? Les lâches calomniateurs de nos princes et de leurs vertus ont-ils le privilége de l'injure, quand les victimes de la fidélité et de l'honneur n'ont pas celui de la plainte?

On a demandé quel était le but de ma proposition, puisque je reconnaissais que les élections étaient valides.

Je ne conçois pas, moi, qu'on ait pu faire une pareille question. Parce que les élections sont valides, s'ensuit-il qu'on n'ait pas voulu les corrompre? En matière criminelle, un homme est-il innocent parce qu'il n'a pas pu consommer le crime qu'il avait tenté de commettre? Mais s'il y a eu commencement de crime politique, pouvais-je, comme pair de France, devenir accusateur? Non. Aussi n'ai-je pas demandé à la Chambre de porter une *accusation* contre tels ou tels individus, mais de présenter une humble adresse au roi, pour le supplier de *faire examiner ce qui s'était passé aux dernières élections, afin d'en ordonner ensuite selon sa justice.* Je n'avais d'autre dessein, en agissant de la sorte, que de fixer l'attention de la Chambre des pairs sur des délits qui attaquent la Charte par ses fondements; que de dénoncer ces délits à l'opinion publique, et d'empêcher ainsi qu'ils se renouvellent à l'avenir. Dans un gouvernement représentatif, il s'agit bien moins de jugements légaux que de jugements prononcés par l'opinion. Toute proposition qui peut arrêter un mal, dût-elle être repoussée, doit être faite : celui qui l'a faite dans cet esprit a atteint son but et rempli son devoir [1].

# OPINION

### SUR LE PROJET DE LOI RELATIF AUX JOURNAUX

PRONONCÉE

A LA CHAMBRE DES PAIRS, DANS LA SÉANCE DU 22 FÉVRIER 1817.

Messieurs, si l'on veut se former une idée juste du projet de loi maintenant soumis à votre examen, il ne faut jamais perdre de vue la nature de notre gouvernement. On a signalé les dangers et les abus de la liberté de la presse, considérée par rapport aux papiers publics (dangers et abus que personne ne conteste); mais on ne s'est point enquis si un gouvernement représentatif pouvait marcher sans cette liberté; si l'asservissement des

---

[1] *Voyez* les pièces justificatives, à la fin des *Opinions et Discours.*

journaux ne détruisait pas l'équilibre de la balance constitutionnelle, et si les maux que produit cet asservissement ne sont pas plus grands que ceux qui adviendraient de la liberté des journaux. Cependant, Messieurs, la forme du gouvernement ne peut être oubliée dans cette matière. Les raisonnements sur la liberté des journaux seraient-ils les mêmes pour des gazettes qui paraîtraient sous un gouvernement despotique, et pour des gazettes imprimées sous une monarchie constitutionnelle? Des journaux libres à Constantinople pourraient renverser la constitution ; des journaux esclaves à Paris pourraient anéantir la Charte. Dans ces deux cas si divers, nous servirons-nous d'arguments semblables pour abolir ou pour conserver la censure ?

On se place ensuite sur un terrain où l'on n'est point appelé à combattre : on raisonne comme si nous demandions la liberté illimitée et non pas la liberté légale des journaux ; on se récrie contre le mal que nous ont fait les papiers publics, et l'on ne remarque pas qu'ils étaient dans une position différente de celle où nous voudrions les placer. Il y a toujours eu en France, depuis la révolution, oppression des journaux ; et, ce qu'il y a de remarquable, c'était cette oppression qui produisait leur licence. Nous voulons que la presse soit sous l'empire d'une loi, et non dans la dépendance d'un homme.

Cette loi que nous demandons est-elle donc si difficile à faire? Je ne le crois pas. Cautionnement considérable donné par le journaliste ; jury spécial pour connaître les délits de la presse, et prononçant sur la question intentionnelle (seul moyen d'atteindre la calomnie) ; amendes ruineuses pour les auteurs et pour les libraires ; peine de prison, peines infamantes pour toute calomnie d'une certaine nature (car quiconque cherche à déshonorer doit être déshonoré) ; voilà tout le fond de la loi. On pourrait la compléter en empruntant quelque chose de la loi romaine, *de Libellis famosis,* et en consultant la jurisprudence anglaise. Celle-ci range dans la classe des libelles la louange ironique, l'injure cachée sous des lettres initiales, la caricature, l'allégorie malicieuse et l'imitation bouffonne.

Mais si vous n'avez pas une loi, Messieurs, du moins faudrait-il que la censure reposât sur des bases légales. Or, une loi peut-elle être renfermée dans un article aussi vague que celui-ci : *Les journaux et écrits périodiques ne pourront paraître qu'avec l'autorisation du roi ?*

Quel vaste champ cet article ne laisse-t-il pas à l'arbitraire ? Aussi comment l'a-t-on interprété ? Voici, Messieurs, tout ce qu'il veut dire :

On peut suspendre ou supprimer un journal sans faire juger le journaliste, et l'on viole ainsi l'article 62 de la Charte, qui porte *que nul ne pourra être distrait de ses juges naturels.* Il y a ici double abus, car le journal est soumis à la censure : dans ce cas, il faut convenir que la censure est une illusion, ou que la suppression du journal, après le *visa* du censeur, est une injustice.

On peut ruiner ainsi arbitrairement des propriétaires, des libraires et des imprimeurs.

On peut arrêter le journal à la poste et l'empêcher de partir, quoiqu'il ait circulé dans Paris; sorte d'abus auquel s'appliquent les dispositions d'une loi faite par nos assemblées législatives, et qui n'a pas été révoquée.

On peut non-seulement, par la censure, retrancher ce que l'on veut du texte d'un journal, mais on peut encore y ajouter ce que l'on veut.

On peut forcer un journaliste à insérer des articles en opposition directe avec ses principes.

On peut enfin mettre des impôts arbitraires sur les journaux.

Une ordonnance du 1$^{er}$ avril 1816 fixe un impôt d'un centime et demi par feuille de journal tiré à plus de cinq mille exemplaires. Cependant l'article 48 de la Charte déclare expressément qu'*aucun impôt ne peut être établi ni perçu, s'il n'a été consenti par les deux Chambres et sanctionné par le roi.*

Savez-vous, Messieurs, à combien se monte cette taxe illégale sur les journaux de Paris et sur ceux des départements? Elle a passé cette année 500,000 francs. On nous dit que cette taxe est sacrée; qu'elle sert à faire des pensions aux gens de lettres. On ne saurait trop récompenser le mérite; mais les 500,000 francs sont-ils tous répartis entre des gens de lettres? Toutefois, Messieurs, en m'élevant contre les taxes arbitraires imposées sur les journaux, à Dieu ne plaise que je blâme l'usage qu'on en fait, si le produit de ces taxes sert réellement à encourager la science! J'ai trop d'obligation aux lettres pour ne pas voir avec plaisir tout ce qui peut contribuer à leur gloire : il faudrait que je fusse bien ingrat pour renier ces compagnes de mes infortunes, qui deux fois m'ont suivi dans le double exil où j'avais suivi mon roi; qui, lorsque j'avais tout perdu, ont été la consolation de ma vie, et qui m'ont fait pardonner à tant d'ennemis, en me faisant oublier leurs injustices.

Pour justifier les procédés illégaux employés par la censure, on fait un grand raisonnement : un journal, dit-on, n'existe qu'en vertu d'un privilége. Le gouvernement peut donc retirer ce privilége quand il lui plaît, et conséquemment supprimer le journal, ou maintenir le privilége en vertu de telles conditions que le journaliste s'engage à remplir.

Cela pouvait être vrai sous le gouvernement de Buonaparte; mais dans notre nouvelle constitution un journal n'existe point en vertu d'un privilége; il existe par la toute-puissance de l'article 8 de la Charte, qui dit : *Les Français ont le droit de publier et de faire imprimer leurs opinions.*

De plus, un journal est une propriété, comme toute propriété industrielle : la preuve s'en trouve même dans l'énoncé de la loi que nous examinons. Cette loi n'est que temporaire ; au bout d'un an, si elle n'est pas renouvelée, le journal paraîtra sans autorisation : donc il existe par lui-même, donc aucun privilége n'est la source de son existence. La Charte garantit cette propriété, comme toute autre propriété, par l'article 9, qui déclare que *toutes les propriétés sont inviolables*. Partout où il y a liberté, la propriété des journaux n'est pas contestée : les journaux sont des propriétés en Amérique, en Angleterre, dans les Pays-Bas, et dans les villes libres d'Allemagne. Et n'est-il pas singulier que parmi nous, sous l'empire d'une constitution libre, on veuille créer une espèce de classe hors de la loi commune qui protége les autres citoyens ? Telle est cependant la condition des journalistes : on viole envers eux quatre articles de la Charte : sous la censure, tout recours aux tribunaux leur est interdit : on peut les dépouiller, les obliger à se soumettre aux caprices d'une tyrannie obscure et fiscale, les taxer arbitrairement, les faire servir d'instruments à des partis qu'ils détestent, ou à des passions qu'ils ne partagent pas.

J'ai dit, Messieurs, au commencement de ce discours, qu'il fallait, lorsqu'on raisonne sur la censure, prendre surtout en considération la nature de la constitution établie. Voyons donc ce que cette censure produit dans un État libre, tant par rapport à l'État lui-même que par rapport aux particuliers.

Je pose en fait :

1° Que la censure attaque le gouvernement représentatif dans sa source ;

2° Qu'elle ne met point à l'abri l'honneur des particuliers, comme on veut nous le persuader.

Quant au premier article, Messieurs, qu'il me soit permis de répéter ici ce que j'ai dit ailleurs :

« Point de gouvernement représentatif sans la liberté de la presse.

« Dans un gouvernement représentatif il y a deux tribunaux : celui des Chambres, où les intérêts particuliers de la nation sont jugés ; celui de la nation elle-même, qui juge en dehors les deux Chambres.

« Dans les discussions qui s'élèvent nécessairement entre le ministère et les Chambres, comment le public connaîtra-t-il la vérité, si les journaux sont sous la censure du ministère, c'est-à-dire sous l'influence d'une des parties intéressées ? Comment le ministère et les Chambres connaîtront-ils l'opinion publique, qui fait la volonté générale, si cette opinion ne peut librement s'exprimer ?

« Il faut, dans une monarchie constitutionnelle, que le pouvoir des Chambres et celui du ministère soient en harmonie. Or, si vous livrez la presse au ministère, vous donnez à celui-ci le moyen de faire pencher de son côté tout le poids de l'opinion publique, et de se servir de cette opinion contre les Chambres : la constitution est en péril. »

Voilà les principes, Messieurs ; en voici les développements.

Dans un gouvernement représentatif, les Chambres législatives ne peuvent être éclairées que par l'opinion; si l'on crée autour d'elles une opinion factice, si elles ne connaissent pas, par l'opinion réelle ou par le choc des opinions opposées, le véritable état de la France, comment se détermineront-elles pour ou contre les lois, pour ou contre les mesures que l'on viendra leur proposer?

Le même raisonnement s'applique à ce qui se passe hors de France. Est-ce qu'il n'importe pas aux Chambres d'être instruites, autant que possible, de la position de l'Europe? Comment en seraient-elles instruites? On nous entretient de ce qu'il y a de moins important dans les gazettes de Leyde et de Francfort ; mais quant aux articles qui seraient pour nous d'un intérêt majeur, la censure n'en laisse rien passer. Par exemple, Messieurs, toute l'Europe s'est occupée dernièrement de l'emprunt que l'on projetait en France; les journaux de l'Angleterre en ont retenti ; les opinions pour et contre ont été vivement discutées : et dans une affaire si importante, dans une affaire où nous sommes les premiers intéressés, tous vos journaux ont été muets. Les pairs et les députés n'ont pu savoir de quelle manière cet emprunt était considéré en Europe. Et cependant, Messieurs, vous allez être dans quelques jours appelés à voter sur le budget.

La France a conclu une convention concernant la banque de Hambourg, convention signée Portal, Dudon et Sillem. La ville de Hambourg réclamait de la France la somme de 10 millions, pour indemnités des pertes qu'elle avait éprouvées en 1813 et 1814. On lui a accordé, le 27 octobre 1816, une inscription de rente de 500,000 francs sur le grand-livre; plus, en numéraire, une somme de 134,000 francs pour les intérêts du capital depuis le 20 novembre 1815 jusqu'au 22 mars 1816 ; plus une autre somme de 254,000 francs pour les arrérages de la rente de 500,000 francs, compris entre le 22 mars et le 22 septembre 1816. Les journaux étrangers ont donné le texte de cette convention ; on a voulu la répéter dans nos gazettes, et la censure s'y est opposée. Et cependant, Messieurs, vous êtes en pleine session, et vous vous occupez des finances de la France ; et vous ignorez si cette convention de Hambourg est une pièce fabriquée ou une pièce authentique, et vous ne connaissez pas le texte d'une convention publiée dans toute l'Europe [1].

---

[1] M. le duc de Richelieu a bien voulu donner sur cette convention les explications les plus honorables, et telles qu'on pouvait les attendre de son caractère et de sa loyauté. J'ai eu l'honneur de lui faire observer que je n'avais jamais prétendu attaquer le fond de cette convention, que je n'avais voulu parler que de la manière dont elle

Que résulte-t-il de cette censure, Messieurs? que l'on tient les deux Chambres dans une ignorance qui finirait à la longue par les rendre la fable de l'Europe. Nous prétendons avoir un gouvernement représentatif, et il n'y a pas un petit journal d'Allemagne, sous le prince le plus absolu, qui ne soit plus libre que nos journaux. On nous traite comme des enfants qui ne doivent rien savoir que ce que veulent bien leur apprendre leurs maîtres. Il semble que l'on aurait dessein de nous gouverner despotiquement, en nous laissant, pour la forme et comme un hochet, les apparences d'une monarchie constitutionnelle. Nous dirons tout ce que nous voudrons à la tribune, nous ferons de longs discours sur les principes ; tandis que nous parlerons budget, Charte et liberté, on lèvera des impôts arbitraires : avec la loi sur la liberté individuelle, on arrêtera les citoyens; et avec la censure, on étouffera leurs cris. Notre position est singulière, Messieurs ; nous avons à la fois les inconvénients d'une monarchie représentative et ceux d'une monarchie absolue ; nous sommes gouvernés par les actes de quatre régimes : les anciennes ordonnances de nos rois, les lois de la république, les décrets de Napoléon, et la Charte.

Je ne m'étendrai pas davantage sur ce qui concerne l'indépendance nécessaire de l'opinion publique dans un gouvernement représentatif : je ne vous dirai pas comment elle a été violée; comment on a mutilé à la censure les discours des députés; comment les journaux ont calomnié ces députés; faits dont on ne peut plus douter, d'après les débats qui ont eu lieu dans l'autre Chambre.

Si néanmoins, pour prouver que la censure est compatible avec un gouvernement représentatif, on m'objecte qu'elle a eu lieu en Angleterre, sous un gouvernement de cette espèce, jusqu'en 1694, je répondrai qu'avant cette époque, et même plus de vingt ans après, les journaux étaient presque inconnus, et ne ressemblaient en rien à ce qu'ils sont aujourd'hui. Les petites gazettes d'Italie furent en Europe les premiers modèles des papiers publics. Vers la fin du dix-septième siècle, il s'établit en Hollande quelques gazetiers, la plupart réfugiés français. En France, *le Mercure*, commencé sous Henri IV, se soutenait mal depuis qu'il avait cessé de donner les pièces justificatives des faits. On avait en outre *la Gazette de France*, établie sous Louis XIII par Renaudot. Le cardinal de Richelieu inséra dans cette gazette plusieurs pièces officielles, ce qui parut une grande nouveauté. En Angleterre, vers l'an 1694, on ne comptait encore que trois ou quatre journaux : l'un d'entre eux donnait les nouvelles étrangères ; un autre s'occupait des lettres et des sciences, à l'instar de notre *Journal des Savants;* un autre contenait les débats du parlement, débats qui ne commencèrent à

avait été publiée dans les journaux étrangers, sans pouvoir être imprimée dans les nôtres. Cela entrait dans l'ordre de mes arguments et dans la nature de mon sujet.

M<sup>gr</sup> DE QUÉLEN

être publiés que sous le règne de Jacques Iᵉʳ. Remarquons encore que ces journaux n'étaient pas des feuilles quotidiennes, qu'ils ne s'occupaient point de l'opinion publique et de la politique intérieure : celle-ci était reléguée dans les pamphlets, qui prirent naissance sous Richard II, se multiplièrent sous Henri VIII, inondèrent la Grande-Bretagne pendant les troubles du règne de Charles Iᵉʳ, et à l'avénement de Guillaume III. Enfin ces premières gazettes anglaises, si rares et si insignifiantes avant l'année 1694, ne dépendaient point du ministère ; elles n'appartenaient point à la police, puisqu'il n'y a point de police en Angleterre, par la raison toute simple qu'il y a une constitution. Elles étaient soumises à la censure du magistrat, comme tous les autres écrits, et n'étaient justiciables que des tribunaux. Les actes du règne de Richard II, le bill du Long Parlement, qui maintenait les ordonnances de la Chambre Étoilée touchant la censure ; ce bill, qui fut renouvelé sous Charles II et sous Jacques II, et qui expira enfin en 1694, sous Guillaume III, ne parle pas même des journaux, tant cette espèce d'écrits était peu connue !

Il n'y a donc, ni pour les faits, ni pour les temps, aucune ressemblance à établir entre ce qui se passait en Angleterre relativement à la censure avant 1694, et ce qui a lieu en France aujourd'hui. La comparaison naturelle est celle qui existe entre les journaux anglais et les journaux français, à partir du point où nous sommes. Or, il n'y a pas un Anglais qui ne vous dise qu'établir aujourd'hui la censure en Angleterre, ce serait anéantir la constitution : la seule proposition d'une pareille mesure révolterait tous les esprits ; en tenter l'exécution serait s'exposer à un soulèvement général.

Et c'est tellement la nature des choses, Messieurs, que là où s'établit la liberté politique, là s'établit sur-le-champ la liberté de la presse. Celle-ci parut en France dès l'origine du gouvernement constitutionnel ; le principe fut ainsi posé :

« La libre communication des pensées et des opinions est un des droits les plus précieux de l'homme : tout citoyen peut donc parler, écrire et imprimer librement, sauf à répondre de l'abus de cette liberté, dans les cas *prévus* par la loi. » Une monarchie représentative s'est formée sous nos yeux dans les Pays-Bas, à l'instant même où le roi nous donnait la Charte. La position de ce royaume ressemblait beaucoup à celle de la France : la Hollande et la Belgique, longtemps associées à nos malheurs, ont éprouvé toutes les vicissitudes de notre sort : elles ont vu naître dans leur sein les intérêts, les passions, et les partis qui nous ont divisés. Là, il y a aussi une constitution nouvelle, et un prince nouvellement établi ; là, il y a aussi des biens nationaux et des officiers en retraite : il y a de plus réunion de deux peuples différents de religion, de mœurs et de langage ; et l'on sait combien les opinions religieuses sont faciles à s'enflammer. Cependant la liberté des journaux est entière dans les Pays-Bas. Pourquoi ? Parce que cette liberté a paru inséparable d'un gouvernement représentatif, parce qu'elle est née tout naturellement de cette sorte de gouvernement, comme une conséquence découle d'un principe ; parce qu'il faut, pour qu'il n'y ait pas de désordre dans les institutions politiques, que ces institutions soient calculées les unes pour les autres, et qu'elles forment un système complet et raisonnable.

Toutefois j'ai bien peur que ces raisonnements ne fassent pas une impression assez durable sur l'esprit des honorables pairs. Il faut avouer que la révolution n'a pas été propre à nous guérir de nos préjugés contre ce qu'on a appelé jusqu'ici, très-mal à propos, la liberté de la presse.

Toujours poursuivis par nos souvenirs, toujours faisant abstraction de la forme actuelle de notre gouvernement, on s'obstine à dire : N'établissons pas la liberté de la presse, elle a fait trop de mal à la religion, aux mœurs et à la monarchie.

Entendons-nous : est-ce de la liberté de la presse pour les livres qu'on veut parler ? Mais elle existe tout entière par la loi qu'on vous propose : on peut réimprimer aussi souvent, et à aussi bon marché qu'on voudra, tous les ouvrages contre la religion, les mœurs et la monarchie.

Est-ce de la censure pour les brochures qu'il est question ? Mais les brochures ne sont pas plus soumises à la censure que les grands ouvrages. Mille auteurs s'évertuent dans ce moment, et leurs pamphlets sont colportés de toutes parts. Les uns peignent des plus odieuses couleurs les fidèles serviteurs du trône (et ce sont les mêmes écrivains qui, pendant les Cent-Jours, traçaient dans les journaux les prétendus portraits de la famille royale) ; les autres, transformés en champions de la légitimité, attaquent, pour la soutenir, tout ce qui est légitime. Leurs brochures circulent paisiblement, tandis qu'en vertu d'une de ces mesures répressives que vous désirez, on frappe les écrits des hommes les plus attachés à la monarchie. Mais si les ministres, à la fois trop indulgents et trop sévères, se trompent ainsi sur les faux et les vrais amis du roi, les révolutionnaires ne tombent pas dans la même méprise. Il existe un abominable pamphlet, dont je tairai le titre ; la profanation y sert d'enveloppe à la trahison : on y parle du roi, de monseigneur le duc d'Angoulême et de Madame, comme on n'en aurait pas parlé en 93. Et c'est à moi, Messieurs, que cet ouvrage infâme est offert par une dédicace injurieuse. Ainsi, quel que soit le coup qu'on m'ait fait porter par une main sacrée, les jacobins, de meilleure foi que mes ennemis politiques, ne mettent point en doute mes sentiments : ils me font l'insigne honneur de m'associer aux outrages qu'ils prodiguent à mon maître, et de m'envelopper dans la haine qu'ils portent à mon roi.

Donc, Messieurs, la censure n'existe point pour les livres et pour les pamphlets, et le mal que, sous ce rapport, on peut craindre de la liberté de la presse, aura lieu quoi qu'on fasse. Une ressource était laissée à ceux de mes honorables amis dont j'essaye dans ce moment de fixer l'opinion. Cette ressource consistait dans les journaux libres : là du moins on aurait pu descendre en champ clos ; là on aurait pu combattre les fausses doctrines, terrasser l'impiété et le jacobinisme. Et nous fermons la barrière, et nous voulons être vaincus, et nous brisons la seule arme qui nous restât pour nous défendre ! Les écrits périodiques où nos principes seraient publiés sont contraints de se taire ; les journaux qui nous attaquent ont pleine liberté. Ouvrez-les, ces journaux, vous y verrez des déclamations contre les nobles, des plaisanteries contre les prêtres, comme au commencement de la révolution. Quand les papiers publics devinrent libres en 1789, est-ce la liberté dont ils jouirent qui perdit la France? Non. Le parti dominant s'empara de la presse : si les journalistes qui défendaient alors la monarchie avaient pu écrire longtemps en sûreté, l'opinion se fût maintenue ; la France eût été sauvée. Lorsque les journaux de Marat et des jacobins parurent, y avait-il liberté de la presse? Non. Les écrivains royalistes étaient massacrés, comme le roi qu'ils voulaient défendre. Les journaux devinrent libres un moment sous le Directoire, et l'influence de cette liberté fut telle que, sans le 18 fructidor, les Bourbons étaient rappelés. Pour éloigner l'époque de la restauration, on fut obligé d'enchaîner de nouveau la presse. Croyez-vous, Messieurs, que si la presse eût été libre, le règne de Buonaparte eût été si long ? Ce n'est donc pas la liberté, c'est l'asservissement de la presse qui a causé les désastres de notre patrie. Jamais vous n'aurez d'esprit public en France, si vos journaux ne sont pas indépendants. J'ose dire que ce sont des journaux libres qui, en soutenant l'opinion du peuple anglais, ont peut-être empêché la Grande-Bretagne de succomber dans cette longue lutte dont elle est sortie dernièrement avec tant de gloire. La censure peut ôter toute liberté au bien, sans pouvoir même empêcher le mal ; témoin *le Nain jaune,* qui parut sous l'empire de la censure ; témoin ceux des journaux qui sont écrits à présent dans le même esprit, et qui sont également soumis à la censure ; en un mot, il y a pour la presse, aujourd'hui, licence d'un côté, esclavage de l'autre.

Mais si les journaux, esclaves sous Buonaparte, faisaient un grand mal, du moins étaient-ils en harmonie avec la nature des choses et dans l'intérêt de la tyrannie ; tandis que les journaux, esclaves avec une Charte qui garantit la liberté nationale, sont directement opposés à la nature des choses et aux intérêts du gouvernement. Notre position, sous ce rapport, est la plus extraordinaire du monde : on a vu des gouvernements sans journaux, comme les empires de l'Orient ; on a vu des monarchies modérées, avec deux ou trois gazettes soumises à la censure, comme l'ancienne France ; on a vu des monarchies constitutionnelles, avec des journaux politiques indépendants et opposés, comme l'Angleterre ; mais on n'avait jamais vu, et l'on ne verra peut-être plus, une monarchie représentative où il existe une foule de papiers publics, tous enchaînés par le même pouvoir, tous obligés d'obéir à la volonté d'un seul ministre, et exerçant sur l'opinion un despotisme de fait dans un pays libre de droit.

Que répondent à cela quelques personnes? Elles disent : « Vous avez raison pour le moment actuel ; mais la question que vous examinez est une question d'hommes, et non pas une question de choses. Si l'on suivait un autre système, ne seriez-vous pas bien aise qu'on eût établi la censure des journaux ? »

Non, Messieurs, mes opinions sont plus fixes et plus nettes, et je les crois plus favorables à la monarchie constitutionnelle. Je pense que toutes ces lois d'exception trop prolongées, loin de fortifier l'autorité de la couronne, l'affaiblissent. Si j'avais la moindre influence sur le pouvoir, je l'emploierais pour faire accorder liberté pleine et entière aux journaux avec une loi. Je ne sais pas ce que c'est que de vouloir et de ne pas vouloir un gouvernement : je vois l'ensemble du système ; je prends les détails pour ce qu'ils sont, avec leurs avantages et leurs inconvénients. Je ne veux pas me faire dire que tantôt j'adopte la constitution, que tantôt je la regrette. Je voudrais réunir, s'il était possible, tous les bons esprits attachés sincèrement aux intérêts de la patrie : d'accord sur les principes, ils le seraient bientôt sur les hommes. Il y a dans une machine une roue qui vous semble nuisible et dont vous ne comprenez pas le mouvement ; ouvrier mal habile, vous l'ôtez, la machine s'arrête : c'est la liberté de la presse supprimée dans une monarchie constitutionnelle.

Que si l'on voulait néanmoins argumenter de la misérable question personnelle (qu'il me soit permis de l'appeler ainsi), cette question serait encore pour le rejet de la censure ; car je dirais aux uns : La loi actuelle est contre vous, puisqu'elle est placée entre les mains d'hommes opposés à votre façon de penser. Je dirais aux autres : Le ministère peut changer ; il peut passer à des hommes dont le système n'est pas le vôtre. Est-il sage de vous exposer à voir tourner contre vous l'arme que vous ne voulez prêter qu'à vos amis ? Messieurs, il n'y a de refuge que dans les principes : hors de là, tout est faux, changeant et dangereux.

Ceci nous conduit à l'examen de la seconde question sur la censure, car nous avons passé insensiblement de la considération des choses à la considération des personnes : le second motif de la censure est, dit-on, de mettre à l'abri la réputation des individus et l'honneur des familles : c'est ce qu'il convient d'éclaircir.

Si la censure des journaux mettait les personnes à l'abri de la calomnie, ce serait sans doute, Messieurs, un grand avantage ; mais cela n'est encore vrai que pour une partie du public, pour celle qui entre dans le système du ministère : cela n'est pas vrai du tout pour les personnes opposées à ce système : il faudrait au moins que les armes fussent égales.

Je lis dans le *Journal de Paris,* du samedi 1ᵉʳ juin 1816, supposé être le 1ᵉʳ juin 1840, un article nécrologique ainsi conçu :

*La France vient de perdre le p***** d*******...* Je m'arrête, Messieurs, par respect pour vous, par respect pour le pair de France insulté dans cet article. Je désire que les hommes en pouvoir, qui disposent de la censure, et qui laissent tracer de pareils portraits dans les gazettes, soient eux-mêmes traités un jour avec plus d'impartialité et de justice : heureux s'ils se distinguent dans la vie par ces qualités éminentes et par ces éclatants services qu'on ne peut jamais oublier !

Dans un autre numéro du même journal, 11 novembre 1816, je trouve une lettre adressée au rédacteur. Ce sont des injures en deux colonnes contre un de vos collègues, qui réunit le double honneur de la magistrature et de la pairie. Tout finit par des remontrances du plus mauvais ton, où la famille du magistrat n'est pas même oubliée. Dans le numéro du 25 novembre (même journal), l'indécence est encore poussée plus loin, et l'insulte commencée en prose se termine en vers.

Je vous le demande, Messieurs, est-il possible de laisser traiter ainsi, sous le régime de la censure, la magistrature de la pairie? Ne sent-on pas la fâcheuse impression que ces articles doivent faire sur le peuple? Puisqu'ils sont publiés avec permission, c'est donc l'autorité qui cherche à avilir l'autorité? Se représente-t-on la foule accourue à une audience, et remarquant assis au tribunal le magistrat, le pair de France, que les gazetiers ont offert à la risée publique? Est-ce comme cela que l'on prétend reconstruire la société? Fermez vos tribunaux inutiles : l'irrévérence pour le juge mène au mépris de la loi.

On me répondra peut-être que, puisque je veux la liberté de la presse, les journaux étant libres auraient imprimé les mêmes articles; sans doute; mais la réplique eût été permise ; mais l'opinion, éclairée par d'autres journaux, aurait su que penser de ces ignobles déclamations. Je dis plus : on n'aurait pas longtemps à craindre un tel scandale avec la liberté de la presse : cette liberté rend circonspect l'écrivain qui sait qu'on peut lui répondre. La censure, au contraire, favorise la calomnie, en prêtant sa voix ou son silence aux partis et aux passions. Sous son bouclier, le lâche frappe en sûreté l'homme désarmé qui ne peut se défendre. Enfin, quand la liberté de la presse est établie, ce que l'on peut dire d'insultant à un honnête homme est sans conséquence : c'est l'ouvrage méprisé et méprisable d'un folliculaire inconnu; mais avec la censure, le moindre mot prend de l'importance, et peut blesser l'honneur d'un citoyen; car, dès lors que la censure laisse passer des articles, elle les approuve ; et l'opinion du gouvernement se substitue à l'opinion du libelliste.

Je pourrais maintenant, Messieurs, vous prouver par une troisième citation que la censure établie sur les journaux ne met pas les particuliers à l'abri de la calomnie : je me tais, parce qu'il faudrait vous parler de moi. Je ne veux point que des émotions involontaires me fassent sortir du calme et de la mesure que j'ai tâché de conserver dans ce discours. Quelle que soit la manière dont on s'est exprimé sur mon compte, je trouve tout bon et je ne me plains pas. Un ministre défendant à la tribune des députés la loi que je combats dans ce moment, m'a désigné comme *un individu qui siège dans une autre Chambre*, et qui avance des *absurdités* [1] telles qu'on ne doit pas les répéter. Je ne suis pas assez important pour employer à mon tour un langage si haut. Si jamais M. le comte Decazes était exposé à ces revers dont j'ai déjà vu tant d'exemples, il peut être sûr que, le jour où il serait rayé du tableau des ministres, son nom ne serait prononcé dans mes discours qu'avec les égards dus à un homme qui, après avoir été honoré de la confiance de son roi, a éprouvé l'inconstance de la fortune.

Il ne me reste plus en finissant qu'à rassurer ceux qui s'épouvantent de la liberté des journaux, à cause de la présence des étrangers sur nos frontières, et ceux qui redoutent l'abolition subite de la censure, par la raison que la loi organique sur la liberté de la presse n'est pas encore faite. Je ne partage les craintes ni des uns ni des autres ; je réponds d'abord aux premiers :

Imaginer que l'Europe prendrait les armes parce qu'un gazetier, dans un pays où la presse serait libre, aurait insulté une puissance ou débité une fausse nouvelle, ce serait faire injure à la parfaite raison comme à la noble modération dont les souverains alliés nous ont donné de si beaux exemples. Ces souverains n'ont-ils pas désiré voir s'établir parmi nous la monarchie constitutionnelle ? Ne savent-ils pas que cette espèce de monarchie ne peut exister sans la liberté de la presse, et surtout sans la liberté des journaux ? S'offensent-ils de ce que disent les papiers publics de Londres ? Mais, établissez-vous la censure, tout change : les ministres se trouvent chargés de la plus fâcheuse responsabilité ; chaque matin une note diplomatique peut les interroger sur l'imprudence d'un censeur. L'explication qu'ils sont obligés de donner blesse à la fois leur caractère et la dignité nationale ; ils se privent de cette noble et simple réponse : « La presse est libre : adressez-vous aux tribunaux. » On a parlé, Messieurs, de *nécessité* et de *circon-*

---

[1] M. le ministre de la police a déclaré qu'il ne s'est jamais servi du mot *absurdité* en indiquant quelques-unes de mes opinions : alors j'aime à reconnaître que je me suis trompé. J'ai été induit en erreur par une fausse version du *Journal des Débats* du 30 janvier, et par la même version répétée dans le *Journal de Paris* du 1ᵉʳ février.

*stances ;* il n'y a point de circonstances au-dessus du courage des Français, et je ne connais pour eux d'autre nécessité que l'honneur.

Mais enfin, si l'on croyait absolument avoir quelque chose à craindre, qui empêcherait d'ajouter par amendement au premier article de la loi proposée les articles suivants [1] :

## II.

Les journaux et écrits périodiques autorisés par le roi sont libres comme les autres écrits, et ne seront soumis à aucune censure, excepté en ce qui concerne la politique étrangère.

## III.

La censure établie par l'article précédent s'exerce sous l'autorité du ministre secrétaire d'État au département des affaires étrangères.

## IV.

Dans certains cas et pour certains délits, les journaux et écrits périodiques autorisés par le roi pourront être suspendus vingt-quatre heures au moins, et trois jours au plus, par l'autorité administrative; mais ils ne pourront être définitivement supprimés qu'en vertu d'un jugement rendu par les tribunaux sur la poursuite du procureur général.

Voilà, ce me semble, Messieurs, de quoi rassurer ceux qui veulent enchaîner les journaux, uniquement à cause de la présence des alliés sur notre territoire. Se refuser à ces amendements, ne serait-ce pas faire soupçonner qu'en parlant des gouvernements étrangers on ne cherche qu'un prétexte pour établir la censure, et qu'on ne désire cette censure que par des raisons qu'on ne dit pas?

Je réponds maintenant aux honorables pairs qui réclament la censure, parce que nous n'avons pas encore de loi positive sur la liberté de la presse. Ils s'imaginent que, dans la position où nous sommes, nous passerions tout à coup, par l'abolition de la censure, de l'extrême servitude à l'extrême licence ; ils sont dans l'erreur ; nous avons des lois répressives des délits de la presse ; nous en avons beaucoup, peut-être trop. Nous avons le Code pénal, pour ce qui concerne la calomnie et les crimes de machinations contre l'État ; nous avons la terrible loi des *cris* et *écrits* séditieux, qui atteint jusqu'aux fabricateurs et propagateurs de fausses nouvelles : elle frappe donc directement les journaux. Enfin nous aurons peut-être la petite

---

[1] M. le ministre de la police a trouvé ici une *contradiction ;* c'est apparemment ma faute : je n'avais cru faire qu'une *concession.* Il me semble qu'on peut assez inférer de tout mon discours que je *vote contre la censure.* Craignant de perdre le principe, j'ai proposé, à mon grand regret, cet amendement, pour sauver au moins la *partie,* si je ne pouvais sauver le *tout.*

loi relative aux *écrits saisis ;* loi d'autant plus dangereuse, si elle n'est amendée, qu'elle est perpétuelle ; loi qui, dans l'état où elle est, donnerait à l'arbitraire l'apparence de la légalité, et pourrait anéantir la liberté de la presse en paraissant la protéger. Qu'arrivera-t-il si l'on supprime à présent la censure ? Ou les rédacteurs des gazettes, s'enveloppant dans des généralités, seront inattaquables devant les tribunaux ; alors nous demeurerons tout juste comme nous sommes, avec cette différence que les opinions seront libres, et que nous aurons de bons journaux pour contrebalancer les mauvais ; ou les journalistes jetteront le masque et attaqueront ouvertement ce qu'il y a de plus sacré : dans ce cas la loi des *cris et écrits séditieux* suffit seule pour en faire justice.

La censure établie sur les journaux n'ajoute donc aucun pouvoir réel au gouvernement ; elle est incompatible avec une monarchie représentative ; elle ne prévient point la calomnie ; elle n'empêche ni la publication des mauvais ouvrages, ni celle des mauvaises gazettes ; elle compromet les ministres auprès des cours étrangères ; elle est un moyen de corruption pour l'opinion, une arme donnée au fort contre le faible, une source d'abus de tous les genres ; elle viole manifestement la Charte, et met la constitution en péril. Je vote donc contre un projet de loi qui ne produit aucun bien et qui peut faire tant de mal. Toutefois, si la Chambre adoptait le principe de la censure, je serais obligé de proposer des amendements, pour donner au moins à cette censure quelque apparence de légalité.

---

# OPINION

SUR

## LE PROJET DE LOI RELATIF AUX FINANCES,

PRONONCÉE

A LA CHAMBRE DES PAIRS, DANS LA SÉANCE DU 24 MARS 1817.

---

Messieurs, quand j'eus l'honneur de vous soumettre mon opinion sur le projet de loi relatif aux journaux, c'était la première fois, dans le cours de cette session, que je paraissais à cette tribune ; j'espérais que ce serait la dernière. Après une révolution de vingt-cinq années, quand les passions s'agitent encore, quand les divers intérêts ne se sont point encore mis en équilibre, il est difficile de traiter un sujet de politique et de ne blesser personne. J'avais peut-être eu ce bonheur dans mon discours sur la liberté de la presse. Il convenait à mon repos comme à mes goûts d'en rester là. Mais puis-je me taire dans une cause qui est presque devenue la mienne, et que je devrais encore défendre par le sentiment de toutes les convenances, si ce n'était par celui de tous les devoirs? Au reste, en traitant des choses, j'éviterai le plus possible de toucher aux hommes, sans toutefois dissimuler des vérités utiles et sans trahir la cause de Dieu.

Vous voyez par là, Messieurs, que mon dessein n'est pas d'examiner le budget dans son entier, quoiqu'il me paraisse très-attaquable ; d'abord il est tout à fait inconstitutionnel de faire un emprunt sans en avoir fait connaître aux Chambres les charges et les conditions ; chose d'autant plus singulière que les journaux étrangers ont publié ces conditions, et que nos journaux n'ont pu les répéter. J'aurais enfin beaucoup de choses à dire sur l'arriéré, sur le chapitre des économies, bien que la parcimonie dans l'administration d'un grand royaume ne me paraisse pas un système à suivre. Mais enfin, tout imparfait que me semble le budget, j'aurais voté pour son adoption si je n'y avais rencontré le titre XI. C'est donc, Messieurs, de ce titre seul que je vous demande la permission de vous entretenir ; je voudrais être court ; le sujet est long, et je n'ai pu ni dû l'abréger.

Trois sortes de propriétés sont comprises sous le nom de forêts de l'Etat : les anciens domaines de la couronne, quelques propriétés de l'ordre de Malte, et le reste des biens de l'Église. Qu'il me soit permis d'écarter les raisons incidentes : on dira qu'on affecte les bois de l'État à la caisse d'amortissement, mais qu'il n'est pas dit qu'on les vendra ; qu'il est même dit qu'on ne vendra pas cette année les cent cinquante mille hectares dont l'aliénation est arrêtée, qu'il faudra une loi pour vendre le reste. Expliquez la chose comme vous le voudrez, le fond de tout cela est l'aliénation certaine pour *une partie,* probable pour *l'autre,* des anciens domaines de la couronne et du reste des biens de l'Église, sauf la quantité nécessaire pour former une rente de quatre millions qu'on pourra ne pas attribuer à l'Église sur ses propres biens, mais dont on lui fera peut-être une charité sur le bien d'autrui.

Le domaine de la couronne devint inaliénable en 1318, par une déclaration de Philippe le Long, confirmée dans la suite par les ordonnances de Blois et de Moulins. Cependant l'aliénation fut autorisée dans deux circonstances particulières, comme l'a prouvé Domat : 1° lorsqu'on apanageait un fils de France ; 2° lorsqu'une guerre légitime forçait la couronne à des dépenses extraordinaires. Cette exception à la règle devint en peu de temps une source d'abus.

Ainsi nos monarques, souvent obligés de céder à la nécessité, se crurent le pouvoir de disposer du domaine, tandis que les parlements et les états généraux ne reconnurent ce pouvoir que dans les deux cas dont j'ai parlé. La loi du royaume s'opposait à la volonté royale. *La bourse du prince est la bourse du peuple,* dit le vieux Du Tillet, expliquant cette loi : maxime digne d'une monarchie fondée sur l'esprit de famille et de paternité.

Irai-je réclamer aujourd'hui l'autorité d'un droit qui n'existe plus, puisque le domaine est anéanti par la nouvelle constitution? Contesterai-je à notre généreux monarque la faculté d'abandonner aux besoins de la patrie le gage de la liste civile? Sur ce point je serais moins opposé à la disposition du budget si l'on donnait à cette disposition des bases admissibles ; si, au lieu d'engloutir la totalité de l'ancien domaine dans une caisse d'amortissement beaucoup trop forte, on l'en retirait ; si enfin, *en jouant du hautbois,* comme Sully pour Henri IV, comme Sully on abattait le chêne sans le déraciner. Je n'admets point d'ailleurs que la liste civile soit pour la couronne un équivalent de ce qu'elle a perdu, surtout lorsqu'en aliénant les forêts de l'État, vous retirez à la liste civile son hypothèque naturelle, comme l'a remarqué mon respectable ami M. de Bonald dans un discours qui restera. Jamais un revenu, quelque considérable qu'il soit, voté par les Chambres au commencement de chaque règne, et pouvant conséquemment varier selon les temps, les hommes et les révolutions, ne peut être une juste compensation d'une propriété foncière, personnelle, imprescriptible, inaliénable. La liste civile, sans hypothèque, a l'énorme inconvénient de livrer le roi au peuple, et de mettre les princes de la famille royale dans la plus fâcheuse dépendance. Et ce n'était pas la couronne qui avait apporté aux Capets la propriété, c'étaient les Capets qui avaient apporté la propriété à la couronne : Hugues prit cette couronne pauvre et morcelée ; il la dota, et sa postérité la transmit enrichie par les âges, de grands hommes en grands hommes, de saints en saints, de Philippe-Auguste à Louis IX, de saint Louis à Louis martyr. S'il naissait aujourd'hui à la France un rejeton de tant de rois puissants, la France n'aurait pas même à lui donner en apanage le potager de Charlemagne, le chêne de saint Louis et la vigne du Béarnais.

En défendant toutes les propriétés, il est de mon devoir, Messieurs, de défendre aussi celle qui appartient à plusieurs membres de cette Chambre. L'ordonnance du 4 juin, qui, donnée avec la Charte, a pour nous force de loi, se trouve évidemment violée par l'abandon de toutes les forêts de l'État à la caisse d'amortissement. Il est remarquable que cette ordonnance emploie cette expression : *domaine de la couronne.* Vous trouverez juste de vous avoir rappelé cette ordonnance, et bienséant de ne pas m'y arrêter.

S'obstinera-t-on à vendre les forêts de l'État? A-t-on le dessein de recourir un jour à cette mesure déplorable par sa nature, inutile au crédit comme on l'a cent et cent fois démontré, à cette mesure qui n'apportera aucun soulagement à nos dettes, et qui, nous privant à la fois du capital et du revenu, nous obligera un jour à remplacer ce revenu par un impôt? Que l'on veille du moins scrupuleusement au mode d'aliénation quand le jour fatal sera venu. S'il était des propriétés dont la perte fût trop regrettable, il faudrait les retenir. On tâcherait, autant que possible, par des opérations habiles, de prévenir la destruction des futaies, et la vileté du prix. Quelques-unes de ces futaies, par exemple, sont placées dans le ressort de nos grandes communes. Pourquoi ces communes ne les achèteraient-elles pas, en s'imposant quelques centimes, par une préférence que leur accorderait la loi? Elles y trouveraient un agrément pour leurs villes, un avantage pour leurs pauvres. Les coupes seraient ménagées avec ce soin que les corporations mettent dans leur administration. La Gaule conserverait avec ses forêts la source de ses fleuves et les traditions de ses peuples. On ne verrait point périr la race des arbres qui fournissaient à nos pères des charpentes durables comme leurs familles. Ainsi s'augmenteraient sur la surface de la France les biens communaux, reste précieux de la législation romaine. La vente des domaines de l'État servirait à la fois à payer les dettes de l'État et à augmenter les propriétés des communes, double avantage qui réjouirait le père de famille, le consolerait de ses sacrifices, et lui laisserait même l'espérance de racheter un jour l'héritage de ses aïeux. Mais telle est la différence des siècles : nous verrons sans émotion se former peut-être de nouveau ces compagnies, connues dans la révolution sous le nom de *compagnies noires :* elles abattront ces bois où nos aïeux les auraient contraintes de se cacher. Trop heureux alors si quelques-unes de nos montagnes gardent pour la postérité une douzaine de ces chênes, antique honneur de notre patrie, comme le Liban montre les dix-neuf cèdres restés debout sur son sommet.

Cependant, Messieurs, on n'ignore plus l'utilité des forêts. Les peuples, dans tous les temps, les ont mises sous la protection de la religion et des lois ; et le christianisme, qui connut mieux encore que les fausses religions la destinée des œuvres du Créateur, plaça ses premiers monuments dans nos bois. Partout où les arbres ont disparu, l'homme a été puni de son imprévoyance. Je puis vous dire mieux qu'un autre, Messieurs, ce que produit la présence ou l'absence des forêts, puisque j'ai vu les solitudes du Nouveau-Monde où la nature semble naître, et les déserts de la vieille Arabie où la création paraît expirer. Les Cévennes étaient autrefois couronnées de mélèzes ; le pays Chartrain conserva longtemps sa fameuse forêt ; des taillis épais répandus dans les landes de Bretagne et sur la côte maritime depuis Boulogne jusqu'au Havre, mettaient la France à l'abri des vents d'ouest qui la tourmentent. Par ces plantages soigneusement entretenus, nous avions à peu près cinq cent mille lieues de ruisseaux intarissables, qui fécondaient des terrains dont un tiers est aujourd'hui stérile. Il manque à nos montagnes trois cent cinquante mille arpents de bois, à nos ruisseaux, étangs et rivières, six cent trente millions d'arbres, et cent cinquante millions à nos marais. C'est ignorer notre histoire que de se représenter la France gothique comme un pays sauvage, parce qu'on y propageait les bois. Le roi Childebert ne désirait qu'une chose avant de mourir, c'était de voir cette Auvergne qui, selon l'expression de Grégoire de Tours, *est le chef-d'œuvre de la nature, et une espèce d'enchantement.* Lorsque Édouard III vint rendre hommage à Philippe de Valois, il fut trop frappé de la beauté de notre patrie, que les forêts du domaine couvraient comme d'un manteau royal. A son retour en Angleterre, Édouard fut reçu, dit Froissart, *moult joyeusement par sa femme qui lui demanda des nouvelles de France. Le roi son mari lui en recorda assez et du grand État qu'il avoit trouvé en France, auquel nul autre pays ne se peut comparer.* Il y a maintenant dans le royaume beaucoup plus de terres en labour qu'il n'y en avait vers le milieu du quatorzième siècle, et cependant sous le règne de Philippe de Valois, la population de la France était au moins égale à ce qu'elle est aujourd'hui : tant il est vrai que la nature en sait plus que les hommes. Colbert voyait la destruction de la France dans la destruction des bois : je préfère son sentiment à celui de quelques-uns de ces amis de l'égalité (mais non pas de la liberté), dont la haine s'obstine à poursuivre dans les futaies la mémoire des anciens possesseurs de ces futaies, et qui, désolés de n'avoir pu niveler les hommes, en veulent encore à la noblesse des chênes.

Jusqu'ici, Messieurs, je n'ai parlé que d'une propriété pour laquelle il m'était libre d'opter ou de rejeter tel ou tel principe politique ; mais celle dont je vais vous entretenir ne m'a pas laissé le choix d'une opinion. Vous ne serez pas étonnés de me voir repousser de toute ma force non-seulement l'idée, mais jusqu'à l'ombre de l'idée de la vente des biens de l'Église.

Je dois d'abord parler des propriétés de l'ordre de Malte. Un noble duc a déjà traité cette matière avec la clarté de style et la solidité de jugement qui le caractérisent. Jusqu'ici on a mal à propos confondu les biens de l'ordre de Malte avec les autres propriétés d'origine religieuse. On ne trouve dans aucun concile les chevaliers de Saint-Jean de Jérusalem rangés au nombre des religieux. Innocent III, par une belle expression, les appelle *milites orantes,* des soldats priants : saint Bernard les nomme des *solitaires guerriers.* Deux arrêts du parlement, trois arrêts du grand conseil séparent absolument leurs biens des propriétés de l'Église. A quel titre, Messieurs, disposerions-nous de ces biens? L'ordre de Saint-Jean de Jérusalem est un ordre indépendant. Il régna pendant près de trois siècles sur l'île de Rhodes par droit de conquête, et Charles-Quint lui céda l'île de Malte en toute souveraineté.

L'ordre est-il anéanti? Non. Il existe après la prise de Malte, comme il exista après la prise de Rhodes. A cette dernière époque il se retira à Viterbe; maintenant il est établi à Catane. Depuis l'abdication du grand maître Hompesch, deux autres grands maîtres ont gouverné l'ordre, le bailli Tommasi et le bailli Caraccioli; à celui-ci a succédé, comme lieutenant du grand maître, le bailli Giovanni, qui, avec le sacré conseil, représente le souverain.

L'ordre a, dans ce moment même, des envoyés extraordinaires en Portugal, en Espagne, en Autriche, en Angleterre. Il a porté ses réclamations au congrès de Vienne. Bien plus, Buonaparte demanda dans le traité d'Amiens que Malte fût restituée aux chevaliers; et, dans le traité de Lunéville, il stipula que les domaines perdus par l'ordre en deçà du Rhin lui seraient rendus au delà de ce fleuve : c'était un homme merveilleux pour la justice chez les autres.

Le décret de l'Assemblée nationale, du 29 septembre 1792, qui saisit les biens de l'ordre de Malte, reconnut en même temps, par l'article 12, la souveraineté de cet ordre.

En aliénant les biens des chevaliers de Saint-Jean de Jérusalem, vous n'attaquez pas seulement des propriétés nationales, mais des propriétés sur lesquelles des étrangers ont des droits. Ce n'est pas une pure question de législation française, c'est une question de droit public de l'Europe. L'ordre possède tous ses biens en Portugal ; ils n'ont point été vendus en Espagne; en Sardaigne ils seront rendus dans cinq ans; ils existent en Autriche; ils sont intacts dans les États romains et dans les Deux-Siciles.

Le revenu de l'ordre en France était autrefois de quatre millions ; il lui resterait encore cinq à six cent mille livres de rentes, si on lui rendait ses propriétés non aliénées. Ne consommons pas une injustice qu'on peut réparer, sous prétexte qu'il y a des injustices plus grandes et qui sont irréparables. Ne condamnons pas le malheureux qui vit encore, parce que son compagnon n'est plus. Autrement ce serait ressembler à cet officier qui, le lendemain d'une bataille, faisant enterrer les blessés malgré leurs cris, disait : « Si on les écoutait, il n'y en aurait pas un de mort. »

Maintenant, Messieurs, vous parlerai-je des services rendus au monde par l'ordre de Saint-Jean de Jérusalem? Si pour vendre sa dernière dépouille nous n'avons pas même l'ombre d'un prétexte, l'injustice d'une pareille mesure s'accroît de toute la gloire attachée à cet ordre illustre. Nous vantons notre civilisation et nos arts ; sachons donc être reconnaissants envers ces guerriers qui ont tant contribué à sauver cette partie de l'Europe d'une nouvelle invasion de Barbares. Vous ne refuserez pas, Messieurs, de reconnaître pour vos créanciers les successeurs de La Valette, de L'Isle-Adam, de d'Aubusson, de Tourville et de Suffren. Si l'on dit que les chevaliers de Malte n'ont pas atteint le but de leur première institution, puisqu'ils n'ont pas sauvé la Palestine, est-ce une raison pour les dépouiller?

Qui sait d'ailleurs s'il n'entrait point dans les desseins de la Providence de confier la terre de la foi à la garde des infidèles? Par les dangers répandus sur les chemins de Jérusalem, la tiédeur, la corruption, l'incrédulité furent écartées du Saint-Sépulcre, pour n'en laisser la périlleuse approche qu'au zèle du prêtre, au repentir du pénitent, et à la simplicité du pèlerin.

Je l'ai vue, Messieurs, cette Judée jadis si florissante ; le vigneron fuyait devant l'aga qui venait de lui ravir son champ, et cet aga devait bientôt être chassé à son tour du champ par lui-même usurpé. Les montagnes et les vallées stériles montraient que, dans ce pays, par un des effets les plus terribles de la malédiction dont il est frappé, la propriété avait cessé d'être inviolable. On cultive mal, on finit par ne plus cultiver la terre qu'on peut nous ravir. Appellerons-nous aussi le désert dans nos plaines fécondes, en remuant le fondement de la propriété? Est-ce aussi en punition de quelque crime que le ciel nous pousse à vendre un héritage qui n'est pas le nôtre? Et quel héritage, Messieurs, que celui dont il me reste à vous parler ! Les saints débris du patrimoine de l'Église, les bois où la religion nous civilisa, où elle enseigna les arts de la société à nos ancêtres, et coupa le sceptre que devait porter la main de soixante-dix-sept rois !

Avant d'entrer dans la question de morale et de haute politique, seule question que je prétende traiter dans ce discours, il faut un peu examiner les faits.

Si l'Église gallicane possédait encore tous ses biens, si le sacrifice d'une partie de ses biens pouvait sauver la France, il faudrait nous adresser à l'Église. Comme en 1789, elle accourrait la première au-devant de nos besoins, elle se dépouillerait elle-même sous l'autorité et par le concours des deux puissances. Elle gagnerait à son sacrifice; car si la religion est indispensable à la France, la France doit être conservée pour faire fleurir la religion. Mais ici, de quoi s'agit-il? d'un misérable lambeau de propriété dont à peine vous restera-t-il quelque chose quand il aura subi toutes les pertes qu'il éprouvera à l'aliénation. Deux millions de rente que vous voulez vendre (puisque vous prétendez donner à l'Église quatre millions, pour remplacer les six millions que vous lui retenez), deux millions de rente représentent un capital de quarante millions. De cette propriété cédée à vil prix, en retirerez-vous un tiers clair et net? On sait qu'à la première restauration tel acquéreur d'un bois national en a payé le fonds avec le produit de la coupe. Est-ce donc une chétive ressource de dix à quinze millions, arrivant lentement et d'année en année, qui comblera l'abîme de votre dette? C'est détruire les bois sans nécessité, vendre pour le plaisir de vendre, attaquer la propriété et la religion sans avantages pour la France, s'il peut toutefois y avoir des avantages pour un pays quand on attaque la propriété et la religion.

Mais à qui rendrait-on les biens provenants des différentes fondations de l'Église ? Les titulaires sont morts. L'évêque de Grenoble peut-il hériter des bénédictins de Clairvaux? Il faudra donc une administration du clergé? Voilà donc le clergé redevenu un corps dans l'État.

Remarquons d'abord que le fait n'est pas exact : il existe des biens non vendus qui ont appartenu à des évêchés, à des chapitres, à des séminaires ; et ces évêchés, ces chapitres et ces séminaires ont été rétablis ; ici le propriétaire ne manque donc pas à la propriété. De plus, des biens consacrés au culte peuvent changer de titulaires, pourvu qu'on donne à ces biens une destination pieuse, et qu'on remplisse les conditions imposées par les fondateurs. On trouve dans toute la chrétienté des exemples de ces transmutations faites du consentement des deux puissances ; il suffit, pour s'en convaincre, d'ouvrir les *lois ecclésiastiques* d'Héricourt.

Quant au clergé, qui, dit-on, redeviendrait un corps dans l'État s'il avait une administration commune, faut-il apprendre à ce siècle, si disert en législation, que ce n'est point l'administration qui fait le corps politique? Ce qui constitue ce corps, ce sont des droits, un ordre hiérarchique, une part à la puissance législative ; autrement toutes les communes de France et nos six ou sept ministères seraient des corps politiques. Quelle singulière destinée que celle du clergé parmi nous ! Aujourd'hui qu'il a cessé d'être un corps politique, on craint qu'il ne possède en cette qualité ; et au commencement de la révolution, lorsqu'il était véritablement un corps politique, pour prouver qu'il ne pouvait pas posséder, on le transformait en *corps moral :* c'était l'opinion de Thouret. Les droits qui constatent la propriété civile sont : l'achat, le don ou l'héritage, et la possession. Or, l'Église a souvent acheté ; on lui a donné, elle a hérité, elle a possédé ; elle est donc propriétaire : sa possession surtout est si ancienne, qu'elle remontait dans quelques provinces à la possession romaine. Lorsque saint Remi baptisa Clovis, saint Remi était propriétaire, et Clovis ne possédait pas même dans les Gaules le vase de Soissons.

Mais ne laissons pas le plus petit prétexte à la plus petite objection. Rien n'est plus facile, par la loi qui rendrait à l'Église le reste de ses biens, que de mettre le clergé à portée d'en disposer par vente ou par échange ; de sorte que, dans un temps donné, il n'y eût plus que des bénéfices particuliers, attribués à des églises particulières, toute administration générale cessant de plein droit à l'époque fixée par la loi. Que peut-on répondre à cela ? Ainsi s'évanouissent à l'examen la raison de la nécessité d'argent et l'objection prétendue constitutionnelle, puisque la vente des bois de l'Église ne vous produira presque rien, et qu'il est facile de prévenir l'administration générale du clergé.

Opposera-t-on à la restitution des bois de l'Église non encore aliénés un droit de prescription produit par une interruption de jouissance de vingt-cinq années ? Louis XIII fit rendre aux églises du Béarn des biens qui leur avaient été enlevés cinquante et un ans auparavant, et dont la puissance ecclésiastique n'avait pas sanctionné la saisie. Nous avons vu l'Assemblée constituante rendre, en 1789, aux protestants, des propriétés non vendues, dont ils avaient été dépouillés en 1685, et nous avons tous applaudi à une réparation qui venait plus d'un siècle après l'injustice. Ne prononcerons-nous la déshérence que pour la religion de l'État ?

Mais on donne à l'Église des dédommagements ; on lui accorde quatre millions par le nouveau budget, et on lui reconnaît la faculté de recevoir des immeubles.

Si vous reconnaissez le principe, admettez donc la conséquence : si l'Église peut posséder, rendez-lui donc les bois qui lui restent. Est-ce sérieusement que nous avons cru l'enrichir, en déposant pour elle, dans le Bulletin des Lois, un principe stérile ? Quels testateurs assez ingénus voudront en effet léguer quelque chose à l'Église, tandis que nous sommes occupés à vendre ses derniers biens ? Une défiance, mal fondée sans doute, mais enfin une défiance assez naturelle, ne verra dans ces charités permises qu'une mesure de finance pour l'avenir. Chose étrange ! la religion, qui partout assure la terre à l'homme, deviendrait le canal par où s'écoulerait le patrimoine des familles ; et il suffirait que la propriété touchât l'inviolable sanctuaire pour cesser d'être inviolable.

Quant aux quatre millions donnés, je me contenterai de remarquer qu'un amendement a été proposé et adopté par la Chambre des députés, relativement aux quatre millions. Il est dit que le roi disposera de la quantité de bois nécessaire à cette dotation du clergé.

Cet amendement est très-fâcheux pour l'autorité royale ; car, en laissant l'arbitrage à la couronne, il lui laisse tous les inconvénients du parti qu'elle voudra prendre. Au reste, cet amendement est nul par le fait ; et quand la piété de notre vertueux monarque le porterait à choisir les quatre millions parmi les anciennes propriétés de l'Église, l'article 144 lui en interdirait la faculté. Cet article déclare, en temps exprès, que la portion réservée pour le clergé sera prise dans *les grands corps de forêts*. Or, les grands corps appartiennent tous à l'ancien domaine de la couronne, excepté peut-être quelques-uns en Flandre et en Lorraine.

Mais lors même que l'Église consentirait à couvrir sa nudité de la dépouille de nos rois, deviendrait-elle pour cela propriétaire ? N'est-il pas évident qu'un évêque de Provence, doté sur un grand corps de bois en Normandie, ne pourra régir sa dotation qu'avec des frais qui absorberaient une partie du revenu ? Et comment partager ces grands corps de bois ? Il faudra donc s'en rapporter au gouvernement, qui tiendra compte de la dotation à l'évêque ; le bois concédé ne sera donc plus qu'une espèce d'hypothèque : j'ai bien peur que tout ici soit illusion.

Il faut donc convenir qu'il y a des raisons autres que celles dont je viens de parcourir la série, pour ne pas restituer aujourd'hui à l'Église ce qui lui reste ; laissant de côté le calcul des intérêts personnels et les spéculations de l'agiotage, je n'examinerai que les principes généraux du système.

Que veut-on faire des forêts de l'État ? Veut-on les aliéner, veut-on les conserver encore comme un moyen de crédit, comme un gage entre les mains des créanciers de l'État ? Parlons d'abord de ce gage.

N'en déplaise à ceux qui n'ont administré que dans nos troubles, ce n'est pas le gage matériel, c'est la morale d'un peuple qui fait le crédit public. Ne gardez pas le bien de l'Église, et vous acquerrez plus de crédit en le rendant qu'en le vendant. Quand vous seriez maître de la moitié de l'Europe, si vous n'assurez les fortunes particulières, vous n'aurez point de fortune générale.

La France, pendant le règne révolutionnaire, a possédé tous les biens du clergé, des émigrés et de la couronne, tant sur son vieux sol que dans ses conquêtes, et la France a fait banqueroute.

La France, sous Buonaparte, levait des contributions de guerre énormes, augmentait chaque année le domaine extraordinaire, et tous les ans il y avait un arriéré indéfini, et un arriéré indéfini est une banqueroute.

Depuis le pillage du temple de Delphes et l'enlèvement de l'or de Toulouse jusqu'à nos jours, la saisie des biens consacrés aux autels n'a réussi à personne : Henri VIII vendit et dépouilla mille monastères, trente colléges, cent dix-huit hôpitaux, deux mille trois cent soixante-quatorze sanctuaires et chapelles ; et chaque année du règne de ce tyran, le parlement fut obligé d'augmenter les subsides.

Ce n'est donc point le gage matériel, encore une fois, qui fait le crédit, c'est la justice. Soyez intègres, moraux, religieux surtout, et la confiance que l'on aura dans votre probité vous fera trouver des trésors.

Du gage, passons à la vente.

Par la vente des forêts, on rassure, dit-on, les acquéreurs de biens nationaux, et l'on finit la révolution.

Eh ! Messieurs, combien de fois encore faudra-t-il rassurer la révolution ? Ceux qui veulent la justifier ne s'aperçoivent-ils pas que c'est la déclarer coupable que de la représenter si alarmée ? Ce qui est innocent est tranquille. La vente des bois de l'Église n'opérera point la merveille que vous en attendez ; elle ne rassurera point d'abord les acquéreurs des biens des émigrés, des hôpitaux et des fabriques, puisqu'on a rendu le reste de ces biens, non encore aliénés, aux anciens propriétaires et aux anciennes fondations ; elle ne rassurera point davantage les possesseurs des biens communaux, puisqu'on a retiré des propriétés nationales ce qui pouvait encore appartenir aux communes. Vous aurez beau multiplier les aliénations, il n'est pas en votre pouvoir de changer la nature des faits. Le temps seul peut guérir la grande plaie de la France. On distingue encore en Irlande les propriétés dont l'origine remonte à des confiscations. Loin de nous en affliger, félicitons-nous de trouver parmi les peuples ce sens moral que le succès ne peut corrompre, qui n'admet pas même la prescription centenaire. C'est cette conscience du genre humain qui est le principe de la société; elle survit aux nations, et elle les recommence. Il y a de quoi trembler pour notre malheureuse patrie, lorsque après vingt-cinq années d'une révolution épouvantable, lorsque après avoir vu égorger les prêtres, le trône tomber avec l'autel, et nager dans le sang du meilleur des rois, nous voulons encore vendre la dernière dépouille de l'Église, comme les soldats tirèrent au sort le dernier vêtement du Christ! Et sous quel monarque adopterions-nous une pareille mesure? Sous le successeur de Clovis, qui dut sa couronne à la religion; sous le successeur de Charlemagne, qui déclara sacrilége quiconque toucherait aux biens de l'autel; sous le descendant de Hugues Capet, qui rendit ce que les malheurs des temps avaient détaché du patrimoine de l'Église; sous l'héritier de saint Louis, sous le frère de Louis martyr, sous le fils aîné de l'Église, sous le roi très-chrétien, sous l'auguste monarque, martyr lui-même de l'impiété de son siècle; longtemps éprouvé par le malheur, rentré en France après un exil de vingt années, et ramenant avec lui pour toute garde le cortége vénérable des vieux confesseurs de la foi.

Depuis vingt-cinq ans en France, le soleil a souvent éclairé les mêmes malheurs : la révolution est pour nous le triste ouvrage de Pénélope; nous la recommençons sans cesse. Que ne dit-on point dans l'Assemblée constituante et dans l'Assemblée législative sur le sujet qui nous occupe? Treilhard, insistant pour que l'Assemblée prononçât vite le décret fatal, s'écriait : *N'en doutez pas, Messieurs, vous vous assurez les bénédictions du pauvre au dedans, et au dehors l'admiration des nations.* Est-ce une admiration pareille, sont-ce des bénédictions semblables qu'on promet à notre vote aujourd'hui? Je cède, à qui voudra la prendre, ma part de cette moisson de haine et de larmes. Toutefois, nos premières assemblées avaient une excuse : elles pouvaient ne pas prévoir l'avenir; elles pouvaient être frappées de quelques abus, égarées par quelque théorie non encore éprouvée. De plus, une monstrueuse constitution, confondant les trois branches de la législature, et accordant au roi, pour toute défense, un *veto* suspensif, ne permettait aucune réparation lorsqu'une erreur avait été commise. Mais nous, à qui la division des pouvoirs offre tant de ressources contre une première faute, nous que l'expérience a dû instruire, rien ne pourrait nous justifier : l'incendie est à peine éteint ; ne serons-nous pas au moins éclairés par la lueur des débris qui brûlent encore autour de nous ? Allons, Messieurs, que l'on achève de dépouiller le sanctuaire ! On y trouvera peu de chose, car les cendres mêmes de nos pères n'y sont plus ; et le vent qui les a dispersées ne les rapportera pas dans nos temples.

Que de raisons morales et religieuses se présenteraient encore pour combattre l'aliénation du reste des biens de l'Église ! Je demande, par exemple, à ceux qui se disent chrétiens et catholiques, s'ils ont le pouvoir d'aliéner des propriétés auxquelles sont attachés des services pieux. Ou nous croyons, ou nous ne croyons pas ; si nous croyons, ne mettons pas les morts contre nous, et laissons l'espérance à la douleur. Il n'y a qu'un moyen de disposer des biens de l'Église sans le concours de la puissance spirituelle : c'est de changer de religion ; tous les peuples qui ont été conséquents en ont agi de la sorte. Mais si nous restons catholiques, rien ne peut donner le droit à la puissance temporelle de s'approprier les dons faits à l'autel. Buonaparte lui-même crut avoir besoin de la cour de Rome pour sanctionner la vente des propriétés ecclésiastiques : il renonça à l'éviction d'une partie des biens de l'Église du Piémont ; il fit même en France quelque justice, car il rendit à l'évêché de Troyes des bois d'origine religieuse. On a voulu justifier la vente des biens du clergé par les témoignages de l'histoire : je suis trop poli pour dire ce que je pense de cette érudition.

Vous ne rassurez donc ni les acquéreurs des biens d'émigrés, ni les acquéreurs des biens des communes, en vendant le reste des biens de l'Église. Dire qu'on veut rassurer les acquéreurs est d'ailleurs un langage tout à fait inconstitutionnel, puisqu'il semble établir un doute sur les dispositions de la Charte. Enfin, si vous voulez absolument rassurer quelqu'un et quelque chose, ne devez-vous penser qu'aux intérêts nouveaux ? N'y a-t-il pas en France des millions de citoyens qui n'ont rien acquis ? Ne forment-ils pas même la majorité de la nation. Ces millions d'hommes ne sont-ils pas chrétiens, attachés aux principes de l'ancienne propriété, et n'alarmez-vous pas leur conscience comme leurs intérêts les plus chers en vendant le reste des biens de l'Église ? Que ne vous adressez-vous à cette classe nombreuse de Français dans votre besoin d'argent ? Si vous aviez voulu rendre à l'Église les biens qui lui restent, sous la condition d'en recevoir la valeur en argent, il n'y a pas de pauvre qui n'eût présenté son aumône, point d'infirme qui n'eût vendu son lit, point de veuve qui n'eût donné son denier pour compléter la somme demandée. Depuis vingt ans le nombre des malheureux n'a pas beaucoup diminué en France, que je sache, et ils trouveraient dans le trésor de leur misère de quoi racheter le patrimoine d'une religion qui les a si souvent consolés.

Voyez maintenant s'il est vrai que la vente des biens nationaux mette un terme à la révolution : je prétends au contraire que c'est donner à cette révolution une nouvelle vie. Messieurs, on a souvent déclaré que la révolution était finie, et c'était toujours à la veille d'un nouveau malheur.

Comment finit-on une révolution? En rétablissant la religion, la morale et la justice; car on ne fonde rien sur l'impiété, l'immoralité et l'iniquité. Comment prolonge-t-on une révolution? En maintenant les principes qui l'ont fait naître. Dans un sujet si philosophique et si grave, c'est aux pairs de France qu'il convient d'étendre leurs regards dans l'avenir.

L'histoire, Messieurs, est pour les peuples ce que sont pour les magistrats les anciens arrêts. Ces arrêts font autorité, c'est par eux qu'on décide. On juge un procès comme il fut jadis jugé en cas semblable. On veut faire une chose parce qu'elle a été faite : les Anglais inventèrent le crime de la mort de Charles I$^{er}$, et nous l'avons imité. Transportons-nous dans cinquante ans d'ici, au milieu de notre histoire présente, qu'y verrons-nous? Des hommes qui ont tué leur souverain, et qui sont comblés d'honneurs et de richesses. Nous les verrons, ces hommes, accueillis à cause de leur honteuse fortune, là où les serviteurs des rois étaient chassés à cause de leur honorable misère.

Que verrons-nous encore dans notre histoire? Un bouleversement presque général des propriétés, sans que le retour du roi légitime ait pu arrêter les aliénations. Que conclura la postérité de cet état de choses? Qu'on peut condamner les rois à mort et faire fortune ; qu'il est loisible de s'approprier le bien d'autrui. Quel ambitieux ne sera tenté de recommencer la révolution si elle est finie, ou de la continuer si elle ne l'est pas? Les propriétaires nouveaux feront-ils valoir le titre de leur propriété nouvelle? On leur citera, pour les dépouiller, des héritages de neuf siècles enlevés sans résistance et sans indemnités à leurs anciens possesseurs. Au lieu de ces immuables patrimoines où la même famille survivait à la race des chênes, vous aurez des propriétés mobiles où les roseaux auront à peine le temps de naître et de mourir avant qu'elles aient changé de maîtres. Les foyers cesseront d'être les gardiens des mœurs domestiques; ils perdront leur autorité vénérable ; chemins de passage ouverts à tous venants, ils ne seront plus consacrés par le siége de l'aïeul et par le berceau du nouveau-né. Messieurs, j'ose vous le prédire : sous la monarchie légitime, si vous n'arrêtez pas la vente des biens nationaux, aucun de vous ne peut être assuré que ses enfants jouiront paisiblement de leur héritage. Vos fils auront d'autant plus à craindre, qu'ils se trouveront peut-être dans la position des hommes qu'on a dépouillés de nos jours. Comme eux, ils occuperont les premiers rangs de la société ; comme eux, ils seront les principaux propriétaires de l'État ; comme eux, ils tiendront à l'ordre établi par leurs intérêts particuliers, leurs dignités et leurs droits politiques. Jetez les yeux dans cette Chambre, interrogez les membres de l'ancienne pairie, demandez-leur, si dans le temps où la propriété est attaquée, ce n'est pas un crime irrémissible d'être riche et pair de France. Et voyez quel progrès les idées révolutionnaires sur la propriété ont déjà fait en Angleterre! Il est plus que temps d'arrêter le débordement de ce principe antisocial, qui menace l'Europe entière. Pairs de France, c'est votre cause que je plaide ici, et non la mienne : je vous parle pour l'intérêt de vos enfants. Moi, je n'aurai rien à démêler avec la postérité : je n'ai point de fils, j'ai perdu le champ de mon père, et quelques arbres que j'avais plantés bientôt ne seront plus à moi.

Je sais que dans ce siècle on est peu frappé des raisons placées au delà du terme de notre vie : le malheur journalier nous a appris à vivre au jour le jour. Nous vendons les bois ; nous voyons la conséquence physique et prochaine ; quant à la conséquence morale et éloignée qui ne doit pas nous atteindre, peu nous importe. Messieurs, ne nous fions pas tant à la tombe, le temps fuit rapidement dans ce pays : en France, l'avenir est toujours prochain ; il arrive souvent plus vite que la mort. Que de fois il nous a surpris dans le cours de la révolution ! 1793 était l'avenir de 1789 ; le 20 mars 1815 était pour l'Assemblée des notables un avenir de trente ans ; et nous avons survécu à cet avenir.

Mais, dira-t-on, presque tous les biens de l'Église sont vendus ; ce qui en reste n'est rien ou peu de chose ; on ne peut revenir sur le passé. Non, sans doute, la Charte a consacré la vente des biens nationaux, et il importe au salut de la France de s'attacher à la Charte ; mais ce n'est pas du fait matériel qu'il s'agit, c'est d'éviter de légitimer, pour ainsi dire, le principe de la violation des propriétés, en continuant à vendre les forêts de l'État sous le roi légitime. La Charte a aboli la peine de confiscation ; les biens qui restent à l'Église et à l'ordre de Malte doivent donc être rendus. Maintenez les ventes aux termes de l'article 9 de la Charte ; rendez les confiscations aux termes de l'article 71 : vous serez conséquents. Vous avez reconnu la justice de ces restitutions pour les émigrés et pour les communes ; la religion a-t-elle moins de droits auprès de vous?

On a soutenu dans l'autre Chambre que les biens de l'Église se trouvant saisis en vertu de certaines lois, ces lois n'étant pas abrogées commandent l'obéissance.

Cette doctrine de la passive obéissance aux décrets révolutionnaires nous mènerait loin. Oublie-t-on que l'usurpateur en a fait revivre quelques-uns pendant les Cent-Jours, notamment ceux qui proscrivent la famille royale, et qui sont bien dignes de figurer, dans notre Code, auprès de ceux qui proscrivent la religion? Mais enfin, puisqu'on argumente des lois non abrogées contre les propriétés de l'Église, je dirai que je reconnais l'effet de ces lois pour tout ce qui est vendu, non pas en vertu de l'autorité de ces lois mêmes, mais en vertu de l'autorité de la Charte qui a sanctionné une vente déjà rendue plus régulière par le concours de la puissance spirituelle. Pour ce qui n'est pas vendu, les lois prétextées n'existent point; en voici la preuve : Louis XVI, partant le 20 juin 1791 pour se soustraire à ses oppresseurs, protesta dans un Mémoire contre tout ce qui avait été fait avant cette époque.

« Tant que le roi, est-il dit dans ce Mémoire, a pu espérer voir renaître l'ordre et le bonheur du royaume...... il n'aurait pas même argué *de la nullité dont le défaut absolu de liberté entache toutes les démarches qu'il a faites depuis le mois d'octobre* 1789, si cet espoir eût été rempli ; mais aujourd'hui que la seule récompense de tant de sacrifices est de voir la destruction de la royauté.... les *propriétés violées....* le roi, après avoir *solennellement protesté* contre *tous* les actes émanés de lui pendant sa captivité, croit devoir mettre sous les yeux des Français, et de tout l'univers, le tableau de sa conduite et celui du gouvernement qui s'est établi dans le royaume. »

Ainsi, Messieurs, Louis XVI *proteste solennellement* contre *tous* les actes émanés de lui pendant sa captivité. Dans ces actes sont compris nécessairement les décrets dont on s'appuie aujourd'hui. Or, ces décrets, dépouillés, par la protestation du roi, de la sanction royale, *sont illégaux et non avenus*. Et ce qui rend cette protestation plus forte, c'est que l'infortuné monarque l'a renouvelée dans ce moment redoutable où la vérité se montre tout entière aux hommes. On a justement appelé la voix de Louis XVI un *oracle :* écoutez donc cet oracle qui vous parle des portes de l'Éternel.

« Je prie Dieu, dit Louis XVI dans son testament, de recevoir le repentir profond que j'ai d'avoir mis mon nom (quoique cela fût contre ma volonté) à des actes qui peuvent être contraires à la *discipline* et à la croyance de l'Église catholique. »

Parmi les actes contraires à la *discipline* de l'Église, on doit nécessairement comprendre la vente des biens de l'Église faite sans le concours, et encore plus contre l'autorité de la puissance spirituelle : tous les canons sont formels à cet égard, et nous reconnaîtrions des actes dont la sanction a pu donner un *repentir profond* au malheur, à la sainteté, à la vertu même, au fils de saint Louis prêt à monter au ciel! Nous reconnaîtrions la validité des décrets que Louis XVI, au moment de paraître devant Dieu, nous déclare avoir sanctionnés contre sa volonté! La contrainte et la force, lorsqu'elles sont prouvées, rendent nuls les actes les plus solennels; et nous dirons que des décrets frappés de réprobation par la protestation de Louis captif, par le testament de Louis mourant, ne sont pas abrogés! Ah! Messieurs, ce testament divin a été une loi de grâce pour le crime : qu'il ne soit pas vainement invoqué par l'innocence!

Soyons enfin chrétiens comme Louis XVI : rétablissons cette religion qui lui a donné sa couronne céleste, et qui seule peut affermir sa couronne terrestre sur la tête de ses augustes héritiers. On peut attaquer la religion dans son culte, dans ses biens, dans ses ministres ; mais on ne peut pas faire qu'une société subsiste sans religion. Un moine ignorant, mais plein de foi, peut fonder un empire ; Newton incrédule pèsera les mondes, et ne pourra créer un peuple. Paris, enseigné par les docteurs modernes, a produit une république de dix ans ; une monarchie de quatorze siècles est sortie du bourg de Lutèce où saint Denis prêcha l'Évangile. Voulons-nous sérieusement sauver notre patrie, revenons aux saines doctrines ; remplaçons les prestiges de la gloire par la solidité des principes : ce n'est plus le temps des choses éclatantes, c'est celui des choses honnêtes. Défendons-nous de ceux qui pourraient vouloir la religion sans la liberté ; mais craignons bien davantage ceux qui veulent la liberté sans la religion. N'introduisons pas le faux dans la morale ; ne créons pas un système où le droit et la justice, ne pouvant trouver leur place, deviendraient des pièces gênantes et inutiles dans la machine : nous arriverions à cet affreux résultat, qu'il n'y aurait plus d'illégitime en France que la légitimité.

Vous trouverez tout simple, Messieurs, le ton religieux de ce discours : si j'avais besoin de m'appuyer d'un exemple, cet exemple me serait fourni par un peuple voisin. Un orateur faisant partie du ministère anglais vient de prononcer dans la Chambre des communes un discours qui a réuni tous les suffrages. « Rappelons-nous, dit-il, les scènes de la révolution française, dans lesquelles le petit nombre triompha si constamment de la majorité... Quand l'athéisme fut professé en France, qui eût pensé que jamais ces extravagances impies dussent prévaloir ? On vit les suites de ces doctrines insensées. Les professeurs firent des élèves, et la grande nation, privée de sa religion et de sa morale, fut en même temps privée des armes qui pouvaient la défendre contre l'anarchie.... Il était réservé à nos modernes de déraciner du cœur de l'homme tout respect pour la Divinité, afin de préparer leurs contemporains à devenir des assassins sans remords. »

Voilà comme parle un législateur et un ministre. Si je m'étais exprimé avec tant de franchise, on s'écrierait que je veux faire rétrograder le siècle. Cependant, nous pouvons nous tenir assurés que la religion seule peut nous empêcher de tomber dans le despotisme ; les peuples n'ont jamais conservé leur indépendance qu'en la plaçant sous la sauvegarde du ciel : à Athènes, les prêtres parurent avec la liberté, les sophistes avec l'esclavage.

C'est dans de pareils sentiments de religion et de liberté que je vais descendre de cette tribune : ils animent également les nobles amis avec lesquels je m'honore de voter. Nous soutînmes dans la dernière session les intérêts religieux ; nous avons défendu dans celle-ci les libertés nationales :

retranchés dans cette position, nous nous y maintiendrons, sinon triomphants, du moins avec dignité.

Pour moi, Messieurs, si j'ai rendu quelques faibles services à la religion, j'en reçois aujourd'hui la récompense; je regarde comme une faveur du ciel d'avoir été appelé par les circonstances à la défense de la dernière dépouille de l'autel. Quand la loi sera passée, le sacrifice sera consommé; le miraculeux édifice de tant de siècles sera détruit. On m'a montré au pied de la montagne de Sion quelques grosses pierres éboulées : c'est tout ce qui reste du temple de Jérusalem.

Je vote contre les articles du budget qui mettent en vente cent cinquante mille hectares de forêts de l'État pour l'année prochaine, et affectent le reste des forêts à la caisse d'amortissement. Si ces articles passent, je serai forcé de voter contre tout le budget; et si le budget est adopté par la Chambre, je me soumettrai, mais à regret, à l'article 57 du règlement qui défend toute protestation.

# OPINION

SUR

## LE PROJET DE LOI RELATIF A LA LIBERTÉ DE LA PRESSE

PRONONCÉE

A LA CHAMBRE DES PAIRS, DANS LA SÉANCE DU 19 JANVIER 1818.

Messieurs, lorsque, dans le cours de nos sessions, un membre de la minorité de la Chambre prend la parole, il ne peut se proposer que ces deux choses : de changer le vote de la majorité, d'influer sur l'opinion publique.

Changer le vote de la majorité, cela arrive rarement; influer sur l'opinion publique, c'est ce que ne peut espérer la minorité de la Chambre des pairs. La Charte a fermé nos tribunes; notre procès-verbal ne présente que le squelette de nos discours sans nom; les gazettes, qui ne sont pas libres, n'obtiendraient pas la permission de les répéter tels que nous les imprimons; et les chefs-d'œuvre de notre éloquence vont mourir ignorés dans quelques salons de Paris.

Il est bien plus agréable, Messieurs, d'être de la majorité ! La renommée reçoit l'ordre de sonner la gloire de l'orateur, la Chambre perd ses mystères, la censure déride son front, *le Moniteur* s'empare du discours, qui, toujours plus triomphant, passe de feuille ministérielle en feuille ministérielle. Cependant un malheur commun frappe à cette tribune les orateurs des deux opinions : les lois ne nous arrivent à présent qu'après avoir été discutées à la Chambre des députés, les questions sont épuisées. Ceux qui parlent et ceux qui écoutent sont comme fatigués d'avance : le dégoût, qui naît de la satiété, empêche de répéter ce qu'on a dit, ou de chercher ce qu'on peut dire de nouveau.

Singulièrement frappé de ces désavantages, j'avais presque renoncé, Messieurs, à vous prier de me faire l'honneur de m'entendre; mais enfin mon dévouement à la vérité l'emporte ; et, ne considérant que mon devoir comme pair de France, je passe au sujet de la présente discussion.

Votre commission a fort bien remarqué l'erreur matérielle qui se trouve dans l'ordonnance mise en tête du projet de loi. Cette erreur ne détruit rien sans doute, mais il est bon d'éviter jusqu'à l'apparence de la précipitation et de la légèreté : tout ce qui sort d'un ministère aussi grave que celui de la justice doit se distinguer par sa gravité.

Votre commission a fait encore des réflexions sages sur la manière dont l'amendement de l'article 8 vous est offert. Ce n'est pas la première fois qu'on réclame dans cette Chambre contre ce mode de présentation; mais il il y a ici quelque chose que nous n'avions pas encore vu : d'un côté, des amendements de la Chambre des députés, adoptés par la couronne, sont fondus dans le projet de loi; de l'autre, un amendement, non consenti par la couronne, est séparé du projet de loi. Ainsi, Messieurs, au commencement du projet de loi, une ordonnance exprime un fait qui n'est pas exact : dans le corps du projet de loi paraît un amendement non consenti et rejeté à l'écart comme une note; et, à la fin du projet de loi, il nous manque un petit article 27 qui, pressé par ses grandes destinées, a traversé rapidement cette Chambre, pour arrêter la liberté des journaux. Voilà bien des irrégularités.

Depuis longtemps on nous répète que les Chambres ne sont que des conseils; on veut nous habituer à cette idée; chaque année on essaye une innovation. L'amendement non proposé et non consenti par le roi nous est soumis d'une manière consultative ; libre après au gouvernement d'adopter ou de rejeter notre avis. N'est-ce pas la manière de procéder dans un conseil? S'agit-il de l'impôt, on nous conteste le droit d'y faire des changements : conseil pour toute autre loi, nous ne sommes pour l'impôt qu'une Chambre d'enregistrement. Si on doit varier éternellement sur la forme et le fond des lois; si, après nous avoir reproché cent fois de violer la Charte, on s'écarte à tout moment de cette Charte; si on nous dit toujours qu'il faut nous dépêcher sur le vote d'une loi, que cette loi expire, qu'on est à jour fixe, qu'on n'a pas le temps de renvoyer les amendements à la Chambre des députés, alors pourquoi tant de discours? J'aimerais autant que la Charte nous eût permis de mettre au bas de chaque projet de loi ce peu de mots : *Vu à la Chambre des pairs ;* cela, du moins, nous épargnerait des paroles inutiles.

Vous ne vous attendez pas, Messieurs, que j'aille remonter aux principes de la liberté de la presse. Mon dessein n'est pas non plus d'entrer dans les détails minutieux du projet de loi : je me contenterai d'en examiner quelques points, et de vous expliquer les motifs de mon vote.

Je m'arrête d'abord à l'article 8 et à l'amendement proposé sur cet article.

Je ne sais quelle pudeur me fait éprouver de l'embarras en lisant ce second paragraphe de l'article : *Sont considérés comme* PUBLICATION, *soit la distribution de tout ou partie de l'écrit, soit le* DÉPÔT *qui en a été fait.* Les rédacteurs du projet de loi sont des hommes sincères, je le pense : ils se seront seulement trompés sur les mots ; mais il faut convenir que l'esprit le plus subtil, s'il eût voulu corrompre le principe même de la loi, n'aurait pas inventé une autre rédaction. Que le *dépôt* soit considéré comme la *publication,* véritablement cela confond, et l'on est presque tenté de rougir. En Pologne, lorsqu'on dresse un contrat de mariage, on fait venir un notaire, qui a soin d'introduire dans le contrat une clause d'après laquelle le mariage puisse être cassé en temps et lieu : par le présent projet de loi, on prétend nous faire faire alliance avec la liberté de la presse ; mais il est vrai qu'en vertu de l'article 8, tel qu'il est conçu, il y a dans cette alliance une bonne raison de nullité.

Il est si peu naturel de regarder le *dépôt* comme la *publication,* que cette idée même ne s'est pas présentée à l'esprit de ceux qui, dans l'origine, ont ordonné le dépôt. C'est Buonaparte (car nous copions toujours Buonaparte) qui, par l'article 48 du décret du 5 février 1810, voulut que cinq exemplaires de chaque ouvrage imprimé à Paris fussent déposés à la préfecture de police. Simple règlement de librairie, le dépôt ne pouvait être une mesure politique ; car il est évident que ce n'était pas pour savoir si un livre était bon ou mauvais, utile ou dangereux à publier, qu'on le portait à la préfecture de police, puisque la censure existait alors dans toute sa rigueur, et qu'on savait à quoi s'en tenir d'avance sur l'ouvrage qui devait paraître.

La loi du 21 octobre 1814, en confirmant la disposition du décret antérieur, n'assimile pas non plus le dépôt à la publication, puisque cette loi maintient la censure à l'usage des écrits de vingt feuilles et au-dessous : or, ces écrits sont évidemment les plus nombreux et les plus applicables aux circonstances politiques.

On vient, Messieurs, de nous citer une ordonnance du 24 octobre 1814, qui règle la distribution des exemplaires déposés au secrétariat de la direction générale de la librairie. Il faut être bien chatouilleux sur l'article de la liberté de la presse, pour voir dans cette distribution un commencement de publication. Il est notoire que cette distribution n'avait lieu et ne devait avoir lieu qu'après la publication de l'ouvrage. Quand un numéro du *Censeur* fut arrêté il y a quelques mois, était-il ou non déposé à la Bibliothèque du roi? L'y avait-on lu? La publication était-elle ainsi commencée? Tout cela, Messieurs, est encore une imitation de Buonaparte. Un décret du 2 juillet 1812 veut que, des cinq exemplaires d'un livre imprimé, déposés à la préfecture de police, un seul y reste désormais, et que les quatre autres soient portés à la direction générale de l'imprimerie et de la librairie.

Et, pour le dire en passant, ce décret établissait moins une mesure d'ordre qu'une de ces mesures fiscales introduites dans l'administration. Il y a tel ouvrage de luxe et de gravure dont le prix de l'exemplaire s'élève à 12 ou 1,500 francs, quelquefois même à 100 louis et 1,000 écus. Cinq exemplaires d'un pareil ouvrage coûteraient donc 8, 10 et 15,000 francs; c'est donc 8, 10 et 15,000 francs que vous prenez dans la poche de l'auteur et du libraire; et cet énorme impôt tombe précisément sur les arts qui auraient le plus besoin d'être encouragés par des primes ou des dégrèvements. Le dépôt est une entrave administrative et une taxe onéreuse; c'est bien assez: n'allons pas lui donner de plus un caractère politique en l'assimilant à la publication.

M. le rapporteur de votre commission examine une question intéressante, savoir : si le récépissé doit suivre immédiatement le dépôt. Il semble conclure négativement, et s'appuie de l'opinion de la commission de la Chambre des députés; cette commission pensait que le terme pour la délivrance du récépissé pourrait être porté à trois jours. M. le rapporteur ajoute plus loin que tant que la publication n'est pas faite, l'auteur ne doit pas être poursuivi: mais il laisse à entendre que, nonobstant cette sûreté de l'auteur, l'ouvrage peut être déféré aux tribunaux.

Je respecte le caractère et le savoir du magistrat distingué dont je rappelle l'opinion; je regrette de ne pouvoir me soumettre à son imposante autorité.

La doctrine par laquelle on voudrait séparer l'auteur de l'ouvrage est à la fois dangereuse pour la liberté de la presse, peu raisonnable en principe.

Dangereuse pour la liberté de la presse, car il est évident qu'il y a des auteurs qui couvrent leurs ouvrages de leur nom, et qu'il serait scandaleux, quand il n'y a pas crime, de traduire devant les tribunaux. Moins exposés que les autres, ils sont l'espoir de la vérité qui peut trouver passage dans leurs écrits; mais si on sépare leurs ouvrages de leur personne, tout est fini, et nous aurons le silence de Constantinople.

Un noble duc a montré l'année dernière le côté bizarre d'une doctrine qui ferait d'un livre un coupable, lequel coupable ne pourrait parler ni se défendre, et serait condamné sans avoir été entendu.

J'ai dit que cette doctrine est peu raisonnable en principe : car si le livre est criminel, comment le condamner sans condamner l'auteur ? C'est punir le fer de l'assassin et épargner la main qui a frappé avec ce fer.

Quant aux trois jours demandés pour accorder le récépissé, il est question d'en faire l'objet d'un sous-amendement dans cette Chambre. Pendant ces trois jours, l'auteur serait à l'abri, tandis que l'ouvrage pourrait être dénoncé. Cela ramène ainsi, Messieurs, la doctrine que je viens de combattre : toute liberté de la presse est détruite si cette doctrine passe dans vos lois.

Sous un autre rapport, fixer un terme de trois jours pour la délivrance du récépissé, c'est par le fait rejeter l'amendement de la Chambre des députés et rétablir l'article de la loi, mais avec moins de franchise ; c'est retomber dans les inconvénients du dépôt, tels que dans un instant je vais vous les représenter ; c'est donner le temps aux docteurs en despotisme de découvrir dans un ouvrage des crimes de lèse-ministère, crimes que l'on sera d'autant plus disposé à trouver, que, dans ce cas, la cause de l'ouvrage sera séparée de celle de l'auteur. Ainsi, nous rentrons dans le cercle vicieux. Le sous-amendement, dont la proposition nous menace, me paraît donc inadmissible si l'on maintient l'amendement.

C'est avec grande raison que la Chambre des députés a proposé cet amendement à l'article 8. Elle n'a pu rendre la loi parfaite, mais elle a voulu du moins qu'elle fût loyale, et qu'elle ne tendît aucun piége à l'écrivain.

Entrons dans le caractère de l'amendement. Votre commission a démontré qu'un auteur, en déposant cinq exemplaires imprimés de son ouvrage, se conforme à ce que vous exigez de lui. Or, comment pouvez-vous, en bonne justice, arrêter son ouvrage au dépôt même, et le punir par conséquent de son obéissance à la loi, tandis que d'un autre côté vous l'eussiez puni s'il n'avait pas obéi à cette loi ? Cet argument est invincible.

On ne se tient pas pour battu, on revient par des considérations générales : on dit que si l'on prend des précautions contre les délits d'une nature particulière, à plus forte raison doit-on chercher à prévenir les désordres qui compromettent la société ; que si l'on ne peut pas arrêter un mauvais ouvrage au dépôt, il ne sera plus temps de l'arrêter à la publication ; que toujours un grand nombre d'exemplaires échappera à la surveillance de l'autorité ; que le mal sera fait avant qu'on puisse y apporter de remède. Le dépôt, soutient-on toujours, est un commencement de publication ; or, si un ouvrage est dangereux, il doit être saisi au dépôt même, parce qu'en matière criminelle, lorsqu'il y a commencement d'exécution de crime, le crime est puni comme s'il était consommé. Une comparaison vient à l'appui de ce raisonnement.

Un homme mêle du poison dans un breuvage : prêt à donner la coupe à sa victime, il est découvert, et la loi le condamne à mort, bien que sa méchante action n'ait pas eu le résultat qu'il s'en promettait; de même un ouvrage corrupteur doit être retranché de la société avant qu'il y ait porté ses ravages.

La poésie est belle, mais il faut éviter d'en mettre dans les affaires. Quelle comparaison peut-on faire entre un crime physique, si je puis m'exprimer ainsi, et un crime moral? Un livre, si détestable qu'on veuille le supposer, agit-il instantanément? va-t-il en un moment mettre le feu aux quatre coins de la France ou pervertir la jeunesse? n'aurez-vous pas toujours le temps de l'arrêter au moment même de son apparition dans le monde? Je comprends que si on le laisse étaler sur les quais, vendre dans toutes les boutiques; que si on n'applique pas à son auteur nos terribles lois contre la liberté de la presse, je comprends qu'il y aura à la longue du danger; mais si les poursuites sont actives, si la justice est prompte et sévère, pourquoi violer les notions du bon sens et les règles de l'équité, en s'obstinant à considérer le dépôt comme une véritable publication? Dans le raisonnement que je viens de faire, raisonnement par lequel j'ai essayé de montrer que le mal résultant d'un livre ne peut jamais être soudain comme un meurtre, prompt comme un empoisonnement, j'ai supposé la publication d'un de ces livres infâmes qui se font entendre à tous les esprits en prêchant la révolte, l'assassinat, le pillage et l'incendie; mais ces ouvrages sont très-rares. Admettez, ce qui est bien plus probable, que certaines mesures sont gardées, certaines précautions prises dans l'ouvrage publié; supposez que les doctrines pernicieuses y sont un peu enveloppées, que le style de l'auteur ne s'adresse pas à la plus basse classe de la société; alors, Messieurs, peut-on soutenir que le temps manquera pour prévenir l'effet nécessairement plus lent de cet ouvrage? Faut-il que, pour nous rassurer contre de vaines frayeurs, on établisse par une loi que le dépôt équipolle la publication dans le pays qui a vu naître les Barthole, les Pothier et les Domat?

Si d'ailleurs, Messieurs, la provocation directe au crime se trouvait dans un ouvrage, comment imaginer que l'auteur, à moins d'être fou, portât cet ouvrage au dépôt? Si la provocation ne se trouve pas dans cet ouvrage, pourquoi le poursuivre au dépôt comme s'il était publié? N'est-ce pas manifester l'intention de regarder comme coupable tout ouvrage qui contrarierait les vues du ministère? n'est-ce pas déclarer implicitement qu'on ne veut pas de la liberté de la presse?

Pour avoir le droit de poursuivre l'ouvrage déposé, on se fonde sur l'axiome, qu'il faut prévenir le crime pour ne pas être obligé de le punir. Cet axiome est indubitable abstraitement considéré, mais il appartient surtout à la politique d'une monarchie absolue, et ne peut pas être aussi rigoureusement établi dans la science d'une monarchie représentative. Une des erreurs les plus communes aujourd'hui, et qui est la source d'une multitude d'autres erreurs, c'est de raisonner toujours comme si nous existions dans l'ancien ordre de choses, et d'oublier sans cesse le gouvernement que nous avons.

Dans la monarchie absolue tout est positif : trois ou quatre maximes régissent l'État. Tout ce qui choque ces maximes doit être réprimé. Il n'est pas permis à l'opinion de prendre son dernier essor; les libertés publiques et particulières, défendues par les mœurs plutôt qu'établies par les lois, peuvent être violées si le gouvernement les trouve en contradiction avec les principes fondamentaux de cette espèce de monarchie. Sous ce régime, rien donc de plus applicable que l'axiome qui veut qu'on prévienne le crime pour ne pas être obligé de le punir.

Mais dans la monarchie représentative, il n'en va pas de la sorte. Cette monarchie ne peut exister sans la plus entière indépendance de l'opinion. Aucune liberté, soit individuelle, soit publique, ne doit être entravée, car ces libertés sont le partage de chacun et la propriété de tous : ce ne sont pas des principes abstraits posés dans les lois, et pour ainsi dire morts au fond de ces lois; ce sont des principes vitaux d'un usage journalier, d'une pratique continuelle, qu'on ne peut arbitrairement attaquer sans que le gouvernement ne soit en péril, car c'est de la réunion de ces principes mêmes que se forme le gouvernement.

De ces vérités incontestables, il résulte que l'axiome précité perd considérablement de sa puissance dans une monarchie constitutionnelle. Aussi voyons-nous qu'en Angleterre on se contente de surveiller le crime. Une autorité élevée dans les principes de nos anciennes institutions eût mis tous les agents de la police en campagne pour prévenir le rassemblement : cela eût été conforme au génie de notre vieille monarchie; mais dans la monarchie fondée par la Charte, n'est-il pas évident que ces mesures préventives, toutes sages et toutes bonnes qu'elles puissent être, en les considérant d'une manière isolée, sont contraires à la nature de la Charte dans leur application relative à cette Charte? Il faut entrer de force dans le domicile du citoyen, il faut arrêter administrativement l'homme qui ne peut être arrêté qu'en vertu d'une loi, il faut violer la liberté de l'opinion et la liberté individuelle; il faut, en un mot, mettre en péril la constitution même de l'État. Mais voyez, quand le désordre est commencé, avec quelle vigueur il est poursuivi : les Chambres surviennent, les libertés sont légalement suspendues, les lois les plus terribles portées contre les coupables : personne ne se plaint, l'opinion approuve, le crime est châtié, et les principes du gouvernement n'ont reçu aucune atteinte.

Si donc, dans une monarchie représentative, on montre tant de respect pour les libertés, qu'on aime mieux laisser l'État courir quelque péril que de les attaquer trop légèrement, deviendra-t-on plus scrupuleux pour ces délits de la presse dont les conséquences sont bien loin d'être d'un danger aussi immédiat pour l'ordre social [1]? Qu'allez-vous faire, Messieurs, en voulant prévenir la faute d'un auteur pour n'être pas obligés de la punir? Ne voyez-vous pas que vous ouvrez la porte à l'arbitraire? Pour un ouvrage dangereux que l'on aura supprimé au dépôt, combien d'ouvrages utiles ne seront point arrêtés! Il ne faudrait pas même tenter la vertu, à plus forte raison ne faut-il pas tenter les intérêts et les passions. Il n'est pas facile d'user sobrement de l'autorité quand elle est remise entre nos mains. Vous n'exigez pas que des ministres qui seraient attaqués dans un écrit soient des êtres assez parfaits pour ne pas au moins l'entraver lorsqu'ils en auront le pouvoir? Si le dépôt est la publication, pourquoi ne pas convenir que le dépôt remplace la censure, puisque c'est l'autorité qui lit l'ouvrage déposé, qui le juge, qui l'arrête enfin, si tel est son bon plaisir?

Supposons, Messieurs, que La Bruyère et Montesquieu revinssent au monde, et qu'ils fissent à la librairie le dépôt, l'un de ses *Caractères*, et l'autre de ses *Lettres Persanes*.

Représentez-vous l'autorité occupée à lire le portrait où l'on reconnaissait celui de deux ministres; représentez-vous la même autorité tombant sur le passage des *Lettres Persanes* où un autre ministre est traité avec tant de sévérité : je demande si l'autorité n'apercevrait pas un crime dans ces passages, si la bienveillance naturelle de la police ne la porterait pas à prévenir *ce crime* en arrêtant les *Caractères* et les *Lettres Persanes?* Mais l'administration, dira-t-on, en saisissant ces ouvrages au dépôt, ne les supprimerait pas; il faudrait toujours qu'ils fussent jugés par les tribunaux, et les tribunaux acquitteraient les illustres auteurs. Quant au fait de l'acquittement, cela ne m'est pas bien prouvé. N'avons-nous pas vu condamner l'auteur d'une lettre à un ministre?

Affligeante loi! les ouvrages de Montesquieu et de La Bruyère ne sorti-

---

[1] Voilà le passage sur Spafields qui m'a procuré l'honneur de voir deux ministres monter à la tribune pour me combattre. Je suis encore à me demander comment l'un d'eux a pu trouver, dans ce raisonnement si simple, que je regrette à Paris les émeutes de Londres. Je voulais faire sentir que l'axiome que j'examinais n'est pas, dans la monarchie représentative, d'une application aussi rigoureuse que dans la monarchie absolue; et, pour le prouver, je tirais un exemple du plus grand délit pour argumenter *a fortiori*, en passant au plus petit. Si ce n'est pas là de la saine logique, je suis bien trompé; mais que peut la logique contre l'éloquence, un humble argument contre une brillante imagination?

raient donc du dépôt où on les aurait assis, que pour être traduits à la police correctionnelle! Nous aurions la honte et la douleur de voir l'auteur des *Caractères* et l'auteur de l'*Esprit des Lois* assis, sous la garde d'un gendarme, sur les mêmes bancs où l'on juge les prostituées et les filous.

Je croirai n'ajouter rien de superflu, Messieurs, en vous faisant remarquer que la surveillance de la librairie est placée à la police ; que la police, par sa nature, est antipathique à toute liberté, et qu'entraînée par son caractère, elle aura plus de peine que toute autre autorité à ne pas user arbitrairement de la censure qui lui est accordée par le dépôt.

Ajoutons que si l'ouvrage arrêté au dépôt est une brochure politique, on aura beau dire que cette brochure sera rendue à l'auteur après avoir été jugée, les formes, les lenteurs de la procédure détruiront tout ce que l'auteur aurait pu attendre de cette brochure, si elle eût paru au moment opportun.

Lorsque M. le procureur général fit saisir un ouvrage dont j'étais le malheureux auteur, il alla à sa maison des champs, ce qui était fort naturel. Une première lettre, que j'eus l'honneur de lui écrire pour réclamer mon ouvrage, mit quelque temps à lui parvenir : c'était encore fort naturel. Enfin M. le procureur général voulut bien me répondre : il paraît par sa lettre qu'il avait un peu douté que je fusse l'auteur d'un ouvrage signé de mon nom, de mes titres, et frappé d'une ordonnance. Voilà, Messieurs, lorsqu'on arrête un ouvrage au dépôt, quelques-unes des petites lenteurs qui favorisent la liberté de la presse. Je raconte ceci pour notre instruction, sans aucun sentiment pénible : M. le procureur général aurait envers moi beaucoup de torts, qu'il n'a pas, avant que j'oubliasse sa généreuse proclamation du 31 mars 1814.

Il me reste, Messieurs, à vous déclarer mon vote, et, comme je vous l'ai dit, à vous en exposer les motifs.

Je vote d'abord pour l'amendement de l'article 8, parce que, si la loi doit passer, cet amendement la rend moins défectueuse.

Je vote ensuite contre la loi, parce que, soit qu'elle passe amendée ou non amendée, elle est incomplète et présente un million de contradictions et de difficultés ; je m'explique :

Je lis à l'article 24, que la loi du 28 février 1817 relative aux écrits saisis, et toutes les dispositions des lois antérieures qui seraient contraires à la présente, sont et demeurent abrogées, et je trouve que les articles 7, 8, 9 et 21, renvoient, pour divers cas, à la loi du 21 octobre 1814.

Il y a incompatibilité de nature dans ce renvoi, car la loi actuelle veut être une loi de liberté, et elle ne peut pas vous renvoyer à une loi de censure. Ces deux lois ont été faites dans un esprit fort différent l'une de l'autre, puisque l'une permet précisément ce que l'autre défend.

Comment ensuite doit-on considérer la loi du 21 octobre 1814? Doit-elle être consultée dans son intégrité primitive? Doit-elle être admise avec les mutilations et modifications qu'elle a éprouvées? L'ordonnance du 20 juillet 1815 défend au directeur général de la librairie et aux préfets d'user de la liberté qui leur est laissée par les articles 3 et 5 de la loi du 21 octobre 1814. Je sais que cette ordonnance rendait moins dure la condition des auteurs; mais nous ne pouvons pas admettre en principe qu'une ordonnance puisse abroger une loi, même pour un excellent motif : ce serait envahir la partie du pouvoir législatif accordée aux Chambres, et les ennemis de la liberté en concluraient bientôt que les Chambres sont inutiles.

Je vois que dans les articles 6, 7 et 8, titre 1er de la loi du 21 octobre, il est question d'une commission spéciale qui doit juger certains cas de censure, et qui (par parenthèse) n'a jamais été formée. Ces articles 6, 7 et 8, sont-ils directement contraires au projet de loi soumis à votre examen? On pourrait le nier.

Je vois dans l'article 12, titre II de la loi du 21 octobre, que le brevet est retiré à tout imprimeur ou libraire convaincu de contravention aux lois et règlements. Je demande quels sont ces lois et règlements, et si ces lois et règlements sont maintenus ou abrogés par le présent projet de loi?

Je vois qu'à l'époque de la publication de la loi du 21 octobre 1814, le directeur général de la librairie se trouvait à la chancellerie, ce qui certainement était plus honorable pour les lettres, et je trouve qu'un décret de Buonaparte, daté du 24 mars 1815, réunit la librairie et l'imprimerie au ministère de la police générale; et je trouve une ordonnance du roi, en date du 19 juin 1816, qui nomme un directeur de la division de l'imprimerie et de la librairie à la police. Les ministres auraient pu, ce me semble, se dispenser de confirmer un décret d'oppression rendu pendant les Cent-Jours. Mais enfin, est-ce la chancellerie ou la police qui doit poursuivre les délinquants?

L'article du projet de loi qui abroge toutes dispositions des lois antérieures *contraires à la présente loi,* étend-il sa puissance sur toute la dixième section, titre 1er, chapitre III du livre III du Code pénal? On peut disputer; car, comme on sait, *tout* est *contraire* à une chose, ou *rien* n'est *contraire* à cette chose quand on chicane. L'article 24 est un de ces articles vagues où l'arbitraire se cache pour reparaître quand il le faut.

Cet article frappe-t-il d'une mort absolue les décrets du 3 février, du 6 juillet 1810, du 3 août 1810, du 18 novembre 1810, du 14 décembre 1810, du 1er janvier 1814, du 2 février 1811, etc., décrets qui embrassent toute la législation de la librairie? Il est évident qu'il y a dans ces décrets une foule d'articles, et des plus oppressifs, qui ne sont pas abolis par le présent projet de loi.

Ce projet fait-il cesser pour toujours, par son article 24, les dispositions de la loi sur les *cris* et *écrits* séditieux? Cela n'est pas bien clair...

Le savant rapporteur de votre commission vous a dit que le seizième article du projet, qui ne parle que de la provocation directe à des crimes, était destiné à remplacer une autre disposition de la loi du 9 novembre 1815, qui punit la provocation indirecte.

Je soumettrai mes doutes au noble pair lui-même; c'est le meilleur juge que je puisse choisir. La loi du 9 novembre 1815 est une loi complexe : il ne s'agit pas seulement des *écrits*, mais aussi des *cris* séditieux. Si, par le présent projet de loi, la provocation indirecte n'existe plus quant aux *écrits séditieux*, est-elle aussi abrogée relativement aux *cris séditieux?* ou, si elle est perpétuée pour les *cris séditieux*, sera-t-elle aussi maintenue pour les *écrits séditieux?* Comment le nouveau projet de loi pourra-t-il scinder la loi du 9 novembre 1815, où ces deux mots *cris* et *écrits* sont tellement enchevêtrés qu'ils paraissent indivisibles? Par quelle loi enfin les délits de la presse seront-ils jugés? Sera-ce par la nouvelle loi? Sera-ce par la loi des *cris* et *écrits séditieux*, ou par la loi du 21 octobre 1814, qui n'est pas tout à fait abrogée, ou par la loi du 28 février 1817, qui subsiste encore en partie, ou par l'article du Code pénal et les divers décrets que j'ai cités? Quelle confusion, Messieurs! quel chaos, quelles immenses ressources pour les ennemis de la liberté de la presse!

Ce n'est pas tout. La plupart de nos règlements sur la liberté de la presse ont été faits sous le règne de l'usurpation : ce sont des espèces de bois où le despotisme a placé la police en embuscade et préparé des guet-apens pour se jeter sur les auteurs. Buonaparte se trouvait à Amsterdam : vous savez, Messieurs, que sa manie était de faire tout à coup la chose la plus étrangère du monde à celle dont il paraissait occupé : il croyait par là se donner l'air d'un génie universel qui embrasse à la fois les plus grandes et les plus petites choses. Ainsi, lorsqu'il était à Moscou, que déjà la main de Dieu s'étendait sur lui, il datait du Kremlin un règlement pour nos théâtres. Que pouvait-il faire en Hollande? Réparer les digues, visiter les ports, encourager le commerce? Il inventait un journal de la librairie! Le décret hollandais est du 14 octobre 1811; il porte : « Que la direction générale de l'imprimerie et de la librairie est autorisée à publier un journal dans lequel seront annoncées toutes les éditions d'ouvrages imprimés.... Qu'il est défendu à tous auteurs et éditeurs, directeurs ou rédacteurs de gazettes..... d'annoncer, sous tel prétexte que ce puisse être, aucun ouvrage imprimé... si ce n'est après qu'il aura été annoncé par le Journal de la librairie. »

Or, Messieurs, le Journal de la librairie existe encore; et vous remarquerez que le décret ne donne aucun moyen de forcer ce journal à insérer le titre d'un ouvrage : d'où il résultait qu'aucun rédacteur de gazette ne pouvait faire connaître ce livre au public, tant que le Journal de la librairie refusait ou omettait d'imprimer l'annonce de l'ouvrage. Cette arme est encore aujourd'hui entre les mains de la police. Elle n'en fait pas toujours usage ; mais elle s'en sert dans certains cas contre certains écrits. Peut-on inférer du nouveau projet de loi que l'astucieux décret est aboli ? J'en doute, quoi qu'en ait dit le rapporteur d'une commission à la Chambre des députés : du moins est-il certain que les censeurs argumentent occasionnellement de ce décret pour refuser les annonces qui déplaisent à l'autorité [1].

Si j'entrais maintenant dans le détail du temps qui peut s'écouler pour obtenir justice, je prouverais aisément, par l'examen des articles du Code d'instruction criminelle, qu'on peut traîner le jugement d'un ouvrage assez de mois pour faire périr cet ouvrage et le rendre totalement inutile, s'il a rapport à des circonstances graves, mais transitoires.

Je ne trouve dans le nouveau projet de loi aucun article répressif des délits contre la religion ; il est vrai que cela ne vaut pas la peine d'en parler. Combattez un système politique, vous serez poursuivi ; écrivez contre la religion, bagatelle. Messieurs Comte et Dunoyer ont imprimé des notes contre des missionnaires qui cherchent à faire revivre la morale évangélique : ce n'est pas sur ce point qu'ils ont été condamnés ; et ces notes mêmes, s'il faut en croire leurs dernières conclusions, qui n'ont point encore été démenties, seraient venues d'une source qu'ils avaient tout lieu de croire ministérielle. Le public attend toujours l'explication de ce procès où tout a paru extraordinaire : l'instruction, les débats, les dernières conclusions et l'élargissement des accusés.

M. le garde des sceaux nous a rassurés en ce qui concerne la religion : il nous a cité l'article 287 du Code pénal, qui, selon lui, en frappant les écrits contraires aux bonnes mœurs, s'applique, par cette raison même, aux écrits contre la religion. Cette manière de raisonner est philosophique ; malheureusement nous ne pouvons voir que les faits : on a remarqué qu'il n'y a pas d'exemple qu'un ouvrage impie ait été poursuivi par le ministère public dans aucune cour du royaume.

Et si vous recourez à cet article 287 du Code pénal, que trouvez-vous ? « Que toute exposition ou distribution de chansons, pamphlets, figures ou images contraires aux bonnes mœurs, sera punie d'une amende de 16 francs à 500 francs, d'un emprisonnement d'un mois à un an. »

Ainsi, une attaque contre le culte de vingt-quatre millions d'hommes peut ne nous coûter que 16 francs ; c'est bon marché. Si, en fait de liberté, on peut nous reprocher un peu d'avarice, en matière de religion nous donnons sans compter.

---

[1] Une ordonnance a confirmé le décret, comme l'a très-bien fait voir un ministre.

Enfin la loi ne propose point le jugement par jurés pour les délits de la presse, conséquemment c'est une loi sans base. Perdu dans les contradictions qu'elle renferme, dans les difficultés qu'elle présente, soit en me reportant aux anciennes lois qu'elle rappelle par un article et qu'elle abolit par un autre, je me vois forcé de la rejeter. On me dira qu'en la repoussant la presse va se trouver sous un régime peu favorable : cela est vrai ; mais la loi de l'année dernière n'est point une loi : c'est un essai de loi si imparfait, que tout le monde sent la nécessité de le changer. Au contraire, le projet de loi actuel venant à être adopté, les consciences faciles en fait de libertés seront satisfaites, et nous en resterons là. On ne songera plus à nous donner une législation complète, tant pour les livres que pour les journaux : c'est à quoi je ne puis consentir. Il nous faut un jury pour les délits de la presse ; il nous faut la liberté des journaux réglée par une loi, afin que la constitution soit maintenue. Si nous n'avons pas cette liberté, nous aurons la licence : au défaut d'ouvrages permis, on colportera des libelles défendus où la calomnie dira tout, même la vérité. Quand l'opinion pourra parler dans les feuilles publiques, quand on cessera de traduire en police correctionnelle ce qu'il y a de plus noble dans l'homme, la liberté de la pensée, alors, et seulement alors, on sentira les avantages de la Charte.

Nous sommes si loin de cet état de choses, que l'on voudrait asservir l'opinion, même dans le sein des deux Chambres. Quiconque a le malheur de se trouver placé dans la minorité est obligé, en montant à la tribune, de se demander s'il a encore quelque chose à perdre, s'il a fait d'avance tous ses sacrifices. Ce n'est pas sans une profonde douleur que je vois s'établir de plus en plus cette intolérance politique. Je ne m'en suis pas plaint tant que j'en ai été seul la victime : je reconnais volontiers que mes services ne sont rien, et qu'on ne me doit aucun ménagement ; mais quand je vois les plus dignes et les meilleurs serviteurs du roi subir des rigueurs, uniquement pour s'être exprimés avec franchise, je ne puis m'empêcher d'en être affligé. Sous quel régime vivons-nous donc, si un pair de France, si un député ne peut dire, sans être poursuivi comme un ennemi, ce qu'il croit utile au bien de l'État ? Qu'il me soit permis, pour le salut de la Charte et pour l'honneur des deux Chambres, de réclamer la liberté des opinions devant cette noble assemblée. Non, elle ne refusera point son estime aux orateurs qui parlent d'après leur conscience, lors même qu'elle diffère avec eux de principes et qu'elle ne partage pas leurs sentiments.

Je vote pour l'amendement et contre le projet de loi.

FIN DU TOME DEUXIÈME DES MÉLANGES POLITIQUES.

# TABLE DES MATIÈRES

## DE LA MONARCHIE SELON LA CHARTE.

### SECONDE PARTIE.

(Suite.)

|  | Pages. |
|---|---|
| Seconde lettre à un pair de France. | 1 |
| DE LA LIBERTÉ DE LA PRESSE. | 27 |
| PRÉFACE. | ib. |
| De la Censure que l'on vient d'établir. | 29 |
| Avertissements | ib. |
| De l'abolition de la Censure | 42 |
| Lettre à M. le rédacteur du *Journal des Débats*, sur le projet de loi relatif à la police de la presse | 47 |
| Du rétablissement de la Censure par l'ordonnance du 24 juin 1827. | 53 |
| Épigraphes. | 54 |
| Opinion sur le projet de loi relatif à la police de la presse. | 77 |
| Marche et effets de la Censure | 122 |
| Dernier avis aux électeurs. | 143 |
| De la Restauration et de la Monarchie élective. | 150 |
| NOTES. | 166 |

## POLITIQUE.

### OPINIONS ET DISCOURS.

| | |
|---|---|
| PRÉFACE. | 171 |
| Discours prononcé à Orléans. | 175 |
| Opinion sur l'inamovibilité des juges. | 178 |
| — sur le deuil du 21 janvier. | 196 |
| — sur le clergé | 199 |
| Discours à l'occasion des communications faites à la Chambre des pairs par M. le duc de Richelieu | 211 |

|   | Pages. |
|---|---|
| Opinion sur les pensions des prêtres mariés. | 213 |
| —  sur la loi d'élections. | 222 |
| Proposition relative aux puissances barbaresques. | 230 |
| —  sur ce qui s'est passé aux élections de 1816. | 232 |
| Opinion sur le projet de loi relatif aux journaux | 247 |
| —  sur le budget des finances (vente des forêts) | 260 |
| —  sur la liberté de la presse. | 276 |

FIN DE LA TABLE DU TOME DEUXIÈME DES MÉLANGES POLITIQUES.

LAGNY. — Typographie de VIALAT.

# EN VENTE CHEZ LES MÊMES ÉDITEURS

**Œuvres de M. de Chateaubriand,** ancienne édition, 16 vol. grand in-8°, illustrés de 64 gravures sur acier.

**Œuvres de Buffon,** 10 demi-vol. in-8°, 100 gravures sur acier coloriées à la main, et le portrait de l'auteur.

**Histoire de France,** 6 beaux vol., 34 gravures.

**Histoire de Paris depuis les premiers temps historiques,** par J.-A. Dulaure, continuée jusqu'à nos jours par C. Leynadier, 8 vol., 150 gravures dont 50 coloriées à la main.

**Histoire maritime de France,** par M. Léon Guérin, historien titulaire de la marine, 8 vol. grand in-8°, 50 gravures sur acier ou plans.
Les quatre derniers volumes, qui comprennent les événements maritimes depuis 1789 jusqu'en 1857, se vendent à part.

**Les Héros du Christianisme à travers les Ages,** magnifique ouvrage illustré de 48 splendides gravures sur acier. 4 parties de 2 vol. chaque.

**Histoire de Napoléon III et de la Dynastie napoléonienne,** par Paul Lacroix (Bibliophile Jacob), 4 vol. illustrés de 40 gravures inédites sur acier.

**La Collection de l'Écho des Feuilletons,** 17 vol., 180 gravures sur acier, et 540 gravures sur bois.

**Louis XIV et son siècle,** par A. Dumas, 60 gravures, 240 vignettes, 2 vol. grand in-8°.

**Histoire de Louis XVI et de Marie-Antoinette,** par A. Dumas, 3 vol., 40 gravures.

**Monte-Cristo,** par A. Dumas, 2 vol. grand in-8°, 30 gravures sur acier.

**Les Mousquetaires,** par A. Dumas, 1 vol. grand in-8°, 33 gravures.

**Vingt ans après,** par le même, 1 vol., 37 gravures.

**Le Vicomte de Bragelonne,** par A. Dumas, 2 très-beaux vol. grand in-8°, 60 gravures.

**Mémoires d'un Médecin,** par A. Dumas, comprenant : *Joseph Balsamo, le Collier de la Reine, Ange Pitou et la Comtesse de Charny,* 6 volumes divisés en 12 tomes ornés de 200 gravures inédites sur papier teinté chine.

# EN COURS DE PUBLICATION

**Histoire de la dernière guerre de Russie,** par Léon Guérin, 2 vol. grand in-8° jésus, divisés en 4 tomes, 12 gravures, 4 cartes et plans, le tout inédit et sur acier.

**Œuvres de Chateaubriand,** nouvelle et riche édition, 20 vol. grand in-8° jésus, ornés de 100 gravures inédites sur acier.

**Géographie universelle de Malte-Brun,** revue, rectifiée et complétement mise au niveau de l'état actuel des connaissances géographiques, par M. CORTAMBERT, membre et ancien secrétaire général de la Société de Géographie, 8 forts tomes divisés en 16 vol., illustrés de 80 gravures et types coloriés; plus, de 8 cartes inédites.

**Nouvelles Œuvres illustrées de A. Dumas,** comprenant : *El Salteador, Maître Adam le Calabrais, Aventures de John Davys, un Page du duc de Savoie, les Mohicans de Paris, Salvator le Commissionnaire, Journal de madame Giovanni, les Compagnons de Jéhu, le Capitaine Richard,* etc., etc., etc.

LAGNY. — Imprimerie de VIALAT.

www.ingramcontent.com/pod-product-compliance
Lightning Source LLC
Chambersburg PA
CBHW060656170426
43199CB00012B/1818